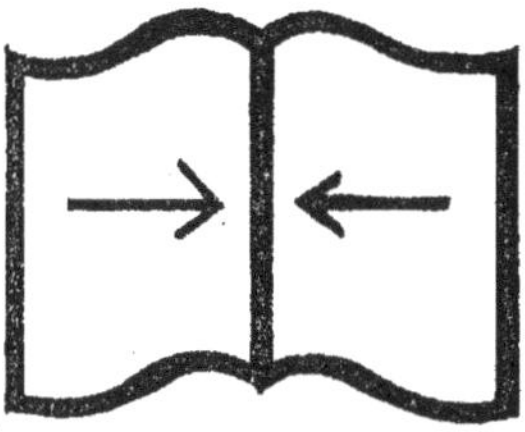

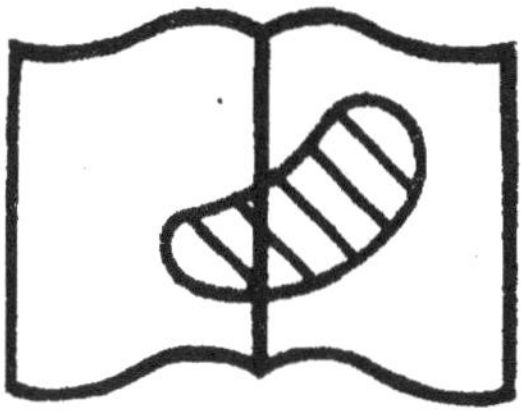

Début d'une série de documents
en couleur

BIBLIOTHÈQUE DE LA FACULTÉ DES LETTRES DE LYON
TOME VI

MÉLANGES

DE

PHILOLOGIE INDO-EUROPÉENNE

PAR

M. PAUL REGNAUD

PROFESSEUR DE SANSKRIT ET DE GRAMMAIRE COMPARÉE

ET

MM. J. GROSSET ET J.-M. GRANDJEAN

ÉTUDIANTS A LA FACULTÉ DES LETTRES DE LYON

PARIS

ERNEST LEROUX, EDITEUR

28, RUE BONAPARTE

1888

ANNUAIRE

DE LA FACULTÉ DES LETTRES DE LYON

TABLE DES TROIS ANNÉES PUBLIÉES

1883-1885

Iʳᵉ ANNÉE. 1883.

Fascicule I. BERLIOUX, professeur de géographie : *Les Atlantes*, histoire de l'Atlantis et de l'Atlas primitif. (Introduction à l'histoire de l'Europe.)

CH. BAYET, professeur d'histoire et antiquités du moyen âge : *La Révolte des Romains en 799.*

L. CLÉDAT, professeur de langue et de littérature françaises du moyen âge : *La Chronique de Salimbene.*

Fascicule II. PAUL REGNAUD, *Stances sanskrites inédites.*

E. BELOT, correspondant de l'Institut : *Pasitèle et Colotès.*

PH. SOUPÉ : *Corneille Agrippa.*

L. CLÉDAT : *Études de philologie française.*

G. HEINRICH : *Herder orateur.*

Fascicule III. FERRAZ : *Étude sur la philosophie de la littérature.*

REGNAUD : *Remarques sur l'étymologie et le sens primitif du mot* Θεός.

IIᵉ ANNÉE. 1884.

Fascicule I. E. LEFÉBURE : *Sur l'ancienneté du cheval en Egypte.*

CH. BAYET : *La fausse donation de Constantin.*

L. CLÉDAT : *Lyon au commencement du XVᵉ siècle.* (1416-1420.)

(Voir la suite page 3 de la couverture.)

E. Belot : *Nantucket;* étude sur les diverses sortes de la propriété primitive.
A. Breyton, élève des conférences d'histoire : *La bataille de Cannes.*
L. Fontaine : *Note sur un opuscule soi-disant inédit de J.-J. Rousseau.*

Fascicule II. P. Regnaud : *Stances sanskrites inédites.*
P. Regnaud : *Études phonétiques et morphologiques.*
L. Clédat : *La flexion dans la traduction française des sermons de saint Bernard.*
F. Brunot : *Le valet de deux maîtres,* comédie inédite attribuée à Lafontaine.
L. Fontaine : *J.-J. Rousseau,* les idées sur l'éducation avant l'*Émile.*

Fascicule III. M. Ferraz : *Étude sur la philosophie de la littérature* (suite).
A. Bertrand : *La psychologie extérieure.*
P. Regnaud : *Mélanges.*

IIIe ANNÉE 1885.

Fascicule I. G. Bloch : *Remarques à propos de la carrière d'Afranius Burrhus.*
E. Belot : *De la révolution économique et monétaire,* qui eut lieu à Rome au milieu du IIIe siècle avant l'ère chrétienne.
L. Clédat : *La Chronique de Salimbene* (parties inédites).

Fascicule II. P. Regnaud : *Stances sanskrites inédites.*
G. Lafaye : *Discours d'ouverture.*
G. Bizos, doyen de la Faculté des lettres d'Aix : *Essai sur l'apparition du mélodrame en France.*
P. Regnaud : *Mélanges philologiques.*
Grandjean, étudiant à la Faculté : *Tableaux comparatifs des principales modifications phonétiques que présentent les infinitifs des verbes faibles dans les dialectes germaniques.*

Fascicule III. L. Arloing : *Dissociation et association nouvelle des mouvements instinctifs sous l'influence de la volonté.*
A. Bertrand : *Un discours inédit de André-Marie Ampère.*
A. Bertrand : *La psychophysiologie au XVIIe siècle.*
R. Thamin : *Le livre de M. Bain sur l'éducation.*
A. Hannequin : *Leçon d'ouverture d'un cours sur la philosophie des sciences.*
P. Regnaud : *Sur l'origine de quelques mots sanskrits qui désignent l'homme et l'humanité.*
P. Regnaud : *Nouvelles remarques sur l'évolution des idées.*
J. Minard, étudiant à la Faculté : *Contributions à la théorie des hallucinations.*

BIBLIOTHÈQUE DE LA FACULTÉ DES LETTRES DE LYON (1)

TOME I. — **Neuchâtel et la politique prussienne en Franche-Comté** (1702-1713), d'après les documents inédits des archives de Paris, Berlin et Neuchâtel, par EMILE BOURGEOIS, chargé de cours d'histoire à la Faculté des Lettres de Lyon (1887). In-8 avec carte.................. 5 fr.

TOME II. — **Science et psychologie,** *nouvelles œuvres inédites de Maine de Biran*, publiées avec une introduction par ALEXIS BERTRAND, professeur de philosophie à la Faculté des Lettres de Lyon (1887). In-8 avec fac-simile Prix .... 5 fr.

TOME III. — **La Chanson de Roland,** traduction archaïque et rythmée, par Léon CLÉDAT, professeur de langue et de littérature française du moyen-âge à la Faculté des Lettres de Lyon (1887). In-8 .... 5 fr.

TOME IV. — **Le Nouveau Testament,** traduit au XIIIe s., en langue provençale, suivi d'un rituel cathare, reproduction photolithographique du *Manuscrit de Lyon*, publiée avec une nouvelle édition du rituel par L. CLÉDAT, professeur à la Faculté des Lettres de Lyon (1888). In-8.... 50 fr.

TOME V. — **Mélanges grecs,** par Ch. CUCUEL et F. ALLÈGRE, maîtres de Conférences à la Faculté des Lettres de Lyon : *Œuvres complètes de l'orateur Antiphon* (traduction). — *Une scène des Grenouilles d'Aristophane* (1888). In-8.. 3 fr.

TOME VI. — **Mélanges de philologie Indo-Européenne,** par Paul REGNAUD, professeur de sanskrit et de grammaire comparée, GROSSET et GRANDJEAN, étudiants à la Faculté des Lettres de Lyon (1888). In-8... 5 fr.

TOME VIII. — **Mélanges carolingiens,** par Ch. BAYET, doyen de la Faculté des Lettres, BARDOT et POUZET, anciens élèves de la Faculté des Lettres. In-8. (Sous presse).. 5 fr.

TOME VIII. — **La Musique égyptienne,** par VICTOR LORET, maître de Conférences d'égyptologie à la Faculté des Lettres de Lyon. In-8. (Sous presse.) .... 5 fr.

TOME IX. — **L'acquisition de la Couronne royale de Prusse par les Hohenzollern,** par ALBERT WADDINGTON, maître de conférences d'histoire à la Faculté des Lettres (1888). In-8.................. 7 fr. 50

(1) Cette collection fait suite à l'**Annuaire,** que la Faculté des Lettres de Lyon a publié de 1883 à 1885, sous forme de fascicules d'histoire, de littérature et de philosophie. (Ernest LEROUX, éditeur).

Le Puy, imp. Marchessou fils, boulevard Saint-Laurent, 23.

Fin d'une série de documents
en couleur

BIBLIOTHÈQUE

DE LA

FACULTÉ DES LETTRES DE LYON

TOME SIXIÈME

BIBLIOTHÈQUE DE LA FACULTÉ DES LETTRES DE LYON

TOME VI

MÉLANGES

DE

PHILOLOGIE INDO-EUROPÉENNE

PAR

M. PAUL REGNAUD

PROFESSEUR DE SANSKRIT ET DE GRAMMAIRE COMPARÉE

ET

MM. J. GROSSET ET J.-M. GRANDJEAN

ÉTUDIANTS A LA FACULTÉ DES LETTRES DE LYON

PARIS

ERNEST LEROUX, EDITEUR

28, RUE BONAPARTE

1888

PRÉFACE

Le présent volume de la Bibliothèque de la Faculté des Lettres de Lyon contient, comme son titre l'indique, différents travaux ayant pour centre commun les études qui se groupent naturellement autour de l'enseignement du sanskrit et de la grammaire comparée des langues indo-européennes.

Les parties dont je suis l'auteur appartiennent à ces deux branches de la science qui à tant d'égards sont solidaires l'une de l'autre.

Il en est de même, si on les considère solidairement, de celles qui sont dues à MM. Grosset, boursier d'études pour le sanskrit, et Grandjean, professeur libre d'allemand et d'anglais, et étudiant à la Faculté.

Le travail du premier est une édition critique avec avant-propos et traduction française d'un des chapitres les plus difficiles à tous les points de vue du traité en grande partie encore inédit et si intéressant de Bharata sur l'art théâtral. Ce chapitre concerne la musique hindoue, dont la théorie des plus utiles pour l'intelligence d'un grand nombre de textes sanskrits et pour l'histoire de l'art en général, est restée jusqu'ici à peu près inconnue en Europe. M. Grosset, que la libéralité avec laquelle MM. Hall et Rost ont bien voulu confier au titulaire de la chaire de sanskrit de la Faculté des Lettres de Lyon les précieux manuscrits de Bharata dont ils ont la propriété ou la garde, a mis à même de débuter par cette laborieuse tâche, se créera par là, je l'espère, des titres à l'achèvement de la publication du *Nâṭya-Çâstra*, en même temps qu'il se sera préparé une compétence toute spéciale qui lui permettra de s'en tirer à son honneur.

Le second, se plaçant sur le terrain de la linguistique, s'est efforcé de démontrer par une riche série d'exemples que les fameuses lois dites de Grimm tiennent à des causes beaucoup plus profondes qu'on ne le croit généralement. C'est une thèse qui, toute hardie qu'elle paraisse, a d'autant plus le droit de se produire, qu'elle paraît s'appuyer sur des faits plus concluants.

Il ne m'appartient pas de juger ici les travaux de collaborateurs qui sont en même temps mes élèves. Mais, témoin de leur diligence et de leur zèle scientifique, je crois pourtant devoir exprimer l'espoir qu'ils en trouveront la récompense dans l'estime que procure en général à son auteur toute tâche courageusement entreprise et consciencieusement remplie.

P. R.

STANCES SANSKRITES INÉDITES

PUBLIÉES AVEC UNE TRADUCTION FRANÇAISE

ÉTUDE SUR LE RHOTACISME PROETHNIQUE

ET SES RAPPORTS AVEC LE DÉVELOPPEMENT MORPHOLOGIQUE DES LANGUES INDO-EUROPÉENNES

SUR LES TRACES EN SANSKRIT

D'UN ESPRIT INITIAL DISPARU AUX TEMPS HISTORIQUES

NOUVELLES OBSERVATIONS SUR LE VOCALISME INDO-EUROPÉEN

Par PAUL REGNAUD

PROFESSEUR A LA FACULTÉ DES LETTRES DE LYON

AVANT-PROPOS

Cette nouvelle série de stances fait suite à celles qui ont été publiées sous le même titre dans l'*Annuaire de la Faculté des lettres de Lyon*, année 1884, fasc. II, et année 1885, fasc. II. J'y renvoie donc pour les renseignements relatifs au manuscrit de la Bibliothèque nationale de Paris d'où elles sont tirées.

Comme les précédentes, ces petites pièces ont été expliquées aux conférences du cours supérieur de sanskrit pendant les années scolaires 1885-86 et 1886-87 (1).

Quelques-unes d'entre elles figurent déjà au recueil des *Indische Sprüche* de M. Bœhtlingk. J'ai cru devoir les conserver ici, autant à cause des leçons intéressantes qu'elles peuvent fournir que parce qu'elles n'ont pas encore été traduites en français ; mais j'ai eu soin de les indiquer d'une manière toute spéciale.

(1) Pour 1887-88, ce cours supérieur est suivi par MM. Grosset, boursier d'études, Grandjean, professeur de langues vivantes, et Duvant. Une seconde section où j'explique le texte de la *Pañcadaçi* est composée de M. Grosset et de MM. Chide, Métayer-Descombes et Saurin, boursiers et étudiants libres, candidats à la licence philosophique. M. Tronchet, professeur d'anglais au lycée de Lyon, et un Américain, M. Comboy, dr en phil., forment une troisième section pour laquelle j'explique, avec le concours de M. Grosset, des morceaux empruntés au *Manuel* de M. Bergaigne. Enfin, M. Lesire, boursier de licence ès-lettres, et M. Alexandre, professeur d'anglais au petit lycée de Saint-Rambert, ont commencé cette année l'étude de la grammaire sanskrite.

STANCES SANSKRITES INÉDITES

I

atha turagaḥ

LE CHEVAL

alakṣ[illegible]agatâgataiḥ kulavadhûkaṭâkṣair iva
kṣaṇânunayaçîtalaiḥ praṇayakelikopair iva |
suvṛttamasṛṇonnatair mṛgadṛçâm urojair iva
tvadîyaturagair idam dharaṇicakram âkramyate ||

Ce disque de la terre est parcouru par tes chevaux dont les allées et venues sont aussi difficiles à saisir que le jeu des regards d'une femme de bonne famille, — passant comme elles, quand dans leur passion elles feignent la colère, en un instant de la froideur à la tendresse — aux formes arrondies, doux (au toucher) et (bien) dressés, comme les seins des jeunes filles.

II

dhûlîbhir divam andhayan badhirayann [1] *âçâḥ khurâṇâm*
[ravair
vâtaṃ saṃyati khañjayan javajayaiḥ stotṝn guṇair mûkayan |
dharmârâdhanasaṃniyuktajagatâ râjñâmunâdhiṣṭhitaḥ

(1) Ms. *vadharayann.*

sândrotphâlamiśâd vigâyati (?) padâ spraṣṭuṃ turaṅgo' pi [*gâṃ* ||

Auteur : *Çrîharṣa*

Aveuglant le jour avec la poussière (qu'il soulève), assourdissant l'horizon avec le bruit de ses sabots, rendant le vent boiteux dans la lutte (qu'il engage avec lui), réduisant au mutisme ses panégyristes par la supériorité de ses qualités de vitesse (que la parole est impuissante à exprimer), le cheval monté par ce roi, grâce auquel le monde s'applique à exercer la vertu, semble craindre (?) par l'effet de son galop ardent de toucher la terre du pied.

III

vâtaṃ sthâvarayan nabhaḥ puṭakayan srotasvatîṃ sûtrayan
sindhuṃ palvalayan vanaṃ viṭapayan bhûmaṇḍalaṃ loṣṭayan|
çailaṃ sarṣapayan diçaṃ hy aṇukayal [1] *lokatrayaṃ kroḍayan*
helârûḍharayo [2] *hayas tava* [3] *kathaṃkâraṃ girâ* [4] *gocaraḥ* ||

Où trouver des paroles pour célébrer (dignement) ton cheval quand, se livrant à une course désordonnée, il donne au vent l'apparence de la stabilité et qu'il fait ressembler le ciel à un cornet, la rivière à un fil, la mer à un lac, la forêt à un buisson, le globe terrestre à une motte, la montagne à un grain de moutarde, tout un quartier de l'horizon à un atome, et les trois mondes aux seins (d'une femme) ?

(1) Ms. *aṇukakayan*.
(2) °*ârûḍha*°, lecture douteuse.
(3) Ms. *tavaka*.
(4) Ms. *giraṃ*; peut-être faut-il lire *girâṃ*.

IV

mekhalîyati medinyâḥ kakubhaḥ kaṅkaṇîyati |
maṇḍalîm turagaḥ kurvan jagataḥ kuṇḍalîyati ||

Auteur : *Bhânukara.*

Le cheval, en faisant le tour de la terre, prend l'aspect d'une ceinture, il ressemble à un anneau quand il fait le tour du globe, et on croirait voir une bague (ou une boucle d'oreilles) quand il fait celui du monde.

V

maṇḍale maṇḍalâkâro rekhâ vâjimayî jave |
savyâpasavye vimukho nakulâdhiṣṭhito hayaḥ ||

Le cheval monté par Nakula prend la forme d'un cercle quand il tourne (en courant) ; on dirait une ligne faite de coursiers quand il s'élance (devant lui) ; et l'on ne parvient jamais à le voir en face, quand il passe de gauche à droite — (tant il a de vitesse).

VI

prayâtum asmâkam iyam kiyat padam
dharâ tad ambhodhir api sthalîyati [1] |
itîva vâhair nijavegadarpitaiḥ
payodhirodhakṣamam uddhatam rajaḥ ||

Auteur : *Çrîharṣa.*

« L'océan devient terre ferme et offre autant d'espace à notre course que le sol lui-même ». — Ainsi pensaient en quelque sorte les chevaux orgueilleux de leur vitesse, et

1. Ms. *sthalâyati.*

dont les pieds soulevaient une poussière capable d'établir une digue sur la mer.

VII

nirmâṃsam mukhamaṇḍale parimitaṃ madhye laghuṃ kar-
[ṇayoḥ
skandhe bandhuram[1] *apramâṇam urasi snigdhaṃ ca romod-*
[game |
pînaṃ paçcimapârçvayoḥ pṛthutaraṃ pṛṣṭhe pradhânaṃ jave
râjâ vâjinam âruroha sakalair yuktaṃ praçastair guṇaiḥ ||

Auteur : *Trivikrama.*

Le roi a monté un cheval doué de toutes les qualités que l'on célèbre : au mufle maigre, aux flancs étroits, aux oreilles courtes, aux belles épaules, à la poitrine développée, au poil doux, aux reins gras, au dos large, et excellent à la course.

VIII

atha gajaḥ

L'ÉLÉPHANT

çîtkâraiḥ[2] *sarvato'pi svapatibhaṭamano modayanto madâ-*
[dhyaiḥ
saṃgrâmasyâsya (?) *sîmni*[3] *svobalabahulatâṃ bâḍham aḍ-*
[haukamânâḥ |
çuṇḍâdaṇḍaprayâtaiḥ paramam api balaṃ kampayantaḥ
[pareṣâṃ

1. Peut-être faut-il lire *skandhe' bandhuram*, et traduire « aux épaules élevées. »
2. Ms. *cîtkâraiḥ*.
3. Ms. *saṃgrâmasîmni*

yeṣâṃ [1] *syur vâranendrâ bhuvi vijayavidhau te matâ bhûmi-*
pâlâḥ ||

Quand il s'agit de vaincre ici-bas, ceux-là doivent être considérés comme (de vrais) rois, dont les excellents éléphants réjouissent le cœur des soldats de leurs maîtres par les cris, excités par le mada, qu'ils poussent de toute part, qui portent vivement toute leur énergie dans les limites du champ de bataille et qui ébranlent la principale force des ennemis avec les coups de leurs trompes (qu'ils brandissent) comme des massues.

IX

setuṃ saṃbhedayanto balavikaṭabhaṭapronnatiṃ troṭayantaḥ
prâkâraṃ dârayantaḥ paramanasi parâṃ prîtim utpâdayantaḥ |
vyûhaṃ vidrâvayantaḥ sughanam api vanaṃ helayotpâṭayanto
yeṣâṃ âjau gajendrâḥ khalu dharaṇibhujâṃ tajjayaḥ siddha
[*eva* ||

Heureux le vainqueur des rois dont les éléphants sur le champ de bataille brisent le pont, enfoncent les masses épaisses de soldats qui constituent l'armée, renversent la muraille, causent la plus grande joie jusqu'au fond de l'âme (de leurs maîtres), mettent les bataillons en déroute et qui déracinent en jouant même les forêts très épaisses!

X

tâvad garjanti vîryât paranidhanavidhau yudhamadhye'pi
[*dhîrâs*
tâvad dhâvanti vegaṃ param api dadhataḥ saṃmukhînâs
[*turaṅgâḥ* |

1. Manque au ms., mais la restitution est certaine.

çûrârûḍhaṃ susajjo madamudita(manâmânimânaṃ) [1] *vidhan-*
[van
yâvan nâyâti kopât kṛtavividharavâṭopa eko 'pi nâgaḥ ||

Les vaillants mêmes appliqués à frapper courageusement leurs adversaires ne poussent des clameurs guerrières au milieu de la bataille, les coursiers mêmes qui vont rapidement à la rencontre (de l'ennemi) ne poursuivent leur galop que jusqu'à ce que l'éléphant bien équipé s'élance furieusement quoique seul, et après avoir poussé de toutes ses forces des cris discordants, pour charger l'adversaire (?) enflammé par le mada et que monte un héros.

XI

mâtaṅgair api yair mahîndrabhavanaṃ puṇyâdhikaṃ janyate
yaiḥ çyâmair api sarvalokamahitâ kîrttiḥ sitâtanyate |
yair mattair api saṃyuge ripumadaḥ çeṣaṃ samânîyate
te' mî bhâgyavataḥ prayânti purataḥ stamberamâ bhûpateḥ ||

Voilà que s'avancent ces éléphants du roi favorisés de la fortune, à l'aide desquels, tout éléphants qu'ils sont (ou quoique appartenant à une caste inférieure), le paradis d'Indra regorge de braves (tombés dans la bataille en les combattant) ; grâce auxquels, tout noirs qu'ils sont, la gloire brillante (litt., blanche) de leur maître va s'accroissant parmi tous les mondes ; moyennant lesquels, tout en rut qu'ils sont, la joie (ou le mada) de l'ennemi est réduite à rien dans la bataille.

XII

sindûradyutimugdhamûrdhani dhṛtaskandhâvadhiçyâmike
vyomântaspṛçi sindhure 'sya samarârambhoddhure dhâvati |

1. Cette partie entre parenthèses paraît inintelligible et est évidemment corrompue.

jânîmo nu yadi pradoṣatimiravyâmiçrasaṃdhyâdhiyai —
vâstaṃ yânti samastabâhujabhujâṃ tejaḥsahasrâṃçavaḥ ||

Quand, au commencement de la bataille, son éléphant dont la tête affolée (?) brille de l'éclat du minium, dont les solides (?) épaules sont brunes à l'endroit des jointures et qui touche le ciel, se met à courir librement, croyant voir les lueurs du crépuscule mêlées aux ombres du soir, nous nous demandons si nous n'assistons pas au coucher du soleil de la gloire de tous les chefs des kṣatriyas (les rois).

XIII

atha saṃgrâmaḥ

LA BATAILLE

ko daṇḍam na dadâti deva bhavate kodaṇḍam âtanvate
ko nârâtir upaiti pâram udadheḥ koṇârune locane |
kâ kuñjântaram etya vairitaruṇî kâkuṃ na vâ bhâṣate
râjan garjati vâraṇe tava punaḥ ko vâraṇe vartatâm [1] ||

Quel est celui qui ne te rend pas son bâton (insigne du commandement) ô roi, quand tu bandes ton arc? Quel est l'ennemi qui ne s'enfuit pas de l'autre côté de l'océan quand brillent tes yeux aux coins rougis (par la colère)? Quelle est l'épouse de tes ennemis qui ne se sauve au fond d'une grotte et dont la voix ne tremble? Qui se préparerait à la défense quand ton éléphant fait entendre sa voix?

XIV

saṃmûrchitaṃ saṃyugasaṃprahâraiḥ
paçyeti suptapratibuddhakalpam |

1. Il semble qu'il faudrait lire *vartate* à moins que l'auteur n'ait voulu exprimer un sens conditionnel au moyen d'un impératif équivalant au subjonctif.

âtmânam aṅkeṣu surâṅganânâṃ
mandâkinî[1] *mârutavîjitâṅgam* ||
Auteur : *Varâhamihira.*

Après être tombé dans la bataille étourdi par les coups, vois moi, disait-il, caressé sur les genoux des jeunes filles célestes par les zéphyrs de la Mandâkinî[2], et pareil (maintenant) à quelqu'un réveillé de son sommeil.

XV

karavâriruheṇa saṃdadhâne[3]
taravâriṃ nṛpatau mukundadeve |
racayanty amarâvatîtaruṇyaḥ
prathamaṃ kâñcanapârijâtamâlâḥ ||
Auteur : *Gaṇḍa.*

Quand le roi Mukundadeva met l'épée à la main (m. à m. au lotus de sa main) aussitôt les jeunes filles d'Amaravatî[4] s'emploient à tresser des couronnes de pârijâta (aux tiges) d'or[5].

XVI

atha dviṣadapayânam.

LA FUITE DES ENNEMIS

nâliṅganti payodharau bhavadibhaprottuṅgakumbhadvaya-
trâsâd veṇilatâsu naiva dadhati prîtiṃ tavâsibhramât |

1. Lecture douteuse des deux premières syllabes.
2. Nom d'une rivière du ciel.
3. Ms. *saṃdhamâne.*
4. La ville d'Indra.
5. Destinées aux guerriers qu'il va frapper. Les soldats tombés sur le champ de bataille obtenaient le paradis d'Indra où ils étaient reçus avec des marques d'honneur par les jeunes filles qui le peuplent.

bhrûbhaṅgân bhavadîyadurdharadhanurbhrântyâ bhajante [*na te*
vairikṣoṇibhujo nijâmbujadṛçâṃ bhûmaṇḍalâkhaṇḍala ||

O, Bhûmaṇḍalâkhaṇḍala (l'Indra du globe terrestre), les rois qui gouvernent tes ennemis n'enlacent plus les seins de leurs épouses aux yeux de lotus, dans la crainte que leur inspirent les deux protubérances frontales de tes éléphants (que ces seins leur rappellent); ils n'éprouvent aucun plaisir à la vue de leurs chevelures pareilles à des lianes dans lesquelles ils croient voir ton épée; ils ne jouissent pas (de l'agrément) des sinuosités de leurs sourcils où ils aperçoivent comme l'image de ton arc (aux coups) irrésistibles.

XVII

atha dviṣadnagaram.

LA VILLE DE L'ENNEMI

hastî vanyaḥ sphaṭikaghaṭite bhittibhâge svabimbaṃ
dṛṣṭvâ dṛṣṭvâ pratigajam iva tvaddviṣâṃ mandireṣu |
dantâghâtâd [1] *dalitadaçanas taṃ punar vîkṣya sadyo*
mandaṃ mandaṃ spṛçati kariṇîçaṅkayâ vikramârka ||

L'éléphant sauvage, ô Vikramârka, ayant vu à différentes reprises son image réflétée dans les pans de mur revêtus de cristal de roche des palais (ruinés) de tes ennemis, et la prenant pour un adversaire (réel) se brise les défenses (dans ses tentatives pour le frapper); puis, regardant de nouveau l'objet de ses attaques, il se met tout à coup à le caresser croyant voir (cette fois) une femelle d'éléphant.

1. Ms. *dântâghatad.*

XVIII

snâtâḥ prâvṛṣi vârivâhasalilaiḥ saṃrûḍhadûrvâṅkura —
vyâjenâttakuçâḥ praṇâlasalilair dâtvâ nivâpâñjalîn [1] |
prâsâdâs tava vidviṣâṃ paripatatkuḍmasthapiṇḍacchalât
kurvanti prati vâsaraṃ nijapatipreteṣu piṇḍakriyâm ||

Auteur : *Hanûman.*

Baignés pendant la saison des pluies par les eaux des nuages, munis (d'un lit) de *kuça* sous la forme des tiges entrelacées de *dûrvâ* [2] qui la recouvre, et accomplissant (en quelque sorte) les salutations qui accompagnent les offrandes aux mânes avec les eaux (qui jaillissent) des gouttières, — les palais de tes ennemis avec leurs murs qui s'écroulent(?) et sur lesquels on croirait que sont placés les gâteaux (destinés aux sacrifices pour les mânes) semblent faire chaque jour le sacrifice des *piṇḍas* (gâteaux) aux mânes de leurs maîtres [3].

XIX

athânyoktayaḥ — tatrâdau meghaḥ.

LE NUAGE

kûpe' mbhâṃsi pivantu kûparasikâ vâpîṣu vâpîjuṣo
nâdeyâç ca patatriṇo'pi saritâm âsvâdayantâm apaḥ |
sâraṅgasya nabhoniveçitadṛçaḥ kiṃ tena yâvan mahîm
ambhobhiḥ snapayann asâv udayate na prâvṛṣeṇyo [4] *ghanaḥ* ||

1. Ms. *nipâñjalîn.*
2. Le *Kuça* espèce d'herbe, *Poa cynosuroides;* la *dûrvâ,* autre espèce d'herbe, *Panicum dactylon.*
3. Ceux qui accomplissent ce sacrifice doivent s'y préparer par des ablutions, faire des lits d'herbe kuça, etc. Voir Manu, liv. III.
4. Ms. *prâvṛṇyo.*

Que les oiseaux qui aiment les sources boivent l'eau des sources, que ceux qui préfèrent les lacs se désaltèrent dans les lacs, et que ceux qui fréquentent les rivières apaisent leur soif dans les rivières; (pour) le sâraṅga [1], ses regards sont toujours dirigés vers le nuage. Mais à quoi bon? Jusqu'à ce qu'il n'arrive (en sa saison) pour baigner la terre de ses eaux, point de nuage pluvieux.

XX

prathito'si tatas tataḥ pṛthivyâm
api jîmûta janasya jîvanena |
viṣayâd api gacchataḥ kim etân
dhvanibhir bhîṣayasîha râjahaṃsân ||

O nuage, tu t'étends çà et là sur la terre pour réconforter ses habitants, pourquoi donc effrayer de tes grondements ces cygnes royaux, même quand ils quittent leur domaine?

XXI

tâpaṃ lumpasi sarvato vitanuṣe muktâphalaṃ çuktiṣu
kṣetraṃ [2] *siñcasi kiṃ ca pallavayasi çrîkhaṇḍamukhyân dru-*
[mân |
kṣâraṃ kṣâram idaṃ jalaṃ jalanidher âdâya jîmûta he
viçvaṃ jîvayasi [3] *bravîtu jagati prauḍho'pi kas te guṇân* ||

Tu apaises partout la chaleur, tu fais développer les perles dans les coquilles (qui les contiennent), tu arroses la campagne, tu couvres de bourgeons tous les arbres à commencer par le santal; avec l'eau si corrosive (pourtant) que tu empruntes à la mer, tu vivifies toute chose. O nuage! Est-il

1. Autre nom du câtaka ou *cuculus melanoleucus*.
2. Ms. *kṣepram*.
3. Ms. *jîvasi*.

en ce monde un homme assez bien doué (éloquent) pour célébrer (dignement) tes qualités ?

XXII

ûrvareṡu [1] *vivareṡu câmbhasâm*
vîcayo'pi bhavatâ vinirmitâḥ |
kṡetrasîmni nihitâs tu bindavo
vârivâha bhavato navo nayaḥ ||

O nuage, dans les terres ensemencées (?) et dans les lieux bas s'agitent des eaux que tu y as conduites, et des flaques s'étendent grâce à toi sur les limites des champs cultivés ; c'est de ta part une nouvelle manière d'agir [2].

XXIII

sampâditâḥ sapadi durdaradîrghanâdâ
yat kokilâkalarutâni nirâkṛtâni [3] |
niḥpîtam ambulavaṇam na tu deva nadyâ
parjanya tena bhavatâ vihito vivekaḥ ||

Dès que les agréables chants de la femelle du kokila ont cessé de se faire entendre retentissent des grondements profonds et qui déchirent (les oreilles) ; bien que tu aies bu l'eau salée (de l'océan), ô dieu Parjanya, il n'y a pas eu de différence d'établie pour cela entre toi et la rivière (vous êtes bruyants l'un et l'autre).

XXIV

yat tâdṛçeṡu nalineṡu na pakṡapâto

1. Le *Dict. de St-P.* ne donne que *ûrvarâ* et non *ûrvara*.
2. Jeu de mots sur *vârivâha*, littéralement « qui porte l'eau », synonyme habituel de nuage, mais qui peut s'appliquer à tous les cours d'eau.
3. Ms. *rutânirâkṛtâni*.

jâto bata sphuṭam asau kuṭajânurâgah |
viçvaikajîvanapaṭor api vârivâha
durvâravâyuvaçagasya na tad vicitram ||
Auteur : *Rudra.*

Si l'amitié que tu as clairement manifestée, ô nuage, pour les kuṭajas [1] ne s'est pas transformée en préférence pour ces lotus [2], il n'y a rien là d'étonnant de ta part : tout en étant particulièrement apte à vivifier toute chose, tu n'en es pas moins dans la dépendance du vent et tu ne saurais lui résister.

XXV

samprati na kalpataravo na siddhayo nâpi devatâ varadâḥ [3] |
jalada tvayi viçrâmyati [4] *sṛṣṭir iyam sarvalokasya* ||
Auteur : *Vastupâla.*

Ce ne sont maintenant ni les arbres kalpa, ni la magie, ni la divinité qui remplissent les vœux (des hommes) ; c'est sur toi, ô nuage, que repose le renouvellement (désiré) de toute la nature.

XXVI

âçvâsya parvatakulam tapanoṣṇataptam
durdâvavahnividhurâṇi ca kânanâni |
nânânadînadaçatâni [5] *ca pûrayitvâ*
rikto'si yaj jalada saiva tavottamaçrîḥ ||

O nuage, si tu es épuisé, après avoir rafraîchi les montagnes brûlées par la chaleur du soleil et les forêts dévastées

1. Nom d'une plante, la *Wrightia antidisenterica.*
2. Il a arrosé ceux-là et non ceux-ci.
3. Ms. *vâradâḥ.*
4. Ms. *viçramyati.*
5. Ms. *nânânadînaçatâni.*

par les flammes d'incendies funestes, et quand tu as rempli des centaines de fleuves et de rivières, c'est en cela même qu'est pour toi la suprême beauté [1].

XXVII

atha vâyuḥ

LE VENT

alipaṭalair anuyâtâṃ sahṛdayahṛdayajvaraṃ vilumpantîm |
mṛgamadaparimalalaharîṃ samîra kiṃ pâmare kirasi ||

Auteur : *Bhavabhûti.*

O vent, pourquoi répandre autour de l'homme grossier les effluves odorantes exhalées par les animaux (éléphants) en rut et suivies par des troupes d'abeilles, qui mettent la fièvre au cœur des gens sensibles?

XXVIII

râjîvinîvipinasaurabhasâragandhir
yo' bhûd vasantadivaseṣu janaikabandhuḥ |
rathyârajâṃsi vikaran virujan nagendrân
unmattavad bhramati paçyata so'dya [2] vâyuḥ ||

Ce vent qui, chargé aux jours de printemps de la quintessence des parfums des forêts de lotus, était par excellence l'ami des hommes, voyez-le aujourd'hui : il court comme un fou en balayant la poussière sur les routes et ravageant les plus hautes montagnes.

1. *Indische Sprüche*, 2e éd. n° 1059.
2. Lecture douteuse.

XXIX

atha sâgaraḥ

L'OCÉAN

svasty astu vidrumavanâya namo maṇibhyaḥ
kalyâṇinî bhavatu mauktikaçuktimâlâ |
prâptaṃ mayâ sakalam eva phalaṃ payodhe
yad dâruṇair jalacarair na vidârito 'smi ||

Adieu, forêts de corail! Salut à vous, pierres précieuses! Portez-vous bien, guirlandes d'huîtres perlières! Tout le fruit que j'ai obtenu (de toi), ô océan, c'est de ne pas avoir été dévoré par les monstres terribles que tu renfermes [1].

XXX

etasmâd amṛtaṃ suraiḥ çatamakhenoccaiḥçravâḥ sadguṇaḥ
kṛṣṇenâdbhutavikramaikavasatir lakṣmîḥ samâsâditâ |
ityâdipracurâḥ purâtanakathâḥ sarvebhya eva çrutâ
asmâbhir na ca dṛṣṭam atra jaladhau miṣṭaṃ payo'pi kvacit ||

Chacun a entendu répéter toutes ces anciennes légendes d'après lesquelles l'océan a fourni l'ambroisie aux dieux, l'excellent cheval Uccaiḥçravas à Indra, Lakṣmî, ce lieu de rendez-vous sans pareil de perfections (?) merveilleuses à Kṛṣṇa, etc.; mais pour nous, nous n'y avons jamais vu même de l'eau potable.

1. *Indische Spr.* n° 7330.

XXXI

atha ratnâni

LES PIERRES PRÉCIEUSES

tyaja nijaguṇâbhimânaṃ marakata patito'si pâmare vaṇiji[1] |
kâcamaṇer api mûlyaṃ labhase yat tad api te çreyaḥ ||

Cesse, ô émeraude, de t'enorgueillir de tes propres mérites; tu es tombée aux mains d'un vil marchand, et ce qui vaut le mieux en toi est emprunté au cristal.

XXXII

atha çaṅkhaḥ

LA CONQUE

kva câmbodhau janma kva ca vapur idaṃ kundadhavalaṃ
kva câvâsasthânaṃ punar ahaha viṣṇoḥ karatale |
kva nîcânâm âsye pariṇatir iyaṃ cumbanavidhâv
itîvedaṃ çaṅkaḥ karuṇakaruṇaṃ roditi muhuḥ ||

« Hélas ! hélas ! avoir pris naissance dans l'océan, avoir une blancheur pareille à celle des jasmins, avoir résidé dans la main de Viṣṇu et finir ainsi sur le visage des gens de basse condition qu'on semble vouloir embrasser ! » — Telles sont les paroles plaintives que la conque ne cesse de répéter.

1. Ms. *vâṇiji*.

XXXIII

tâtaḥ kšîranidhiḥ svasâ jaladhijâ bhrâtâ surecadrumaḥ
saujanyaṃ saha kauštubhena çucitâ yasya dvijeçâd api |
dhik karmâṇi sa eva kambur adhunâ pâkhaṇḍakântâkare
viçrântaḥ prati vâsaraṃ prati gṛhaṃ bhaikšyeṇa kukšim-
[*bhariḥ*||

Fi des œuvres! Cette conque, qui a pour père l'océan de lait, pour sœur la fille de la mer (Lakšmî), pour frère l'arbre d'Indra, qui est l'amie du Kauštubha et qui a l'éclat de la lune, se reposant maintenant dans la maison des femmes des hérétiques, ne songe (pour ainsi dire) qu'à se remplir le ventre d'aumônes recueillies au jour le jour et à chaque maison.

XXXIV

atha gaṅgâ

LE GANGE

yady api diçi diçi saritaḥ paritaḥ paritaḥ paripûritâmbhasaḥ |
tad api puraṃdaratarunîsaṃgatisukhadâyinî gaṅgâ ||

Quoiqu'il y ait çà et là en toute contrée des rivières aux eaux abondantes, le Gange (seul) cependant procure le bonheur d'être réuni un jour aux jeunes filles d'Indra (celles qui peuplent son paradis) [1].

XXXV

tâni tâni kamalâni taj jalaṃ
tâni šaṭpadakulâni te khagâḥ |

1. Voir *Ind. Spr.*, n° 5280.

sarvam ekapadam eva vicyutaṃ
paṅkaçeṣam acirâd abhût saraḥ ||

Auteur : *Rudra.*

Ces nombreux lotus, ces eaux, ces troupes d'abeilles, ces oiseaux, tout a disparu d'un seul coup, et, en un instant, du lac il n'est resté que la boue.

XXXVI

atha taḍâgaḥ

LE LAC

no vâ kiyantaḥ paritaḥ sphuranti
jalâçayâ nirmalabhûritoyâḥ |
sadâvadâtaṃ param ekam eva
haṃsasya viçrântipadaṃ vadanti ||

Il n'y a donc pas çà et là quelques lacs aux eaux limpides et abondantes, (qu)'on vante sans cesse la pureté et le caractère unique et sans égal du lieu où s'arrête le cygne ?

XXXVII

atha kûpaḥ

LE PUITS

yady api bahuguṇagamyaṃ
jîvanam etasya kûpamukhyasya |
jayât tathâpi viveko
dânaṃ pâtrânumânena ||

Auteur : *Bhojadeva.*

Quoique le rafraîchissement offert par cet excellent puits soit accessible aux hommes doués de plusieurs qualités [1], vive pourtant le discernement (et) et la libéralité en rapport avec celui qui en est l'objet!

XXXVIII

atha jalam

L'EAU

çaityaṃ nâma guṇas tavaiva tad anu svâbhâvikâ svacchatâ
kiṃ brûmaḥ çucitâṃ bhajanty açucayaḥ saṅgena yasyâpare |
kiṃ câtaḥ paraṃ asti te stutipadaṃ yaj jîvinâṃ jîvanaṃ
tvaṃ cen nîcapathena gacchasi punaḥ kas tvâṃ niroddhuṃ
[kṣamaḥ ||

La fraîcheur certes est une qualité qui t'appartient; vient ensuite une limpidité (ou une pureté) naturelle. Que dis-je? ceux qui sont impurs deviennent purs à ton contact. De plus, tu mérites des louanges pour être indispensable au soutien de la vie des êtres vivants; mais si tu suis une pente (ou si tu t'engages dans la voie des gens de basse condition), qui serait capable de t'arrêter? [2]

XXXIX.

atha girinirjharâḥ

LES CASCADES DES MONTAGNES

kallolasaṃcaladagâdhajalair alolaiḥ
kallolinîparivṛḍhaiḥ kim apeyatoyaiḥ |

1. Sous-entendu : mais aussi à tout le monde.
2. Voir *Ind. Spr.*, nº 6522.

jîyât sa jarjaratanur girinirjharo'yam
yadviprušâpi tṛšitâ vitṛšîbhavanti ||

Auteur : *Lakšmaṇa*

A quoi servent les eaux insondables (de l'Océan) aux flots agités, (mais) inertes (au fond), qui doivent leur masse aux rivières et qu'on ne saurait boire. Vive cette cascade de la montagne, du corps brisé de laquelle jaillissent des gouttes qui suffisent à calmer la soif de ceux qui sont altérés !

XL

atha marusthalam

LE DÉSERT

pâyaṃ pâyaṃ [1] *piba piba payaḥ siñca siñcâṅgam aṅgaṃ*
bhûyo bhûyaḥ [2] *kuru kuru sakhe majjanonmajjanâni* |
ešâçešaḥ çamaçamapaṭur duḥkhitâdhvanyabandhuḥ
sindhur dûrîbhavati bhavato mâravaḥ pântha pântha [3] ||

Ami, bois, bois de l'eau potable, baigne, baigne chacun de tes membres, plonge-toi dans l'eau et sors-en à plusieurs reprises ; tout ce fleuve de l'Indus qui convient à Çiva est l'ami du passant misérable ; loin de toi, ô voyageur, est le désert [4].

XLI

bho bhoḥ kiṃ kim akâṇḍa eva patitaṃs [5] *tvaṃ pântha kânyâ-*
[*gatis*
tad tâdṛk tṛšitasya te khalamatiḥ so'yaṃ jalaṃ gûhate |

1. Orthographe du ms. ; *pâyyam* semblerait préférable.
2. Ms. *bhûyo*.
3. Ms. *pânthâḥ*.
4. Le sens des deux derniers pâdas peut donner lieu à des doutes ; j'ai adopté celui qui m'a paru le plus vraisemblable en restant grammatical.
5. Peut-être faut-il lire *patitas* et traduire : « pourquoi es-tu tombé ? »

asthânopagatâm akâlasulabhâṃ[1] *tṛṣṇâṃ prati krudhyate*
trailokyaprathitaprabhâvamahimâ mârgo hy ayaṃ mâravaḥ||

Hé! hé! voyageur, que t'est-il arrivé à l'improviste? Pourquoi ton allure n'est-elle plus la même (qu'auparavant)?.... ...... [2] Cette route du désert, dont la grandeur jouit d'une célébrité qui s'étend dans les trois mondes, est irritée contre la soif qui survient mal à propos et qui a l'habitude d'arriver à contre-temps.

XLII

atha davânalaḥ

LE FEU DANS LA FORÊT

vidhvastâ mṛgapakṣiṇo vidhuratâṃ nîtâ sthalîdevatâ
dhûmair antaritâḥ svabhâvamalinair âçâ mahî tâpitâ |
bhasmîkṛtya supuṣpapallavaphalair namrân mahâpâdapân
uddhûtena davânalena vipinaṃ valmîkaçeṣaṃ kṛtam ||

Les quadrupèdes et les oiseaux sont dispersés, la divinité du lieu n'a plus de résidence, l'horizon est voilé par une fumée noire, la terre est brulée ; l'incendie qui s'est allumé, ayant réduit en cendres les grands arbres courbés sous le poids de fleurs, de bourgeons et de fruits magnifiques, a fait que de la forêt il ne reste (pour ainsi dire) plus qu'une fourmilière.

1. Ms. °*salabhâm*.
2. Le sens sûr du passage auquel correspond cette lacune m'échappe.

XLIII

atha parvataḥ

LA MONTAGNE

kiṃ tena hemagiriṇâ rajatâdriṇâ ca [1]
yatra sthitâç ca taravas taravas ta eva |
manyâmahe malayam eva yadâçrayeṇa
çâkhoṭanimbakuṭajâ api candanâḥ syuḥ ||

Quel cas faire de cette montagne d'or (le Meru) et de cette montagne d'argent (le Kailâsa) où les arbres ne sont que des arbres (comme les autres)? Nous n'apprécions que le Malaya sur lequel les çâkhoṭas *(trophis aspera)*, les nimbas *(azadirachta indica)* et les kuṭajas *(wrightia antidysenterica)* [2] eux-mêmes deviendraient du santal.

XLIV

rohaṇâcalaçaileṣu kas tulâṃ kalayet tava |
yasya pâṣâṇakhaṇḍâni maṇḍanâni mahîbhṛtâm ||

O Rohaṇa, [3] quelle est parmi les montagnes celle qui pourrait rivaliser avec toi, dont les fragments sont des pierres qui servent à parer les rois (ou les montagnes)?

XLV

âcakṣmahe bata kim adyatanîm avasthâṃ
tasyâdya vindhyaçikharasya manoharasya |

1. *Ca* manque au ms.
2. Espèces d'arbres méprisés.
3. Nom du pic d'Adam dans l'île de Ceylan.

yatraiva saptamunayas tapasâ niṣeduḥ
so'yaṃ vilâsavasatiḥ piçitâçanânâm ||

Hélas ! pouvons-nous célébrer aujourd'hui le séjour ravissant qu'offre ce sommet des monts Vindhyas [1] ? L'endroit, où les sept (fameux) ascètes s'établirent pour se livrer aux macérations est maintenant la demeure des loups et le siège de leurs jeux [2].

XLVI

athâgastya

AGASTYA [3]

alpîyasaiva payasâ yat kumbhaḥ pûryate prasiddhaṃ tat |
brâhmaṃ tejaḥ paçyata kumbhodbhûtaḥ papau vârdhim [4] ||
Auteur : *Çârṅgadhara.*

Tout le monde sait qu'avec bien peu d'eau on remplit une cruche ; voyez quelle est la puissance de la prière pour que le fils de la cruche ait pu boire l'Océan [5] !

XLVII

kampante girayaḥ puraṃdara[6]*bhiyâ mainâkamukhyâḥ punaḥ*
krandanty ambudharâḥ sphuranti vaḍavâvaktrodgatâ vah-
[*nayaḥ* |

1. Chaîne de montagnes qui traverse l'Inde de l'est à l'ouest.
2. Voir *Ind. Spr.*, n° 869.
3. Personnage mythologique que la légende représente comme sorti d'une cruche, d'où son nom de *Kumbhodbhûta* ou *Kumbhodbhava*, « né d'une cruche ». Entre autres faits merveilleux, il but la mer.
4. Ms. *cârdhim.*
5. Voir *Ind. Spr.*, n° 649.
6. Ms. *puraṃda.*

bhoḥ khumbhodbhava mucyatâṃ jalanidhiḥ svasty astu te sâm-
[pratam
nidrâluçlathabâhuvallikamalâçleṣo hariḥ sîdati ||

La crainte d'Indra fait trembler les montagnes, le Mainâka [1] en tête; de leur côté, les nuages grondent et l'on voit briller les feux qui sortent de la Bouche de la jument [2]. Laisse, ô Agastya, couler l'eau des mers (que tu as bue)... Maintenant porte-toi bien. Viṣṇu repose entouré comme d'une guirlande par la liane des bras (de sa bien-aimée) détendus par le sommeil.

XLVIII

atha sûryaḥ

LE SOLEIL

khadyoto dyotate tâvad yâvan nodîyate çaçî |
udite tu sahasrâṃçau na khadyoto [3] *na candramâḥ* ||

Tant que la lune n'est pas levée, le khadyota [4] brille, mais quand se lève (à son tour) l'astre aux mille rayons (le soleil), on ne voit plus ni le khadyota, ni la lune.

XLIX

yatpâdâḥ çirasâ na kena vidhṛtâḥ pṛthvîbhṛtâṃ madhyatas
tasmin bhâsvati râhuṇâ kavalite lokatrayîcakṣasi [5] |
khadyotaiḥ sphuritaṃ tamobhir uditaṃ târâbhir ujjṛmbhitaṃ
dhûkair utthitam âḥ kim atra karavai kiṃ kena no ceṣṭitam ||

Tiré du *Parimala*.

1. Nom d'un mont mythologique, fils de l'Himâlaya.
2. Bouche d'un enfer de feu situé au pôle sud.
3. Ms. *khadyo na*.
4. Insecte luisant.
5. Ainsi au ms.; il faut probablement lire *cakṣuṣi*.

Quand cet astre lumineux (le soleil); lui dont les pieds (ou les rayons) s'appuient sur le sommet de la tête de toutes les montagnes (ou de tous les rois), et qui est l'œil des trois mondes, est dévoré par Râhu (le monstre de l'éclipse), les khadyotas répandent leurs lueurs, les ténèbres s'étendent, les étoiles apparaissent, les vents se lèvent. Ah ! que ferai-je (moi-même) puisqu'il n'est rien qui ne fasse quelque chose?

L

atha candraḥ

LA LUNE

âlokavantaḥ santy eva bhûyâṃso bhâskarâdayaḥ |
kalâvân eva tu grâvadrâvakarmaṇi karmaṭhaḥ ||

Auteur : *Prahlâdana.*

Il est beaucoup d'autres astres tels que le soleil, etc., qui sont doués d'un brillant éclat, mais la lune seule est capable de faire couler (le soma) comme la pierre du pressoir [1].

LI

daivâd yady api tulyo'bhûd bhûteçasya parigrahaḥ |
tathâpi kiṃ kapâlâni tulâṃ yânti kalânidheḥ ||

Auteur : *Bhavabhûti.*

Quoique tout ce qui appartient à Çiva soit nécessairement sur le même pied (ou, quoique sa grâce soit égale pour tous), les crânes (dont il se sert pour mendier) soutiennent-ils le parallèle avec le croissant de la lune (qui orne sa tête)?

1. Allusion à une légende qui fait venir le soma, ou la liqueur du sacrifice, de la lune.

LII

nijakaranikarasamṛddhyâ dhavalaya bhavanâni pârvaṇa
[çaçâṅka |
ruci raṃ hanta na sahate hatavidhir iha susthitaṃ kam api ||

Eclaire, ô pleine lune, le globe de la terre avec toute la plénitude de tes rayons. Le sort envieux ne permet pas, hélas! que quelqu'un ici-bas ait un bonheur de longue durée [1].

LIII

çirasâ dhâryamâṇo'pi somaḥ somena çambhunâ |
tathâpi kṛçatâṃ dhatte kaṣṭaḥ khalu parâçrayaḥ ||
Auteur : *Vyajyamânakalaṅka.*

Quoique la lune soit portée sur la tête du dieu Çiva, elle n'en subit pas moins une réduction : malheureux est celui qui dépend d'un autre [2].

LIV

nayanam asi janârdanasya çambhor
mukuṭamaṇiḥ sudṛçâṃ tvam âdidevaḥ |
tyajasi na mṛgamâtraṃ ekam indo
viramati yena kalaṅkakiṃvadantî ||
Auteur : *Umâpati.*

O lune, tu es l'œil de Viṣṇu, tu es la pierre précieuse du diadème de Çiva et la première des divinités pour les (jeunes filles) aux beaux regards; (il ne te manque que) d'aban-

1. Voir *Ind. Spr.* nº 6457.
2. Voir *Ind. Spr.*, nº 3701.

donner cette (figure) de la taille d'une gazelle [1] et d'échapper ainsi au blâme de ceux qui disent que tu as une tache.

LV

labdhaṃ [2] *janma saha çriyâ svayam api trailokyabhûšâkaraḥ*
sthityarthaṃ [3] *parameçvaro'bhyupagatas tenâpi mûrdhnâ* [*dhṛtaḥ* |
vṛddhiṃ çîtakaras tathâpi na gataḥ kšîṇaḥ [4] *paraṃ pratyuta*
prâyaḥ prâktanam eva karma balavat kaḥ kasya kartuṃ [*kšamaḥ* ||

L'astre aux froids rayons (la lune) a pris naissance en même temps que Lakšmî (la déesse de la beauté et de la fortune) et il est devenu spontanément l'ornement des trois mondes ; pour obtenir une résidence, il est allé trouver le seigneur suprême (Çiva) qui l'a placé sur sa tête ; mais loin d'en acquérir de la grandeur, il a subi par là une réduction [5]. En général, c'est l'œuvre d'autrefois seule qui est puissante. Qui est capable de faire quelque chose pour quelqu'un ?

LVI

pâdanyâsaṃ kšitidharaguror mûrdhni kṛtvâ sumeroḥ
krântaṃ yena kšapitatamasâ madhyamaṃ dhâma višṇoḥ |
so'yaṃ candraḥ patati gaganâd alpaçešair mayûkhair
dûrâroho bhavati mahatâm apy ayaṃ bhraṃçahetuḥ ||

Auteur : *Kâlidâsa*.

1. On croyait voir l'image d'une gazelle ou d'un lièvre sur la lune, d'où son nom de *mṛgâṅka*, celle qui est marquée d'une gazelle, ou de *çaçâṅka*, celle qui est marquée d'un lièvre.
2. Ms. *la* suivi d'un groupe illisible et de l'anusvâra.
3. Ms. *ar* suivi d'un groupe illisible et de l'anusvâra.
4. Ms. *kšîṇa*
5. Ce n'est qu'un seizième de la lune sous forme de croissant, qui orne la tête de Çiva.

Cette même lune, après avoir posé ses pieds (ou ses rayons) sur la tête du Suméru, le prince des montagnes, et avoir atteint, les ténèbres étant anéanties, le milieu du domaine de Viṣṇu (le ciel), descend maintenant du ciel avec les quelques rayons qui lui restent. Quand les grands s'élèvent trop haut, ils finissent aussi par tomber [1].

LVII

yad vâñchanti cakorakâḥ [2] *pratiniçaṃ dhyâyanti yat korakâḥ*
kâsâreṣu kumudvatîvanabhuvo nandanti yasmin dṛçaḥ |
saṃprâptaṃ rajanîmukhaṃ sukhayituṃ tacchâradaṃ sarvatas
tasmin pârvaṇa çarvarîça bhavatâ saṃcîyatâṃ sadyaçaḥ ||

Grâce à ce (qu'en toi), ô lune, reine de la nuit, désirent les cakoras *(perdix rufa)*, (grâce) à ce à quoi pensent chaque nuit les boutons qui naissent au milieu des étangs parmi les forêts de lotus, (grâce) à ce qui réjouit les regards et par quoi le visage de la nuit a généralement le privilège d'égayer cette saison de l'automne, puisses-tu accumuler une gloire excellente !

LVIII

yâ maheçaçiraso vibhûṣaṇaṃ
yâ trilokajanalocanotsavâ |
seyam indukalikâ dinâgame
tâpitâ kam iha nâtitâpayet ||

Quel est ici-bas l'homme que n'enflammerait pas à son tour ce croissant de la lune qui est l'ornement de la tête de Çiva et une fête pour les regards des habitants des trois mondes, quand il s'enflamme à la chûte du jour ?

1. Voir *Ind. Spr.*, nº 4036. J'en ai suivi le texte dans ma traduction.
2. Ms. *cakorakarakâ*.

LIX

nidheḥ kalânâm api rîtir eṣâ
marmâṇi me saṃspṛçatîva bhûyaḥ |
kuto viçeṣât kumudeṣu râgaḥ
kuto virâgaç ca kuçeçayeṣu ||

Cette manière d'être de la lune me frappe en quelque sorte de temps en temps à la partie faible (c'est-à-dire est un problème insoluble pour moi) : pourquoi excite-t-elle surtout la passion (ou l'éclat) des kumudas (sorte de lotus), tandis qu'elle provoque l'aversion (ou la pâleur) des kuçeçayas (autre sorte de lotus)?

LX

rañjitâ na kakubho niveçitâ nârciṣo bata cakoracañcuṣu |
kaṣṭam indur udayan nipîyate dâruṇena tamasâ balîyasâ ||

Le sommet des montagnes n'est pas éclairé, les rayons de la lune ne sont pas recueillis par le bec du cakora [1]; cet astre, hélas! à son lever, est absorbé par l'obscurité cruelle [2] qui est la plus forte.

LXI

himakara parabhâgaṃ bhûṣayiṣyan [3] *sumeror*
vrajasi yadi tadâhaṃ na kṣamaḥ saṃniroddhum |
iti tu bahuvidhâbhiḥ kâkubhiḥ prârthayetvâ [4]
punar api kumudânâm etya hâryo viṣâdaḥ ||

« O lune, si tu t'en vas pour dorer de tes rayons le sommet

1. Sorte de perdrix (*perdix rufa*) qui passe pour boire les rayons de la lune, identifiés sans doute au soma ou à la liqueur du sacrifice.

2. Ou par le cruel Râhu, le monstre qui essaie, de temps en temps, de dévorer la lune et produit ainsi les éclipses.

3. Ms. *bhûṣayaṣyan.*

4. Certainement à décomposer en *prârthaya-itvâ.*

du Sumeru, je ne saurais t'en empêcher ». — Ainsi s'écrie le lotus avec des supplications dans la voix quand s'en va l'astre aux froids rayons ; mais son retour mettra fin à ce désespoir.

LXII

atha kamalam.

LE LOTUS

paṅkaja jaleṣu vâsaḥ prîtir madhupeṣu kaṇṭakaiḥ saṅgaḥ |
yady api tad api tavaitac citraṃ mitrodaye harṣaḥ ||

Auteur : *Lakṣmîdhara.*

O lotus, quoique tu demeures au milieu des eaux, que tu jouisses de l'amitié des abeilles, et que tu sois en contact avec les épines, il est étonnant que tu éprouves de la joie au lever du soleil [1].

LXIII

prasâritakare mitre jagaduddyotakâriṇi |
kiṃ na kairava lajjâ te kurvataḥ koçasaṃvṛtim ||

N'as-tu pas honte, o kairava (sorte de lotus) de fermer ton calice (ou ta bourse) quand le soleil étend ses rayons (ou ses mains) qui éclairent le monde [2] ?

LXIV

lakṣmîsaṃparkajâto'yaṃ doṣaḥ padmasya niççitam |
yad eṣa guṇasaṃdohadhâmni candre parâṅmukhaḥ [3] ||

Auteur : *Anandadeva.*

1. Voir *Ind. Spr.*, n° 3851.
2. Voir *Ind. Spr.*, n° 4286.
3. Ms. *parâṅmukham.*

Si la fleur des lotus a le tort de se détourner de la lune qui est le séjour de tout un ensemble de qualités, c'est sans doute parce qu'elle a été touchée par Lakšmî.

LXV

ratnâkaratanajanuši dvijarâje râjitaçriyo mitre |
amṛtakare ca kalâvati padmini vâṃâ kuto bhavasi [1] ||

Auteur : *Anandadeva.*

O lotus, pourquoi es-tu l'ennemi de la lune, cette source abondante d'un trésor de pierres précieuses, cette amie de la brillante Lakšmî (?) dont les rayons sont d'ambroisie, cet astre aux phases (diverses)?

LXVI

uditavati dvijarâje kasya na hṛdaye mudaḥ paraṃ dadhati |
saṃkuñcasi kamala yad ayaṃ ahar ahar vâmo vidhir bha-
[vataḥ ||

Est-il quelqu'un dont le cœur ne ressente pas la plus grande joie quand la lune est levée? C'est un sort malveillant qui fait, ô lotus, que chaque jour tu contractes (tes pétales) [2].

LXVII

yâvat tvâṃ na khalu hasanti kairaviṇyo
yâvat tvâṃ taraṇikarâḥ parâmṛçanti |
yâvat te madhuvibhavo navo'sti tâvan
mâdhvîkaṃ vitatasaroja šaṭpadebhyaḥ ||

Tant que les forêts de kairavas (lotus blancs dont les fleurs

1. Ms. *bhavati.*
2. Voir *Ind. Spr.*, n° 1235.

s'entrouvrent pendant la nuit), ô lotus épanoui, ne peuvent pas se moquer de toi, tant que les mains (ou les rayons) du soleil te touchent, tant que tu es riche en miel nouveau, il y a de la liqueur enivrante pour les abeilles.

LXVIII

rucir atirucirâ çucitvam uccaiḥ
çirasi dhṛtaḥ svayam eva çaṅkareṇa |
kamalini malinîkaroṣi kasmân
mukham idam indum udîkṣya lokakântam ||

O lotus, pourquoi rembrunir votre visage quand vous apercevez cette lune chère à tous les hommes, (dont) l'éclat est si brillant, la pureté (ou la blancheur) parfaite, et que le dieu Çiva a placée lui-même sur sa tête?

LXIX

atha bhramaraḥ

L'ABEILLE

madhu[1]navasudhâsvâdaṃ tâvan nipâyya nirantaraṃ
niçi niçi nijakroḍe kâmâya[2] yâsi niveçitaḥ |
smarasi kim u tâm etâm adya tvadekaparâyaṇâm[3]
bhramara nalinîṃ dikṣu bhrâmyan latâ[4]çatalampaṭaḥ ||

Après avoir bu à longs traits, posée chaque nuit à ton gré sur son sein, la nouvelle et savoureuse ambroisie de son miel,

1. Ms. *madhura°*.
2. Ms. *kâmaṃya*.
3. Ms. *°parayaṇâm*.
4. Ms. *lâtâ°*.

te souviens-tu, ô abeille, aujourd'hui que, désireuse de centaines de lianes, tu voltiges dans (toutes) les directions, cette fleur de lotus qui (jadis) était ton seul bien?

LXX

iha rûpamâtrasâre citrakṛte kapaṭakalhâre |
na raso nâpi ca gandho madhukara bandhọ mudhâ bhramasi ||

Abeille, o mon amie, tu erres vainement parmi ces faux kalhâras (sorte de lotus) aux brillantes couleurs, (mais) dont le mérite n'est qu'apparent ; ils n'ont ni saveur, ni odeur.

LXXI

kvacit kvacid ayaṃ yâtu sthâtuṃ premavaçaṃvadaḥ |
na vismarati râjîvam â jîvam alinaṃ hṛdi ||

Que l'abeille, obéissant à son caprice, aille se poser tantôt ici, tantôt là, le râjîva (une fleur du lotus bleu), tant qu'il vit, en conserve le souvenir dans son cœur.

LXXII

bhrama svairaṃ bhrâtar bhramara navayûthîṣu bahuço
madhûlîm anvîṣyan [1] kumudavanavîthîṣu vicara |
vasantaprârambhasphuritamadhusaṃbhârasubhago
na te vismartavyaḥ kvacana sahakâravyatikaraḥ ||

Abeille, o ma sœur, erre spontanément parmi les yûthîs (sorte de jasmin) nouvellement épanouis ; recherchant souvent la madhûlî (réglisse), amuse-toi aussi à travers les lignes des forêts de lotus ; mais il ne faut pas négliger la fréquentation de l'arbre mango si fécond en miel qui apparaît dès qu'arrive le printemps.

1. Ms. *anviśyân.*

LXXIII

nîrâjâny api niṣevya nirbharaṃ nîrasâni kuṭajâni vâñchasi |
cañcalatvam iha cañcarîka te sâhasaṃ katham idam vimo-
[kṣyasi ||

Après avoir eu des soins assidus pour les lotus, tes désirs te portent, ô abeille, vers les kuṭajas dépourvus de saveur. Il y a là de l'inconstance. Comment te guériras-tu de cette légèreté ?

LXXIV

kundakuḍmalam upâsyatâṃ tvayâ
yatra çîtasamayo'tivâhitaḥ |
cañcarîka parihînasaurabhâ [1]
rocate na bhavate sarojinî ||

Quand la saison froide est franchie, adresse tes hommages, o abeille, aux boutons du jasmin; les étangs couverts de lotus n'ont plus d'agrément pour toi dès que leur parfum a disparu.

LXXV

eṇîdṛçaḥ çravaṇasîmni yadâ nayanti
tenaiva tasya mahimâ navacampakasya |
tvaṃ tatra no viharase yadi bhṛṅga tena
naitasya kiṃcid api tat tu tavaiva hâniḥ ||

Quand les jeunes filles aux yeux de gazelle mettent à leurs oreilles les fleurs nouvelles du campaka *(michelia champaka)* c'est un honneur pour lui ; mais si tu ne prends pas plaisir, ô abeille, à le fréquenter, c'est pour toi, et non pour lui, qu'est le détriment.

1. Ms. *parihîsaurabhâ.*

LXXVI

nâliṅgitâ navalavaṅgalatâ na vâpi
sambhâvitâ viṭapinaḥ kalaguñjitena |
âsâditâ sapadi kâcana rîtir anyâ
mâkandakorakam udîkṣya madhuvratena ||

L'insecte aux doux bourdonnements ne s'est pas attaché aux jeunes pousses de la liane du lavaṅga (giroflier) ; il n'a pas rendu ses hommages aux viṭapins [1] : l'abeille ne touche qu'en passant aux autres espèces dès qu'elle a aperçu les bourgeons de l'arbre mango.

LXXVII

kiṃ na paçyasi mahendradiṅmukhe
çîtadîdhitir asâv udañcati |
mîlitaiva nalinîha mâ kṛthâs
tan madhuvrata mudhâ gatâgatam ||

Ne vois-tu pas à l'horizon, au-dessus du Mahendra (nom d'une montagne), l'astre au froid éclat (la lune) qui se lève ? Ces touffes de lotus ont fermé leurs yeux (resserré leurs pétales) ; cesse, ô abeille, ce va et vient inutile.

LXXVIII

aye madhupa mâ kṛthâ...... [2] manodînatâm
tuṣârasamaye latâçataniṣevaṇavyâkulaḥ |
iyaṃ purata eva te sarasapuṣpamâsodaye
rasâlanavamañjarî madhujharî jarîjṛmbhate ||

O abeille, ne t'abandonne pas au désespoir durant la saison

1. Ce mot désigne les arbres en général et particulièrement le figuier de l'Inde (*ficus indica*).
2. Lacune de quatre syllabes au *ms*.

froide..... (vainement) occupée à partager ton attention entre des centaines de lianes. Le mois savoureux des fleurs approche, et voilà que s'ouvrent à l'envi devant toi les grappes nouvellement épanouies de l'arbre mango, d'où jaillissent des cascades de miel.

LXXIX

cañcarîka caturo'si candrikâvaibhave kumudinîm niṣevase |
bhâskare jayini puṣkare karair unmiṣannavadale'nurajyasi ||

O abeille, tu es intelligente : quand le clair de lune est dans tout son éclat, tu fais la cour aux kumudas (sorte de lotus) ; quand le soleil est victorieux, tu es séduite par le puṣkara (autre sorte de lotus) dont les jeunes pétales s'entr'ouvrent à ses rayons.

LXXX

madhûke madhvîkaṃ pivasi çatapatre'bhiramase
madhûlîpâlîbhir madhupa sahakâre viramase |
vasante vâsantîmadhu madhuram açnâsi bahuço
durâveço'yaṃ te tad api kuṭaje yad vicarasi ||

O abeille, tu bois la liqueur enivrante que distille le madhûka *(bassia latifolia)*, tu prends plaisir avec le lotus, tu te poses sur les rangées de réglisse et sur l'arbre mango ; au printemps tu goutes souvent avec délices le miel de la vasantî (sorte de jasmin). Mais n'est-ce pas folie à toi d'approcher le kuṭaja [1] *(wrigthia antidissenterica)?*

LXXXI

bhrama bhramara yûthîṣu mâlatîṣu ciraṃ mila |
mâ punaḥ paṅkajâraṇyasnehaçûnyaṃ manaḥ kṛthâḥ ||

O abeille, promène-toi parmi les yûthis (espèce de jasmin)

1. Plante sans miel.

et repose-toi longtemps sur les mâlatîs (autre espèce de jasmin), sans pourtant oublier ton attachement pour les forêts de lotus.

LXXXII

niḥçaṅkam gajapatigaṇḍadânadhârâm
ârâdhya bhramara dinâny amûny anaîsîḥ |
yâvan na sphurati karâlakarṇatâlas
tâvat tvaṃ navanalinîvanîm upeyâḥ ||
Auteur : *Rudra.*

O abeille, tu as passé ces jours à recueillir sans souci les gouttes de la liqueur qui roule sur les joues des éléphants ; mais maintenant qu'a cessé le jeu de leurs oreilles [1] largement ouvertes, il faut visiter la forêt des lotus nouvellement épanouis.

LXXXIII

atha pikaḥ

LE KOKILA OU COUCOU

çṛgâlaçaçaçârdûladûṣitaṃ daṇḍakâvanam |
pañcamaṃ gâyatâ tena kokilena pratiṣṭhitam ||
Auteur : *Bhânukara*

La forêt Daṇḍakâ [2], infestée par des chacals, des lièvres et des tigres, a été (aussi) choisie comme séjour par ce kokila le chant fait entendre la note pañcama (particulière au coucou d'après les traités de musique).

1. Indice de l'émission du mada, ou de la liqueur qui tombe des joues de l'éléphant en rut.
2. Forêt du Dekkan, célèbre par le séjour qu'y fit Râma.

LXXXIV

re bâlakokila karîramarusthalîṣu
kim durvidagdhamadhuradhvanim âtanoṣi |
anyaḥ sa ko'pi sahakâratarupradeço
râjanti yatra tava vibhramabhâṣitâni ||

Auteur : *Candradeva.*

Eh ! jeune kokila, pourquoi faire entendre tes accords mélodieux, (mais encore) inexpérimentés, dans des déserts et parmi les roseaux? Il est quelque autre endroit où se trouve l'arbre mango, et c'est là que devrait éclater l'agrément de tes chants.

LXXXV

atha haṃsaḥ

LE CYGNE

yaḥ saṃtâpam apâkaroti jagatâm yaç copakârakṣamaḥ
sarveṣâm amṛtâtmakena vapuṣâ prîṇâti netrâṇi yaḥ |
tasyâpy unnatim ambudasya sahase yân na tvam etâvatâ
varṇenaiva paraṃ marâla dhavalaḥ kṛṣṇaç caritrair asi ||

Auteur : *Bhoja.*

O cygne, puisque tu ne peux pas supporter l'élévation (au propre et au figuré) de ce nuage, qui apaise la chaleur dont souffre le monde, qui lui est secourable et dont les flancs remplis d'ambroisie réjouissent la vue de tous, tu n'es si blanc que par la couleur, mais tu es noir par tes actes [1].

1. Cette stance fait allusion aux migrations du cygne pendant la saison des pluies.

LXXXVI

asti yady api sarvatra nîraṃ nîrajabhûṣitam |
ramate na marâlasya mânasaṃ mânasaṃ vinâ ||

Quoiqu'il y ait partout des pièces d'eau ornées de lotus, le cœur (*mânasa*) du cygne n'éprouve pas de plaisir quand il est loin du Mânasa [1].

LXXXVII

atha mayûraḥ

LE PAON

etasmin malayâcale bahuvidhaiḥ kiṃ tair akiṃcitkaraiḥ
kâkolûkakapotakokilakulair eko'pi pârçvasthitaḥ |
kekî kûjati cet tadâ vighaṭitavyâlâvalîbandhanaḥ
sevyaḥ syâd iha sarvalokamanasâm ânandanaç candanaḥ ||

A quoi bon, dans les montagnes du Malaya, ces différentes sortes d'oiseaux inutiles, corbeaux, chouettes, pigeons, coucous? Si le paon qui les avoisine, pousse à lui seul son cri, on peut approcher le santal, (cet arbre) qui réjouit le cœur de tous les hommes et que cessent (alors) d'entrelacer des groupes de serpents [2].

1. Lac situé sur la montagne mythologique du Kailâsa et qui est le séjour de prédilection des cygnes. — Voir *Ind. Spr.*, n° 795.

2. Les montagnes du Malaya sont fertiles en bois de santal et les paons font la guerre aux serpents.

LXXXVIII

ataḥ câtakaḥ

LE CATAKA [1]

eka eva khago mânî sukhaṃ jîvati câtakaḥ |
mriyate vâ pipâsayâ yâcate vâ puraṃdaram ||

Le câtaka est le seul oiseau orgueilleux [2] qui vive tranquillement [3]; ou bien il se laisse mourir de soif, ou bien il n'implore qu'Indra (le ciel et les nuages déifiés) [4].

LXXXIX

câtakasya khalu cañcusaṃpuṭe
no patanti yadi vâribindavaḥ |
sâgarîkṛtamahîtalasya kiṃ
doṣa eva jaladasya dîyate ||

Si les gouttes de pluie ne tombent pas dans le cornet du bec du câtaka, en attribue-t-on la faute au nuage, alors qu'il a transformé la surface de la terre en océan ?

XC

anye te vihagâḥ payoda parito dhâvanti tṛṣṇâkulâ
vâpîkûpataḍâgasindhusarasîtoyeṣu majjanti ca |

1. Sorte de coucou qui, d'après la légende, ne boit que l'eau qui tombe des nuages sous la forme de gouttes de pluie.

2. Par opposition à ceux qui s'humilient en consentant à vivre en cage et à se nourrir de ce qu'on leur donne.

3. Qui prenne son parti de ce qui se présente, et tout particulièrement de manquer d'eau quand la pluie ne lui en offre pas pour apaiser sa soif.

4. Voir *Ind. Spr.*, n° 1340, où la traduction est un peu différente.

mâm adyâpi na vetti câtakaçiçur[1] *yaḥ çuṣkakaṇṭho'pi san*
nânyaṃ yâcati nopasarpati na ca prastauti nâ dhyâti ca ||

O nuage, ces autres oiseaux, quand ils sont tourmentés par la soif, courent çà et là aux eaux que contiennent les lacs, les puits, les mares, les fleuves et les étangs, et ils s'y plongent; mais aujourd'hui (qu'il t'aperçoit), le jeune câtaka ne me connaît plus, lui qui, même quand il a la gorge sèche, n'implore, n'approche, ne célèbre et n'a dans sa pensée aucun autre.

XCI

ûrdhvîkṛtagrîvam aho mudhaiva
kiṃ yâcase câtakapota megham |
atyûrjitaṃ garjitamâtram asminn
ambhodhare bindulavas tu dûre ||

Auteur : *Lakṣmaṇa.*

Ah ! jeune câtaka, pourquoi implorer le nuage qui t'oblige à tendre le cou en l'air? Il n'est en lui que grondements bruyants; les gouttes de pluie sont loin.

XCII

re re câtaka sâvadhânamanasâ mitra kṣaṇaṃ çrûyatâm
ambhodâ bahavo'pi santi gagane sarve'pi naitâdṛçaḥ |
kecid vṛṣṭibhir âplavanti dharaṇîṃ garjanti kecid vṛthâ
yaṃ yaṃ paçyasi tasya tasya purato mâ brûhi dînaṃ vacaḥ ||

Hé! hé! câtaka, mon ami, prête un instant ton attention à mes paroles. Il y a beaucoup de nuages dans le ciel et tous ne sont pas comme ceux-là[2]; les uns arrosent la terre de leurs eaux, d'autres font entendre de vains grondements.

1. Ms. *câtakaçiçum.*
2. Ou, pareils (à eux-mêmes), semblables (entre eux).

N'adresse pas tes paroles plaintives à chacun de ceux que tu aperçois [1].

XCIII

dhig vâridam parihṛtânyajalâçayasya
yac câtakasya kurute na tṛṣaḥ praçântim |
dhik câtakaṃ tam api yo' rthitayâstalajjas
taṃ tâdṛçaṃ ca yad upaiti pipâsito' pi ||

Honte au nuage qui n'apaise pas la soif du câtaka, lui auquel tout autre réservoir est interdit! Honte aussi au câtaka qui dépouillant toute dignité s'approche en mendiant, quand il est altéré, du nuage avare! [2]

XCIV

anye' pi santi bata tâmarasâvataṃsâ
haṃsâvalîvalayino jalasaṃniveçâḥ |
ko'py âgraho gurur ayaṃ hatacâtakasya
pauraṃdarîṃ yad abhivâñchati vâridhârâm ||

Ah! il ne manque pas de pièces d'eau ornées de lotus en guise de pendants d'oreilles, et de rangées de cygnes qui sont comme leurs bracelets. C'est un grand caprice du malheureux câtaka qu'il soupire après les gouttes d'eau qui viennent d'Indra (qui tombent du ciel) [3].

XCV

atha çukaḥ

LE PERROQUET

mâṇikyadravaliptamauktikatulâṃ bibhranti no dâḍimî -
bîjâny eṣa nirîkṣate na ramate [4] *haime'py aho pañjare* |

1. Voir *Ind. Spr.*, n° 5802.
2. Voir *Ind. Spr.*, n° 3154.
3. Voir *Ind. Spr.*, n° 380.
4. Ms. *ramata*.

taṃ tâdṛgvanavâsasammadamadâmodaikamedasvinî
vṛttir me galitânayâ hatagirety evaṃ çukaḥ çocate ||
Auteur : *Râghavaitanya*

Le perroquet ne regarde pas les graines de grenades, pareilles à des perles qui seraient enduites avec du suc de rubis; il ne se plaît pas, hélas! dans sa cage d'or et déplore ainsi son destin : « Ma vie, que peuvent seulement rendre florissante les amusements, les plaisirs et les joies du séjour dans les forêts, a été détruite par cette maudite voix! »

XCVI

atha kâkaḥ

LE CORBEAU

â maraṇâd [1] *api vikṛtaṃ*
kurvâṇâḥ spardhayâ saha mayûraiḥ |
kiṃ jânanti varâkâḥ
kâkâḥ kekâravaṃ kartum ||

Les malheureux corbeaux auraient beau s'appliquer avec émulation jusqu'à leur mort à contrefaire les paons, parviendraient-ils à savoir imiter leurs cris? [2]

XCVII

kṛṣṇaṃ vapur vahatu [3] *cumbatu satphalâni*
ramyeṣu saṃcaratu cûtavanântareṣu |
puṃskokilasya caritâni karotu kâmaṃ
kâkaḥ kaladhvanividhau nanu kâka eva ||

1. Ms. *âmarâṇâd*.
2. Voir *Ind. Spr.* n° 975.
3. Ms. *vapuhatu*.

Le corbeau peut avoir le corps noir, becqueter les grenades, fréquenter les agréables profondeurs des forêts d'arbres mango, (en un mot), imiter à son aise les manières du coucou mâle [1]; en ce qui concerne les chants agréables, est-il jamais autre chose que le corbeau?

XCVIII

kiṃ kekîva çikhaṇḍamaṇḍitatanuḥ kiṃ kîravat pâṭhakaḥ
kiṃ vâ haṃsa ivâṅganâgatiguruḥ çârîva kiṃ susvaraḥ |
kiṃ vâ hanta çakuntapâli pikavat karṇâmṛtasyandanaḥ
kâkaḥ kena guṇena kâñcanamaye vyâpâritaḥ pañjare ||

Le corbeau, ô gardienne de la volière, est-il donc, comme le paon, orné d'une queue (magnifique), ou parleur, comme le perroquet, ou l'oiseau sur la démarche duquel les femmes modèlent la leur, comme le cygne, ou mélodieux, comme le çari [2], ou possesseur d'un chant semblable à de l'ambroisie qui coulerait dans les oreilles, comme le coucou? Quel mérite a-t-il pour être (ainsi) gardé dans une cage d'or?

XCIX

atrasthaḥ sakhi lakṣayojanagatasyâpi priyasyâgamaṃ
vetty âkhyâti ca dhik çukâdaya ime sarve paṭhantaḥ çaṭhâḥ |
matkântasya viyogadâvadahanajvâlâvalîcandanaṃ
kâkas tena guṇena kâñcanamaye vyâpâritaḥ pañjare ||

Le corbeau que voilà, ô mon amie, connaît et annonce le retour du bien-aimé, même quand il est à cent mille yojanas [3] d'ici. Fi! de tous ces méchants perroquets et autres oi-

1. Le coucou de l'Inde est noir (voir *Dict. de St-P.* au mot *pika)* et son chant est considéré comme très agréable.

2. Sorte d'oiseau que les dictionnaires n'identifient à aucun de ceux qui nous sont connus.

3. Mesure pour les distances, d'environ deux milles.

seaux parleurs. Mon corbeau est comme du santal à l'usage de toutes les brûlures cuisantes que me fait éprouver l'éloignement de celui que j'aime ; c'est pour cela que je le garde dans une cage d'or.

C

atha bakaḥ

LE BAKA [1]

nâleneva sthitvâ pâdenaikena kuñcitagrîvaḥ |
janayati kumudabhrântiṃ vṛddhabako [2] bâlamatsyânâm ||

Se tenant sur un pied comme sur une tige et courbant le cou, le vieux héron donne le change aux jeunes poissons (qui le prennent) pour un lotus.

CI

na kokilânâṃ iva mañjuguñjitaṃ
na laghvalâsyâni gatâni haṃsavat |
na barhiṇânâm iva citrapakṣatâ
guṇas tathâpy asti bake bakavratam ||

Il n'a pas l'agréable chant du kokila, ni la nonchalante allure du cygne, ni les ailes diaprées du paon ; le héron a pourtant, lui aussi, une qualité particulière, c'est le vœu du héron [3].

1. Sorte de héron ou de grue.
2. Ms. *vṛddhako.*
3. C'est-à-dire la tâche à laquelle il paraît voué et qui consiste à rester immobile pour tromper le poisson. En sanskrit *bakavrata* « le vœu du héron » est devenu synonyme d'hypocrisie. — Voir *Ind. Spr.* nº 3200.

CII

ubhau çvetau pakṣau viyati viṣaye vârijagatiḥ
sadâ mînaṃ bhuṅkte vasati sakalaḥ [1] *sthâṇuçirasi* |
bake sarvaç cândro [2] *guṇasamudayaḥ kiṃcid adhiko*
guṇâḥ sthâne mânyâ naravara na tu sthânarahitâḥ ||

Il a deux ailes blanches; quand il apparaît dans les airs, le lotus pousse; il mange sans cesse le poisson; il se pose tout entier au sommet d'un pieu (c'est-à-dire sur un pied) : le héron renchérit sur tout l'ensemble des qualités de la lune; mais, ô le meilleur des hommes, les qualités estimables sont celles qui durent et non pas celles qui sont dépourvues de continuité [3].

CIII

atha khadyotaḥ

LE KHADYOTA [4]

adṛṣṭavyâpâraṃ gatavati dinânâm adhipatau
yaçahçeṣîbhûte çaçini gatadhâmni grahagaṇe |

1. Ms. *sakala.*
2. Ms. *candro.*
3. Les deux premiers pâdas présentent un double sens continu. Nous venons de donner celui qui se rapporte au héron considéré abstraction faite de la lune. Eu égard à celle-ci, il faut interpréter ainsi : le héron a deux ailes blanches, tandis que la lune en a une blanche et une noire (le mois lunaire se divise en une quinzaine claire et une quinzaine obscure qui sont appelées les ailes ou les côtés, les manières d'être coordonnées, de la lune); le lotus pousse à la saison des pluies quand le héron arrive, et la lune, quand elle brille dans le ciel pendant la nuit, ne contribue qu'à faire épanouir ses fleurs; le héron se nourrit sans cesse de poisson, mais la lune, elle, ne passe qu'un certain temps dans la mansion lunaire du poisson; enfin le héron supporte tout son corps *(sakala)* sur un pied *(sthâṇu)*, au lieu que la lune ne place qu'un de ses croissants *(kala)* sur la tête de Civa, appelé aussi *sthâṇu*. Quant à la conclusion, elle implique peut-être une opposition entre le héron oiseau de passage, et par conséquent changeant, et la lune aux phases si régulières.
4. Sorte de papillon lumineux.

tathâ dhvântaṃ jâtaṃ jagadupanate meghasamaye
yathâmî gaṇyante tamasi paṭavaḥ kîṭamaṇayaḥ ||
Auteur : *Anandavardhana*

Quand le seigneur du jour (le soleil) est allé vaquer à sa besogne invisible (quand il a quitté l'horizon), que l'éclat de la lune est réduit à rien, que la splendeur de la troupe des planètes a disparu et que les nuages enveloppent le monde, l'obscurité est telle qu'on apprécie dans les ténèbres ces habiles (c'est-à-dire utiles) khadyotas [1].

CIV

induḥ prayâsyati vinaṅkṣyati târakâçrîḥ
sthâsyanti lîḍhatimirâ [2] *na maṇipradîpâḥ* |
andhaṃ samagram api kîṭamaṇe bhaviṣyaty
unmeṣaṃ eṣyati bhavân api dûram etat ||

La lune se couchera, l'éclat des étoiles disparaîtra, les lampes, dont la mèche pareille à un diamant lèche les ténèbres (les dévore?), ne seront pas toujours là, l'obscurité envahira tout, ô khadyota ; c'est alors que tu répandras ta lumière. Sera-ce d'ici longtemps encore?

CV

atha siṃhaḥ

LE LION

eko' haṃ asahâyo' haṃ kṛço' haṃ aparicchadaḥ |
svapne' py evaṃvidhâ cintâ mṛgendrasya na jâyate ||

1. Voir *Ind. Spr.*, nº 195.
2. Ms. *liḍhamitirâ*

« Je suis seul, je suis sans amis, je suis maigre, je suis dépourvu de tout » : pareille pensée ne hante jamais, même durant son sommeil, le roi des animaux [1].

CVI

mṛgendraṃ vâ mṛgâriṃ vâ sukhaṃ vyâharatâṃ janaḥ |
tasyobhayam api vrîḍâ krîḍâdalitadantinaḥ ||

Qu'on l'appelle le roi ou l'ennemi des animaux, dans les deux cas l'épithète est une honte pour l'animal dont les jeux consistent à déchirer les éléphants. (A titre de roi, il leur devrait protection.)

CVII

atha gajaḥ

L'ÉLÉPHANT

keliṃ kuruṣva paribhuṅkṣva saroruhâṇi
gâhasva çailataṭanirjhariṇîpayâṃsi |
bhâvânuraktakariṇîkaralâlitâṅga
mâtaṅga muñca mṛgarâjaraṇâbhilâṣam ||

Auteur : *Anandavardhana.*

Éléphant, ô toi que caresse la trompe de ta femelle énamourée, livre-toi à tes jeux, régale-toi de la fleur des lotus, plonge-toi dans les eaux qui tombent en cascades des flancs des montagnes, (mais) laisse de côté le désir de livrer bataille au roi des animaux.

CVIII

pîtaṃ yatra himaṃ payaḥ kavalitâ yasmin mṛṇâlâṅkurâs
tâpârttena nimajjya yatra saraso madhye vimuktaḥ çramaḥ |

1. Voir *Ind. Spr.*, n° 1437.

dhik tasyaiva jalâni paṅkilayataḥ pâthojinîṃ mathnataḥ
kûlâny utkhanataḥ karîndra bhavato lajjâpi no jâgarâ ||

Honte à toi, ô éléphant, qui embourbes les flots, te fais litière des lotus et fouilles les rives du lac dans lequel tu as bu de fraîches eaux, goûté aux tiges des lotus et dissipé ta fatigue en t'y baignant quand la chaleur te tourmentait. Ce n'est pas s'ébattre (?) mais se déshonorer!

CIX

bho bho karîndra divasâni kiyanti tâvad
asmin marau samativâhaya kutra cintâ [1] |
revâjalair nijakareṇukaraprayuktair
bhûyaḥ çamaṃ gamayitâsi nidâghadâham ||
Auteur : *Govindarâja*

Allons! allons! éléphant, consens à passer quelques jours dans ce désert. D'où vient ton inquiétude? Tu apaiseras de nouveau la fatigue que te cause la chaleur de l'été au moyen des eaux de la Revâ lancées par la trompe de ta femelle.

CX

na gṛhṇâti grâsaṃ [2] *na ca kamalakiñjâlkini jale*
na paṅke câhlâdaṃ vrajati bisabhaṅgârdhaçabale [3] |
lalantîṃ premârdrâm [4] *api viṣahate nânyakariṇîṃ*
smaran dâvabhraṣṭâṃ hṛdayadayitâṃ vâraṇapatiḥ ||

L'éléphant excellent, se souvenant de la femelle chère à son cœur qui a péri dans l'incendie de la forêt, ne saisit plus la bouchée, ne va pas se rafraîchir, soit dans les eaux par-

1. Ms. *cintam* ou *cittam*.
2. Ms. *grasam*.
3. Ms. *bisabhanga*°.
4. Ms. *prema*°.

semées du pollen des fleurs du lotus, soit dans les marécages à demi-recouverts de fragments de *bisa* (racines de lotus); il ne supporte même pas (le voisinage) d'une autre compagne, quelque caressante et enamourée qu'elle soit.

CXI

dânârthino madhukarâ yadi karṇatâlair
dûrîkṛtâḥ karikareṇumadândhabuddhyâ |
tasyaiva gaṇḍayugamaṇḍanahânir eṣâ
bhṛṅgâḥ punar vikacapadmavane caranti ||

Si les abeilles, avides des dons de l'éléphant (le mada), sont écartées, dans l'aveuglement que produit chez lui le mada de sa femelle, par le battement de ses oreilles, c'est lui seul qui, privé de l'ornement de ses joues, se trouve y perdre; les abeilles, elles, en sont quittes pour s'en aller dans la forêt des lotus épanouis [1].

CXII

na svâṃ kareṇum api nâpi nijân kiçorân
nâtmânam eṣa pariçocati vâraṇendraḥ |
dâvâgnimagnatanur atra yathopapannân
dânârthino madhukarân adhirûḍhabhâvân ||

Auteur : *Rudra*

Le corps plongé dans l'incendie de la forêt, l'éléphant excellent ne déplore ni sa femelle, ni ses petits, ni lui-même, (mais bien) les abeilles avides de ses dons et qui s'attachent à tout ce qu'elles rencontrent (?).

1. Voir *Ind. Spr.*, n° 2759.

CXIII

kaupe payasi laghîyasi
tâpena karaḥ prasâritaḥ kariṇâ |
so'pi na payasâlipto
lâghavam âtmâpuraṃ (?) nîtaḥ ||

Par l'effet de la chaleur, l'éléphant étend sa trompe vers l'eau d'une source peu abondante; mais quand elle est mouillée [1].....

CXIV

atha hariṇaḥ

LA GAZELLE

dûrvâṅkuratṛṇâhârâ dhanyâs tâtavane mṛgâḥ |
vibhavonmattacittânâṃ na paçyanti mukhâni yat ||

Heureuses les gazelles qui broutent les tiges naissantes de l'herbe dûrvâ *(panicum dactylon)* et le gazon dans la forêt patrimoniale, car elles ne voient pas le visage de ceux dont les richesses troublent l'esprit [2].

CXV

sâraṅgo na latâgṛheṣu ramate no pâṃsule [3] bhûtale
no ramyâsu vanopakaṇṭhaharitacchâyâsu çîtâsv api |
tâm evâyatalocanâm anudinaṃ dhyâyan muhuḥ preyasîm
çailendrodarakandarâsu gatadhîḥ çṛṅgâvaçeṣaḥ sthitaḥ ||

1. Le texte étant mal fixé, la partie finale de cette stance est intraduisible.
2. Voir *Ind. Spr.*, n° 2920.
3. Ms. *pâinçule.*

Le sâraṅga (espèce d'antilope) qui, l'esprit égaré et auquel il ne reste que ses cornes, ne songe chaque jour et sans cesse qu'à sa bien-aimée aux yeux largement fendus, ne trouve plus de plaisir ni dans les retraites couvertes de lianes, ni sur le sol poudreux, ni même sous les frais et charmants ombrages de verdure au bord des forêts; il s'est retiré dans les grottes profondes de l'Himâlaya.

CXVI

vasanty araṇyeṣu caranti dûrvâḥ
pivanti toyâny aparigrahâṇi |
tathâpi vadhyâ hariṇâ narâṇâm [1]
ko lokam ârâdhayituṃ samarthaḥ ||

Auteur : *Muktapîḍa.*

Les gazelles qui, habitant dans les forêts, se nourrissent d'herbe dûrvâ et se désaltèrent à des eaux qui n'appartiennent à personne, sont cependant tuées par les hommes. Qui pourrait se concilier la bienveillance du monde [2]?

CXVII

âḥ kaṣṭam vanavâsasâmyakṛtayâ siddhâçramaçraddhayâ
pallîṃ bâlakuraṅga samprati kutaḥ prâpto'si mṛtyor mukham |
yatrânekakuraṅgakoṭikadanakrîḍâlasullohita-
srotobhiḥ paripûrayanti parikhâm uḍḍâmarâḥ [3] *pâmarâḥ* ||

Auteur : *Bilhaṇa*

Hélas! hélas! jeune kuraṅga (espèce d'antilope), pourquoi, croyant y trouver le repos parce qu'elle ressemble aux

1. Ms. *naranâm*.
2. Voir, *Ind. Spr.*, n° 6000.
3. Ms. *udâmarâḥ*.

retraites des forêts, es-tu venu dans la *palli* [1], cette porte de la mort. C'est là que de véritables barbares remplissent le fossé (d'enceinte) de ruisseaux d'un sang que fait jaillir l'égorgement auquel ils s'amusent de milliers de kuraṅgas.

CXVIII

seyaṃ sthalî navatṛṇâṅkurajâlam etat
seyaṃ mṛgîti hṛdi jâtamudaḥ kuraṅgaḥ |
naivaṃ tu vetti yadi hânturito latâbhir
âyâti sajjitakaṭhoraçaraḥ kirâtaḥ ||

Auteur : *Candrakavi*

Le kuraṅga qui pense tout joyeux au fond de son cœur : « Voilà la vallée ! Voilà du gazon nouveau et de l'eau ! Voilà ma gazelle ! » ne se doute pas qu'un Kirâṭa [2] caché par les lianes s'approche avec sa flèche acérée et prête (à partir).

CXIX

romantham âracaya mantharam etya nidrâm
muñca çramaṃ tad anusaṃcara re yathecchaṃ |
dûre sa pâmarajano munayaḥ kilaite
niḥkâraṇaṃ hariṇapota bibheṣi kasmât ||

Auteur : *Bhartṛhari*

Paresseusement endormi, ô jeune faon, rumine, délasse-toi, (ou bien) erre à ta guise. Le malveillant est loin. Ceux que tu vois sont des ascètes. Pourquoi trembler sans cause ?

1. Petit village ; ce mot désigne aussi particulièrement une résidence de tribu sauvage.
2. Nom d'un individu faisant partie de tribus méprisées qui habitent les montagnes et ne vivent que de chasse.

CXX

atha karabhaḥ

LE CHAMEAU

vapur viṣamasaṃsthânaṃ karṇajvarakaro ravaḥ |
karabhasyâçugatyaiva cchaditâ doṣasaṃgatiḥ ||

Auteur : *Bhallaṭa*

Le chameau, au corps dont la charpente est dépourvue de symétrie, à la voix qui met au supplice ceux qui l'entendent, est un assemblage de défauts masqués par la rapidité de sa marche.

CXXI

yasminn uccair viṣamagahanântargatâ svâduvallî
sveccham bhuktâ saralitagalenâtmaceto 'nulagnâ |
tat târuṇyaṃ karabha galitaṃ kutra te prâgvilâsâ
yat svâdhînaṃ yad api sulabhaṃ tena tuṣṭiṃ videhi ||

Pourquoi, ô chameau, ces ébats d'autrefois? Ta jeunesse, durant laquelle tu broutais à plaisir, en allongeant la mâchoire, la douce liane cachée dans des anfractuosités de rochers très difficiles à atteindre et qui captivait tes désirs, est écoulée. Contente-toi de ce qui est à ta portée et facile à obtenir.

CXXII

dâserako rasaty eṣa yuktaṃ bhâre' dhirohati |
uttaryamâṇe'pi punar yat tatra kim u kurmahe ||

Le jeune chameau fait à bon droit entendre ses cris quand on le charge d'un fardeau, et il les réitère quand on le lui enlève. En tenons-nous quelque compte?

CXXIII

karabhadayite yat tat pîtaṃ sudurlabham ekadâ
madhuvanagataṃ tasyâlâbhe viroši kim utsukâ |
kuru paricitaiḥ pîloḥ pattrair dhṛtiṃ marugocarair
jagati sakale kasyâvâptiḥ[1] *sukhasya nirantarâ*[2] ||

Auteur : *Vyâsa*.

O chamelle, pourquoi pousser des cris de regret parce qu'il te manque (maintenant) la boisson que tu rencontrais facilement autrefois dans la forêt de Madhu[3]? Contente-toi des provisions de feuilles de pîlu[4] qui se trouvent au désert. Dans le monde entier est-il quelqu'un pour qui le bonheur soit constant?

CXXIV

atha vṛšabhaḥ

LE TAUREAU

tasya[5] *bhâragrahe çaktir na ca vâhaguṇaḥ kvacit* |
devâgârabalîvardas tathâpy açnâti bhojanam ||

Le taureau attaché à un temple n'a d'aptitude ni comme bête de somme, ni comme bête de trait, et pourtant il consomme de la nourriture.

1. Ms. *kasyâptiḥ*.
2. Ms. *nitarâm*.
3. La forêt du miel où résidait le singe Sugrîva, l'allié de Râma dans le *Râmâyana*.
4. *Careya arborea* ou *salvadora persica*.
5. Ms. *tâsya*.

CXXV

anasi sîdati saikatavartmani
pracurabhârabharakšapitokšake [1] |
gurubharoddharaṇoddhurakaṃdharam
smarati sârathir eva dhuraṃdharam ||

Auteur : *Candraka*

Quand son char s'est affaissé dans un chemin sablonneux et qu'un jeune taureau de l'attelage a succombé sous le poids du lourd fardeau, le conducteur ne se souvient plus que de celui (?) dont le cou a été délivré de sa pesante charge.

CXXVI

na devasevâya yâti karmavadhaḥ parikšayam |
jaghâsa ghâsam evâsau balîvardaḥ kapardinaḥ ||

Le taureau de Çiva, destiné à périr dans le sacrifice, ne va pas à la mort par piété pour les dieux : il mangeait seulement du fourrage [2].

CXXVII

atha sâmânyavṛkšaḥ

LES ARBRES EN GÉNÉRAL

tîvro nidâghasamayo bahupathikajanaç ca mâravaḥ pânthâḥ |
mârgasthas tarur ekaḥ kiyatâṃ saṃtâpam apaharati ||

1. *Ukšaka*, que je traduis par jeune taureau, est un mot qui manque au *Dict. de St-P.*

2. Il n'avait pas à porter le joug ni à traîner un char, de là sa résignation ; cf. st. CXXIV.

O voyageurs du désert, l'été (ou le jour) est dans toute son ardeur, et ceux qui cheminent sont nombreux. Un seul arbre s'élève sur le bord de la route. Combien en est-il que (son ombre) rafraîchira?

CXXVIII

pratyagraiḥ pattranicayais tarur yair eva çobhitaḥ |
jahâti jîrṇâṃs tân eva kiṃ vâ citraṃ kujanmanaḥ ||

L'arbre abandonne, quand elles ont vieilli, ces feuilles mêmes dont l'ensemble forme sa parure, alors qu'elles sont nouvelles. Est-ce surprenant de la part de qui est de basse naissance [1]?

CXXIX

pânthâdhâra iti dvijâçraya iti çlâghyas tarûṇâm iti
snigdhacchâya iti priyodiça [2] iti sthânaṃ guṇânâm iti |
paryâlocya mahâtaro tava ghanacchâyâṃ vayaṃ saṃçritâs
tattvatkoṭaravâsino dvirasanâ dûrîkariṣyanti naḥ ||

O grand arbre, à l'abri de ton épais ombrage nous nous écrions en te considérant : « Il est le soutien des voyageurs, il est le refuge des oiseaux (ou des brahmanes), il est digne d'être célébré parmi ses pareils, son ombre est bienfaisante, il est l'ami des (huit) points cardinaux [3], il est le séjour des (bonnes) qualités. » Et pourtant les serpents qui habitent dans tes cavités nous éloigneront (de toi).

CXXX

pattrapuṣpaphalacchâyâmûlavalkaladârubhiḥ |
dhanyâ mahîruho yebhyo nirâçâ yânti nârthinaḥ ||

1. Allusion à la terre où l'arbre prend racine.
2. Ms. *priyadaça.*
3. Y compris le zénith et le nadir, selon l'habitude.

Heureux les arbres qui, soit avec leurs feuilles, leurs fleurs, leurs fruits, leur ombrage, leurs racines, leur écorce ou leur bois, ne laissent pas partir déçus dans, leur espoir ceux qui en avaient besoin [1].

CXXXI

chāyāvanto gatavyālāḥ svārohāḥ phaladāyinaḥ |
mārgadrumā mahāntaç ca pareṣām eva bhūtaye ||

Les arbres qui s'élèvant sur le bord des routes — ainsi que les grands — donnent de l'ombre, écartent les serpents, ne doivent leur grandeur qu'à eux-mêmes et portent des fruits, sont tout au bonheur d'autrui.

CXXXII

bhuktāni yais tava phalāni pacelimāni
kroḍīkṛtair ahaha vītabhayaiḥ prasuptam |
te pakṣiṇo jalarayeṇa vikṛṣyamāṇam
paçyanti pādapa bhavantam amī taṭasthāḥ ||
Auteur : *Mahādeva*

O arbre, ces mêmes oiseaux, hélas! qui, rassasiés de tes fruits mûrissants, s'endormaient (naguère) sans crainte dans ton sein, posés (maintenant) sur la rive, regardent (avec indifférence) le torrent qui te déracine.

CXXXIII

çākhoṭaçālmalipalāçakarīrakādyāḥ
çṛṇvantu puṇyanilayo yad asau vasantaḥ |
yuṣmabhyam arpayatu pallavapuṣpalakṣmīm
saurabhyasaṃbhavavidhis tu vidher adhīnaḥ |
Auteur : *Gaṅgādeva*

1. Voir *Ind. Spr.*, n° 3896.

O çâkhoṭas, çâlmalis, palâças, karîras [1] et vous, autres arbres, écoutez : le printemps est la source du bien [2]; qu'il vous procure donc abondance de feuilles et de fruits [3]. Quant au parfum, sa production dépend du destin (ou du créateur).

CXXXIV

ye pûrvaṃ paripâlitâḥ phalabharacchâyâdibhiḥ prâṇino
viçrâmadruma kathyatâṃ tava vipatkâle kva te sâṃpratam |
etâḥ saṃgatimâtrakalpitapuraskârâs tu dhanyâs tvaco
yâsâṃ chedanam antareṇa patito nâyaṃ kuṭhâras tvayi ||

Où sont, qu'on le dise, maintenant que l'heure de l'infortune a sonné pour toi, ô arbre hospitalier, les êtres que tu as secourus autrefois à l'aide de tes fruits abondants, de ton feuillage, etc.? Mais vive ton écorce, à laquelle (pourtant) tu n'avais accordé d'autre faveur que celle de t'approcher, et qui n'a pas laissé pénétrer la hache jusqu'à toi sans avoir été tranchée (d'abord).

CXXXV

ekas tvaṃ marubhûruhendra vitataiḥ çâkhâçatair añcitaiḥ
puṣyatpuṣpaphalânvitair amṛditair jîyâḥ sahasraṃ samâḥ |
âçrântaṃ çramarugṇapânthajanatâsarvârthanirvâhaṇaṃ
kas tvâṃ sâttvikam antareṇa bhuvane nirmâti [4] *dharmâçayaḥ* ||

Puisses-tu vivre mille ans, ô arbre, toi qui t'élèves isolé au milieu du désert avec tes centaines de longues branches, recourbées et vigoureuses, que revêtent des fleurs et des fruits

1. *Trophis aspera, salmalia malabarika, butea frondosa, capparis aphylla.* Pour le nom de ce dernier, le *Dict. de St-P.* ne donne que *karîra*, et non *karîraka*, que nous avons ici.

2. C'est-à-dire qu'il est le dépositaire et le rémunérateur des mérites de ces différents arbres.

3. C'est-à-dire le seul bien réel.

4. Ms. *nirmâtu*.

prospères! Quel est l'homme ici-bas ayant l'esprit tout au devoir, si ce n'est Sâttvika, qui a pu te planter, toi qui procures, sans te lasser, toute sorte de bienfaits au voyageur accablé de fatigue?

CXXXVI

dhatse mūrdhani duḥsahâ divamaṇer uddâmadhâmacchaṭâç
châyâbhiḥ pathikân nidâgham atithân puṣṇâsi puṣpaiḥ pha-
[laiḥ |
dhairyaṃ muñcasi naiva saiva bhavataḥ [1] *çâkhâ suvisphâritâ*
tenâçâsu vanaspate tava yaçaḥstomaḥ samujjṛmbhate ||

Auteur : *Rudra*

O arbre, tu poses sur ta tête le faisceau des rayons de lumière si difficiles à porter que disperse (dans le ciel) la perle du jour (le soleil); pendant l'été, tu réconfortes les voyageurs avec ton ombrage (et) tes hôtes avec tes fleurs et tes fruits; ta fermeté ne se relâche pas et tes branches s'étendent au loin. Aussi ta gloire s'épanouit-elle dans toutes les régions [2].

CXXXVII

kalpavṛkṣaḥ

L'ARBRE KALPA [3]

kalpadrumo'pi kâlena bhaved yady phalapradaḥ |
ko viçeṣas tadâ tasya vanyair anyair mahâruhaiḥ ||

Si l'arbre kalpa, lui aussi, produisait des fruits à des époques déterminées, en quoi se distinguerait-il des autres arbres des forêts? [4]

1. Ms. *bhavataḥ*.
2. Il semble que l'arbre est comparé ici à un roi puissant et sage.
3. Arbre (ou liane) mythologique qui produit tout ce qu'on désire.
4. Voir *Ind. Spr.*, n° 1580. Traduction un peu différente.

CXXXVIII

svarṇaiḥ skandhaparigraho marakatair ullâsitâḥ pallavâ
muktâbhiḥ stabakaçriyo madhulihâṃ vṛndâni nîlotpalaiḥ |
saṃkalpânuvidhâyi yasya phalitaṃ kas tasya dhatte tulâṃ
dhig jâtidrumasaṃkathâsu yad ayaṃ kalpadrumo'pi drumaḥ ||

Auteur : *Bilhaṇa*

Quel est l'arbre qui soutienne la comparaison avec le kalpadruma (l'arbre kalpa)? Son tronc est enveloppé d'or, ses bourgeons sont de resplendissantes émeraudes, il est couvert de grappes de perles, il offre aux abeilles des bouquets de saphir en guise de lotus, il donne des fruits conformes aux désirs. Sottise que de le ranger dans le genre des arbres (et) de dire que l'arbre kalpa lui-même est un arbre !

CXXXIX

atha pârijâtaḥ

LE PARIJATA [1]

parimalasurabhitanabhaso
bahavaḥ kanakâdriparisare taravaḥ |
tad api surâṇâṃ cetasi
nivasitam iti pârijâtena ||

Auteur : *Vallabha*

Sur la montagne d'or (le Meru) [2], il est plusieurs arbres dont les parfums embaument l'atmosphère, et pourtant les dieux ont cette pensée ancrée dans leur esprit que c'est l'œuvre seule du pârijata.

1. Arbre mythologique du paradis d'Indra.
2. L'Olympe de la mythologie hindoue.

CXL

candanaḥ

LE SANTAL

santy eva gilitâkâçâ mahîyâṃso mahîruhaḥ |
tathâpi janatâcittanandanâç candanadrumâḥ ||

Auteur : *Harigaṇa*

Il y a de plus grands arbres que lui qui se nourrissent de l'air du ciel; le santal n'en réjouit pas moins le cœur des hommes.

CXLI

kecil locanahâriṇaḥ katipaye saurabhyasaṃbhâriṇaḥ
ke'py anye phaladhâriṇaḥ pratidinaṃ te santu hanta drumâḥ |
dhanyo'yaṃ haricandanaḥ parisare yasya sthitaiḥ çâkhibhiḥ
çâkhoṭâdibhir apy aho mṛgadṛçâṃ bhaṅgeṣu lîlâyitam ||

Auteur : *Puṣpâkara* [1]

Certains arbres captivent les regards, quelques autres portent des parfums, d'autres encore produisent journellement des fruits; soit. Vive (pourtant) le santal de Viṣṇu [2] dans le voisinage duquel le çakhoṭa lui-même et d'autres arbres aux branches peu flexibles (?) s'inclinent gracieusement comme des jeunes filles folâtres !

CXLII

âmodais te diçi diçi gatair dûram âkṛṣyamâṇâḥ
sâkṣâl lakṣmîṃ tava malayaja draṣṭum abhyâgatâḥ smaḥ [3] |

1. Et non Puṣpakâra, seul connu jusqu'ici comme auteur.
2. L'un des cinq arbres du paradis d'Indra. C'est aussi le nom d'une espèce de santal.
3. Ms. *abhyâgatâsmaḥ*.

kiṃ paçyâmaḥ subhaga bhavataḥ[1] *krîḍati kroḍa eva*
vyâlas tubhyaṃ bhavatu kuçalaṃ muñca naḥ sâdhu yâmaḥ ||

Attirés par tes parfums qui se répandent au loin dans toutes les directions, nous sommes venus, ô santal, admirer ta beauté de nos propres yeux. Qu'aperçevons-nous, ô favorisé du sort? Un serpent qui joue dans ton sein. Porte-toi bien et donne-nous congé. Cela suffit : nous nous en allons![2]

CXLIII

yady api candanaviṭapî[3] *vidhinâ phalapuṣpavarjito vihitaḥ* |
nijavapuṣaiva pareṣâṃ tathâpi saṃtâpam apanayati ||

Quoique (par la volonté du sort, ou du créateur) la tige du santal soit privée de fruits et de fleurs, il n'en rafraîchit pas moins autrui (les hommes) à l'aide seulement de son tronc[4].

CXLIV

athâguruḥ.

L'AGURU[5].

eṇâdyâḥ[6] *paçavaḥ kirâtapariṣan naiṣâ guṇagrâhiṇî*
saṃcâro na hi nâgarasya viṣayocchinnaṃ munînâṃ manaḥ |
dhûmenâpi sugandhinâ daçadiçaḥ sânandam âmodayann
â mûlaṃ paridahyate 'gurutaruḥ kasmai kim âcakṣmahe ||

1. Ms. *bharavataḥ.*
2. Voir *Ind. Spr.*, n° 978.
3. Ms. *°viṭapâ.*
4. Dont on se sert pour composer des lotions rafraîchissantes. — Voir *Ind. Spr.*, n° 5278.
5. *Amyris agallocha.*
6. Ms. *eṇâdya.*

Les gazelles (malgré leurs beaux yeux) sont du bétail; le conseil des Kirâtas ne sait pas distinguer les qualités (des choses) [1]; le citadin ne voyage pas; l'esprit des ascètes est privé de commerce avec les objets des sens; l'arbre aguru, dont la fumée odorante apporte la joie par les parfums (qu'elle répand) aux dix points cardinaux, est brûlé jusqu'à la racine. Est-il quelque chose (ici-bas) qu'on puisse célébrer (sans réserve)?

CXLV

âpatsv eva hi mahatâṃ çaktir abhivyañjyate na sampatsu |
aguros tathâ na gandhaḥ prâg asti yathâgnipatitasya ||

C'est dans l'infortune seulement, et non dans la prospérité, qu'éclate la vertu des grands. L'arbre aguru n'exhale jamais autant de parfums qu'après avoir été jeté dans le feu [2].

CXLVI

atha campakaḥ.

LE CAMPAKA [3].

sâdhâraṇatarubuddhyâ [4] *na mayâ racitas tavâlavâlo'pi* |
lajjayasi mâm idânîṃ campaka bhuvanâdhivâsibhiḥ ku-
[sumaiḥ ||

Croyant que tu étais un arbre vulgaire, je ne t'avais pas même, ô campaka, entouré d'un fossé qui serve à t'arroser, mais aujourd'hui tu me fais rougir de moi-même en étalant tes fleurs qui parfument la terre.

1. Le conseil (*pariṣad*) est généralement composé de sages.
2. Voir *Ind. Spr.*, n° 596.
3. *Michelia champaka.*
4. Ms. *sâdhârana.*

CXLVII

antahpratap tamarusaikatadahyamâna-
mâlasya campakataroh kva vikâsacintâ [1] |
prâyo bhavaty anucitasthitadeçabhâjâm
çreyah svajîvaparipâlanamâtram eva ||

Auteur : *Nâgendra.*

Comment le campaka, qui s'élève dans un sol brûlant ou dans le sable du désert profondément échauffé, peut-il songer à fleurir? En général, c'est déjà un bonheur pour ceux dont le séjour est fixé dans un lieu peu propice, de conserver leur existence [2].

CXLVIII

kenâtra campakataro bata ropito 'si
kugrâmapâmarajanântikavâṭikâyâm |
yatra pravṛddhavanaçâkavivṛddhalobhâd
gobhagnavâṭaghaṭanocitapallavo 'si ||

Auteur : *Vijjâkâ.*

Pourquoi, hélas! as-tu été planté, ô campaka, dans un jardin qui a pour voisins les misérables habitants d'un méchant village? Tes rameaux sont employés à former une clôture que brisent les vaches dont l'appétit est excité par les légumes qui y croissent en abondance (?).

1. Ms. *vikâça°*.
2. Voir *Ind. Spr.*, n° 337.

CXLIX

athâçokaḥ.

L'AÇOKA [1].

kiṃ te namratayâ kim unnatatayâ [2] kiṃ vâ ghanacchâyayâ
kiṃ vâ pallavalîlayâ kim anayâ câçoka puṣpaçriyâ |
yat tvanmûlaniṣaṇṇakhinnapathikaḥ stomastuvann anvahaṃ
na svâdûni mṛdûni khâdati phalâny â kaṇṭham utkaṇṭhitaḥ ||

Auteur : *Bhoja.*

A quoi bon, ô açoka, ces branches qui se ployent, ou qui s'élèvent (dans les airs), à quoi bon cet ombrage épais, à quoi bon ces bourgeons que tu étales et ces fleurs magnifiques, si le voyageur harassé, qui se repose sur tes racines et qui célèbre tes louanges chaque jour, n'a pas de fruits doux et savoureux à manger, (même) quand il en éprouve le désir jusqu'au fond de la gorge [3]?

CL

atha mâlatî.

LA MALATI [4].

bhavati hṛdayahârî ko'pi kasyâpi hetur
na khalu guṇaviçeṣaḥ premabandhaprayoge |
kisalayitavanânte kokilâlâparamye
vikasati na vasante mâlatî ko'tra hetuḥ ||

1. *Jonesia asoka.*
2. Ms. *unnatayâ.*
3. Voir *Ind. Spr.*, n° 1753.
4. *Jasminum grandiflorum.*

Il est pour chacun un objet particulier qui lui ravit le cœur *(quemque trahit sua voluptas)*, mais il n'y a pas de différences dans la manière dont on se comporte (*guṇa*) quand on est pris dans les liens de l'amour. Pourquoi donc la mâlatî ne fleurit-elle pas au printemps, quand bourgeonne la lisière des forêts et que le kokila fait entendre son ramage agréable [1]?

CLI

kusumastabakâ namrâḥ santy eva parito latâḥ |
tathâpi bhramarabhrântiṃ haraty ekaiva mâlatî ||

De toute part les lianes sinueuses sont couvertes de grappes de fleurs; cependant la mâlatî seule arrête le vagabondage des abeilles.

CLII

atha mallikâ.

LA MALLIKA [2].

na ca gandhavahena cumbitâ
na ca pîtâ madhupena mallikâ |
pihitaiva kaṭhoraçâkhayâ
pariṇâmasya jagâma gocaram ||

Ce n'est pas grâce aux baisers de la brise, ni en étant sucée par l'abeille, mais bien sous la protection d'une branche épineuse que la fleur de la mallikâ se développe [3].

1. Voir *Ind. Spr.*, n° 4553 où la traduction est un peu différente.
2. *Jasminum sambuc.*
3. Voir *Ind. Spr.*, n° 3223.

CLIII

atha ketakî.

LA KETAKI [1].

pattrâṇi kaṇṭakaçataiḥ pariveṣṭitâni
vârttâpi nâsti madhuno rajasândhakâraḥ |
âmodamâtrarasikena madhuvratena
nâlokitâni tava [2] ketaki dûṣaṇâni ||

Tes feuilles, ô ketakî, sont revêtues de centaines d'épines, tu n'es pas même une source (?) de miel, et ton pollen assombrit (le jour) ; l'abeille (pourtant), qui n'a soif que de parfums, ne voit pas tes défauts [3].

CLIV

etâsu ketaki latâsu vikâsinîṣu [4]
saubhagyam adbhutataraṃ bhavatî bibharti |
yat kaṇṭakair vyathitam âtmavapur na jânaṃs
tvâm eva sevitum upakramate [5] dvirephaḥ ||

Auteur : *Mahâdeva*

Parmi toutes ces lianes fleuries, tu jouis, ô ketakî, d'une chance merveilleuse, puisque l'abeille, ne s'apercevant pas que tu la blesses avec tes épines, s'approche de toi pour te faire sa cour.

1. *Pandanus odoratissimus.*
2. *Tava* manque au ms.
3. Voir *Ind. Spr.*, n° 3897.
4. Ms. *vikâçiniṣu.*
5. Ms. *upakrate.*

CLV

atha pâṭalâ

LA PATALA [1]

pâṭalayâ vanamadhye kusumitayâ mohitas tathâ bhramaraḥ |
saiveyam iti yathâbhût pratîtir asyânyapuṣpeṣv api ||

Auteur : *Çârṅgadhara*

L'abeille est tellement enivrée au milieu de la forêt par la pâṭalâ épanouie que, même en se posant sur d'autres fleurs, elle a l'idée que c'est elle [2].

CLVI

atha panasaḥ

LE PANASA [3]

garîyaḥ saurabhyaṃ rasaparicaye nârhati sudhâ
mudhâ mṛdvîkâpi prathimani nimagnaḥ phalabharaḥ |
parârthe koçaçrîr iti pulakitaṃ kaṇṭakamiṣâd
aho te câritryaṃ panasa manasaḥ kasya na mude ||

La sudhâ [4] n'est pas capable, avec l'abondance de son suc, de dégager un parfum plus pénétrant; la vigne elle-même l'essaierait en vain. Dans ton envergure sont enfouis des masses de fruits utiles aux autres. La richesse de tes boutons est telle que tu parais hérissée et qu'on pourrait te

1. *Bignognia suaveolens.*
2. Voir *Ind. Spr.*, n° 4018.
3. *Artocarpus integrifolia.*
4. Nom de différentes plantes et en particulier de l'*euphorbia antiquorum*. C'est aussi le nom du nectar.

prendre pour une épine. Ah! panasa, quel est le cœur que ta manière d'être ne rende joyeux?

CLVII

atha tamâlaḥ

LE TAMALA [1]

yâsyanti kasya kusume madhupâ madhûni
sthâsyanti kasya çikhareṣu vihaṅgamâlâḥ |
ity eva çocati paraṃ parito visâri-
dâvâgnimagnavapur [2] eṣa tarus tamâlaḥ ||

« Aux fleurs de quel arbre les abeilles iront-elles chercher le miel? Dans les branches de quel arbre les oiseaux iront-ils se poser en troupes? » -- Ainsi gémit l'arbre tamâla dont le corps est plongé dans l'incendie de la forêt qui s'étend de toute part.

CLVIII

atha drâkṣâ

LA VIGNE

yady api na bhavati hâniḥ parakîyâṃ carati râsabhe [3] drâk-
[ṣâm |
asamañjasaṃ tu dṛṣṭvâ tathâpi khalu khidyate cetaḥ ||

Quoiqu'il n'y ait de dommage pour personne quand un âne broute la vigne d'autrui, à voir cette inconvenance, le cœur n'en souffre pas moins [4].

1. *Xanthochymus pictorius.*
2. Ms. *dâvâgnimâna°.*
3. Ms. *râsabho.*
4. Voir *Ind. Spr.*, n° 5281.

CLIX

dâserakasya dâsîyaṃ badarî yadi rocate |
etâvataiva kiṃ drâkšâ na sakšâd amṛtapradâ ||

Auteur : *Karpûrakavi*

Si la badarî [1], cette esclave du chameau, a de la beauté, en résulte-t-il que la vigne ne nous donne pas évidemment l'ambroisie? (Chacune d'elles a son genre de mérites).

CLX

atha nâlikeraḥ

LE COCOTIER

prathamavayasi pîtaṃ toyam alpaṃ smarantaḥ
çirasi nihitabhârâ nâlikerâ narâṇâm |
dadati jalam analpaṃ svâdam âjîvitântaṃ
na hi kṛtam upakâraṃ sâdhavo vismaranti ||

Les cocotiers, gardant le souvenir d'un peu d'eau qu'on leur a donné à boire dans leur jeunesse et qu'ils portent sur leur tête, offrent, aux hommes, tant qu'ils vivent, un breuvage abondant et savoureux : les gens de bien n'oublient jamais un bienfait [2].

1. Noms de différents arbres, entre autres du *Zizyhus jujuba*.
2. Voir, *Ind. Spr.*, n° 4249.

CLXI

atha bhûrjaḥ

LE BOULEAU

kurvantu nâma janatoyakṛtiṃ prasûna-
cchâyâphalair avikalaiḥ sulabhair drumâs te |
soḍhâs tu kartanarujaḥ pararakšaṇârtham
ekena bhûrjataruṇâ karuṇâpareṇa ||
Auteur : *Vaidyabhânu*

Que ces (autres) arbres fassent l'office de nuages pour les hommes, (qu'ils les rafraîchissent) avec leurs fleurs, leurs ombrages et leurs fruits sains, dont il est facile de jouir; le bouleau seul, tout à la pitié, souffre qu'on le coupe pour prêter secours à autrui.

CLXII

athâçvatthaḥ

LE FIGUIER

vardhitaiḥ siñcitaiḥ (sic) *kiṃ taiḥ saty açvatthe'nyapâdapaiḥ |*
vardhito narakâd rakšet spašṭo'rišṭâni hanti yaḥ ||
Auteur : *Mâdhavamâgadha*

Fi des autres arbres qu'on élève et qu'on arrose, quand on a le figuier sous la main ! Le figuier qu'on élève préserve de l'enfer, lui qui détruit manifestement toutes les choses funestes.

CLXIII

atha çâlmalî

LA ÇALMALI [1]

kâyaḥ kaṇṭakabhûṣito na ca ghanacchâyâkṛteḥ pallavâḥ
puṣpâṇi cyutasaurabhâṇi na dalaçreṇîmanohâriṇî |
kiṃ brûmaḥ phalapâkam asya yadûpanyâse vilâjjâmahe
tad bho kena guṇena çâlmali taro jâtâsi sîmadrumaḥ ||

Son tronc n'a (d'autres) ornements que des épines ; il manque des bourgeons propres aux espèces dont l'ombrage est dense ; ses fleurs sont sans parfum et dépourvues d'agréables rangées de pétales. Parlerons-nous des fruits qu'il produit? Nous rougirions d'en faire mention. A quelle qualité dois-tu donc, ô çâlmalî, d'être devenue l'arbre des limites?

CLXIV

atha nimbhaḥ

LE NIMBA [2]

yasmâd arthijano mano'bhilaṣitaṃ labdhvâ [3] mudâ meduraḥ
sârdhaṃ bandhujanaiç cakâra vividhân bhogân vilâsoddhu-
[raḥ |
taṃ daivena vivekaçûnyamanasâ nirmâlya cûtadrumaṃ
sthâne [4] tasya tu kâkalokavasatir nimbhaḥ samâropitaḥ ||

1. *Salmaria malabarica.*
2. *Azadirachta indica.*
3. Ms. *laghâ* (?)
4. Ms. *sthâneṣu.*

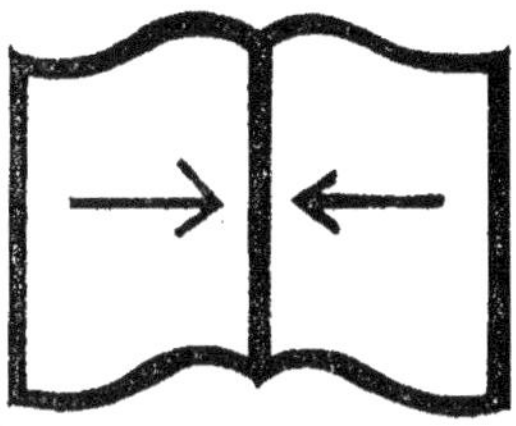

RELIURE SERREE
Absence de marges
intérieures

Contraste insuffisant
NF Z 43-120-14

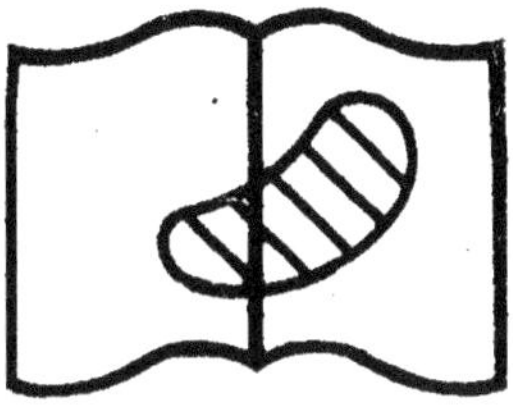

Illisibilité partielle

Valable pour tout ou partie
du document reproduit

C'est après que le destin, dans son absence de discernement, a eu déraciné l'arbre mango, dont le pauvre tirait l'objet de ses désirs, et grâce auquel, rempli de gaieté, il goûtait ensuite avec ses amis des plaisirs divers en s'abandonnant à la joie, qu'à sa place s'est élevé le nimba, ce refuge de la tribu des corbeaux.

CLXV

atha vañchûlaḥ

LE VANCHULA [1]

gâtraṃ kaṇṭakasaṃkaṭaṃ praviralâ [2] *châyâ na çâyâsahṛt*
nirgandhaḥ [3] *kusumotkaras tava phalaṃ na kšudhvinâçakša-*
[*mam* |
vañchûladrumamûlam eti na janas tat tâvad âstâm aho
anyešâm api çâkhinâṃ phalavatâṃ guptyai vṛtir jâyate ||

Ton corps est couvert d'épines, ton ombre est rare et n'est pas de nature à reposer de la fatigue, toutes tes fleurs sont sans parfum, tes fruits ne sauraient apaiser la faim; aussi nul ne s'approche de tes racines, ô vanchûla. Mais, soit! tu sers (au moins) de haie pour protéger les autres arbres qui donnent des fruits (savoureux).

1. Seulement *vânchula* au *Dict. de S^t-P*. C'est le nom de diverses plantes *Dalbergia ougeinensis*, *Jonesia asoca*, *calamus rotang*.
2. Ms. *praviralaḥ*.
3. Ms. *nigandhaḥ*.

CLXVI

atha khadiraḥ

LE KHADIRA [1]

candane viṣadharân sahâmahe
vastu sundaram aguptimat kutaḥ |
sûcitaṃ vada kim âtmasauṣṭavaṃ
rakṣitâḥ khadira kaṇṭakâs tvayâ ||
Auteur : *Bhallaṭa*

Nous prenons notre parti (de voir) des serpents autour de l'arbre santal : pourquoi une chose précieuse serait-elle sans protection? Mais dis-moi, ô khadira, faut-il voir l'indication d'une excellence qui leur est propre dans le fait que tu protèges des épines [2]?

CLXVII

atha kiṃçukaḥ

LE KIMÇUKA [3]

mâvaha kiṃçuka garvaṃ çirasi bhramaropaveçanena |
vikacakamalamâlatîviyogâd analadhiyâ tvayi majjati dvi-
[rephaḥ [4] ||

Ne conçois pas d'orgueil, ô kiṃçuka, parce que l'abeille

1. *Acacia katechu.*
2. Le khadira est épineux ; il défend par là même les épines qu'il porte.
3. *Butea frondosa*, arbre dont les fleurs sont rouges et sans parfum.
4. Il paraît impossible de déterminer à quel genre de mètre celui de cette stance se rattache.

est venue se poser sur ta tête; elle s'est abattue sur toi en l'absence de lotus et de jasmins épanouis, parce qu'elle t'a pris pour du feu (la flamme d'une lampe qui attire les insectes ailés).

CLXVIII

atha çâkhotaḥ

LE ÇAKHOTA

kas tvaṃ bhoḥ kathayâmi daivahatakaṃ mâṃ viddhi [1] *çâkho-*
[ṭakaṃ
vairâgyâd iva vṛkša sâdhu viditaṃ kasmâd idaṃ bhâšase |
vâmenâtra vaṭas tam adhvagajanaḥ sarvâtmanâ sevate
na cchâyâpi paropakârakṛtaye mârgasthitasyâsya me ||

« Qui es-tu, ami? » — « Je vais te le dire : sache que je suis un çâkhoṭa maltraité du sort. » — « (Tu t'exprimes), ô arbre, comme si tu étais voué au renoncement. » — « C'est bien cela. » — « Pourquoi parler ainsi? » — « Il y a là, à gauche, un figuier que le voyageur recherche de tout son cœur, tandis que moi, qui suis placé sur le bord de la route, je n'ai pas même d'ombre au service d'autrui » [2].

CLXIX

atha pîluḥ

LE PÎLU [3]

dhanyâḥ sûkšmaphalâ api priyatamâs te pîluvṛkšâḥ kšitau
kšuṅkšîṇena janena hi pratidinaṃ yešâṃ phalaṃ bhujyate |

1. Ms. *viddha.*
2. Voir *Ind. Spr.*, n° 1603.
3. *Careya arborea.*

kiṃ tais tatra mahâphalair api punaḥ kalpadrumâdyair dru-
[mair
yešâṃ nâma manâg api çramanudâ[1] *châyâpi na prâp ate*||
Auteur : *Çakšikumâra*

Vivent les arbres pîlu! Quoique leurs fruits soient petits, ils sont très aimés sur la terre. Ils servent, en effet chaque jour de nourriture à ceux qui sont affamés. Fi de ces grands arbres, comme le kalpadruma, dont on n'obtient pas même un peu d'ombre pour se délasser de ses fatigues!

CLXX

atha karîra

LE KARÎRA[2]

phalaṃ dûratare'py âstâṃ pušṇâsi kusumair janân |
itare taravo manye karîra tava kiṃkarâḥ ||

Ne parlons pas de tes fruits! Tu nourris les hommes avec tes fleurs, ô karîra; (aussi) les autres arbres ne sont, à mon avis, que tes serviteurs.

CLXXI

atha bilvaḥ

LE BILVA[3]

âmodîni[4] *sumedurâṇi ca mṛdusvâdûni ca kšmâruhâm*[5]
udyânešu phalâni[6] *labdhajanušâṃ santîtarešâm api* |

1. Ms. *çramanudaḥ*.
2. *Capparis aphylla*.
3. *Aegle marmelos*.
4. Ms. *amodîni*.
5. Ms. *kšmâruhân*.
6. Manque au ms.

kiṃ tu çrîphalatâ tavaiva jayinî mâlûra dhṛmaṇḍale
yasyaitâni phalâni yauvanavatîvakšojalakšmîgṛhaḥ [1] ||

Il y a d'autres arbres plantés dans les parcs dont les fruits sont odorants, abondants, doux et savoureux; mais l'éclat des tiens seuls, qui, indépendamment de toutes ces qualités, ont ravi (en quelque sorte) la beauté des seins des jeunes filles, ô bilva, est victorieuse sur toute la terre.

CLXXII

atha çâliḥ

LE RIZ

çâkhâsaṃtatisaṃniruddhanabhaso bhûyâṃsa evâvanau
vidyante taravaḥ phalair avikalair ârticchidaḥ prâṇinâm |
kiṃ muṇḍair [2] *na dalair alaṃkṛtatano çâle stumas tuṅgatâṃ*
dattvâ yena nijaṃ çiraḥ sukṛtinâ ko nâma na prîṇitaḥ ||
Auteur : *Naigameya*

Il y a sur terre des arbres nombreux, aux fruits magnifiques, dont les branches étendues cachent la vue du ciel et qui dissipent les fatigues des êtres vivants. Pourquoi ne célébrons-nous pas ta grandeur, ô riz, à la tige ornée de feuilles courtes (?)? Est-il quelqu'un qui ne profite de tes bienfaits, après que tu as offert ta tête (en sacrifice)?

1. Ms. *gṛhâḥ*. Ce mot est en accord grammatical avec *tava*, mais se rattache pour le sens à *phalâni*.
2. Ms. *kimuddhi (?)*.

CLXXIII

athekṣuḥ

LA CANNE A SUCRE

mukhe yad vairasyaṃ vapur api punar granthinicitam
na saṃtaptaḥ kvâpi kṣaṇam api bhajen mûlam abhitaḥ |
phalaṃ caivâpyaṃ vitathasaranimnaç ca bhavatas
tad ikṣo nâyuktaṃ vihitam itarair yantradalanam ||

Tu n'offres aucune saveur à la bouche, et de plus ta tige est remplie de nœuds; celui que brûle l'ardeur du soleil ne saurait jamais s'approcher de toi, même un instant (pour trouver de l'ombrage) ; ton fruit n'est que de l'eau, et c'est en vain que tu crois dans un marais (que l'on t'arrose abondamment). C'est donc à bon droit, ô canne à sucre, que tu as été destinée à être broyée par autrui dans des machines.

CLXXIV

atha karpâsaḥ

LE COTONNIER

çlâghyaṃ karpâsaphalaṃ yasya guṇair randhravanti pihitâni |
muktâphalâni taruṇîkucakalaçataṭeṣu vilasanti ||

Le fruit du cotonnier (les tissus de coton) est digne d'être célébré ; c'est grâce à ses qualités (ou à ses fils) que les perles défectueuses cachées par lui se jouent sur les pentes du globe du sein des jeunes filles [1].

1. Cf. ci-dessous CLXXVI.

CLXXV

nišpešo' sthani yasya duḥsahataraḥ prâptaṃ tulârohaṇaṃ
grâmastrînakhaluñcanavyatikaras tantrîprahâravyathâ |
mâtaṅgojjhitamaṇḍavârikaṇikâpânaṃ ca kûrcâhatiḥ
kârpâsena parârthasâdhanavidhau [1] kiṃ kiṃ na câṅgîkṛtam ||

La toile de coton, dont les os reçoivent des coups très difficiles à supporter, qui est placée sur la balance (considérée aussi comme instrument de torture), qui est exposée à être déchirée par les ongles des villageoises, qui sous la forme de cordes (d'instruments de musique) est l'objet de mauvais traitements, qui a pour (toute) boisson le bouillon de riz refusé par les éléphants, qui est écorchée par le balai, nous indique tout ce qu'on doit attendre quand on se rend utile aux autres.

CLXXVI

nîrasâny api sevante kârpâsaya phalâni me |
yešâṃ guṇamayaṃ janma parešâṃ guhyaguptaye ||

Quoique les fruits du cotonnier soient sans saveur, ils n'en sont pas moins agréables pour moi, car on en tire des objets ayant des qualités (ou des fils) qui servent à cacher chez autrui ce qui doit être tenu secret [2].

CLXXVII

kârpâsaçatakârpâsa[3]çatair api na çâmyati |
çîtaṃ çâtodarîpînavakšojâliṅganaṃ vinâ ||

Centum centumque velaminibus gossypinis etiam frigus

1. Ms. *parârthasâna*°.
2. Voir *Ind. Spr.* n° 3802.
3. Ms. °*karpâsa*°.

non sedatur, sine gracilis ventri atque pinguium mammarum amplexu.

CLXXVIII

atha çaṇaḥ

LE CHANVRE

bhûrjaḥ paropakṛte nijakavacavikartanaṃ sahate |
parabandhanâya tu çaṇaḥ[1] *prekšadhvam ihântaraṃ kîdṛk* ||

Auteur : *Vallabha*

Le bouleau souffre qu'on le dépouille de son écorce pour l'utilité, et le chanvre, pour la capture d'autrui. Voyez quelle différence entre l'un et l'autre ![2]

CLXXIX

atha kaṇṭakârikâ

LA KANTAKARIKA[3]

ucitaṃ nâma nâraṅgyâṃ ketakyâm api kaṇṭakâḥ |
rasagandhojjhite kiṃ te kaṇṭakâḥ kaṇṭakârike ||

Les épines conviennent, certes, à l'oranger et à la ketaki. Mais toi, ô kaṇṭakârikâ, qui n'as ni saveur ni odeur, pourquoi en être munie ?[4]

1. Ms. *çaṇa*.
2. Voir *Ind. Spr.*, n° 4618.
3. *Solanum jacquini*.
4. Voir *Ind. Spr.*, n° 1159.

CLXXX

atha tṛṇâni

LE GAZON

uttuṅgais tarubhiḥ kim ebhir akhilair âkâçasaṃspandibhir
dhanyo'sau nitarâm ulûpaviṭapî nadyâs taṭe' vasthitaḥ |
evaṃ yaḥ kṛtabuddhir uddhatajalavyâlolavîcîvaçân
majjantaṃ janam uddharâmi sahasâ tenaiva majjâmi vâ ||
Auteur : *Râṇaka*

A quoi bon tous ces grands arbres qui se déploient dans le ciel? Vive à jamais ce bouquet de plantes qui pousse sur le bord de la rivière; sa détermination est prise (et il dirait volontiers) : « Je m'efforce de sauver l'homme submergé par les flots agités de l'eau qui a crû, ou bien je suis submergé avec lui. »

CLXXXI

rûḍhasya sindhutaṭam anugatasya tṛṇasyâpi janma kalyâṇam |
yat salilamajjadâkulajanasya hastâvalambanaṃ bhavati ||
Auteur : *Vallabha*

L'espèce même du gazon qui croît sur le bord de l'Indus est utile, car il offre une prise aux mains de l'homme perdant sa présence d'esprit au milieu de l'eau qui le submerge.

CLXXXII

atha tâmbûlavallî

LE BÉTEL

vallînâṃ kati na sphuranti paritaḥ pattrâṇi kiṃ tair iha
snigdhair apy atikomalair api nijâm evâçrayadbhiḥ çriyâm |

tân eva stumahe mahâjanamukhaçrîkârijanmavratân
yân sûte navanâgarapriyatamâṃs tâmbûlavallî chadân ||

Combien de feuilles de plantes grimpantes n'apparaissent-elles pas de toute part? Mais à quoi servent-elles ici-bas, même quand elles sont douces, très délicates et ayant chacune un éclat qui leur est propre? Nous célébrons seulement les feuilles si chères aux jeunes citadins, destinées à la race des cerfs et à la bouche des grands, que produit le bétel.

CLXXXIII

kiṃ vîrudhâ bhuvi na santi sahasrasaṃkhyâ
yâsâṃ dalâni na paropakṛtiṃ bhajanti |
ekaiva vallîṣu virâjati nâgavallî
yâ nâgarîvadanacandram alaṃkaroti ||

N'y a-t-il pas par milliers sur la terre des plantes dont les feuilles ne sont d'aucune utilité pour personne? Le bétel se distingue entre toutes les lianes, car il fait l'ornement de la bouche, belle comme la lune, des citadines.

CLXXXIV

atha tumbî

LA GOURDE

sarvâs tumbyaḥ ... [1] *kaṭurasâs tuṅgavallîprasûtâs*
tâsâṃ baddhâ api katipayâ dustaraṃ târayanti |
çabdâyante sarasam aparâḥ çuṣkakâṣṭe [2] *niṣaṇṇâs*
tanmadhye' nyâ jvalitahṛdayâḥ çoṇitaṃ saṃpivanti ||

1. Lacune des deux syllabes.
2. Ms. *çaṣka*°.

Toutes les gourdes qui croissent sur des lianes élevées ont un goût amer; (mais) quelques-unes attachées (aux flancs des nageurs?) aident à traverser des passages difficiles; d'autres fixées sur du bois sec rendent un son agréable; d'autres, enfin, renferment du sang que boivent ceux dont le cœur est enflammé (les guerriers, les héros?).

CLXXXV

atha rasâlaḥ

L'ABRE MANGO

kati pallavitâ na puṣpitâç ca
taravaḥ [1] *santi samantato vasante* |
jagatâṃ vijaye tu puṣpaketoḥ
sahakârî sahakâra eka eva ||

Combien n'y a-t-il pas au printemps, et de toute part, d'arbres en bourgeons et fleuris? Mais, pour la victoire qu'il remporte sur les hommes, le dieu qui a les fleurs pour emblème (l'Amour) n'a pas d'autre auxiliaire *(sahakârî)* que le sahakâra (l'arbre mango).

CLXXXVI

na tâdṛk karpûre na ca malayaje no mṛgamade
phale vâ puṣpe vâ tava milati yâdṛk parimalaḥ
paraṃ tv eko doṣas tvayi khalu rasâle yad adhikaḥ
pike vâ kâke vâ laghu guru viçesaṃ na manuṣe ||

Ni camphre, ni santal, ni musc, n'a parfum semblable à celui de tes fruits et de tes fleurs. Tu as pourtant un grand

1. Ms. *puṣpitas tâvaḥ.*

défaut, ô arbre mango, c'est que tu ne fais de différence, ni grande ni petite, entre le kokila et le corbeau [1].

CLXXXVII

saṃsârasâra sahakâra tathâ vidheyaṃ
yenopahâsaviṣayo na bhaved dvirephaḥ |
saurabhyagarbhamakarandakarambitâni
paṅkeruhâṇy api vihâya samâgatas tvâm ||

O arbre mango, la moelle (la merveille) du monde, il faut que le créateur ait établi que l'abeille ne serait jamais un objet de moquerie, elle qui vient à toi après avoir quitté les jasmins et les lotus eux-mêmes, ces sources (intarissables) de parfums.

1. Tu les accueilles également, quoique l'un ait un chant agréable et que l'autre ait un cri odieux.

ÉTUDE

SUR

LE RHOTACISME PROETHNIQUE

Et ses rapports avec le développement morphologique des langues indo-européennes.

Toute cette étude se rattache, pour les compléter et parfois les rectifier, à des vues et à des faits déjà indiqués dans mes *Essais de linguistique évolutionniste*. — Voir surtout, en ce qui concerne le rhotacisme, p. 285-290 ; — les finales de part. présents, p. 196-204 ; — les élargissements analogiques, p. 83-91.

Les démonstrations qui vont être tentées nécessitent avant tout les remarques suivantes :

1° Les participes présents en sanskrit, en grec et en latin, ou les formes qui leur sont phonétiquement apparentées, offrent, tant au masculin qu'au neutre, une série de terminaisons différentes dont voici la liste :

— *an*, sk. *bhav-an*.
— *ân*, sk. *mah-ân*, *vidv-ân*.
— *ân̈*, sk. *mah-ân̈ asi* (Whitney, *Sk. gram.* § 209, *a*).
— ην, -εν, gr. τέρ-ην, τέρ-εν.
— ων, -ον, gr. λύ-ων, λύ-ον.

— *at,* sk. *mah-at, bhav-at,* n.
— *ânt,* sk. *mah-ânt san* (Whitney, *id.* § 207).
— *âṃs,* sk. *mah-âṃs tataḥ* (*saṃdhi* régulier).
— *ans,* zend *ad-ans.*
— *ens,* lat. *lu-ĕns* (?), n.
— *êns,* lat. *lu-êns,* masc. f.
— ᾱς, gr. ἱστ-ᾱς.
— *is,* sk. *arc-is,* n.
— *as,* sk. *adrivas,* voc.; *man-as,* n. *çrey-as,* n.
— **os, -us,* sk. *cakš-us,* n.
— ης (εις), -ες, gr. τιθ-είς; th. γεν-ες, n.
— ως, -ους, -ος, gr. λελυκ-ώς, διδ-ούς, γέν-ος, n.
— *ôs* (*or*) *-ŏs, -ŭs,* lat. *mel-iôr, am-ôr, meli-us, rob-os,* n.
— *-ĕs, (er),* lat. *-gen-er,* dans *degener.*
— *ats,* sk. *mah-ats tataḥ* (*saṃdhi* régulier).
— *â,* sk. *râj-â(n)* [1].

2° Le vocalisme de ces finales se répartit entre les deux séries *â-ê, ŭ-ĕ* (brefs); *ô-û, ŏ-u* (brefs), qui alternent, soit entre des formes qui se correspondent dans des idiomes différents (λύων, *-luêns*), soit entre les formes d'une même déclinaison dans une même langue (thèmes γενος-γενες).

I. — Le rhotacisme de *s* final considéré comme un phénomène commun au sanskrit, au grec et au latin.

En sanskrit, le rhotacisme de *s* final devant une sonore, même après *a,* à une période ancienne du développement de la langue, est attesté par d'assez nombreux exemples cités par M. Whitney, *Sansk. Gram.,* § 176 *c.* Il convient, à mon

1. On peut y ajouter la finale *st* ou *sth* qu'on retrouve, comme nous le verrons, à l'intérieur de plusieurs formes élargies sur elle. Cette finale correspond à *ts,* comme *sk* correspond à *kš.* Voir mes *Essais de linguist. évolut.,* p. 280, sqq.

avis, d'y ajouter les formes *yar, kar, tar, etar,* dans *yarhi, karhi, tarhi, etarhi,* venant des nom.-accus. neutres **yas, *kas, *tas, *etas,* plus anciennement **yâs, *kâs,* etc., doublets de *yat, *kat, tat, etat,* comme *kis,* employé isolément et dans *nâkis, mâkis,* est un doublet de *cit* et de *kim*[1]. A ces formes correspondent du reste les adverbes grecs comme ὥς, κῶς, πῶς, τέως, οὕτως, qui sont aussi d'anciens nom.-accus. neutres appartenant à la même série morphologique que ὕδωρ, σκώρ, etc., et qui remontent à une période où le neutre ne se distinguait pas encore du masc. par un état faible de la voyelle du suffixe. La série des adverbes en -ως, comme μαλακῶς, etc., a certainement la même origine.

Or, si l'on tient compte : 1° de la possibilité du rhotacisme en sk. de *s* après *a;* 2° de l'alternance des finales *s* et *n* sur un même thème de participe présent (ou de forme apparentée), — exemp. *çikvâs -cikvân,* — il ne paraîtra pas douteux, non seulement que le féminin *pîvar-î* est formé sur *pîvas,* d'où **pîvar* (cf. gr. πῖωρ) par l'adjonction à ce thème de la caractéristique du féminin, — mais encore que *yajvar-î,* auprès de *yajvan-î* est formé de même sur **yajvâs,* doublet de *yajvân*[2].

Même explication pour

jitvar-î,	auprès de	**jitvâs,*	doublet de	*jitvân,*	nom. sing.
sṛtvar-î	—	**sṛtvâs*	—	*sṛtvân,*	id.
çîvar-î	—	**çîvâs*	—	*çîvân*	id.

et toutes les formes analogues.

Des formes masculines et neutres correspondantes se sont développées souvent à côté des féminins qui leur ont servi de prototypes analogiques. Il en est ainsi de

jitvar-a-s,-m,	auprès de	*jitvar-î*
sṛtvar-a-s, -m	—	*sṛtvar-î*

1. Voir, pour une autre explication, mais inexacte, à mon avis, Bergaigne, *Mém. de la Société de ling. de Paris,* III, 164, seq.

2. L'antécédent commun est **yajvâṃs* (cf. *vidvâṃs,* auprès de *vidvân),* et ainsi pour toutes les formes analogues.

îçvar-a-s,-m auprès de *îçvar-î*
itvar-a-s,-m — *itvar-î*, etc.

Vidvala-s, -m, pour **vidvar-a-s, -m,* auprès de *vidvâṃs*, a, sans aucun doute, la même origine.

Des rhotacismes analogues et qui, selon toute apparence, remontent à la période de communauté indo-européenne, se constatent tout particulièrement dans le gr. πῖαρ (pour *πιᾶς cf. le doublet πίων(ς)) auprès du sk. *pîvas* et de *pîvarî;* ainsi que dans οὖθαρ [1] (sk. *ûdhar* [2] pour et auprès de *ûdhas* et *ûdhan* pour **ûdhaṃs)* et lat. *ûber* [3].

Quant à des exemples d'élargissements sur des formes rhotacisées, je citerai

πίερα (Hes.) et πίειρ-α [4], auprès de πῖαρ
ἡμέρ-α — ἦμαρ
μεγάλη, pour *μεγαρ-η, auprès de μέγας, d'où *μεγαρ (cf. μάκαρ et sk. *mahar).*

En latin, élargissement analogue dans *magnu-s, -a, -um,* mais sur un thème **macan* (d'où **macen, mag'n-)* doublet du proethnique **macas* (ou *magas*).

A ces exemples des deux phénomènes, s'en ajoute un grand nombre d'autres dans les trois langues. Je vais indiquer les principaux, après avoir fait remarquer qu'en général l'élargissement des formes a pour conséquence l'affaiblissement du vocalisme ou du consonantisme de la dernière syllabe du thème élargi. Exemples : *yajvanî* et *yajvarî,* au-

1. Pour *οὖθας, dont le thème οὖθατ- est un doublet; voir ci-dessus la liste des finales de part. présents, et cf. le couple λελυκώς-λελυκοτ-.

2. L'hypothèse d'après laquelle *ûdhar*, serait la forme primitive (Curt., *Grundz*.[5], 260) est insoutenable à quelque point de vue que l'on se place. Le *s* final en sk. peut se changer en *r*, sans que l'inverse, quoi qu'on en ait dit, *soit jamais possible;* l'ensemble de cetto étude le fera voir. Du reste, par leur nature même, les transformations phonétiques ne sont jamais réciproques; elles s'accomplissent d'après des lois qui se développent d'une manière continue sans jamais subir de mouvements rétrogrades.

3. Ce mot présente un labialisme analogue à celui de *lupus* auprès de λύκος.

4. L'accroissement a eu lieu à l'aide de α, caractéristique du féminin en gr., comme *î*, affaibli de *â* l'est en sk. De l'analogie de πίερα, est né sans doute πιερό-ς, -ν; cf. sk. *jitvara-s*, auprès de *jitvarî*.

près de *yajvân*, **yajvâs*; πίειρα, auprès de πιἄρ; μεγάλη auprès de *μέγαρ; *mag'nus*, auprès de **magan*. —

Sk. *yakṛt* et *yakan*.— *Yakṛt* est pour **yakas*, **yakar*, élargi en **yakar-at*, très probablement à cause d'une variante **yakant*, **yakat*.— Gr. ἧπαρ et ἡπατ- (dans ἥπατ-ος), le premier pour *ἥπας. — Lat. **jecos*, *jecor* et **jecan*, **jecen*, d'où un thème élargi **jecen-or-*, *jecin-or-*, par une combinaison analogue à celle d'où est issue *yakṛt*. Pour le rapport du vocalisme de la dernière syllabe dans *jecos*,-*jecen*, cf. λύων,-*luens*.

Sk. *çakṛt* et *çakan*. — Comme ci-dessus, variantes **çakas*, **çakar*, **çakant*, **çakat*, d'où la combinaison **çakar-at*, contractée en *çakṛt*. — Gr. σκώρ, σκατ- (cf. ὕδωρ, -ὕδατ-) pour *κσεκως, *σσεκως, σ'κωρ; *κσεκατ-, etc. — Lat. *stercos*, *stercor-*, pour **scercos*, doublet de *κσερκως (cf. pour le dentalisme en latin et la perte de *r* en sk. et en grec *stringo* auprès de σφίγγω).

Sk. *asan*, **asas*, d'où **asar* et *as'r-a-s*. — Probablement une variante **asansk*, **asank*, **asang*, **asag*, antécédent de **asanst*-**asants* (d'où **asants*, **asans*, **asan*, **asas*), en combinaison avec *asar**(cf. *yakṛt*, *çakṛt*), a donné *asar-ag*, d'où *asṛj-*.—Gr. εἴαρ, ἔαρ pour *εἴσαρ, *εἴσας, cf. sk. **asas*, probablement pour * *âsas*. — Lat. *assir*, pour **ass-es*, *'san'guen*, pour **asan-ag-ven*, cf. la formation du sk. *asṛj* et lat. *stella* pour la chute de l'*a* initial. — Pour *sanies*, cf. sk. *asan*.

Sk. *oš-as* (dans *dur-ošas*), *ušas* et *ušar*, d'où *us'r-â*, *us'r-a-s* [1], *us'r-iya-s*.— Gr. αὔως (*αὐσ-ως), ἠώς, ἕως, d'où αὔριος (formé sur αυς-) pour αὔ'ρ-ιος, ἕωλος, pour *ἑ̣ωρ-ος, ὥρα, pour *ἑωρ-α (cf. ἕως- ὥς, ἕων-ὧν), ἠέρ-ιος, lat. *aurora*, pour **aus-os-a* [2].

Ἔαρ, ἦρ, εἰαρ- (dans εἰαρ-ινός) sont, eu égard à ἠώς, ἕως, dans le rapport de *luens* à λύων. Ἔαρ est donc pour *ἐσ-ας, comme ἕως pour *ἕσ-ως. — Le lat. *vēr* est pour **vērs*, **vēr-es*, **vēs-es*,

1. Cf. *ušṇa-s*,-*â*, -*am*, venant de **uš-an* (cf. *uš-as*) = *uš'ṇ-a-s*, cf. *uš'r-a-s*.

2. Ce mot, avant d'avoir pris une terminaison féminine, s'était rechargé du suffixe -*os* (cf. *jecin-os*); **aus-* correspond au sk. *uš*, **aur-os-*, à *ošas* et au gr. αὔως, enfin *aur-or-a*, à *us'r-â*.

(cf. Curt., *Grundz*,⁵, p. 388). — Εἰαρινός (εἰαρ-εν-ος) correspond exactement à *vernus,* pour *ver-'n-us.* — Le sk. *vasar* (dans *vasar-han)* correspond à ἔαρ et à *ver. Vâsara-s* est à rapprocher de εἰαρ- pour la partie radicale. *Vas-ant-a-s* présente un développement comparable à celui de *vernus.* Enfin le zend *vaṅhro* est pour **vans-as-o*; cf. sk. *vâsaras.*

Sk. *udan,*uda(n)s,* d'où *ud'r-a-s,* dans *an-udra-s, sam-udra-s, udr-in.* — Gr. ὕδος, ὕδωρ (pour *ὕδως), ὑδατ- (ὕδατ-ος) — rapport de λύων à *luens* —d'où ὕδ'ρ-α, ὕδερ-ος, etc.

Sk. *adant* et *adas,* dans *riçâdas.* — Gr. εἶδαρ, pour * ἦδας, d'où ἔδ-εσ-μα,-ἐδωδ-ή, pour * ἠδ-ωδ-η, cf. la formation de *aurora* [1].— Peut-être lat. *ador,* pour **âdôs,* doublet de *ἠδωτ-, *ἠδωδ-

Sk. *ûšman* et *ušman.* — Gr. ἦμαρ (pour * ἠσμανς, * ἦμας), et ἠματ- (cf. sk. *asmân,* gr. ἠμᾶς); ἡμέρα, pour * ἤμαρ-α.

Gr. στέαρ, graisse (le dur, le sec, par opposition au sang; pour * στεας) et στεατ- ; à rapprocher de στάσ, σταντ-; — στεῖρ-α la sèche, la stérile, de στεαρ-, *στερρ-, στεῖρ-α.— Latin **ster-is, *ster-ir, ster-il-is.* Développements analogues pour le sk. *sthira-s, sthûla-s, star-î.* Se rattachent au même antécédent, στερεός, pour * στηρ-εσ-ὸς et στῆριγξ, pour *στηρ-ενκς. Cf. la formation de *asṛj.*

Sk. *catus, catur, catvar-,* pour * *catvas-*. Le thème féminin *catas'r-,* pour **catas-as-*catas-ar-,* démontre en toute évidence que la finale est primitivement *s* [2].— τέσσαρ-ες, pour *τεσσασ-ες, avec le doublet τέτταρ-ες. — Lat. *quattuor,* pour **quattuos,* et **quatter,* d'où *quartus,* pour **quatt'r-tus.*

Sk. *sahasram,* pour **sahas-ar-am,* combinaison de *ṡahas,* dans le sens de beaucoup, avec un doublet **sahar;* cf. les thèmes *tisr-, catasr-.*

Sk. *hṛd;* gr. κέαρ, κῆρ, καρδ-, ou κραδ-; lat. *cord.* — *hṛd,* καρδ- et κραδ-; *cord-* auprès de κέαρ, certainement pour *κεας, ramènent à des combinaisons analogues à celles dont sont issus *yakṛt, çakṛt, asṛj* [3].

1. ἑδ-αν-ός, développement sur un doublet ἠδαν(τ).

2. Même raisonnement pour le thème *ter, t'r* auprès de *tis'r-.*

3. Combinaison du même genre sans doute dans δαμαρτ- (δάμαρ'τ-ος) auprès du nom. δάμαρ. Comp. de Saussure. *Mém. Soc. de ling. de Paris,* III, p. 207.

Gr. φρέαρ, φρεατ-, φρητ- pour *φρεας. Même racine que dans φλέω, φλύω, *fluo*. — Cf. lat. *fluor*, pour * *fluos*.

Ὕπαρ, pour * ὕπας (cf. *sopor* pour **sopos*, — rapport de ὕδωρ et ὕδατ-) doublet de *ὕπαν d'où *ὕπεν-ος, ὕπ'ν-ος. — De même en sk., *svapna-s* vient de **svap-an-a-s*, et en latin, *som'nus*, de **sopen-us*, qui pourrait être aussi pourtant pour **sop-menus*.

Gr. ἄλειφαρ, pour *ἀλειφας, cf. λίπας et λίπος (même rapport vocalique qu'entre ὕδωρ et ὕδατ-) et lat. *lepos*; λιπαρός, pour * λειπαρ-ος.

Gr. ὄναρ (rac. γεν, γον, comme pour ὄνομα), pour * ὀνατς, *ὀνασ, doublet * ὀνα(σ)τ, *ὀνατ, d'où, par la combinaison des deux finales, ὀνείρ-ατ-(ος); cf. la formation de *yakṛt* et du thème lat. *jecinor-*.

Sk. *akš-an*. — Gr. ὄκταλλος [1] et ὀφθαλμός, de thèmes *ὀκταρ-, *ὀφθαρ-, pour *ὀκσας- *ὀκσαρ- [2]; *ὀφσας- (avec labialisme) *ὀφσαρ, doublets de *akšan*. — Lat. *oculus*, de **ox* [3], **ocis*, d'où **oc-os*, **oc-or* et, enfin **ocol-us, ocul-us*.

Sk. *svasar*, pour **svas-as*. — Gr. ἔαρ, pour *σοσ-ας, *σοσ-αρ. — Lat. *soror*, pour **sos-os*. — Le dérivé *sobrīnus* ramène à un doublet thématique **sos-es-(bens), *sos's-(bes), *sos-(ber)*. Ce suffixe *ber*, **bens*, **bents* du lat. correspond aux formes *vaṃs*, *vant*, Fεις, Fεντ du sk. et du gr.

Sk. *çvaçura-s*, *çvaçrû* (formes apparentées à *çakvan*, *çakvarî*) le puissant, le fort, le chef (de la famille); élargissements analogiques sur un thème **çvaços*, d'où *çvaçur-a-s*, et sur un doublet **çvaças*, **çvaçar*, d'où *çvaç'r-û*.— Gr. ἑκυρός, ἑκυρά, de thèmes *ἑκος-*ἑκορ-. Cf. ἰσχύς, ἰσχυρός, où le groupe σχ correspond au *ç* interne des formes sansk. — Lat. *socer*, pour **socens*, **soces* (cf. *uber*) et *socrus*, pour **soc'r-us*, (cf. sk. *çvaçrû*.)

Sk. *îçvara-s*, de *îçva(n)s*. Cf. la série *itvan- itvara-s*, etc., et les doublets *îçâna-s* et *îçana-s*, formes élargies sur **içân*. Le sansk. a dû perdre un esprit initial (comme dans *upari* auprès de ὑπέρ et *super*) substitut d'un ancien groupe *sk* - *kš*.

1. Le redoublement du λ est, soit un fait d'analogie, soit et plutôt le résultat du rhotacisme d'une finale σσ dans *ὀκσκσσ venant de *ὀκσατσ.

2. Cf. la forme ὄσσε, pour *ὀκσε d'un nom. sing. *ὤξ, *ὄξ; cf. ὤψ.

3. Cf. ὄκκον, pour *ὀσκον.

Si cette hypothèse est juste, *îçvara-s* appartient à la même famille que *çvaçura-s, çakvan, sakšan-a-s,* gr. ἐχυρός, ἰσχυρός, et lat. *securus.*

Sk. *ahas, ahan, ahar,* très probablement pour **azgh-as,* etc., variante de *akš-* dans *akšan* avec le sens primitif de briller, cf. aussi *accha-s*=**askha-s,* brillant, limpide.— Sk. *hyas,* pour **ahyas* (cf. *ha,* pour *aha)* ἐχθές, pour *ἔχσες. — Lat. *heri,* pour **ehes-i, hest-er-nus,* pour **hest-es-en-us,* formé comme χθεσινός, pour *χθεσ(τ)-εν-ος (cf. χθιζός=*χθεδσ-ος) et sk. *hyast-an-a-s.* Le latin a employé une forme élargie **hest-es* (et **hets-es,* d'où **hes-es,*her-es)* à la déclinaison de laquelle se rattache *heri,* et qui a donné naissance à *hester-nus.*

Sk. *ambhas,* d'où (sur la forme faible rhotacisée) *abh'r-a-s,* et aussi *ambh'r-in-a-s.* — Gr. ὄμβ'ρ-ος. — Lat. *imber* par un intermédiaire **embher. Amnis,* probablement pour **ambh'n-is,* formé sur **ambhan,* doublet de *ambhas.*

Gr. χθαμαλός, formé sur *χθαμαρ-ος, *χθαμαρ, venant de *χθαμας, *χθαμανς [1]. Cf. sk. *kšâman,* pour **kšâmans.* Rapport analogue entre *χσαμαρ et *kšâman* à celui de ἦμαρ — *ušman.*

Sk. *mahat* (cf. μέγεθ-ος), *mahân, mahan, mahas, mahar.* — Gr. μέγας, μάκαρ-, *μεγαρ (cf. μεγαίρω) d'où μεγάλ-η; μακρός, pour *μακαρ-, *μακερ-, μακ'ρ-ός. — Lat. *magnus,* pour **macan-, *macen-, mag'n-us.*

Sk. *çîr-as* (zend *çarans*), pour **çâras, *çaras; çîršan* de **çiras-an, *çîr-'š-an.* — Gr. κάρ, d'où κάρ-ην-ον — *κορ, d'où *κορ-εσ-η, κόρ'ση, et *κορ-ερ-η, κόρ'ρη; — thème καρηατ-, *καρησ-Fατ-, — Lat. *cerebrum,* pour **ceres-bes-um* [2].

Lat. *iter, itiner-* pour **ites, *itens; *iten-es-;* cf., pour la combinaison des finales thématiques, *jecin-or-.* — Sk. *itvan, -itvara-s,* de **itvas, *itvar.*

Sk. *kapâla-s* et gr. κεφαλή.— Ce dernier surtout suppose un primitif *κεφαρ, *κεφας. Cf. μεγάλη auprès de μέγας. — Lat. *ca-*

1. Le doublet χαμηλός suppose un correspondant sk. **skâman.*

2. Ici le suffixe **bes* pour **bens,* rhotacisé à la finale en *ber,* correspond au suffixe *Fat* dans le gr. καρηFατ-.

put, capit-, pour **capet-*, doublets de *κεφας et rapport semblable pour le vocalisme à celui de λύων et *luens*.

Gr. τέφρα, venant de *τεφαρ, *τεφας, τέφ'ρ-α.— Cf. sk. *tapas* et latin *tempor-* et *tempus*.

Gr. διφθέρα, venant de *δεφθας *δεφθαρ, (*δεφθερ-α), pour *δεπσας, forme perdue de participe se rattachant à δέφω, δέψω, lat. *depso*. Pour le rapport significatif, cf. nos mots français *peler-peau*.

Gr. ὕπατ-ος, qui suppose un doublet thématique *ὑπας, fournit un indice très important en faveur de l'hypothèse d'après laquelle ὑπείρ serait pour *ὑπης, *ὑπηρ, d'où ὑπέρ-α. — On doit en conclure également que le sk. *upari* est un cas d'un thème **upas* rhotacisé et que le lat. *super* est pour **supes*. — D'une variante *ὑπσηρ de *ὑπηρ, pour *ὑσπηρ, dérive ὑψηλός, cf. ὕψος.

Sk. *sadas* et *sadhas*, dans *sadhastha-s*; d'où *sadh'r-î*, pour **sadhar-î*.— Gr. ἕδος, *ἑδες, οὖδας, d'où (sur *ἑδες, *ἑδερ) ἕδ'ρ-α. — Lat. *sedes*, d'où **seder*, **sed'l-a*, *sella*, *solium*, radical *sol-*, formé comme *sell-* dans *sella*, sur la variante radicale qui apparaît dans οὖδας.

Gr. ἄρουρα, venant de *ἀρωνς- *ἀρως-, ἄρουρ-α; cf. ἅλως et ἅλων pour *ἁλωνς, et ἀλωή, pour *ἀλωσ-η.

Gr. ἄργυρος, venant de *ἀργος, *ἀργορ, cf. sk. *rajas*.— Le sk. *rajatas* et le lat. *argentum* dérivent de doublets **rajant*, **argant*, passés aux formes de la 2e déclinaison.

Lat. *hanser* pour *hans-es*. — Sk. *haṃs-a-s*. — Gr. χήν pour *χηνς; ici le thème n'a pas subi d'élargissement.

Lat. *humerus*, pour **humes-us*.— Sk. *aṃsa-s*, pour**amas-a-s*. Le *h* initial du latin semble indiquer en sansk. la perte d'un esprit initial.— Gr. ὦμος, pour *ὠμσος, *ωμεσ-ος, cf. ἀμέσω (Hesych.)

Gr. ἄκων, ἀκοντ-, ἔγχος, ἀκανθ-, d'où ἄκαν-ας, ἄκαιν-α, ἄκανθ-α, ἀκόν-η, ἀκ-ωκ-ή (formé comme *aurora* et ἠδ-ωδ-ή); ἄκρος, pour ἄκ'ρ-ος, dérive d'une variante *ἀκας, *ἀκαρ, *ἀκερ-.— Même formation pour le sk. *agra-s*, pour **añkar-a-s* (cf. *añka-s* dans le sens d'aiguillon). — Lat. *acer*, pour **aces*, et *acris*, pour *ac'r-is*.

Gr. ἀγκάς, acc. n. sing. pris adverb., d'où *ἄγκαρ, ἀγκάλ-η, ἀγκαλ-ίς, le bras en tant que se courbant, serrant (le sk. *aṃhas* le fait de serrer est apparenté). De la variante *ἀγκαστ, *ἀγκεστ, dérivent ἀγκιστ-ες et ἄγκιστ(ε)ρ-ον. — ἄγκος, ἀγκών, — d'où *ἀγκωρ, *ἀγκορ, ἄγκυρ-α, ἀγκύλ-ος.

Gr. *γνωρος, d'où γνωρίζω, d'un primitif *γνως, *γνωρ; cf. νοῦς, pour *γνους et -γνως, dans ἀγνώς. — Lat. *gnarus*, **gnorus* (d'où *ignoro*) de **gnas*, **gnar*; **gnos*, **gnor*.

Gr. πλήρης, lat. *pleri-* (dans *plerique*), *plêrus*, — de *πλησ-ης, **plês-us*, cf. sk. *prâyas* et latin *plênus*, qui suppose un primitif **plên*, doublet de **plês*, l'un et l'autre pour **plêns*; cf. aussi πλήν qui appartient à la même famille.

Gr. δῶρ-ον, d'un thème *δως, *δωτς; cf. διδούς, δώς, lat. *dôs*, *dôt-* et sk. *dâs*, dans le védique *dâs-vant*. Au primitif **dôs*, correspondaient des doublets *dân(t)*, *dôn(t)*, d'où sk. *dân-am* et lat. *dôn-um*. — Même explication pour θεωρός, d'un primitif *θηως, *θηωρ.

Gr. *κτεας, d'où κτέαρ, κτέρ-ας. — *κτεαν(ς), d'où κτέαν-ον, κτῆν-ος. — *κτεατ, d'où κτεατίζω. — *κτης, d'où κτῆσ-ις.

Il ressort en toute évidence de ces comparaisons, qu'au moins dans un grand nombre de cas, les formations en *-ra-s*, *-la-s*; -ρο-ς, -λο-ς, -ρη, -λη, *-ru-s*, *-lu-s*, *-ra*, *-la*, etc., en sk., en grec et en latin, résultent du passage à l'analogie de la première et de la seconde déclinaison, selon le genre, de thèmes en *-ôs*, *-os*, *-âs*, *-as* (*-us*, *-es*, etc.), qui sont d'anciens participes actifs devenus pour la plupart des substantifs concrets neutres [1] dont la finale s'est rhotacisée. Le plus souvent, la surcharge amenée par l'adjonction de la caractéristique des déclinaisons précitées a déterminé l'affaiblissement du thème du mot ainsi allongé; en sorte qu'aux noms neutres en *-os*, *-as*, généralement basés sur une racine à l'état fort, correspondent des dérivés en *-ra-s*, *-la-s*, [2] etc., où

1. En latin pourtant les nombreux subst. en *or*, qui appartiennent à cette série, sont masculins.

2. Il serait facile de montrer que, contrairement à l'assertion de M. Windisch *Ueber die Verbalformen mit dem Charakter r*, etc. p. 503, ces formes ont en général un sens actif.

la racine, surtout en sanskrit, apparaît à l'état faible [1].

Les listes suivantes mettent le phénomène dans tout son jour et ajoutent une confirmation éclatante aux règles qu'indiquent déjà les faits que nous avons réunis et comparés plus haut :

ajir-a-s, -âñjas; ag'r-a-s, — forme voisine ἔγχος; *abh'r-a-s, -ambhas; dâr-a-s, -dam,* pour **dâṃs,* dans le sk. *dampati-s,* cf. gr. δες-, pour *δεμς-, dans δεσπότης; *paj'r-a-s, -pâjas; das'r-a-s, -daṃsas; vas'r-a-s, -vâsas; radh'r-a-s, -râdhas.*

idh'r-a-s, -edhas; cit'r-a-s, -cetas; vip'r-a-s, -vepas; vîr-a-s, -vayas (d'où le thème **vay's*); *rip'r-a-s, -repas; çrîr-a-s* et *çlîl-a-s, -çreyas* [2] (d'où le thème **çrey's*); *sthir-a-s,-stheyas* (d'où le thème **sthey's*); *sphir-a-s, -spheyas* (d'où le thème **sphey's*); *kšip'r-a-s- *kšepas,* que *kšepiyas* autorise à restituer.

ur-â (cf. *avi-s*),*-avas*; d'où le thème **av's; ug'r-a-s* et *vaj'r-a-s, -ojas; kšud'r-a-s* et *çûd'r-a-s, *-kšodas,* dont *kšodîyas* autorise la restitution; *krûr-a-s, -kravas,* d'où th. **krav's; jvar-a-s, -javas,* d'où th. **j'vas; catur-a-s, -catvar; tur-a-s, -tavas,* d'où th. **tav's; dûram, -*davas, *dav's,* dont *davîyas* autorise la restitution; *rucir-a-s, -rocas; rudhir-a-s,*-ἔρευθος; *çuk'r-a-s* et *çuk'l-a-s, -çoçis; çubh'r-a-s, -çobhas; çûr-a-s, -çavas,* d'où le thème **çav's; sûr-a-s, -svas, svar; sthûl-a-s, -*sthavas, *sthav's,* dont *sthavîyas* autorise la restitution; *çvaçur-a-s, -*çvaçvar,* lat. *socer; ṛj'r-a-s, -rajas; sṛp'r-a-s, -sarpis.*

Dans les séries suivantes, les deux termes sont au même degré eu égard à la partie radicale. L'affaiblissement dans le dérivé n'a affecté, en général, que le vocalisme, ou parfois le consonantisme, de la syllabe finale :

angir-as, -añjas; aṃhur-a-s, -aṃhas, lat. *angor; antar-a-s, ant'r-am, -antas; ambhar-a-s, -ambhas; ind'r-a-s,-* th. ἰνδαλ.

1. Cet affaiblissement s'ajoute souvent à celui dont il a été question plus haut et qui frappe tout particulièrement le vocalisme de la dernière syllabe du thème élargi.

2. Cette forme de comparatif, ainsi que *stheyâs'* et *spheyas,* se confond avec le substantif neutre en *as* formé sur *çrâ, çre.*

d'où ἰνδάλλομαι; *taral-a-s, -taras; cand'r-a-s,-* lat. *candor; tam'r-a-s, -tamas; nam'r-a-s, -namas; vak'r-a-s, -vakvan(s),* d'où *vakvarî; vadh'r-a-s* et *vadh'r-i-s, -vadhar; çak'r-a-s, -çakvan(s),* d'où *çakvarî; çarir-am, -çaras* et *çiras* [1]; *sarir-am, salil-am, -saras; medhir'a-s, -medhas; us'r-a-s,-ušas; bhûr-i-s, -bhuvas; mṛdh'r-a-s,-mṛdhas.*

Dans les exemples qui suivent, les formations en *-ra-s, -râ, -ram,* sont parallèles [2] à des formations en *-na-s* qui autorisent l'hypothèse de primitifs communs en *-aṃs* ou *-ans,* d'où *-as, -ar* et *an,* puis *-ar-a-s, -an-a-s :*

capal-a-s, -kampan-a-s; gabhîr-a-s, gambhir-a-s et *gambhar-a-s, -gambhan; badhir-a-s, -bandhan-a-s; bhad'r-a-s, -bhandan-a-s; bhramar-a-s, -bhramaṇ-a-s; randh'r-a-s, -randhan-a-s; hiṃs'r-a-s, -hiṃsan-a-s; îçvar-a-s, -îçân-a-s* et *îçan-a-s; chid'r-a-s,-chedan-a-s; miç'r-a-s, -mekšaṇ-a-s; sidh'r-a-s, -sedhan-a-s; -ud'r-a-s, -udan; urvar-a-s, -ulbaṇ-a-s; us'r-a-s, -ukšan; madhur-a-s, -madhun(s); rud'r-a-s, -rodan-a-s; vṛšal-a-s, -vṛšan; kṛcch'r-a-s, -karšaṇ-a-s; gṛdh'r-a-s, -gardhan-a-s; tṛp'r-a-s, -tarpaṇ-am.*

Pour le grec, je réunirai surtout des formations féminines qui indiquent des dérivations analogues à celles des premières séries.

ἀγκάλη, — ἀγκάς; ἄγκυρα, ἀγκύλη, — ἄγκος, ἀγκών; ἀγορά, — ἀγών; ἄρουρα, — ἄλως; ἄελλα, — ἀήρ; αἴθρα, — αἴθων, αἰθήρ; ἄκρα, — ἄκων; δαμάλη, — δάμαρ; ἕδρα, — ἕδος; ἐχθρά, — ἔχθος; ζεύγλη, — ζεῦγος; ἑκυρά, — *socer;* κοτύλη, — κεῦθος; μεγάλη, — μέγας; νεφέλη, — νέφος; ὀφείλη, — ὄφελος; σκυτάλη, — σκῦτος; τέφρα, — sk. *tapas,* etc.

Les formations latines correspondantes sont, entre autres :

aurora, — αὔως; *aura,* — ἀϝήρ; *capra,* — *caper; opera,* — *opus, *opes; sella (*sedela),* — *sedes; stella,* — ἀστήρ; *nebula,* — νέφος, sk. *nabhas; figura, figulus, tegula,* etc., dérivés de formes perdues, **figor* ou **fingor, *tegor,* etc.; *candela,* de *candens, *cander, *cander-a.*; *habena* de *haben(s),* etc.

1. De part et d'autre le sens primitif est : le dur, la chose dure.

2. Ce parallélisme existe également pour les formes comprises dans les séries précédentes.

Toutes les formes en *-er, -eris,* comme *hanser*, cf. sk. *hamsa-s,* et toutes les formes en *-er, er-i*, comme *socer* (cf. la formation de *çvaçûra-s* et de ἑκυρός), sont le résultat du rhotacisme de *s* final.

Plusieurs formes de même origine comme *ac'r-is* et *ac'r-us* sont passées, soit dans la troisième décl. parisyllabique, soit dans la première-deuxième, par suite d'un allongement analogique du thème.

Les dérivés en *-aris* et *-alis* sont des développements du même genre sur des formes en *-ar,* pour *-as,* comme *exemplaris,* auprès d'*exemplar, pulvinaris,* auprès de *pulvinar,* etc.

Les mots en *-urus, -ulus* dérivent, comme *oculus* qui vient de **ocor, *ocons,* de primitifs en *-or* que la surcharge de la caractéristique de la seconde déclinaison a fait affaiblir en *-ur, -ul.* Les dérivés récents comme *decorus* auprès de *decor* ne présentent pas cet affaiblissement : l'analogie du primitif qui a subsisté a contribué à les préserver de l'altération phonétique.

Les primitifs en *-ês, -êr,* parallèles à ceux en *-ôs, -ôr,* ont contribué sans doute avec ceux-ci à produire les dérivés comme *spect'rum,* de **specter-um* ou **spector-um.* Quant aux adjectifs en *-i-lis, -el-is, -ir-is, -er-is,* ils dérivent tous des premiers; exemples : *facilis,* d'un primitif **facens, *faces, *facer,* doublet de *facul,* pour **facons, *facos, *facor; similis,* d'un primitif **simens, *simes, *simer,* doublet de *simul,* pour **simons, *simos, *simor;* cf. à la première série le gr. ὁμαλ-ός. Pour le vocalisme de l'antépénultième, *similis* est à ὁμαλός, comme *umbilicus* est à ὀμφαλός. La transition s'est faite par des formes du genre de ὑψηλός, χαμηλός, etc.

De ce qui précède, nous pouvons déjà tirer les conclusions suivantes :

1° Les suffixes *-ra-s, -la-s,* etc., ne sont que des fictions morphologiques : ils proviennent, dans tous les cas, de finales *-ês* et *-ôs,* souvent parallèles dans des dérivés d'une même racine, dont le *s* rhotacisé s'est adjoint une finale *-a-s (-o-s, -u-s,* etc.), identique à celle des formes de la 1re et de la 2e déclinaison.

2° Cet élargissement des thèmes en *-âs, -ôs,* etc., a presque toujours déterminé leur affaiblissement qui s'est traduit, en sanskrit, par le passage de la racine de la forme forte à la forme faible *(vepas-vip'ra-s)* accompagné d'une contraction *(vip'ra-s* pour **vipar-as)* ou d'un affaiblissement de la voyelle de la dernière syllabe *(ajira-s,* pour **ajar-a-s,* auprès de *añjas)*. En grec, l'affaiblissement consiste généralement, en pareil cas, dans le changement de la même voyelle en αι, ει, ᾰ, ε, si elle se présente sous la forme de ᾱ ou η; en ου, ο, υ, si cette forme était ω; ou bien, dans une contraction qui la fait disparaître absolument. En latin, c'est ce dernier phénomène qui est le plus fréquent, ainsi que l'abaissement de *ô* à *ŭ, u.*

3° Les formations féminines sur des masculins (ou des neutres?) en *-âs, -ês, -ôs,* etc., dont la finale est rhotacisée, a lieu, pour le sanskrit, par l'adjonction de *â* ou *î;* pour le grec, par celle de ᾱ ou η; en latin, par celle de *a.*

4° En latin, comme en sanskrit et en grec, c'est seulement en tant que finale que le *s* s'est rhotacisé. Toutes les formes où le rhotacisme paraît interne sont élargies sur des primitifs à finales en *s, r,* comme *decorus* auprès de *decus, decor.* Les exemples cités par les anciens grammairiens du genre de *fusius, asa, hasena,* etc., étaient sans doute doublés dès le principe de *furius, ara, harena,* etc., comme *decor* double *decus* [1].

5° Non seulement le *ṛ* sanskrit n'appartient pas à la période de communauté des dialectes indo-européens, mais le *r* dont il dérive en partie, n'est lui-même qu'un son relativement nouveau [2].

1. Les génitifs plur. en *um*, comme *rosar-um, hortor-um* ont été formés d'après l'analogie des correspondants de la déclinaison des thèmes à consonnes sur **rosar-, *hortor-* pour *rosas, -hortos.* Le récent ouvrage de M. R. Seymour Conway sur le rhotacisme dans les langues italiques (*Werner's law in Italy*) ne m'a paru rien contenir qui soit de nature à infirmer l'opinion nouvelle que je viens d'indiquer, relativement aux conditions de ce phénomène en latin.

2. Une preuve que le *ṛ* se prononçait *ri* ou quelque chose d'approchant, résulte du nom abrégé *ri* donné à la note appelée autrement en toutes lettres *ṛšabha.* De même en prâkrit *ri* tient lieu du *ṛ* sk.

6° La plupart des élargissements de formes se rapportant à celles que nous venons d'examiner ont eu lieu, non pas sur des thèmes, c'est-à-dire sur des primitifs dépourvus de la finale caractéristique du nomin. sing., mais bien sur cette finale même.

Remarque importante. — Les formations analogiques le sont partiellement ou complètement, selon que une seulement, ou l'une et l'autre des deux parties qui composent tout mot nouveau issu de l'analogie, lui doivent leur origine. Le gr. μεγάλη, par exemple, formé de *μεγαρ et de la désinence η empruntée par analogie à une importante série de mots de la 1re déclinaison terminés par cette finale, n'est que partiellement analogique.

Au contraire, le lat. *verissimus,* où *ver-* est emprunté au radical de *verus,* et *-issimus* à toute la série des superlatifs que caractérise ce suffixe, est une forme complètement analogique ou artificielle.

C'est aux formes partiellement analogiques, comme en sk. *citra-s (*cetas-as), vidvala-s,* etc., que les suffixes *-ra-s, -la-s* doivent leur individualité factice qui, une fois acquise, a permis des combinaisons entièrement analogiques, comme *rathira-s, bhîmala-s.* Dans la plupart des cas, les mots partiellement analogiques, ou ce qui revient au même, ceux dont la première partie est une ancienne forme de nominat. sing., se substituent à celui-ci, et, leur prototype partiel disparaissant, ils se trouvent abandonnés sans défense aux effets de l'altération phonétique.

Il n'en est pas de même des mots complètement artificiels; chacune de leurs parties dépend de séries constituées, d'une part par les familles radicales [1], de l'autre par les familles grammaticales ou suffixales, qui en encadrent la

1. La partie radicale est régie d'une manière plus stricte encore par le degré dans lequel la range la fonction grammaticale qu'elle revêt à l'aide du suffixe. C'est ainsi, qu'en sk. surtout, le radical des noms d'agents prend la forme forte et celui des part. passés la forme faible.

physionomie native et leur assurent en général l'invariabilité phonétique [1].

Nous désignerons, en modifiant un peu l'emploi habituel de ces termes, les formes partiellement analogiques sous le nom de *dérivés primaires,* et les autres sous celui de *dérivés secondaires.*

II. — Examen de quelques cas particuliers. — Dérivations par élargissement du thème.

Le sk. *antas,* le gr. ἐντός, le lat. *intus* et *inter,* pour **intes,* sont évidemment les nom.-accus. sing. de mots neutres pris adverbialement.

Il en est de même de ὑπέρ, pour *ὕπες, de *super,* pour **supes* et de tous les adverbes en *-er* et en *-ter* du latin [2].

Il en est de même, également, pour tous les adverbes en *-as* ou en *-tas* du sk. La plupart de ces derniers, comme ceux en *-ter* du latin, sont d'ailleurs de création entièrement analogique et constituent à ce titre des dérivés secondaires.

Il y a une relation certaine en latin entre *intra* et *inter; supra* et *super*, etc. Il est probable qu'il y en a une également en sansk. entre *atra* et *atas, tatra* et *tatas*, etc. Autrement dit, *atra* est pour *at'r-a, tatra* pour *tat'r-a*, etc.; mais il est difficile de dire à quel cas de la déclinaison ces formes correspondent. Peut-être, sont-ce d'anciens accusatifs sing. neutres ou le *m* est tombé très anciennement, comme dans *mâ,*

1. Non pourtant sans de nombreuses exceptions, parmi lesquelles il faut citer en première ligne l'affaiblissement du vocalisme des radicaux des verbes latins accompagnés de préfixes (*de-ficio* auprès de *facio*).

2. Explication analogue pour les adverbes latins en *-tus* et les adverbes grecs en -θεν, pour -θενς qui, de concert avec ceux en *-tas* du sansk. et en *-tus* du latin ont revêtu la nuance significative de l'ablatif.

auprès de *mâm* [1]. Ce qu'il y a de sûr, c'est que les adverbes sur ce type se sont fixés au sens du locatif. Des dérivations très voisines, dans le sansk. même, sont *antar-a-s,* auprès de *antas,-antar; adhar-a-s,* auprès de *adhas* qui, de même que les dérivations latines correspondantes, *superus, inferus,* ont conservé, quant au sens, une valeur adjective et qui, en ce qui regarde la forme, n'ont pas subi la contraction ordinaire qui aurait donné **ant'ra-s, *sup'ru-s,* etc. L'élargissement de ces formes s'est pourtant traduit par l'affaiblissement de la pénultième; *supĕr,* par exemple, étant pour *supêr*, comme le prouvent le gr. ὑπέρ et l'origine probable de tous ces dérivés, en tant que munis d'un suffixe *-âns, -ôns,* analogue à celui du part. présent.

a. — Noms d'agents. — sk. *-târ,* aussi *-tur (yamtur, sthâtur);* — gr. -τηρ, -τωρ; — lat. *-ter, -tôr.*

Dans ces suffixes, le rhotacisme de l'ancienne finale *s* est indiqué par les faits suivants :

1° Les vocatifs sing. sk. en *-as (-ar*, en vertu du *samdhi),* comme *mâtas, dâtas.*

2° Les nominatifs sing. sk. en *-â,* comme *mâtâ, dâtâ,* qui ne peuvent venir que de **mâtâns, *dâtâns; *mâtân, *dâtân,* cf. *râjâ,* pour **râjân, âtmâ,* pour **âtmân,* etc.

3° Les rapports significatifs évidents en sk. des noms d'agents en *târ,-tur,* (pour **tôr*) avec les noms verbaux (infinitifs) en *-tum,* acc.; *-tave,* dat.; *-tvâ,* instr.; *-tos,* abl. gén., et tout particulièrement la quasi-identité de cette dernière désinence avec la désinence correspondante *-tus* des noms d'agents.

4° L'étroite analogie en gr. des deux termes si nombreux des séries δώτης,-δωτήρ.

5° Les doublets grecs comme μάρτυς,-μάρτυρ, où le phénomène s'accuse en toute évidence.

1. Cette conjecture semble d'autant plus fondée que les adverbes en question étaient primitivement en *-trâ* (Whitney, *Sansk. Gramm.,* § 1099).

6° L'identité en latin de la déclinaison des thèmes masc. en *-or (-os) (honos,-honor)* avec celle de *dator*, etc.

7° Le double vocalisme des finales *-âr, -ôr*, identique à celui des part. actifs et des subst. qui en dérivent, en *-âns, -ôns*.

A ces raisons s'ajoute l'identité des formations féminines dans les deux séries (noms d'agents et participes présents ou leurs dérivés) :

En sk. *dâtar-î*, auprès de **dâtâr-* ou de *dâtâ(n)*, comme on a *pîvar-î*, auprès de *pîvân*; — en gr. δώτειρ-α, auprès de δωτήρ. comme on a πίειρ-α, auprès de πιᾶρ (πιᾶς); — en latin *arbit'r-a*, auprès de *arbiter* et *magist'r-a*, auprès de *magister*, comme on a *cap'r-a*, auprès de *caper*.

On a de même, en cette dernière langue, *cultûr-a*, auprès de *cultôr*, comme on a *figûr-a* auprès de **figôs* et, en gr., ἄγκυρ-α, auprès de ἄκων(ς).

Semblable modification, quant à la formation du féminin et à l'affaiblissement thématique, dans les thèmes élargis qui constituent la série des part. fut. actifs latins *datûr-us, datûr-a, datûr-um*, auprès de *dâtôr* qui en est l'ancêtre certain.

Dans les trois langues, les noms d'agents se sont transformés en noms d'instruments sous une forme généralement neutre, élargie d'après l'analogie de la deuxième décl. gréco-lat., avec contraction constante de *târ, tôr* en *tr*. Exemples : sk. *çrotram* = *çrot'r-am*, auprès du th. **çrotâr; hotram* = *hot'r-am*, auprès du thème *hôtar-*; — gr. ἄροτρον = ἄροτ'ρ-ον, auprès de ἀρότης; — lat. *aratrum* = *arat'r-um*, auprès de *arator*.

Souvent en gr. le suffixe a conservé un ancien θ (affaibli plus tard en τ) [1]; exemple : βάθρον, auprès de βατήρ.

Les formations féminines correspondantes ne manquent pas dans la même langue : ὀρχήστρα = ὀρχήστ'ρ-α, auprès de ὀρχηστήρ et ὀρχηστής; γενέθλη = γενέθ'λ-η, auprès de γενετήρ et γενέτης, etc.

En latin, les noms d'agents se sont élargis davantage en-

1. De même en zend où ce suffixe a en général la forme *thra*.

core d'après des procédés analogues, pour former, soit le féminin correspondant, soit des adjectifs et des substantifs dérivés, comme dans les exemples suivants :

1° *genitrix* = *genit'r-ix*, auprès de *genitor* ou **geniter*, et des suffixes *-ax*, *-ex* dans *dicax*, *pulex*, etc.

2° *matrona* = *mat'r-ôn-a*, auprès de *mater* et de *latro(n)* = *lat'r-ôn*, *ed-ô(n)*, etc.

3° *doctrîna* = *doct'r-în-a* [1], auprès de *doctor* ou **docter* et de *pect-en*.

Dans ces formes la syllabe *în*, pour *ên*, est à comparer à *ûr*, pour *ôr*, dans *cultûra* : de part et d'autre l'affaiblissement a été amené par le passage des primitifs **doctren*, *cultôr*, à la forme féminine, au moyen de l'adjonction de l'*a* qui en est la caractéristique.

Les dérivés des formes en *-târ*, *-tôr* nous présentent les mêmes phénomènes morphologiques que nous avons constatés en examinant les dérivés des formes en *-âs*, *-ôs*, *-âr*, *-ôr*, à savoir des combinaisons dans lesquelles ces suffixes figurent à nouveau, ou se redoublent en quelque sorte. Nous pouvons tirer de ce fait, dont la fréquence et la régularité offrent toute l'apparence d'une loi, des inductions plausibles, ce nous semble, sur l'origine même des suffixes *-târ*, *-tôr* venant de *-tâs*, *-tôs*, et précédés d'une voyelle dite thématique appartenant à la série de l'*â* ou de l'*ô*, c'est-à-dire pouvant être considérés sous les formes *-âtâs*, *-âtôs* ; *-ôtâs*, *-ôtôs*, comme dans sk. *dâtâr*, lat. *dator*, gr. δωτήρ, δώτωρ.

Rien en effet n'empêche, à ce qu'il semble, en partant des formes du part. prés. *dânt(s)*, *dônt(s)* de la racine *dâ-dô*, d'analyser la série précitée de noms d'agents de la manière suivante : **dât-âs*, **dât-ôs*, *δώτ-ης, *δωτ-ως, et de voir, dans les finales *-âs*, *-ôs*, des suffixes analogues à ceux que nous avons reconnus dans *matrona*, *doctrina* et, précédemment, dans *aurora* [2].

1. A *doctrina* venant de **doctr-ên-*, cf. τέρ-ειν-α, auprès de τέρην.

2. M. de Saussure a dit avant nous, *Mem. de la Soc. de ling.*, III, 204 : « Sui-

Nous y retrouvons du reste la loi générale de la dérivation, qui consiste, nous l'avons vu dans la plupart des cas examinés, dans un affaiblissement affectant le vocalisme ou le consonantisme du thème sur lequel s'appuie le suffixe du dérivé. Dans les exemples en question, cet affaiblissement consiste, comme souvent, dans la chute de la nasale : *dât-,.dôt-,* pour *dânt,- dônt.*

On s'explique ainsi, qu'en sanskrit surtout, les thèmes des noms d'agents qui semblent contrevenir à la règle que nous venons de rappeler et qui semblent formés sur la racine à l'état fort, le sont en réalité sur des thèmes déjà affaiblis de part. présents.

Une autre remarque importante et qui peut s'appuyer, non seulement sur le couple radical *dâ,-dô,* mais sur tous ou presque tous les résidus radicaux à voyelle terminale où la même dualité vocalique apparaît (*mâ,-mô, bhâ,-bhô, sthâ,-sthô,* etc.), c'est que cette dualité qui a pris naissance dans les éléments les plus simples des formes du langage dès le temps de la langue-mère indo-européenne, et qui, à ce titre, figure dans les différentes formes de participes présents qui s'y rattachent directement (**dânts, *dâns, *dônts, *dôns,* etc.) explique celle des suffixes qui en dérivent par emprunt analogique et qui constituent la partie finale des couples *lu-ens,* -λύ-ων ; ὑδ-ατ-, — ὕδ-ωρ ; γεν-ες-,-γέν-ος ; δωτ-ήρ, — δώτ-ωρ, etc.

La même observation rend compte aussi de la voyelle longue des suffixes *-âs,-ôs, -ân,-ôn,* etc., et supprime radicalement du même coup, puisque la quantité de ces voyelles est primitive, l'hypothèse de l'allongement dit compensateur que tant de faits du reste rendaient déjà hautement improbable.

A tous égards, le suffixe *-tara-s,* gr. -τερο-ς du comparatif n'est qu'une variante, ou plutôt qu'un dérivé, du suffixe *târ* des noms d'agents. En s'élargissant pour suivre l'analogie des mots de la première-deuxième déclinaison, le vocalisme

vant toutes les apparences, *tar* (suffixe des noms d'agents) résulte de l'addition du suff. *ar* au suf. participial *n* ou *nt*, soit médiat, soit immédiat. »

de la pénultième s'est régulièrement affaibli *(-tar-a-s* pour *-tár-a-s)*.

Le ω qui précède généralement ce suffixe en gr. dans σοφώτερο-ς, etc., résulte vraisemblablement, soit de l'ancienne finale -ως, conservée dans la déclinaison dite attique, soit de l'analogie des noms d'agents en -ωτηρ, comme δωτήρ, etc. La similitude du zend à cet égard *(ôtara)* ne permet pas d'admettre l'explication courante d'après laquelle l'ω en question aurait une origine artificielle due à des raisons de métrique.

Remarques sur les autres suffixes du comparatif. — Le suffixe sk. *-îyâṃs*, gr. -ιων, lat. *-ior*, du comparatif a pris certainement naissance dès la période de communauté sur des finales en *ê(n)*, *î(n)* qui ont été élargies à l'aide de *-âṃs*, *-ôṃs*. La forme crétoise πλίες de la loi de Gortyne prouve que le grec employait aussi des doublets de la variante *-âṃs*, que le sansk. et les langues germaniques ont utilisée à l'exclusion de *-ôṃs*, tandis qu'en grec et en latin l'inverse a eu lieu.

Le suffixe correspondant du superlatif, sk. *-išṭh-a-s*, gr. -ιστ-ος a toute l'apparence d'un développement sur *-âṃsth*, *-êmsth*, *-imsth*, doublet de *-âṃs*, pour *-âmts*, à moins de supposer la possibilité de la réduction de *-âṃsth* à *-âṃs*, conjecture que semble appuyer le rapport de *robus*, *-robust-us*, *jus*, *-just-us*, etc., car il est peu vraisemblable que ces dérivés adjectifs impliquent un suffixe *-tus* qui n'apparaît nulle part ailleurs dans un rôle analogue.

D'autre part, le lat. *-iss-imus*, pour **its-imus*, qui s'est élargi d'une manière spéciale sur une première partie identique aux parties correspondantes des formes sansk. et grecques, milite en faveur de la première hypothèse corroborée également par le *z* des compar. et superl. correspondants du gothique.

Une difficulté d'un autre genre et toute spéciale résulte des formes grecques comme θάσσων, μάσσων, μείζων, χείρων, μᾶλλον, ἀμείνων, etc.

L'hypothèse habituelle d'après laquelle θάσσων serait pour

*ταχιων, μείζων, pour *μεγ-ιων, μᾶλλον, pour μαλ-ιον, etc., se heurte à toute sorte de difficultés. J'en ai déjà indiqué quelques-unes, *Ling. évolut.*, p. 94 et 124. Faut-il ajouter que le ι en gr. ne s'est jamais consonantisé complètement et n'a pu, par conséquent, s'assimiler à une consonne précédente, — qu'en supposant le contraire *μεγιων n'aurait pas donné μείζων, mais *μεζων (et encore!), etc., etc.?

Sur la finale -ων deux hypothèses sont possibles : ou bien, elle s'est développée à titre de doublet de -ιων comme suffixe du comparatif et, dans ce cas, on doit en rapprocher les formations latines ou le *i* manque également, comme *min-us, sec-us, plus;* ou bien, le ι a disparu par contraction entre deux syllabes longues, comme dans le futur τάξω, pour *ταξιω, dans λῴων, ῥᾴων, πλέων, et comme ε devant -ων, -ως, et -αν, dans ὤν pour ἐών, ὥς pour ἕως, ἄν pour ἐάν, etc.

Quoi qu'il en soit, les deux consonnes sont certainement radicales comme l'étymologie le fait voir pour la plupart des formes de cette série.

Exemples : ἄσσων, d'un rad. αxσ, cf. lat. *anxius;* — κρείσσων, cf. lat. *crassus;* — μάσσων, d'un rad. μαxσ, cf. lat. *max-imus;* — ἐλάσσων, d'un rad. ρaxσ, cf. all. *rasch;* — θάσσων, d'un rad. θaxσ, cf. sk. *tvakš-as* et zend *thvaksish-ta.*

b. Désinences personnelles qui contiennent r.

Les principaux types de ces désinences sont fournis en sansk. par les formes telles que :

dadus,-dadur, 3ᵉ pers. plur. de parfait actif;
tasthire, 3ᵉ pers. plur. de parf. moyen;
bhaveran, 3ᵉ pers. plur. de potentiel moyen;
asthiran, 3ᵉ pers. plur. d'aoriste actif;
çerate, 3ᵉ pers. plur. indic. moyen;
çere, 3ᵉ pers. plur. — —
çeratâm, 3ᵉ pers. plur. impér. moyen;
açerata, 3ᵉ pers. plur. d'aoriste moyen;
adṛçran et *adṛçram,* 3ᵉ pers. plur. d'aor. actif.

L'origine de ces désinences a été examinée tout particulièrement par MM. J. Darmesteter et Bergaigne, *Mém. de la Soc. de ling.*, III, 95-105 [1]. Je partage entièrement l'avis de ces savants en ce qui regarde le caractère complexe ou l'état élargi des formes en question; mais je diffère de leur opinion à propos de la nature du *r* qu'ils considèrent comme primitif, même dans les formes en *-us,-ur*. Je ne saurais trop répéter que le rhotacisme final de *s* en sk. n'est pas alternatif et que si *s*, dans certaines conditions, devient *r* en cette langue, *r* n'y devient jamais *s*. Les doutes exprimés par Kuhn à ce sujet (*Zeitschr. f. vergl. Sprach.*, I, 371) ne semblent aucunement fondés. Quant à la seule objection grave qu'on puisse m'opposer, à savoir que certaines formes comme *abibhar, avar,* etc., se rattachant à des racines à liquides et susceptibles de devenir *abibhas, avas,* impliqueraient, au point de vue où je me place, d'anciennes formes radicales *bhas, vas,* etc., je n'hésite pas à répondre que j'admets parfaitement cette conséquence, qui me paraît confirmée par l'*origine constante,* dans tous les autres cas, de la vibrante dans les langues indo-européennes, et sur laquelle j'aurai l'occasion de revenir.

Au reste, pour le cas particulier de l'origine en sansk. de la désinence *-us,-ur* de la 3e pers. du plur. actif, au parfait, à l'optatif et à certains aoristes et impartaits, je vois la preuve du caractère primitif de la variante *us* dans ses rapports phonétiques et fonctionnels avec les désinences grecques -υσι, -ασι et -ως- (dans λύετ-ωσ-αν, etc.), dont la première n'est pas pour οντι, comme on ne cesse de le répéter, mais qui est avec celle-ci dans le même rapport que -ους, dans διδούς, est à -οντ, dans διδόντος [2]. En d'autres termes, *-us,* désinence très faible, ou plutôt très affaiblie, comme l'indiquent les séries

1. Voir aussi le Mém. de M. Windisch cité plus bas.

2. Ce rapprochement répond à cette assertion de M. Windisch (*U. d. Verbalformen mit dem Charakter* r *in Arischen, Italischen, und Celtischen,* p. 456 dans les *Abhandl.* de la Soc. roy. des sciences de Saxe, nº 6, 1887) que, dans l'hypothèse du caractère primitif de la forme *us,* en tant que finale sanskrite d'une

désinentielles auprès desquelles elle se range, est pour -**ônts*, -**ôns*, -**ôs*. Or, si la voyelle eût été *â* au lieu de *ô*, on aurait eu (au lieu de *-us*), *-âs, -ês, -îs, -is*, venant de *-ânts,-ênts, -âns,-êns, -âs,-ês*, etc., de sorte qu'à des premières pers. du sing., comme *tasthe, bhavey-a, çaye, adṛçam*, etc., pouvaient correspondre des troisièmes du pluriel comme **tasthens, *bhavens, *çayens* ou **çens, *adṛçans*, etc. (à supposer toutefois, ce qui est très vraisemblable, que la finale *-i,-e* des troisièmes pers. plur. du présent de l'indicatif actif et moyen fussent des élargissements analogiques peu anciens). Or, rien de plus naturel que d'admettre l'adjonction à de telles formes de finales plus en harmonie avec la physionomie habituelle des désinences affectées aux mêmes fonctions ; d'où, avec un rhotacisme préalable et les affaiblissements qui résultent en général de semblables processus, *tasthir-e* (ici le *e* simplement d'après l'analogie de la finale de *tasthe, tasthiše*, etc.) ; *bhaver-an*, analogie de *abhavan; çer-e*, analogie de *çaye*; *cer-ate*, analogie des troisièmes pers. en *-ante,-ate ; cer-atâm*, analogie de *bhavantâm, bhavatâm; açer-ata*, analogie de *abhavanta, abhavata ; adṛç'r-an* et *adṛç'r-am*, **adṛçar-*, (cf. *namas,-nam'-ra-s*), analogie des troisièmes pers. en *-an*.

Les formes grecques suivantes ont certainement été élargies de la même manière et sur des finales qui témoignent en faveur de la primitivité du *s* comme ancienne finale des formations sanskrites analogues :

λυέτωσ-αν, λύουσ-ιν ; ἔθεσ-αν (auprès de ἔθην), ἐδίδοσ-αν, (auprès de ἐδίδουν.)

Même origine pour les formes latines comme *fuerunt*, pour **fue(n)s-unt*, *fuere*, pour **fue(n)s-e(n)*, **fue(n)s-ent*.

Pour cette dernière forme, la chute du *n* final est comparable à celle qui a certainement eu lieu dans les formes d'adjectifs neutres comme *acre, celebre*, etc. [1].

3e pers. du plur. actif, ni l'un ni l'autre des sons qui la composent ne se rattache à une finale analogue.

1. On objecterait en vain que *n* ainsi placé a persisté dans *nomen*, etc.; il ne s'y est maintenu que grâce à l'analogie des cas régimes.

C'est probablement sur **fue(n)s,* devenu **fuer,* que se sont développés, en partant de *fuer-unt* et de *fuer-ant*, *fuero, fueram,* etc.; de même qu'une 3e pers. du plur. **ens*, **es*, devenue **er,* a dû servir de base à *er-am* et à *er-o*.

c. Le rhotacisme dans les formes du médio-passif latin.

Si, d'une part, le rhotacisme de *s* s'est effectué en latin, comme dans les autres langues d'origine indo-européenne, à la fin des mots, et si, d'un autre côté, les désinences personnelles sont, dans beaucoup de cas, le résultat d'élargissements analogiques, l'explication de la plupart des formes désinentielles du médio-passif devient fort simple :

lueris est pour **lues-is,*
luitur — **luit-us,*
luimur est une variante de *luimus,*
luuntur est pour **luunt-us.*

Ajoutons que les finales *-is* (**es*) et *-us* qui ont allongé les 2e pers. du sing. et les 3e du sing. et du plur., sont, sans aucun doute, un élément analogue (en tenant compte du parallélisme vocalique habituel) à celui qu'on trouve dans λυέτ-ω σ-αν, ἔθ-ε σ-αν, λύ-ο υ σ-ιν, ἐδίδ-οσ-αν. Ce même élément constitue d'ailleurs la finale de la 1re pers. *lu-ôr,* pour **lu-ôs, *lu-ôns,* forme qui s'indique ainsi comme un ancien doublet du part. prés.; cf. *luêns* et surtout λύων.

L'ensemble de ces faits nous met sur la voie de la nature primitive et du mode de formation des formes verbales personnelles, en général. Elles consistent, soit dans de simples variantes du part. prés., comme *luor,* soit dans des combinaisons des variantes de ce part. avec des variantes du suffixe qui le caractérise, comme λυέτ-ωσ-αν, ἐδίδ-οσ-αν, *luer-is, luit-ur,* etc. C'est ce que nous allons essayer de démontrer, au moins pour les désinences primaires du moyen et de l'actif.

Tout d'abord, la finale *ê,* αι, des formes moyennes en sk. et en gr. est certainement l'antécédent phonétique de la finale *i*, ι qui lui correspond dans les mêmes langues à l'actif [1]. Or, celle-ci apparaît en grec, non seulement sous la forme ι, mais aussi sous la forme ιν (δίδωσιν, διδοῦσιν); d'où l'indication sûre, à mon avis, de la présence primitive d'un *n* final, constamment disparu aux temps historiques dans les désinences sanskr. *-s-ê(n)*, *-t-ê(n)*, et grecques -σ-αι(ν) -τ-αι(ν), etc. Cf., pour le sk., la chute régulière du *n* final après une longue *râjâ(n)*, *âtmâ(n)*, *dhanî(n)*; et, pour le gr., ἐλυόμην, auprès de λύομαι, qui n'en est qu'un doublet. La terminaison *-ê* -αι est donc pour **ên*, -*αιν; -*αεν, -ααν, *ᾶν; c'est-à-dire qu'on avait là une finale identique à l'origine à celle de *açer-an*, ἐδίδ-οσ-αν, etc. et qui, ajoutée d'abord à telle des formes personnelles où nous la rencontrons, a pu être transportée de celle-ci aux autres dans lesquelles elle figure également. On a eu ainsi :

bhavas-e, *bhavat-e*, δίδοσ-αι, δίδοτ-αι,
bhaveth-e, *bhavet-e*,
bhavant-e, δίδοντ-αι.

avec affaiblissement constant, et visible surtout en grec, du vocalisme de la pénultième (δίδοσ-αι, pour *δίδωσ-αι) par suite de l'élargissement des formes à l'aide d'un suffixe particulièrement lourd. Cf., en latin, *luĕr-is*, pour **luês-is*, *luĭt-ur*, pour **luît-us*, *luun-tur*, pour **luônt-us*. A l'actif on a :

bhavas-i, *bhavat-i*, δίδως-(ι)?, διδωσ-ι,
bhavant-i, διδοῦσ-ι.

Remarquer la conservation du thème fort en grec devant le suffixe *réduit* ou disparu : λύεις (pour λυεισ-ι?), λυει(τ) (pour λυειτ-ι?), et l'ancienne quantité en latin des finales *-îs*, *-ît* (Kühner, *Lat. Gram.*, I, 68-69, et Havet-Duvau, *Métrique*, p. 25-26 [2]).

En grec, toutes les formes du duel à l'indicatif, moyen et actif, se sont élargies à l'aide de -ον, pour-ων, doublet de *-ân*.

διδόμεθ-ον, δίδοτ-ον,
δίδοσθ-ον.

1. Voir mon *Origine et Philosophie du langage*, p. 290, sqq.

2. La diphtongue en grec et la longue primitive du latin s'expliquent par la longue correspondante du part. prés. (*luéns*).

Cet élargissement a déterminé l'état faible du thème comme quand il s'est effectué avec -αι(ν).

En sanskr., l'élargissement est le même aux formes correspondantes du moyen qu'à celles du singulier, à savoir *-ê(n)* :

bhaveth-e,

bhavet-e.

A l'actif, il s'effectue au moyen de l'adjonction de *-as* :

bhavath-as,

bhavat-as.

Dans les deux cas, il entraîne, dans les verbes de la seconde grande conjugaison générale, l'affaiblissement du thème comme en grec.

Il est bon de remarquer qu'au parfait l'élargissement se fait par *-us,* venant de *-ôns,* c'est-à-dire d'un antécédent identique à celui qui a donné ον en grec.

La 2e pers. plur. du moyen et de l'actif s'est surchargée en grec de -ε(ν) (*an*) :

δίδοσθ-ε(ν), δίδοτ-ε(ν),

avec thème faible dans les verbes en μι. Le sanskrit avait sans doute des désinences pleines à peu près identiques, qui ont actuellement la forme :

bhavadhv-e, bhavath-a.

Quant au latin, la finale *-is,* pour *-es,* dans *luit-is,* est un doublet déjà connu de *-en(s)*, *-an(s)*.

Il nous reste surtout à examiner les premières personnes du sing. et du plur.

Tout d'abord, d'où vient le *m* du sk. *bhavâm-i,* du gr. δίδωμ-ι et du lat. *sum?* Très vraisemblablement d'un dégagement proethnique de la nasale ambiguë d'un groupe *ms* = *ns,* réduit à *m.* Pour des rapports du même genre, cf. sk. *gam-,* gr. βαιν-, lat. *ven-;* — les doubles radicaux grecs γεν-γαμ-; — le sk. *amsa-s,* auprès du gr. ὦμος et du lat. *humerus;* tandis qu'auprès du sk. *hamsa-s,* on a le gr. χήν et le lat. *hanser* [1]; — cf. aussi le gr. χιών et le lat. *hiems.* Les formes en

1. Un des indices les plus sûrs du caractère indécis (entre les dentales et les

question sont donc pour **bhavâms*, *διδωμς, **sôms*, variantes de **bhavâns*, *διδωνς, **sôns* (cf. *luor*, pour **luôns*), auxquelles on a ajouté par analogie (du moins en sk. et en gr.) le *i* de *bhavat-i*, δίδωσ-ι. Même origine pour δίδομ-αι, auprès de δίδοτ-αι; tandis que le sk. *bhave* serait pour **bhave(m)* ou **bhave(n)* et λύω, *luo*, pour *λυωμ, *λυων (cf. ἐγώ, auprès de ἐγών) et **luôn*, **luôm* (cf. *homô(n)*).

Au pluriel, *bhavâmahe* et *bhavâmas* doivent se décomposer en conséquence, en *bhavâm-ah-e*, *bhavâm-as;* comme διδόμεθα, δίδομεν, (ou δίδομες), en διδομ-εθ-α(ν), διδομ-εν, (ou διδομ-ες); et comme *luimur*, *luimus*, en *luim-us*.

Enfin, la 2ᵉ pers. du plur. moyen en latin, *luimini*, paraît être une formation plurielle sur **luem-en-os*.

Tableau des principaux thèmes verbaux au système du présent (indicatif).

sk. *bhavâm-*, 1ʳᵉ pers. sing. et plur., aux deux voix;
bhavas-, 2ᵉ pers. sing. act.;
bhavat-, 3ᵉ pers. sing., aux deux voix et 3ᵉ du duel act.;
bhavah- (?), 1ʳᵉ pers. du duel, aux deux voix;
bhavath-, 2ᵉ pers. du duel et du plur., à l'actif;
bhavant-, 3ᵉ pers. du plur., aux deux voix;
bhave(n), 1ʳᵉ pers. sing. au moyen;
bhaveth-, 2ᵉ pers. du duel, au moyen;
bhavet-, 3ᵉ pers. du duel, au moyen;
bhavadh-, ou *bhavadhv-*, 2ᵉ pers. du plur., au moyen;

labiales) de la nasale finale résulte de la comparaison des dérivés ordinaux avec les cardinaux dont ils sont issus :

sk. *saptan*, gr. ἑπτα(ν), lat. *septem*, d'où *saptam-a-s*, ἕβδομ-ος, *septim-us;*
sk. *aṣṭan*, d'où *aṣṭam-a-s;*
sk. *navan*, lat. *novem*, d'où *navam-a-s*, **nov'n-us*, *nonus*;
sk. *daçan*, lat. *decem*, d'où *daçam-a-s*, *decim-us* et *de(ce)n-i*.

Remarquer les affaiblissements déterminés sur le vocalisme dans *septimus*, *decimus*, et sur le consonantisme, dans ἕβδομος (cf. ὄγδοος), par l'élargissement des thèmes.

gr. διδωμ-, 1re pers, du sing. actif;
διδως-, 2e et 3e pers. du sing. actif;
διδομ-, 1re pers. du sing. moyen; 1re du plur., aux deux voix;
διδοτ-, 3e pers. du sing. moyen; 2e du plur. et du duel act.; 3e du duel actif;
διδους-, 3e pers. du pluriel actif;
διδος-, 2e pers. du sing. moyen;
διδοσθ-, 3^e^ pers. du plur. moyen; 2^e^ et 3^e^ du duel moyen;
διδοντ-, 3^e^ pers. du plur. moyen;

lat. **luôns-,* 1re pers. du sing., aux deux voix;
luis-, lues-, 2e pers. du sing., aux deux voix;
luit-, 3e pers. du sing., aux deux voix;
luim-, 1re pers. du plur., aux deux voix; 2e du plur., au moyen;
luunt-, 3e pers. du plur., aux deux voix.

Nous conclurons par les remarques suivantes :

1° Comme dans les formations adjectives et nominales, le développement des désinences personnelles s'est fait sur des thèmes variés, de formes analogues à celles des participes présents;

2° Les éléments d'élargissement sont tous empruntés à ces mêmes formes;

3° Ils présentent, comme elles, un double vocalisme : série *â*, — série *ô;*

4° Leur adjonction à des thèmes primaires a généralement déterminé l'affaiblissement de la partie vocalique de ceux-ci [1].

5° L'attribution d'une valeur personnelle et numérique déterminée aux formes ainsi composées a eu lieu, sans doute, à l'aide des pronoms qui les accompagnaient à l'origine.

1. Les désinences secondaires donneraient lieu aux mêmes remarques. J'y reviendrai ailleurs.

d. — *Suffixes des participes moyens et suffixes apparentés.*

L'origine des désinences verbales qui contiennent un *m* nous met sur la voie de celles des formes du sk. en *-mân*, *-man*, *-mâna-s*, du gr. en -μην,-μων,-μα(τ),-μενος, du lat. en *-mô(n)*, *-men*, *-mentum*, *-m'nus*. Le *m* dans ces suffixes est une ancienne finale de part. prés. qui s'est accrue par des élargissements parfois réitérés, d'où, dans la plupart des cas, la *segmentation* [1] arbitraire, au point de vue de leur origine, des suffixes précités et leur emploi à peu près constant comme suffixes secondaires.

En sk., *âtman*, nom. *âtmâ(n)*, est donc à décomposer en *âtm-ân*, *karman* (neutre), nom. *karma(n)*, en *karm-an*, et *bhava-mâna-s* en *bhavam-ân-a-s*.

Dans *âtmân* et *karman*, pour **ât'm-ân* et **kar'm-an*, l'adjonction d'un nouveau suffixe a amené très régulièrement une contraction qui a fait disparaître la syllabe finale du thème; cf. tout particulièrement *râjñas*, venant de **raj-ân-as*, par l'effet des mêmes causes.

Bhavamâna-s, pour **bhavâm-ân-a-s*, présente un affaiblissement bien moindre malgré que l'élargissement soit plus considérable que dans les cas précités. La raison probable en est que ces formes ont été fixées en sk. (dans les textes védiques, par exemple) peu de temps après leur création. On le voit par le zend, où l'évolution phonétique entravée moins tôt par la régularisation grammaticale, s'est traduite par la réduction régulière de *-mân-a* en *-man-a* et *-m'n-a*.

Le grec présente le double vocalisme du suffixe dans ποιμ-ήν, fém. régulier ποίμ'ν-η, auprès de δαίμ-ων; ὄνομα, pour *ὀνομ-α(ν)τ, et surtout τέρμα, sont à comparer au sk. *karma*. Quant à λυόμενος, pour *λυωμ-ην-ος, l'affaiblissement en est régulier.

1. Pour le sens dans lequel j'emploie ce terme, voir Dutens, *Les exposants casuels en sanskrit*.

Le latin a également le double vocalisme dans *serm-ô(n)* masc., auprès de *nom-en,* neut. pour **noment,* d'où les formes élargies telles que *cognoment-um.* On attendait dans celles-ci la chute du *n* dont la conservation semble l'indice d'un développement tardif, c'est-à-dire qui s'est effectué peu de temps avant la régularisation grammaticale. Les masculins parallèles comme *term-in-us, alum-'n-us,* etc., présentent une série d'états faibles réguliers.

A l'explication de ces formes se rattache étroitement celle du suff. sk. *-tam-a-s* (cf. lat. *-tim-us*) du superlatif. On peut se demander toutefois si *-ma-s,* en ce cas, n'est pas le résultat d'une segmentation de *adham-a-s,* par exemple, pour **adhâm(s)-a-s* (cf. lat. *infimus,* pour **infèm(s)-us*). Dans tous les cas, une finale *-a-tama-s,* pour *-ât-âm-a-s,* présente un état faible régulier de même qu'en gr., -ω-τατος (σοφώτατος), pour -ωτ-ἀντ-ος.

e. Autres formes élargies sur des thèmes terminés par une dentale.

Ainsi que M. de Saussure l'a déjà pressenti dans l'article cité plus haut, les part. passés sont des formes élargies au moyen de l'addition de *-as, -â, -am ;* -ος, -η, -ον ; *-us, -a, -um* [1] à des thèmes de participes présents. Le nouveau suffixe a amené dans tous les cas, soit la perte de la nasale du thème primitif, soit l'affaiblissement, ou même la suppression, de la voyelle qui la précède, soit l'un et l'autre phénomène.

Des exemples sûrs de la transition du part. prés. au part. passé d'après le procédé qui vient d'être indiqué, sont, en sansk. :

1° avec le suff. *-ta-s* (*t-as*) : *mar't-a-s,* de **marânt,* rac. *mar ;* — *vât-a-s,* de *vânt,* rac. *vâ ;* — *rajat-a-s,* de *rajânt,* rac. *raj* ou *râj.*

1. Ces suffixes ne sont eux-mêmes que d'anciennes finales de participes présents dégagées de la nasale. Pour le sk. j'écris *a-s* à seule fin de distinguer ces finales de celles des neutres en *as.*

2° avec le suff. *-na-s* (*n-as*) : *uṡ'n-a-s* de **uṡân*, rac. *uṡ, oṡ* ; — *praç'n-a-s*, de **praçân*, rac. **praçc* ou *pracch* ; — *yaj'n-a-s*, de **yajân*, rac. *yaj* ; — *svap'n-a-s*, de **svapân*, rac. *svap* ; — *tṛṡ'n-â* de **tarṡân*, rac. *tarṡ*.

En gr. : δοτ-ός, de δωντ-, rac. δω ; — θετ-ός, de θειντ-, θηντ-, rac. θη ; — στατ-ός, de στᾰντ- [1], rac. στᾱ ; — ὕπ'ν-ος, de *ὑπην- ou *ὑπᾰν-.

En lat. : *vent-us* (le vent) de **vânt-* [2] ; — *argent-um*, de **argant-* ; — *dăt-us*, de *dânt-* ; — *stăt-us*, de *stânt-* ; — *mag'n-us*, de **magân* ; — *sig'n-um* de **sigân*, cf. σιγαλόεις.

Souvent des part. passés correspondent à des part. prés. d'où sont issus les verbes mêmes auxquels ils se rattachent.

Exemples pour le sk., indépendamment de ceux qui figurent déjà dans les formes précitées :

kṡîn-a-s, de **kṡân*, **kṡen*, d'où *kṡiṇ-âmi* ; — *lûn-a-s*, de **lôn*, *lûn*, d'où *lûn-âmi* ; — *kîr'ṇ-a-s*, de **kârân*, d'où *kîr'ṇ-âmi* ; — *pûr-ṇ-a-s*, de **porân*, d'où **pûr'ṇ-âmi* (cf. *pṛ'ṇ-âmi*).

En latin, les formations analogues sont restées plus nombreuses.

Ainsi s'expliquent : *flux-us*, de **flonx*, **flox* [3], **flogis*, d'où le rad. *flug.* ; — *sciss-us*, de **scênds*, **scênts*, d'où *scindo*, variante *scen(s)d*, cf. σχίζω = *σχιδσω, cf. σχιζόπους ; *sess-us*, de **sènds*, **sênts*, *-ses*, d'où *sedeo*, cf. gr. ἕζομαι, et lith. *sedzu* ; — *laps-us*, de **lâmps* [4] ; *plex-us*, de **plenx*, *-plex*, *-plicis*, d'où

1. Cf. βᾰτ-ός, de βᾰντ-, τᾰτ-ος, de τᾰντ-, etc.

2. Cf. *tent-us*, de **tânt*, *vent-us*, de **vânt* (*venio*).

3. Cf. φλυξ, dans οἰνόφλυξ.

4. *fluxus* ne saurait être pour *fluctus* qui existe, ni *scissus*, pour **scidtus* (cf. *venustus*), ni *lapsus*, pour **laptus* (cf. *raptus*). Quant aux explications soit par la dissimilation, soit par l'analogie, elles sont absolument inadmissibles. On prétend que l'indo-européen est excessivement ancien et l'on raisonne toujours comme s'il n'avait subi aucune modification aux époques qui précèdent la littérature. Si l'on admet, au contraire, l'hypothèse si vraisemblable qu'alors les lois phonétiques agissaient au moins autant que plus tard, on ne sera pas étonné qu'il faille en tenir compte pour expliquer comme nous venons de le faire un bon nombre des part. passés latins. — En résumé, les participes passés, surtout en sk. et en lat., sont de deux sortes, à savoir : 1° les part. en *ta-s*, *tus*, dûs, soit à des élargissements sur des finales en *t* de part. présents, soit à l'emploi analogique de ce suffixe devenu de

plico et *plecto*; — *vuls-us,* de **vulex,* doublet **velêx,* formes contractées en **vulx, *velx, *vuls, *vels,* d'où *vello,* cf. sk. *vraçc* = **v'rask.*

Semblable explication pour toutes les autres formes des mêmes séries.

Du reste, de bonne heure la finale *-ta-s* a donné l'impression d'un suffixe, qui a été segmenté et employé à la formation directe des part. passés, dans les trois langues.

A côté des part. passés, et formés comme eux par un élargissement en *is* (*es*) et en *us* (*os*) sur des finales de part. prés., se rangent tout d'abord les noms d'actions féminins en *-i-s, -ti-s* du sansk., -ις, -τ-ις du gr. et *-is, -us, -t-us* du latin (ces deux derniers masculins). Les thèmes, en pareil cas, se sont affaiblis à peu près comme ceux des part. passés et pour la même raison.

En sansk., le suff. *-t-i-s* de ces noms, comme le suffixe *-t-a-s* du part. passé, s'est généralisé artificiellement de bonne heure par la segmentation et l'analogie, pour donner naissance à des formations secondaires; mais beaucoup de formes en *-i-s* témoignent encore de sa physionomie primitive. Tels sont : *tviš-i-s,* de **tvêns,* cf. *tviš;* — *kṛš-i-s,* de **karâns;* — *dûš-is,* de **dôns,* cf. *duš;* — *bhṛt-i-s,* de **bharânt,* cf. *bhṛt;* — *gat-i-s,* de *gânt;* — *vṛddh-i-s,* de **vardhânt.*

Se rattachent de près à ces formations, la nombreuse série des adjectifs en *-în,* fém. *-in-î,* dont le point de départ a été un suffixe **-ên, -în,* variante de **-ês, *-îs, -is,* suffixe de la série qui précède.

En grec, la plupart des formations en -ις se sont développées de la même manière que les part. passés lat. en *-xus, -ssus, -psus, -sus* [1].

bonne heure la caractéristique des part. passifs; 2° les part. en *-na-s, ssus, -sus,* originaires, pour la plupart au moins, d'élargissements du même genre sur des finales en *n,* pour le sk., et en *sc* (*cs*), *ts* ou *ds*, *ps* ou *bs* de participes présents, ou d'adjectifs verbaux à finales semblables, pour le latin.

1. Je crois bien retrouver en grec une ancienne couche de participes passés analogues dans les premiers termes des composés comme ἀκερσε-κόμης, celui dont

Exemples : τάξ-ις, τεῦξ-ις, auprès de τάσσω, pour *τακσω et de τεύχω -*τευσχω -*τευχσω, cf. sk. *takš* et *tvakš* et lat. *texo,* angl. *task ;* — φράσ-ις, pour *φρασσ-ις, auprès de φράζω = *φραδσω ; cf. la variante dorienne φράσδω et le sk. apparenté *pracch* = *praskh ;* — κλέψ-ις, dans les composés avec κλεψι- [1], auprès de κλέπτω, pour *κλεπσω ; cf. zend *garefs,* angl. *grasp* et *clasp ;* — κάρσ-ις, pour *καρεσ-ις, cf. sk. *kar's,* zend *kareš,* κείρω,-κέρρω, venant de *κᾰρ-ενξ, *κᾰρ-εξ, *κᾰρ'σ, *κᾰρρ ; cf. en lat. l'origine de *vello, pello.*

Dans les formes comme γνῶσ-ις, pour *γνωνσ-ις, auprès de (γ)νοῦς ; — δόσ-ις, auprès de δώς, δούς et de διδούς ;— θέσ-ις, auprès de θής, θείς et τιθείς ; — στάσ-ις, auprès de στάς et ὕστας ; — βάσ-ις, auprès de βάς et de βιβάς, le rapport avec des part. actifs est encore aussi visible que possible.

L'hypothèse courante de l'assibilation du τ d'un prétendu suffixe -τις dans ces formes est absolument contredite par πίστις, πύστις, λῆστις, ὅστις, etc., où le τ aurait eu une double raison pour s'assibiler si l'hypothèse en question était juste [2].

En latin, les formations en *-is* sont rares [3]; les doublets proethniques en *-us* de la 4e déclinaison en tiennent lieu. Toutefois *mens-is,* en particulier, est fort intéressant. Le gr. μήν, et μής, ainsi que le sk. *mâs,* d'un primitif **mâns,* en montrent la formation à l'aide d'un élargissement en *-is* sur un

les cheveux n'ont pas été coupés ; τερψί-χορος, celui qui a les chœurs tournés, c'est-à-dire qui les fait tourner ; καμψί-πους, celui qui a les genoux (d'autrui) pliés (cf. lat. *flexi-pes*) ; — ἀκερσε- (nomin. *ἀκερσες ou plutôt *ἀκερσης) serait un doublet de *ἀκερσος ; les deux formes seraient à l'égard de la syllabe finale dans le même rapport que le suff. sk. *-ta-s* et le suff. gr. -το-ς. De plus, je suppose que le ι de τερψι-, καμψι- et de toutes les formes analogues est le résultat d'un affaiblissement de ε en ι.

1. Voir toutefois la note 1 de la page précédente.

2. Le rapprochement du sk. *gat-i-s* et de βάσις ne prouve rien. Les deux formes se sont développées sur des variantes différentes du part. présent.

3. Il est invraisemblable que les noms d'action en *-iō(n)* comme *fact-io(n),* etc , dérivent de primitifs en *-tis* qui auraient tous disparus. Le suffixe *-ion* qu'on voit naître, par exemple, dans les noms propres comme *Curio,* auprès de *Curius,* a été transporté analogiquement aux thèmes des part. passés et des noms en *-us* (4e décl.) pour créer ceux dont il s'agit.

ancien nominatif sing., avec une évidence qui ne laisse rien à désirer.

Les mots en *-us,* (4e décl.) sont formés comme les part. passés en *-xus, -ssus,* etc., et les mots en -ις du grec [1].

Exemples : *flux-us* auprès du part. passé *flux-us;* et de τάξ-ις — *gressus,* auprès du part. *gressus* et de φράσις; — *lapsus,* auprès du part. *lapsus* et de κλεψι-; — *puls-us,* auprès du part. *puls-us* et de κάρσ-ις.

e. Formes latines en -undus, -a, -um; -endus, -a, -um.

Bopp faisait déjà venir ces formes d'un élargissement du thème du part. présent.

Plus récemment, M. de Saussure (*Mém. de la Société de ling.,* III, 198) adoptait cette opinion en ce qui concerne le suffrage du gérondif, inséparable de celui de ces participes. Diverses théories plus inadmissibles les unes que les autres (voir Dosson, *De participii gerundivi, etc.,* p. 5 *seqq.*), ont essayé récemment de se substituer à celle de Bopp, sous prétexte que le *t* d'un groupe *nt* ne se change jamais en *d. Mendax,* auprès de *mentior, quando* auprès de *quanto,* ἔνδον auprès de ἐντός, etc., donnent la mesure de la valeur de l'objection.

Une preuve certaine, selon moi, que *legundus, legendus* sont pour **leg-ont-us,* **leg-ent-us* résulte du double vocalisme de la pénultième de ces formes qui représente si bien le parallélisme à cet égard de λύων,-*lucns.* L'affaiblissement du *t* en *d* est dû à l'élargissement thématique et est comparable, soit à celui de *r* en *l* dans μεγάλ-η, auprès de *μεγαρ, soit et plutôt encore, à celui de *c* en *g* dans *vorago,* auprès de *vorax,* de πτ en βδ, dans ἕβδομος, de κτ en γδ, dans ὄγδοος, etc.

Les adjectifs verbaux en *id-us* des verbes en *eo,* comme *te-*

1. L'identité du procédé de formation dans les deux langues milite en faveur de mon explication et rend hautement improbable celle qui a prévalu jusqu'ici pour cette dernière série.

pid-us, auprès de *tepeo,* etc., doivent s'expliquer de la même manière ; mais, outre l'affaiblissement de la dentale, la nasale des formes correspondantes du part. prés. a disparu.

Même phénomène encore et dû aussi à l'élargissement, soit au génitif sing. des formes féminines grecques comme κλέπτις (κλέπ'τ-ιδ-ος), auprès de κλέπτης, pour *κλεπτητς ; soit dans les subst. latins en *-tudô(n)*, dont l'ancienne finale *t* a reçu les deux élargissements successifs *ot,* (*ont*) et *ô*(*n*).

Les subst. fém. grecs en -συνη doivent leur origine au même nombre d'éléments adventices. Exemples : μνημοσύνη, composé de *μνημωνσ-ων-η (*μνημωνς, ancienne forme de μνήμων). On voit d'un coup d'œil l'affaiblissement successif déterminé par ces surcharges. Remarquer aussi la formation du féminin par l'adjonction de η. Δεσποσύνη est formé sur *δεσ-πωνς, cf. lat. *-pos,* dans *compos* et δέσποινα (δέσποιν-α), doublet de *δεσπουν-α (*δεσπων-α) ; cf. Μοῖσα, auprès de Μοῦσα.

Si l'on en rapproche les formations latines en *-ôsus,* comme *generôsus,* etc., on n'hésitera pas à voir dans celles-ci un élargissement, par un suffixe identique à la finale, de thèmes en *-ôns, -ôs,* analogue à celui qui a donné *decorus* auprès de *decor.*

f. Abstraits en -tât-i-s, -της (τητ-ος), -tas (tat-is), -tus (tut-is).

Ces suffixes résultent tous d'élargissements sur une finale *-t,* d'où *-t-ât-i-s,* en sk., -τ-ης, en gr., *-t-âs* et *-t-ûs,* en latin.

C'est surtout en cette dernière langue qu'apparaissent dans les formations examinées le développement d'anciens part. présents.

Exemples : *juvent-as, juvent-us* [1], *volunt-as, majest-as, potest-as.*

Le rapport de -ης, *-âs, -ûs* du nom. sing. avec -ητ-, *-ât-, -ût-*

1. Le thème est-il *juven* ou *juven-t, majest* ou *majes-t,* c'est-à-dire les formations sont-elles primaires ou secondaires ? Je les crois primaires.

des autres cas est à comparer aux deux finales thématiques ως-, ατ dans ὕδωρ, -ὕδατ-ος.

Remarquer, en latin, le double vocalisme du suffixe qui rend cette comparaison encore plus éloquente.

g. Suffixe sk. -ya-s, -yâ, -ya-m ; *gr.* -ιος, -ιη, -ιον ;
lat. -ius, -ia, -ium.

La série : sk. *pitrya-s* = *pitria-s ;* gr. *πάτριος ; lat. *patrius,* indique que ce suffixe est proethnique. On le voit toutefois se développer spontanément en grec dans les formes comme ῥεῖα, qui suppose *ῥειος, auprès du lat. *rivus ;* ῥειος, pour *ῥη-Fος d'un thème ῥη- ; νεῖος, pour *νη-Fος, auprès du lat. *novus,* d'un thème γνη-, rac. *jan ;* ἀχαιός, auprès de ἀχαιFος, cf. lat. *achivus,* formation sur αχᾶ- ; λεῖος, pour *ληFος, doublet de *ῥηFος, cf. lat. *levis.*

Il est probable que -ειος ainsi formé a été transporté de toute pièce dans les formes comme χρύσ-ειος, σιδήρ-ειος, etc.

Dans les cas où le suffixe *-ya-s,* etc., est commun aux trois langues, sa formation est évidemment différente.

On peut se rendre compte de son origine en pareil cas par les formes comme le sk. *kšay-a-s,* auprès de *kšâ ;* gr. γαῖ-α, auprès de γῆ, au moyen d'une surcharge de l'indice de la 1re-2e décl. sur les finales altérées *kšae* (de *kšaa* = *kšâ*), γαε de γαα = γᾶ.

De même à côté du sk. *prê* (*pri*), adj. verbal de la racine de même forme, s'est développé l'adj. *priya-s* = **prei-a-s,* **priia-s,* etc.

Dans *pitrya-s,* pour **pit'r-ya-s,* πάτριος, pour πάτ'ρ-ιος, *patrius,* pour *pat'r-ius,* ce suffixe a été ajouté tout formé aux thèmes *pitâr,* πατήρ, *pater,* à la dernière syllabe desquels il a déterminé la contraction régulière en pareil cas.

Les abstraits comme πατριά, *patria,* etc., sont d'anciens féminins de ces adjectifs employés substantivement ; d'où l'instinct grammatical d'un suffixe -ια,-*ia* de noms abstraits, à l'aide desquels on a formé en gr. εὐτυχ-ία, ἀδικ-ία, et peut-être ἀλήθεια, pour *ἀληθεσ-ια, quoique les formes comme οὐδένεια, βοήθεια, etc., rendent plus vraisemblable l'hypothèse d'un suffixe -εια (masc. -ειος) dont l'origine se rattacherait à celui dont il a été question plus haut.

En latin, on a, auprès de *patria,* de nombreuses formes comme *pervicac-ia, prudent-ia, memor-ia, querimon-ia,* etc., dans lesquelles il faut bien se garder de voir des créations féminines directes sur les participes présents correspondants, qu'aucune analogie ne justifie, que le sens contredit et que contredit plus formellement encore la série parallèle des abstraits neutres en *ium,* comme *mendacium, sacerdotium,* etc.

h. Formations féminines des part. act. en grec.

Parfaitement conformes à tout ce qui a été vu précédemment quant à l'élargissement du thème d'un nom. masc. sing., à l'affaiblissement de la dernière syllabe de ce thème qui en est la conséquence, et à l'emploi de l'indice féminin α ou η, sont les formations suivantes :

λύων(ς), — λύουσ-α, cf. διδούς — διδοῦσ-α;
λυθείς, — λυθεῖσ-α, cf. τιθείς — τιθεῖσ-α;
λύσας, — λύσασ-α, cf. ἱστᾱς — ἱστᾶσ-α.

A la formation du couple λυθείς,-λυθεῖσ-α se rattache celle du couple

χαρί-εις, pour *χαρι-ϝης (cf. sk. *-vân(s),* zend *-vas),* *χαριϝητς — χαρί-εσσ-α, pour *χαρι-ετσ-α.

Se rattachent aussi à ces formations, ou s'expliquent de même : ἄναξ, -ἄνασσ-α, pour *ἀνακσ-α; θρῇξ, -θρῇσσ-α ; πίσσ-α, pour *πικσα, — lat. *pix;* μέλᾱ(ν)ς, -μέλαιν-α, par l'intermédiaire *μελᾶεν-α ; τέρην,-τέρειν-α ; ἄκων, *ἀκᾶν, *ἀκην, -ἄκαιν-α (*ακαεν-α); λέων, *λεᾶν, -λέαιν-α.

Pour λελυκυῖα, auprès de λελυκώς, l'explication habituelle *λελυκοσ-ια, *λελυκοτ-ια suppose une assibilation du σ devant ι qu'aucun exemple sûr n'autorise, et une formation féminine avec un suffixe ια qui n'est nulle part ailleurs affecté à cet usage. Je compare cette formation aux formes doriennes comme Μοῖσα et au prétendu ablaut οι, dans λοιπός, λέλοιπα, λελυκυῖα, pour 'λελυκυισ-α, est formé sur un thème *λελυκωις, doublet de λελυκώς, et j'y compare ἀγυιά, pour *ἀγυισ-α, inséparable de ἀγών, ἀγορά, formé sur un doublet *ἀγοινς, et μυῖα, vraisemblablement pour *μυισα, 'μυισσα, *μυικσα, cf. sk. *makša* et lat. *musca;* cf. encore δέσποινα, auprès de * δεσπωνς (cf. lat. *compos*), φωίς et φοίς, auprès de φώς, les accus. plur. arcad. en -οις, etc.

La différence à cet égard entre le thème masc. et le thème féminin n'est pas plus extraordinaire, du reste, que celle des fém. en -ιδ, auprès des masc. en -ης, ou des fém. lat. en *-trix,* auprès des masc. en *-ter*.

Il paraît plus difficile à première vue d'expliquer le rapport de ἡδεῖα à ἡδύς.

Une seule formation féminine de ce genre semble régulière, c'est πολλή, pour *πολϜ-η, auprès de πολύ, cf. μεγάλ-η, auprès de *μεγαρ.

Pour l'explication des autres, une première série de faits à considérer, c'est que les féminins βασίλεια, ἱέρεια, etc., ont pour formes masculines correspondantes, non-seulement βασιλεύς, ἱερεύς, mais leurs doublets dialectiques en ῆς, attestés par γραφῆς, auprès de γραφεύς, etc., et qui rendent compte d'ailleurs des formes thématiques comme βασιλη-, dans βασιλῆος. Or, βασίλεια, ἱέρεια, pour *βασιλεισ-α, 'ἱερεισ-α, auprès de *βασιλης, ἱερῆς, sont avec ces formes dans le même rapport que τέρειν-α avec τέρην, δώτειρ-α avec δωτήρ, etc. [1].

Les adjectifs en υς, comme ἡδύς, avaient-ils aussi des doublets en ῆς d'où sont issues les formes féminines comme ἡδεῖα, ou bien celles-ci ont-elles été modelées purement et simplement sur βασίλεια, ἱέρεια? Je penche pour la première hypothèse, bien qu'autant que je sache, il ne reste aucune preuve directe de l'existence de ces doublets ; mais j'en vois des indi-

1. La forme féminine *ἱερέϳιϳαν*, auprès du masc. *ἰϳερής* des inscrip. de Chypre me paraît absolument concluante.

ces tout à la fois dans le *i* du thème sansk. *pṛthi-* de *pṛthiv-î*, féminin de *pṛthu-s*, dans le thème gr. ἡδε-, (ἡδέ-ος), parallèle à βασιλη-, dans βασιλή-ος, et dans l'*a* du lat. *gravis*, pour *g'ravis* auprès du sk. *guru-s* et du gr. βαρύς.

Dans tous les cas, et quelle que soit celle des deux explications à laquelle on s'arrête, la formation de ces féminins suit l'analogie de tous les autres du grec et du latin.

III. — Remarques sur les adjectifs verbaux monosyllabiques

Nous avons vu dans tout ce qui précède la loi de l'affaiblissement provoqué par la surcharge des nouveaux suffixes se vérifier, pour ainsi dire, en toute circonstance. Il nous serait facile, du reste, de montrer que c'est à cette même loi que la différence entre les formes fortes et les formes faibles de la déclinaison doit son origine.

Il est pourtant des cas où, à première vue du moins, cette loi semble en défaut. Nous signalerons d'abord celui que constate M. Whitney (*Sansk. Gram.*, § 392) dans les monosyllabes en *-ir, -ur, -is, -us*, dont la voyelle s'allongerait, non seulement au nomin. sing. *gîr, gîḥ*, mais aussi devant les désinences *-bhyâm, -bhis, -bhyas* et *-su*; exemples : *gîrbhyâm*, etc. En réalité, la longue est primitive ; elle s'affaiblit dans *giram*, etc., en vertu de la loi en question, et, si elle se maintient, en apparence malgré cette loi, dans les exemples cités, c'est qu'on a affaire probablement à des formes peu anciennes et dans lesquelles les suffixes désinentiels sont des pièces de rapport [1] nouvellement rapprochées du nominatif, qui reste intact comme s'il s'agissait de composés réels.

1. Cf. en latin les génitifs plur. en *um* 1re et 2e décl. : *rosa(n)s-um*, *horto(n)s-um*.

Une exception apparente beaucoup plus étendue et beaucoup plus importante est celle que présentent les adjectifs verbaux monosyllabiques comme *-kṛt*, *-bhid*, *ṛc*, *diç*, *dyut* en sk.; -νίψ, -τρίψ, -πτύξ, -φρίξ, φλόξ en gr.; *-ger*, *-fex*, *-fer*, *-dex*, etc., en latin. La plupart de ces adjectifs, en effet, quoique monosyllabiques, apparaissent sous une forme aussi faible que possible.

On ne tarde pas cependant à en voir la raison quand on remarque que, sous cette forme faible, ils se rencontrent toujours, ou presque toujours, en composition; tandis que les adjectifs analogues qui s'emploient substantivement et isolément, comme *vâk*, *pâd*, *mâs*, *bhâs*, etc., en sk.; ὤψ, ποῦς, μήν, φῶς, ῥώξ, κλώψ, en gr.; *pês*, *vôx*, *lûx*, *rêx*, *lêx*, *pâx*, *mons*, *mens* en latin, etc., ont le vocalisme fort. Il s'est passé dans le premier [1] cas un phénomène analogue à celui qui a déterminé en latin l'affaiblissement vocalique du second terme des mots composés, comme *in-ers*, *sin-ciput*, *in-ermis*, *con-ficio*, *in-cido*, *con-cutio*, etc. [2]. Autrement dit, la loi a agi sur le terme final du composé au lieu d'influencer le premier [3], que diverses raisons en général assez visibles tendaient à rendre in-

1. L'identité primitive des deux séries est indubitable. Elle est prouvée du reste par le rapport de formes employées comme adjectif en tel idiome et comme substantif en tel autre.

Exemples : *ruc*	adj. verbal et subst.	sk.;	— *lûx*	subst.	lat
-dex	adjectif verbal	lat.;	— *diç*	—	sk.
-ja-s	—	sk.;	— *gens*	—	lat.
bhrâj	—	—	φλόξ	—	gr.
bhâ-s et *bhâ*	adj. et subst.	sk.;	— φῶς	—	gr., etc.

Parfois même, et ceci est particulièrement probant, on a dans la même langue la forme faible employée en composition auprès de la forme forte qui ne se rencontre qu'isolément. Exemple : sk. *-gu-s*, auprès de *gau-s*.

En sk. les formes comme *-rāṭ*, de *-râj*, *dviṭ*, de *-dviš*, *-ṣâḍ*, de *sâh*, etc., témoignent d'un affaiblissement qui s'est traduit par la lingualisation de la gutturale et qui est analogue à la palatalisation de *k* dans *ruc*, pour **ruk*, *vâc*, pour **vâk*, etc., due à la même cause, et non pas à l'influence d'un prétendu *e*, comme on l'a soutenu dans ces derniers temps.

2. On a de même en gr. πρόπᾶν et ἅπᾶς, auprès de πᾶν et de πᾶς ; ὁμώνυμος, auprès de ὄνομα ; τρίπος, auprès de ποῦς; τράπεζα pour *τετράπεζα, etc.

3. Ainsi que cela se passe pour les formes simplement élargies, dans lesquelles le thème, ou le premier terme, fait généralement les frais de l'affaiblissement.

variable; elle a rétabli en quelque sorte l'équilibre rompu par l'allongement du mot auquel on en adjoint un autre, en déterminant l'affaiblissement du vocalisme de celui-ci. C'est une des raisons qui me l'ont fait désigner ailleurs [1] sous le nom de loi de compensation ou d'équilibre. On peut remarquer d'ailleurs que quand ces formes d'adjectifs se sont élargies, elles ont suivi la loi habituelle de l'affaiblissement ou de la contraction. C'est ainsi qu'on a :

Sk. *g'ñ-â*, fém., auprès de *ja-s* ou **jans* et de *jan-a-s*, cf. lat. *-g'nus*, auprès de *gens* et de *-gen-us*, *gen-a*; sk. *dh'm-a-s* auprès de **dham* et de *dham-a-s*; *gh'n-a-s*, auprès de *ghan*, *ghana-s*, *han*, *hanu-s* [2].

Il est à remarquer que ces affaiblissements ont lieu sur les formes en question en tant que termes finaux de composés.

A leur état simple, ces adjectifs ont tout l'aspect de formes de participes présents aussi affaiblis que possible. En réalité, il est difficile de ne pas y voir de très anciens types, avec vocalisme simplifié en composition surtout, de cette catégorie grammaticale dont l'aspect morphologique est si primitif et sur laquelle s'est développée, nous l'avons vu, toute la dérivation.

Les rapprochements suivants le démontreront, ce me semble, d'une manière évidente [3] :

Sk. *-stha-s*, *-sthâ-s*, pour *-*sthâns*, cf. *-*sthânt*, dans *tišṭhânt*; — gr. ἱστάς, στάς; — lat. *-stes*, pour *-*stets*, *-*stents*, cf. *stans*. — Principaux dérivés : sk. *sthân-am*, *sthâṇ-u-s*, *sthit-a-s*; — gr. στατ-ός, στάσ-ις; lat. *stat-us*.

Sk. *-dha-s*, *-dhâ-s* (*purodha-s*), pour **dhâns*, cf. *-dhânt*, dans *dadhânt*; — gr. τι-θείς, θείς (*θηντς), θής, subsṭ.; — lat. *-dos*

1. *Essais de linguist. évolut.*, p. 206, etc.; *Origine et philosophie du langage*, p. 150.

2. Cf. lat. *-ficus*, auprès de *-fex*; *-dicus*, auprès de *-dex*; *-ficis* gén. auprès de *-fex*; *-dicis*, auprès de *-dex*; *pés*, *pĕdis*; *-cipis*, auprès de *-ceps*, etc.

3. Voir Bréal, *Dict. étym. lat.*, p. 371, où il est dit à propos de *-stes* et des formes analogues : « Ces mots ont tous à l'origine le sens de participes présents... Il faut peut-être y voir la plus ancienne forme du part. présent. » Le savant auteur ajoute à tort, selon nous : « ... avant qu'il ne fut augménté d'une nasale. »

dotis (dans *sacerdos*). — Dérivés : sk. **dhit-a-s, hit-a-s, dhâs-i-s, dhân-am, dhâm(s)-un*; — gr. θετ-ός, θέσ-ις, θέμ(σ)-ις, θέτ-ης.

Sk. *-da-s, -dâ-s*, pour **dânts*, cf. *-dânt*, dans *dadânt*; — gr. δι-δούς, δούς (*δωντς), δώς, subst. ; — lat. *dôs* (**dots*), subst. — Dérivés : sk. *datta-s*, pour **da-dat-a-s, dân-am*; — gr. δοτ-ός, δόσ-ις, δωτ-ήρ ; — lat, *dât-us, dôn-um*.

Sk. *-ja-s, -jâ-s* (**jânts*) ; — gr. *γηντς, *γωντς, 'γηνς, *γωνς ; — lat. *-ges* (**gents*), *gens*, subst. — Dérivés : sk. *jât-a-s, jan-a-s, jan-as, jan-us, jant-u-s*; — gr. γεν-ητ-ός, γέν-ος, γεν-ε(ς-)ά, γέν-εσ-ις, th. γενν-, pour *γενς, γόν-ος, γυν-ή — lat. *gen-it-us, gen-us, gen-er, -gen-a, -g'n-us*.

Sk. *-kši-s* (**ksints*); — gr. κτείς, subst. (*κτηντς), *κτωνς. — Dérivés : sk. *kšit-a-s, kšîṇ-a-s, kšit-i-s*; — gr. κτείν-ω, *κτενσ-ω d'où κτένν-ω, κτόν-ος. Avec labialisme — φθείρ(ρ), pour *φθεισς, *φθωνς, d'où φθείρ-ω, φθέρρ-ω, φθίν(σ)-ω, φθί(σ)-ω, φθιτ-ός, φθίσ-ις, φθό(σ)-η, φθόν-ος, φθορ-ά.

Sk. *-ta-s, tan*; — gr. *τηνς, *τωνς ; — lat. **tens*. — Dérivés : sk. *tat-a-s, tan-u-s, tant-us, tan-t-'r-a-s*; gr. τείν(σ)-ω, τατ-ός, τάσ-ις, τόν(σ)-ος ; — lat. *ten-eo, ten-or, tend-o, tent-us, tens-us, tens-io*.

Sk. *-kha-s* (**khânts*); — gr. *χωντς, *χωνς. — Dérivés : sk. *khât-a-s, khan-a-s*; — gr. *χωνσ-υμι, χώνν-υμι, χωσ-τός, χῶσ-ις, χῶσ-μα, χό(σ)-ος.

Sk. **dâms*, d'où *dam(s)-a-s*; — *-δ'μης, *δεμ-ηντς, développements sur *δᾶμς. — Dérivés : sk. *dam-it-a-s, dân-'t-a-s*; — gr. δάμ-'ν-ημι ; — lat. *dam-'n-o, dam-'n-um, dom-it-us, dom-in-us*; — gr. *ταμς, *τωμς, d'où *τεμ-ηντς, *τομ-ηντς ; — dérivés τέμ-'ν-ω, τ'μ-ητ-ός, τ'μ-ῆσ-ις, τόμ(σ)-ος [1].

Sk. *-sad*; — gr. *-ἑζ, *ἑδς, *-ἑδ ; — lat. *-ses*, pour **seds*, *-sed*. — Dérivés : sk. *sad-as*; — gr. ἕζ-ομαι, ἕδ-ος ; — lat. *sed-es, sess-us* = **seds-us, sess-io*.

Sk. *-cchid* (de **cchent*, **cchend*); — gr. *-σχις, *-σχιδς, *σχιδ ;

1. En somme, en ce qui concerne les formes verbales : un primitif *τᾶμ-ω auquel se rattachent les systèmes des aoristes, du futur et du parfait (ἔταμ-ον, ἔτεμ-ον, *τεμ-εσ-ω (τεμῶ), τε-τ'μ-ηκα, etc.) et un dérivé *τεμ-εν-ω d'où : τέμνω, pour les formes se rattachant au système du présent.

— lat. **-sces*, **-sceds*. — Dérivés : sk. *cched-a-s, cchinn-a-s, cchid-'r-a-s*; — gr. σχίζ-ω, σχίζ-α, σχίσ-ις, σχίσ-μα, σχισ-τός ; — lat. *sciss-us, sciss-io, sciss-or*.

Sk. *-bhid*, **bhend*, **bhent(s)*; — lat. **-fes*, **-feds*; — d'où : sk. *bhed-a-s, bhinn-a-s* [1] ; — lat. *fiss-us*.

Sk. *pad, pâd*, rad. *pats-* [2], rad. *panth-* ; — gr. ποῦς (*πωδς) ; — lat. *pês (peds), pons*. — Dérivés : sk. *pad-am, panth-an, pats-ut-as*; — gr. πέδ-ον, πέζ-ος, πέζ-α.

Sk. *-vid* (**vends*, **vents*); lat. **-ves*, **-veds*, **-ved*. — Dérivés : sk. *ved-a-s, vid-it-a-s*; — gr. ἴσ-ημι, pour *ἴδσ-ημι, ἴσ-τωρ ; — lat. *vis-us, vis-io, vis-or, -vid-us*.

Exemples de formes qui sont pour ainsi dire à cheval sur les gutturales et les dentales :

Sk. *-da-s, dant*, d'où *dant-a-s*; — lat. *dens* (**dents*) ; — gr. ὀδούς ; — auprès du sk. **-damç*, d'où *damç-a-s* et *daç-an-a-s, damś-ṭra-s*, et du gr. δήξ, δῆξ-ις, ὀ-δάξ.

Sk. *-spaç*; — gr. σκώψ ; — lat. *-spex*. — Dérivés : sk. *spaś-ṭ-a-s*; — gr. σκέπτ-ομαι, pour *σκεπσ-ομαι, σκοπ-ός, σκῆψ-ις ; — lat. *spic-ius*, rad. *spect-*, pour **specs*.

La désinence *st-ts* des part. présents est le résultat d'un dentalisme des groupes correspondants à gutturales *sk-kś*. C'est par là que s'expliquent les formes suivantes et leurs dérivés :

Sk. *-spṛç*; — gr. -πληξ ; — lat. **-plex*, **-flex*. — Dérivés : sk. *spṛś-ṭa-s* ; — gr. πλήσσ-ω, πλῆξ-ις, πλεκτ-ός (*πλεκσ-ος) ; — lat. *flex-i*, rad. *flect-* pour **flecs-*, dans *conflicto*, etc.

Gr. *πλωξ, *πληξ ; — lat. *-plex*, **-flex*. — Dérivés : gr. πλέξ-ις, πλοκ-ή, peut-être πλεκτ-ός ; — lat. *-plic-us, plex-us, flex-us*, rad. *plect-*, dans *plecto*.

Sk. *vâc*; — gr. *ὤξ, ὄψ, *ἔψ, *ἐπ ; — lat. *vôx*. — Dérivés : sk. *vac-as*; — gr. ὄσσ-α (*οκσ-α), ἔπ-ος ; — lat. *-voc-us, voc-o*.

1. Formé comme *cchin-a-s*, soit par l'assimilation des éléments d'un groupe *nt, nd*, soit par l'adjonction à un thème *bhin* du suffixe segmenté *-na-s*.

2. Cf. rac. zende *pazd*.

Sk. *ruç* (*rokš*) ; — lat. *lûx*. — Dérivés : sk. *rûkš-a-s, ruks-a-s, rok-a-s, ruc-a-s, roc-as ;* — gr. λεύσσ-ω, pour *λευκσ-ω, λευκ-ός.

Gr. -φλυξ ; — lat. *-*flux*. — Dérivés : gr. φλύω, pour *φλυ(σ)ω, *φλυ(σσ)ω ; — lat. *flux-us*.

Sk. *diç*, **dekš* ; — gr. *δηξ, *δωξ ; — lat. -*dex*. — Dérivés : sk. *diš-ṭa-s, deç-a-s, diç-ati ;* — gr. δεῖξ-ις, δόξ-α ; — lat. *disc-o*, -*dic-us*.

Le rapport de σκέπτ-ομαι avec les rac. *spaç* et *spect* du sansk. et du lat. montre que, de même que le groupe *sk-kš* s'est dentalisé parfois en *st-ts*, il a pu se labialiser en *sp-ps* [1].

Par là s'expliquent les formes simples et dérivées du genre des suivantes :

Sk. *gṛbh, gṛh ;* — gr. κλώψ, *κληψ (cf. zend *garefs*, angl. *clasp* et *grasp*) ; — dérivés sk. *gṛbh-âyâmi, gṛbh-a-s, grabh-a-s, gṛbh-'n-âti, gṛbh-it-a-s ;* — gr. κλέπτ-ω, pour *κλεπσ-ω, κλέψ-ις, κλοπ-ός.

Les formes latines comme *laps-us* ont certainement une origine analogue.

Dérivations des formes à liquides. — Nous connaissons déjà, en ce qui concerne le grec, l'origine de δῶρον et de δωρέω, ainsi que celle de φθείρ, φθείρω, φθόρος, etc.

Ces dérivations portent dans les trois langues différents caractères que nous allons examiner dans une série d'exemples :

Sk. *svas, svar* [2], d'où *sûr-a-s, sûr-ya-s, (s)var-'ṇ-a-s, (s)var-uṇ-a-s, svar-ati.*

Sk. *gâ-s, gîs, gîr*, d'où *gît-a-s, gân-am, gîth-â, gir-ati, gṛ-'ṇ-ati* (de **gas* **gar*).

Lat. *ger*, pour **gerr*, **gers*, venant de **gess*, **gents* (cf. *ustus*

1. C'est ce qui explique entre autres le rapport de πτύω = *πσυω, avec le lat. *spuo*. Le groupe initial correspond à d'anciens primitifs, *sk* (devenu *sp*) et *kš* (devenu πσ).

2. Variantes sk. *uš* (**oš*, **oks*) d'où *uš-it-a-s, uš-as, uš-'ṇ-a-s, uš-man, ucch-ati, us-'r-a-s, oš-us ;* — gr. ἕ(σ)-ως, αὔ(σ)-ως, αὔ(σσ)-ω ; — lat. *aur-or-a, ur-o, ur-'n-a, us-tus, ur-'t-ic-a*. L'all. *sonne* se rattache à **svans*, var. de *svas*.

auprès de *uro*). — Dérivés *ges-tus* (ou *gest-us*) *ger-o*, cf. sk. *ceṣ!* (?).

Sk. *kṛt* (*kar-ant*) [1] (sens de couper); — gr. κῆρ, pour *κηρς, *κηρ'τς. — Dérivés : sk. *kîr-'n-a-s, kṛ-'n-âti, kṛ-'t-a-s, karṣ-âmi, kṛ-'nt-ati;* — gr. κ'ρ-ίν-ω, κ'ρ-ιτ-ός, κ'ρ-ίσ-ις, κ'ρ-ιτ-ής, κηρ-αίν-ω, κηλ-ίς, κείρ-ω, κέρρ-ω, καρ-'τ-ος, καρ-'σ-ις; — lat. *cer-'n-o, cer-'t-us, c'r-im-en, c'r-êt-us, cul-ex.*

Sk. **stṛt* (*star-ant*); — gr. *στηρ, *στωρ. — Dérivés : sk. *stṛ-'t-a-s, stîr-'n-a-s, stṛ-'n-omi;* — gr. *στ'ρ-ωνσ-υμι, στ'ρ-ωνν-υμι, *στορ-ενσ-υμι, στορ-έννυμι, στ'ρ-ωτ-ός, στ'ρ-ωσ-ις; — lat. *ster-'n-o, st'r-at-us.*

Sk. *spṛt* (*spar-ant*). — Dérivés : sk. *spṛ-'n-oti;* — lat. *sper-'n-o, sp'r-êt-us.*

Sk. *bhṛt* (*bhar-ant*); — gr. φώρ (*φωρρ, *φωρς); — lat. *fors, -fer* (**ferr*, **fers*). — Dérivés : sk. *bhṛ-'t-a-s, bhâr-a-s, bhar-a-s, bhar-as, bhar-at-a-s, bh'r-ât-ar, bhṛ-'n-âti;* — gr. φερ-'τ-ός, φόρ-ος, φορ-ός; — lat. *f'r-êt-us, for-'t-is, for-'t-un-a, f'r-at-er, fer-ax, fer-'t-ilis.*

Sk. *-p'r-a-s, par-a-s, pur-as,* adv., *par-as,* adv.; — gr. *πηρ, *πωρ; — lat. *per.* — Dérivés sk. *pûr-'n-a-s, pṛ-'n-âti, par'ṣ-an-i-s;* — gr. πείρ-ω (περ'σ-ω, πέρρ-ω), πόρ-ος, π'ρ-ό, π'ρ-ῶτ-ος; — lat. *p'r-ae, p'r-o, p'r-'îm-us,* etc.

Formes se rattachant aux précédentes, dérivées d'adjectif verbaux terminés par un groupe contenant une gutturale :

Lat. **sper'x*, **spar'x*, d'où *spar-'s-us;* — gr. *σπηρ'κσ-ω, *σπηρ'σ-ω, *σπηρρ-ω, σπείρ-ω, σπέρρ-ω, σπαρ-'τ-ός, σπαρ-'ν-ός, σπόρ-ος (de *σπωρξ).

Sk. *tṛṣ;* — gr. *στηρ, *στωρ. — Dérivés : sk. *tṛṣ-it-a-s, tṛṣ-ya-ti;* — gr. *στερ'σ-ος, *στερ-εσ-ος, d'où στερεός, *στερ-ερ-ος, d'où στερ'ρος, στῆρ-ιγξ, τέρ-'σ-ομαι; — lat. *torreo,* pour **tor-'s-co.*

Lat. *mors, mor-'ts;* — sk. *mṛ-'t-a-s, mar-'t-as, mṛ-'n- ti, mar-'d-ati, mar-'c-ayati, mṛ-'j-ati;* — gr. β'ρ-οτ-ός, *ἀμ-βρόσ-ιος; — lat. *mor-'t-uus.*

1. Il y a bien des raisons de croire que le *t* final des formes comme *bhṛt* est une ancienne gutturale. Le changement serait analogue à celui de *bhrdj* en *bhrdṭ*, etc. On a encore *dhṛk* auprès de *dhar; bhṛç-a-s,* auprès de *bhṛt,* etc.

Sk. **hṛs,* venant de **har-as;* — gr. *χηρ, *χωρ, venant de *χηρ-ες, χωρ-ες; — lat. *her, *her-'s.* — Dérivés : sk. *hṛ-'š-'t-a-s, har-'š-a-s;* — gr. χαίρω (*χαρσ-ω) χορ-ός; — lat. *horreo* (*hor-'s-eo*), *hir-'s-ut-us.*

Sk. *car-'s-an-i-s;* — κέλλω de *κερ-'σ-ω; — lat. *curro, cur-'s-o, cur-'s-us, cel-'s-us, -cul-'s-us.*

Sk. *spṛç* (**spar-akš*); — *ψαρ'ξ, *ψωρ-εξ (cf. lat. *pûlex*). — Dérivés : ψάλλω, φαίρω (*ψαρ-'κσ-ω, *ψαρ-'σ-ω); — lat. *pello* (**per-ex-o, *per-ess-o, *per-'s-o*) *pul-'s-us, pûl-ex.*

sk. *vriç* (Whitney, *Sansk. Gr.*, § 383) et *-vraçc.* — Dérivés : sk. *vṛ-'çc-ati, vṛ-'k-'ṇ-a-s;* — lat. *vello* (**ver-'x-o, *ver-'s-o*), *vul-'s-us.*

Sk. **ṛkš.* — Dérivés : sk. *ṛ-'çc-ati, ar-'š-ati, ṛ-'kš-a-s;* — gr. ἄρ-'κτ-ος; — lat. **ur-'x-us, ur-'s-us,* cf. *pulsus, vulsus,* etc.

En résumé, la plupart des verbes grecs et latins en -αιρω, -ειρω, -ερρω, -ειλω, -ελλω, *-orreo, -erro, -ello,* résultent de la combinaison *-r-'s,* venant de *-r-'x,* dont les éléments remontent en dernier ressort à des formes comme sk. *spṛç* (**spâr'ks*), gr. στῆρ-ιγξ, lat. *cal'x, cul-ex,* etc., avec vocalisme fort, ce qui rend compte des diphtongues du grec quand un seul ρ s'est conservé.

En sansk., ou bien la sifflante s'est conservée, comme dans *karš, harš, sparç,* ou bien elle a disparu, sans doute après assimilation, dans les racines chargées de nouveaux suffixes, comme *kṛ-n, pṛ-n, stṛ-n,* etc. — Les racines terminées par une nasale suivie de *s* (groupe *n-'s* assimilé en *nn*) donneraient lieu à des remarques analogues. Un examen approfondi des deux séries réduit donc à néant l'hypothèse des liquides et des nasales sonnantes.

Les prépositions étaient évidemment à l'origine des adjectifs verbaux avec une signification de mouvement, comme on le voit encore visiblement par le lat. *trans* auprès des rac. du sk. et du gr. *tar,* τερ, aller, aller au-delà, traverser.

C'est surtout en latin où ces anciens adjectifs ont conservé la forme simple ou celle du nominatif sing. Tels sont : *abs, obs,* *subs*, sur le type de *-ceps*; — *ex* (cf. *ago*) sur le type de *-fex*; — **ads*, d'où *ad* (cf. *ab*, *ob*, *sub*) et **as*, *ar* sur le type de *-ses*, pour **seds*; — *in*, pour **ins*, cf. gr. ἔν, εἴς, ἔς, ἐν-ί, même famille peut-être que *eo*, je vais; — *cum*, pour **cums*, cf. σύν et συς-, pour *συνς; — *trans* (ces trois dernières sur le type de *mens*, *mons*, etc). A ajouter probablement à la même série : *dis* et *dê*, d'une forme primitive **dèns*, et *cis*, pour **cins*, d'origine d'ailleurs inconnue. — *Per* avec les dérivés *p'r-ae*, *p'r-o* (cf. rac. du sk. *par*, aller, traverser, franchir) sur le type de *-ger*, *-fer*; — *uls*, qui présente une forme voisine des précédentes; — *post*, cf. sk. *paçc* = **pask-* [1], sur le type des formations avec la finale *st*.

Le sansk. et le grec présentent le plus souvent des formes élargies sur ces monosyllabes primitifs et qui sont sans doute d'anciens cas régimes. Exemples : ἐν-ί, auprès de ἔν; περὶ, auprès de *per*; ἐπ-ί, ἀμφ-ί et ἀπ-ὸ, auprès de ἄψ, *abs*; ὑπ-ὸ, auprès de *sub*. Sk. *açc-â*, auprès de *ex* et ἐσχ, dans ἔσχ-ατος; *abh-i*, auprès de *ab*, etc.

La principale conséquence à tirer de l'ensemble des faits qui précèdent, c'est qu'on a beau pénétrer profondé- dans le système de la dérivation indo-européenne, nulle part on ne rencontre la moindre trace d'agglutination. On voit, au contraire, partout les suffixes se développer et s'ajouter aux formes simples par voie d'emprunt analogique, d'après le procédé qui est encore vivant à l'heure qu'il est, et dont nous nous servons pour créer des mots tels que *constitutionnel*, *socialisme*, *gouvernemental*, etc. [2].

1. Même rapport qu'entre sk. *ut*, pour '*uts* et **uks* qui en est l'antécédent, comme le montre le dérivé *ucc-a-s*.

2. Le lecteur voudra bien remarquer que si, au point de vue du système de l'agglutination, il est strictement logique de parler d'une racine κερ qui, jointe à un suffixe jω, a donné 'κερjω (d'où, nous dit-on, κείρω) ou d'un thème λυοντ, auquel s'est ajouté un suffixe ια pour donner le féminin 'λυοντ-jα (d'où λυούσα, toujours d'après certaines assertions fort contestables), — il est tout aussi rigoureusement rationnel, en partant de l'hypothèse de l'élargissement successif des formes

Est-il vraisemblable qu'il en ait été autrement pour les désinences casuelles et, tout spécialement, qu'il faille voir dans ce qu'on appelle le *s* du nominatif singulier une particule autrefois distincte des formes auxquelles elle se serait soudée dans la suite?

Tous les faits qui ont été examinés dans cette étude protestent de la manière la plus formelle contre une pareille hypothèse. Le *s* en question appartient à un groupe final de consonnes qui fait partie intégrante *a principio* des formes qu'il termine et dont l'origine physiologique est évidemment la même que celle du même son dans les groupes initiaux si fréquents *sk-ks* (ou ξ et κτ), *st-ts* (ou ζ et ττ), *sp-ps* (ou ψ et πτ) [1].

Si les choses sont ainsi, et l'évidence est telle qu'il n'est pas permis d'en douter (à moins de partir de conceptions qui se considèrent comme antérieures et supérieures aux faits), on ne s'étonnera pas des nombreux développements sur les formes du nominatif singulier, qui ne sont en somme que les thèmes réels et primitifs, en *ks, ts, ps,* ou leurs substituts phoniques réguliers, et on écartera sans hésitation les étranges théories (pour ne parler que de celles-ci) d'a-

déjà pourvues de caractères morphologiques et significatifs précis, au moyen d'adaptations analogiques, de dire que κείρω dérive d'un participe actif κἄρς, et le féminin λυοῦσα de la forme masculine *λυωντς, *λυωνσς, *λυων(ς) à laquelle s'est adaptée la caractéristique féminine α. Il reste à voir quelle estcelle des deux théories qui suppose répond le mieux aux faits et à l'idée qu'on peut avoir des conditions générales du développement linguistique, au double point de vue des attributions grammaticales significatives et de la dérivation, dans les idiomes indo-européens.

1. Une forme comme le lat. *oculus*, dérive, nous l'avons vu, d'un primitif **ox*, dont l'authenticité est attestée par le sk. *akš-an* et surtout par le gr. ὄσσε, qui suppose un nomin. sing. *ὤξ, ou *ὂξ (cf. ἄνασσα, auprès de ἄναξ, etc.), et ὄκκον, pour *οσκον. Le latin **ocos*, **oc-or*, antécédent de *oculus*, est une formation *secondaire* sur *oc-* (dans le génitif **oc-is*, etc.), auquel s'est adjoint le suff. *os*. Cet exemple donne l'explication des dérivés de formes terminées primitivement par *cs* (*x*) *ts*, *ps*, dans lesquelles ce groupe n'est représenté que par son terme initial.

Quant à la raison d'être du thème *oc-*, par exemple, des cas régimes de **ox*, elle résulte de doublets comme *osc* (attestés par ὄκκον), réduits à *oc* par la chute de la sifflante et qui ont été affectés particulièrement à ces cas, parce que le *x* de la variante correspondante *ox* provient d'une métathèse qui s'est généralement produite entre les éléments du groupe primitif *sc*, quand ce groupe est resté final près lesquelles *fessus, lapsus, pulsus,* seraient pour **fedtus,* **laptus,* **pultus,* λυοῦσα, pour *λυοντjα, κείρω, pour *κερ-jω, et autres hypothèses semblables en contradiction flagrante avec toutes les lois phonétiques connues.

Une autre conclusion non moins importante qui découle des mêmes faits et qui trouverait sa confirmation dans *toutes* les parties de la dérivation indo-européenne, c'est l'influence *affaiblissante* exercée, soit par les développements analogiques qui donnent plus ou moins d'extension aux formes simples, soit par les combinaisons qui réunissent sous un même accent des formes indépendantes et aboutissent par là aux *composés.*

La vie physiologique du langage suffit à transformer les sons à la longue ; mais les effets en sont favorisés, accrus et dirigés, dans une large mesure, par les circonstances dont il vient d'être question.

Ici encore l'observation dégagée des théories préconçues et des préjugés d'école, établit avec une clarté qui ne laisse place à aucun doute et à aucune équivoque que, contrairement aux doctrines de la nouvelle grammaire d'après lesquelles les sons ne subiraient de transformations dans un dialecte donné qu'en vertu de contaminations analogiques, — ce qui supprime toute idée d'une vie qui leur soit propre, et ce qui est contraire aussi bien aux données de l'expérience qu'aux indications de la logique, — ils se transforment. non seulement d'une façon spontanée, comme toute chose ici-bas, mais encore et surtout par l'effet de causes dynamiques dont le jeu est aussi visible pour les yeux que les explications qui en tiennent compte sont satisfaisantes pour la raison [1].

1. J'aime à croire que ce travail démontrera clairement à tous que, contrairement à une opinion que me prête un contradicteur (voy. *Revue critique*, ann. 1888 p. 183 et 476), je n'ai jamais cru à l'emploi indépendant, à une période quelconque du développement du langage, des parties intégrantes des mots que, par commodité et pour me conformer à un usage général, j'appelle racines et suffixes.

SUR

LES TRACES EN SANSKRIT

D'UN ESPRIT INITIAL DISPARU AUX TEMPS HISTORIQUES

Dans le chapitre de ma *Linguistique évolutionniste* qui traite des mouvements du vocalisme avec les semi-voyelles (p. **410-428**), j'ai dû admettre, sans en fournir la démonstration en règle, la chute proethnique d'une consonne devant les articulations initiales *ara, ana, ava, aya*. Je crois plus que jamais à la justesse de cette hypothèse, et je voudrais rechercher aujourd'hui quelle était la nature de cette consonne et indiquer quelques cas où elle est sûrement tombée en sanskrit et en latin.

Pour le premier de ces idiomes j'ai déjà signalé dans l'ouvrage précité (p. **417**, n. **2**) l'évidence du rapport étymologique de *upa, upari, upara* avec le gr. ὑπό, ὑπέρ, le latin *sub, super, supra*, etc. Si ce rapport est réel, comme il n'est guère permis d'en douter, on a là un exemple de la chute d'un *s* initial dans le proto-sanskrit. La comparaison avec le grec indique de plus que, selon toute probabilité, cette chute a été précédée d'une atténuation graduelle de la sifflante en vertu de laquelle elle a passé par une sorte d'aspiration légère, ou d'esprit, avant de disparaître complètement. Cette conjecture est du reste singulièrement fortifiée par l'exemple du zend et du pâli [1]. Dans le premier de ces idiomes, en effet, le changement de *s* en aspiration est de règle, et il est très fréquent dans le second [2]. Il suffit, du reste, de comparer le sansk. *avis* et le latin *ovis,* au grec οἷς, le sansk. *açva* et le latin *equus,* au grec ἵππος, etc., pour être disposé à admettre l'hythèse d'un *esprit* indo-européen qui ne s'est maintenu sous cette forme qu'en grec, et qui a très probablement une sifflante pour antécédent.

C'est surtout avec les mots, racines ou autres, qui ont *y* pour initiale en sanskrit que la démonstration de cette hypothèse nous semble pouvoir prendre un caractère extrêmement probant. Etablissons toutefois, avant d'aller plus loin, qu'en sansk. le *y* n'est autre chose qu'un ancien *i* placé devant une autre voyelle avec laquelle il formait d'abord, comme l'indique encore dans beaucoup de cas la métrique védique [3], un groupe bisyllabique impliquant un hiatus. Plus tard, un rapprochement de plus en plus intime des deux voyelles — une contraction, en un mot, — a supprimé le hiatus et la diphtongaison des deux sons; d'où une sorte de transformation du *y* = *i* en consonne du genre de celles appelées semi-voyelles. En latin, le processus a été identiquement le même, et M. L. Havet (*Métrique grecque et latine,* L. Havet-Duvau, p. 185-186) figure à juste titre les deux états correspondants du son *i* par celui qu'il reçoit dans notre mot *pitié,* prononcé *piti-é* ou *pityé.* Le parallélisme a continué dans les idiomes dérivés respectivement du sansk. et du latin, où la consonantisation du *i* = *y* s'est accusée par son passage en *j,* aussi bien dans les dialectes prâkrits que dans telle langue romane, comme le français [4].

1. Et surtout des dialectes prâkrits. Voir Beames, *A comp. gram. of the modern aryan lang. of India,* I, 258 seqq.

2. Voir *Gramm. pal.* de Minayeff, trad. Guyard, n° 45.

3. Voir Grassmann, *Lexique du Rig-veda, passim.*

4. Cf., pour des conclusions absolument identiques, Benfey, *Ist in der indogermanischen Grundsprache ein nominales Suffix* ia, *oder statt dessen* ya, *anzusetzen?* dans les *Abhandl. d. Gesell. d. Wissensch. zu Gœttingen,* t. XVI, p. 91-133. Tout concourt, en effet, à prouver que le *y* semi-voyelle n'est pas

Ces seules constatations suffiraient à faire soupçonner d'erreur l'identification habituelle dans l'école de Bopp du *y* sansk. initial, soit à l'esprit rude du grec, soit au ζ. Ces sons n'ont aucun rapport entre eux ni d'origine, ni de prononciation, et ce n'est qu'une vue purement empirique des faits qui a rendu possible une assertion aussi contraire que celle dont il s'agit à la nature réelle des phénomènes comparés.

Pour le prouver et établir en même temps la vérité de notre thèse, à savoir la transformation proethnique du *s* en esprit (rude d'abord, doux ensuite et finalement éteint), nous examinerons les cas où le *y* sansk. initial a été identifié à l'esprit rude :

1° Sk. *yakan, yakṛt,* lat. *jecus,* auprès du grec ἧπαρ [1]. —

proethnique ; il s'est développé, ou non, d'un *i* suivi d'une autre voyelle dans chaque idiome en particulier.

En sansk., comme dans les langues romanes, le *y*, ou *j*, semi-voyelle a toujours été en accentuant son mouvement vers un son consonantique de plus en plus marqué. En français, par exemple, l'ancien *i* du lat. *Iupiter* se confond par le son dans *Jupiter* avec l'ancienne gutturale palatalisée de *généreux*, etc. ; de même qu'en sansk., dès le temps du *Pratijñâsûtra* (Weber, dans les *Abhandl.* de l'Acad. des Sciences de Berlin, 1871) *yate* et *yuñjate* se prononçaient *jate, juñjate;* mêmes transformations, du reste, en prâkrit (ce qui contribue à l'explication de la chute de *s* devant *y*, comme ce même *s* tombe souvent devant *v*.)

Il faut tenir compte aussi de ce fait, qu'en sansk., le *y* comme le *v* a une double origine ; de même que ce dernier n'est le plus souvent qu'un *u* semi-consonantisé devant une autre voyelle, mais qu'il est parfois aussi le résultat de l'adoucissement d'un *b*, comme dans la rac. *vadh* auprès de *badh*, — le *y*, qui représente le plus souvent la voyelle *i* devant une autre voyelle, est dans quelque cas issu d'un *j* affaibli, comme dans *yama-s*, auprès du lat. *geminus* (voir *Ind. Stud.*, IV, 271-272, à propos de la règle indiquée à cet égard par le *Vâjasan. Prâtiçâk.*, VIII, 15).

1. Le sk. *yakan* auprès de ἧπαρ nous offre l'exemple de l'affaiblissement d'un *â* = *aa* en **ea*, *ia*. Les thèmes *sya* et *tya* auprès de *sa* et de *ta* présentent des phénomènes du même genre, en partant toutefois de formes fortes *sâ* et *tâ* (et *te*) qui ont été affectées au féminin.

D'autres exemples analogues résultent des séries radicales suivantes :

Rac. *bâdh, vâdh, vyadh, vedh, vidh,* frapper, maltraiter, tuer.

Rac. *bhâs*, briller-brûler d'où s'agiter, *bhyas, bhes, bhiš,* s'agiter, trembler.

Rac. *myakš*, tenir bon, cf. *mah*, être fort, être grand ; *meša-s*, bélier (le fort).

Rac. *sâ, sya, se, si,* lier.

Rac. *cchâ, çâ, cchya, çya, cchi, çi,* couper, aiguiser; cf. gr. ξέω, ξύω.

Rac. *ecch, icch, yâç,* désirer, prier.

Nous constaterons d'abord que *ia* en sansk., *ie* en latin sont des groupes phonétiques équivalents quasi totalement à l'η grec = εε; et l'on admettra d'autant mieux cette équivalence que les lois phonétiques du sansk. et du latin permettent de remonter de *ia* à *aa* et de *ie* à *ee*.

L'esprit rude de ἧπαρ n'est donc représenté par aucun signe phonique ni dans l'une ni dans l'autre de ces langues.

A notre avis, les faits suivants sont de nature à prouver qu'en réalité il représente une ancienne sifflante.

Les doublets sansk. *yakan* et *yakṛt,* dont le second présente une forme si particulière du suffixe, sont en corrélation unique au point de vue morphologique avec les doublets correspondants *çakan, çakṛt.* Une identité si *singulière* de formation ne peut manquer d'éveiller l'idée d'une identité primitive entre les deux couples aussi bien au point de vue radical qu'au point de vue des suffixes. Or, à *çakan, çakṛt* correspondent en grec σκώρ, σκάτος, pour *σεκωρ, *σεκατος, et en lat. *stercus*, formes dont on ne peut expliquer le rapport, quant à l'initiale, que par l'hypothèse de deux variantes radicales *skark-ksark*, dentalisées en *stark-tsark.* Les formes sanskrites s'expliquent par le second terme du premier couple, la forme latine par le premier du second couple, et les formes grecques par le second du premier et du deuxième couple, — le σ pouvant être le résultat de l'assimilation des

Rac. *akš, ekš, ikš, acch, yaç,* briller.
Rac. *dhā,* briller (dans *dhāman,* lumière), *dya, dhyā, dhe, dhī, dī,* briller.
Rac. *jé, jay, jī, ji, jyā* (la quantité de l'*ā* de cette dernière forme probablement d'origine analogique, comme dans *dhyā),* vaincre.
Rac. *kšā, çā, çyā, çī,* briller-brûler.

Ici se rattachent aussi *khyā,* voir, connaître et *ke,* briller.

Mêmes faits en latin et en grec dans *jecus* (voir ci-dessus); *jaceo, jacio,* ἰάπτω, rac. *ask* (cf. sk. *as*), gr. ἀσκέω, sk. *yakš;* gr. ἰάχω, auprès de ἠχ, dans ἠχώ ; peut-être ἰάλλω, auprès de ἀλλ, dans ἄλλομαι.

Dans tous ces exemples, à un état fort vocalique représenté par *ā (aa)* correspondent deux séries d'états faibles, le premier considéré comme régulier et représenté par *é, ī, i* et le second où *aa* est devenu *ia (ya),* probablement par l'intermédiaire *ea.*

éléments du groupe κσ ou du groupe τσ. Quoiqu'il en soit, ces mêmes formes ont pu donner le *s* tombé ou remplacé par l'esprit rude, dans *yakan, jecus,* et ἧπαρ. Reste l'identification des sens. J'ai fait voir ailleurs (*Origine et philosophie du langage,* p. 378) que *stercus* est de la même famille que στεῤῥός, χερσός, ζωρός et ξηρός (ce qui justifie d'une part le dentalisme dont il a été question plus haut, et en second lieu, la variation de quantité entre *σεκωρ et ἧπαρ) et que les excréments ont été désignés comme durs ou secs, sans doute par opposition à l'urine. Il est extrêmement vraisemblable qu'il en a été de même du foie eu égard aux poumons. De nos jours encore les paysans, dans leur terminologie rudimentaire, appellent celui-là le foie dur et ceux-ci le foie mou.

2° Sk. *yušmân,* gr. ὑμᾶς. —

Nous raisonnerons d'abord à ce propos du sk. *asmân,* auprès du gr. ἡμᾶς.

La grande vraisemblance que le thème de ces formes résulte d'un redoublement : *sa-sama-, sasma-,* d'une part; d'un autre côté, le rapport du sk. *ama* (démonstratif), et du gr. ἐμέ avec le démonstratif sk. *sama,* ne permettent guère de douter que l'esprit rude de ἥμας et l'esprit doux de ἐμέ représentent une sifflante tombée très anciennement dans les correspondants sanskrits.

Selon toute vraisemblance, ὑμᾶς est formé sur *συ-σμα-, comme ἡμᾶς sur *σα-σμα-. De plus, l'ῡ de ὑμᾶς dont la quantité [1], quoi qu'on en ait dit [2], ne provient pas d'une compensation pour la chute du σ qui l'accompagnait, nous ramène à

1. Il y a le même rapport de quantité entre le vocalisme initial de ὑμᾶς, -*yušmân* qu'entre celui de ἧπαρ, -*yakṛt.*

2. La métrique védique d'une part, d'autre part, les graphies grecques de l'ō, ω = *oo*, et les graphies italiques où la voyelle longue est écrite deux fois *ee* = *é*, etc., sans compter le témoignage exprès des ***Prâtiçâkhyas*** (il faut ajouter à ces faits l'affaiblissement si fréquent de *ó*, c'est-à-dire *oo* en *ou*, et de *é*, c'est-à-dire *ee* en *ei*), ne permettent aucun doute sur la nature et la valeur primitives des voyelles longues. Une longue résulte de la juxtaposition de deux brèves homogènes, et comme le dit excellemment M. Havet (*Op. cit.*) : « Les voyelles sont *brèves* ou

un état fort parallèle σευ, dont l'ε, ainsi que nous le verrons dans plusieurs autres cas, est représenté en sansk. par *i (y)*, substitut d'un ancien *a (e)*.

3° Sk. *ya-s*, gr. ὅς. —

ὅς relatif est pour ἑός, comme ὅς possessif est également pour ἑός (pour *σεϜ-ος, cf. sk. *sv-a-s* et lat. *su-us*) et comme ὧν est pour ἕων. On en a du reste la preuve sûre dans ἕως, devenu ὥς, qui tire son origine du pronon relatif. L'esprit rude de ἑός, ὥς, tient lieu d'un σ issu du groupe σσ, κσ, doublet de σκ dans le thème relatif κο- pour *σκο-, cf. sk. *ka-* et *ku-* pour **ska-*, **sku-* [1]. Le *y* sk. de *ya-s* représente le ε de ἑός. Du reste, *ya-s* dérive sans doute directement de *sya-s* [2], pour **ksya-s*,

longues suivant que leur prononciation exige une durée d'*une* ou de *deux* unités de durée. »

Différentes conclusions sont à tirer de là :

1° Ce ne sont pas les voyelles, mais les syllabes qui sont longues, quand une voyelle se trouve placée ou posée devant un groupe de consonnes. Autrement dit et par exemple, l'*a* de *patris* n'étant pas pour *aa* n'est pas long ; mais la *syllabe atr* est longue à cause de la durée qu'ajoute à sa prononciation l'émission par la voix des deux consonnes qui suivent l'*a*.

2° Ce qu'on appelle allongement compensateur dans les langues modernes, comme ce qui s'est passé en français pour l'*a* de *pâtre*, venant de *pastre*, correspond à des faits qui sont très différents de ceux qui ont constitué les longues primitives. L'*â* de *pâtre*, au lieu d'être pour *aa*, est un *a* bref qui s'est accru seulement de la valeur de l'esprit substitué dans *pa'tre* au *s* de *pastre ;* c'est $a + \frac{a}{4}$ ou $\frac{a}{2}$ au lieu d'être $a + a$. Ce rapport nous montre combien il est peu probable que les longues des langues anciennes, dont la valeur prosodique est toujours la même, aient jamais eu, malgré quelques apparences, une origine semblable à celle de l'*â* de *pâtre*. En tous cas, nous pouvons en conclure à coup sûr qu'une diphtongue (ου, ει, etc.) ne résulte jamais de la compensation temporelle qui s'est établie en faveur d'une voyelle brève par suite de la chute d'une consonne faisant partie d'un groupe voisin. Cette compensation n'aurait pu consister, en effet, que dans l'adjonction d'une fraction *homogène* à l'entier représenté par la voyelle en question.

1. Il en reste un témoin sûr dans le gr. ξύ-ν, auprès de σύ-ν, pour *σσυν, du lat. *cu-m*, pour **scum* et du sk. *sam* pour **kšam*, **ssam*. Pour la relation étymologique de *cum* et de *que* et par conséquent la preuve de la parenté de cette préposition avec le pronom relatif, comparer les expressions *mecum*, *nobiscum* avec *dii hominesque*, etc.

2. Cf. le correspondant zend *hyat* (au neutre), qui s'emploie comme relatif. Cette dernière circonstance est capitale dans la question.

**ssya-s,* doublet de *sa,* comme ἑός, ὅς est un doublet de ὁ.

Cas où le y *initial a été identifié au* ζ. — Sk. *yunajmi,* gr. ζεύγνυμι, lat. *jungo,* goth. *yuk,* etc.

Si l'on compare Ζεύς au sk. *dyôs* et au latin *ju,* dans *Jupiter,* on obtient la certitude absolue qu'en grec le ε y correspond au *y* sansk. et au *j* lat.

En transportant, comme nous en avons tout à fait le droit, la même observation et la même conclusion au rapport de *yunajmi* à ζεύγνυμι, nous dirons que les initiales *yu* correspondant à la diphtongue ευ, le ζ n'est représenté dans aucune des formes correspondantes du sansk., du latin et du gothique. Il est très vraisemblable, qu'au moins en ce qui concerne le sansk., il y a affecté d'abord la forme d'une sifflante résultant de l'assimilation de *ds* (= ζ) en *ss, s;* plus tard, cette sifflante s'est réduite à un esprit qui a fini par disparaître entièrement.

Mêmes faits en ce qui regarde le rapport de ζειϝά, et du sk. *yavas;* de ζητέω, et du sk. *yat;* de ζέω, et du sk. *yas* et de ζώννυμι, pour *ζεωννυμι, avec sk. *yu-nâ-mi.* Le gr. ὑμήν, pour *εὑμην, auprès du sansk. *syûman,* nous montre un rapport inverse : c'est le grec qui a perdu la sifflante initiale, tandis que le sansk. l'a conservée. Comme les radicaux *yu* et *syû,* dont le sens est pour ainsi dire identique, sont à l'état de doublets l'un à l'égard de l'autre, rien ne saurait mieux montrer, ce semble, qu'à une certaine période du développement linguistique, le phénomène de l'atténuation de *s* initial en esprit était commun aux deux idiomes.

Pour achever de démontrer que, quand l'on a en gr. l'esprit rude ou le ζ en regard d'un *y* initial en sansk., ce rapport est l'indice de la chute d'une sifflante dans ce dernier idiome, nous allons dresser une liste établissant que, dans la plupart de ces cas, le *y* (et souvent aussi le *j* latin) correspond en réalité à un ε grec issu d'un ancien *a,* affaibli en *i* *(y)* en sansk.

Principaux exemples dans lesquels ε correspond à $y = i$ du sanskrit et $j = i$ du latin :

*ἑός, ὅς, auprès du sk. *ya-s,* zend *hyat;* — thème τεο-, auprès du thème *tya-;* — *εὑμας, ὑμᾶς, auprès de *yušmân;* — *εεπαρ, ἧπαρ, auprès de *yakṛt,* lat. *jecur;* — Ζεύς, auprès de *dyôs,* lat. *Ju-piter;* — ζεύγνυμι, auprès de la rac. *yuj,* lat. *jungo;* — ἑύς, auprès du sk. *yos,* lat. *jus;* — *ζεωννυμι, ζώννυμι, auprès de la rac. *yu-n;* — *ξειω, ξέω (cf. ζείω, auprès de ζέω), rac. *çya-,* dans *çyati;* — rac. χευ-, auprès de la rac. *cyu-* et *chyu-;* — εἰνάτηρ, auprès de *yâtar,* lat. *janitrix;* — *ευσμινι, ὑσμῖνι, auprès de la rac. *yudh;* — *εωθεω, ὠθέω, auprès de la rac. *vyath* (?); — ζεία, auprès de *yavas;* — *εὑμην, ὑμήν, auprès de *syûman;* — *ζεετεω, ζητέω, auprès de rac. *yat;* — ζέω, auprès de rac. *yas;* — futurs doriens en σεω, σιω, auprès du sk. *sya* [1].

Signalons encore le rapport possible entre l'adj. sk. *syona-s,* tendre, délicat et les formes sansk. et lat. *yuvan, juvenis.* Pour le sens, ce rapport est le même que celui qui existe entre l'adj. *komala-s,* même sens que *syona-s,* et le subst. *kumâra-s,* même sens que *yuvan,* pris substantivement.

Rapport analogue entre le sk. *sûda-s,* eau, auprès de *udan,* même sens, gr. ὕδωρ, latin *udus,* mais aussi *sudor.*

Nous ajouterons encore aux remarques qui précèdent les observations suivantes :

Si la racine sansk. *yu,* dans *yunâmi,* est apparentée à *syû,* variante de *sîv,* dans *syûman,* il y a bien lieu de penser que *yuj,* lat. *jung-,* est de son côté apparenté à *svañj, svaj (svañjate),* embrasser, serrer, entourer.

Une parenté du même genre qui paraît plus sûre encore est celle de *yošâ* et *yošaṇâ,* femme, avec *sûšâ* et *sûšaṇâ,* celle qui enfante.

D'autre part, faut-il voir un rapport analogue entre *yoni-s* et *yonî,* matrice et *sûvan, sûvarî,* celle qui enfante? Ce qui

1. L'hypothèse des néo-grammairiens d'après laquelle ces futurs seraient le résultat d'une combinaison analogique des futurs en σω et de ceux en εω ne repose sur rien de solide. Il aurait fallu prouver tout d'abord que ces formes sont antérieures à celles des futurs doriens, ce qui est extrêmement problématique.

rend la réponse difficile, c'est que *yonî* peut être pour **jonî*, **gonî* et correspondre au gr. γυνή.

Dans les langues indo-européennes, le *j* semi-voyelle, représentant d'un *i* devant une autre voyelle, n'est par cela même jamais primitif (cf. ci-dessus, p. 138). Comme on le voit par la métrique védique et comme on peut l'induire également de la métrique latine, la transformation du *i* en *j* dans la circonstance indiquée n'est pas très ancienne et elle a passé par différents degrés avant d'aboutir en prâkrit, par exemple, d'une part, et en français, de l'autre, au son de notre *j* qui s'est identifié avec celui de la palatale douce (gutturale transformée). Il est infiniment probable que les choses ont suivi le même cours en grec : le ι ne s'y est semi-consonantisé devant une autre voyelle que tardivement et incomplètement. On le voit, du reste, d'une manière nette et positive par les inscriptions en caractères syllabiques de l'île de Chypre (cf. Deecke et Sigismund, dans les *Studien* de Curtius, VII, p. 217 sqq.). On y lit, en effet, ἀνοσίjα = ἀνοσία, κατεθιjαν = κατέθιαν, δωκοίjη = δωκοίη, etc., toutes formes dans lesquelles le ι se dédouble en se semi-consonantisant dans sa partie finale devant une autre voyelle, afin d'éviter le hiatus, à peu près comme notre *y* intervocalique dans *moyen*, *royaume*, etc. Une forme comme τέρχνια, auprès du τέρχνεα d'Hésychius, nous fournit du reste la preuve sûre que le *j*, en pareils cas, n'a rien de primitif, puisqu'il représente avec le ι qui le précède un ε affaibli.

Si l'on peut juger par ces indications de ce qui s'est passé dans les autres dialectes grecs, il y a tout lieu de croire que le *j* n'y a jamais pris figure nette, soit dans la prononciation, soit dans l'écriture et, par conséquent, toutes les hypothèses qu'on a pu faire sur sa chute et ses combinaisons avec d'autres consonnes sont radicalement vaines.

NOUVELLES OBSERVATIONS

SUR

LE VOCALISME INDO-EUROPÉEN

Plus que jamais, je crois à deux principes que j'ai posés et suivis jusqu'ici dans tous mes travaux de linguistique :

1° L'hypothèse du renforcement vocalique *naturel* dans les langues indo-européennes est inexacte ; c'est le contraire seul qui est vrai ;

2° La voyelle *o*, dans ces mêmes langues, n'est jamais le résultat de la transformation pure et simple de *a* ou de *e*, qui forment une série très souvent parallèle à celle de *o*, *u*, quoique essentiellement hétérogène.

J'ai déjà essayé maintes fois de donner des preuves de ce second principe et d'en tirer des conséquences.

Les remarques qui vont suivre, tout en ayant le même but, rectifieront quelques-unes de mes déductions antérieures sur le même objet.

Si, comme il n'est guère permis d'en douter, le υ de Ζεύς correspond à l'*ô* du sansk. *dyôs*, cf. lat. *deôs*, nomin. archaïque, cet υ est un ancien ω qui s'est affaibli comme l'*ô* sansk. du thème *dyô*, dans *div-am*, pour **dyo-am*, **dyu-am*, cf. lat. *div-us*, pour **dio-us*, **diu-us*, et gr. διFος, pour *διω-ος, *διυ-ος.

Si nous mettons maintenant en regard les unes des autres les formes radicales :

Zend	*raoc* et *rauc,*	dans	*raocas.*
Sansk.	*roc,*	—	*rocas.*
Gr.	λευκ,	—	λευκός.
Angl.-sax.	*liox,*	—	*lioxan.*
Goth.	*liuht,*		
All. mod.	*leucht,*	—	*leuchten.*
Lat.	*lûc,*	—	*lûcidus.*

il nous paraîtra évident, en tenant compte surtout des formes zende et anglo-saxonne, que λευκ présente un phénomène d'affaiblissement analogue à celui que nous venons de constater dans Ζεύς, et qu'il est, par conséquent, pour λεοκ, d'où il suivrait que le sansk. *roc* serait pour *rauc, raoc,* par l'effet d'un affaiblissement identique suivi de la contraction régulière de *au* en *o;* même phénomène en latin où *lûc* dériverait de *laoc, lauc, loc.*

Ces faits qui jettent un jour tout particulier sur le vocalisme proethnique sont loin d'être isolés et de nombreuses séries analogues à celles que nous venons d'examiner pourront être appelées, tout en les confirmant, à expliquer des rapports qui sont restés jusqu'à présent à l'état de problèmes.

Si nous examinons à ce point de vue, par exemple, le gr. ἀέλιος = ἀϜέλιος, béot. ἀβέλιος, et le goth. *sauil,* il en résultera pour nous la certitude du caractère primitif dans ces formes des trois voyelles consécutives *a, o (u), e (i).*

Si l'on fait intervenir ensuite dans la comparaison des deux mots entre eux celle du sk. *sûrya-s, sûra-s, svar,* on en conclura d'une manière non moins sûre : 1° que *svar* ou *suar* est pour **sauar, *saoar;* 2° que de **saoar,* contracté successivement en *sao'r* [1], *saur, sôr, sûr,* dérivent *sûrya-s* et *sûra-s.*

Enfin, le latin *sôl* s'explique de la même façon *(*saul, *sao'l).*

1. Pour cette contraction, cf. le saṃdhi *so'pi,* et en latin *loebet, oenus,* devenant *lubet, unus,* etc.; gr. λοε- = λου-. — D'autre part, remarquer l'analogie des mouvements du vocalisme dans un part. **garabh-an, *garabh-at, *grabh-an, *grabh-at,* donnant, sous des formes différemment affaiblies, GṚBH'Ṇ-ÂMI, GṚBHIT-A-S, et dans un part. **pao-an, *pao-at, *pau-an, *pau-at,* donnant PÛ'N-ÂMI, PAUIT-A-S *(pavita-s).*

Mais si à côté du processus qui de *ἄυελιος a abouti en grec à ἥλιος, εἵλη, on en admet un parallèle, identique d'ailleurs à celui qui a prévalu en gothique, on aurait eu, auprès de ces formes, *ἀοελιος, *αὐέλιος, *ὀελιος, *ὀιλιος, d'où un rapport entre ειλ- et οιλ-, identique à celui de λειπ- et λοιπ, et l'explication des causes premières de cette prétendue apophonie.

Enfin, le processus du sk. et du lat. aurait donné en grec une troisième variante, ἀοελ-, ἀο'λ, ἀυλ, ὠλ, ὀλ, dont le rapport avec ἐιλ rend compte de l'autre série apophonique πειρ-, dans πείρω et πορ-, dans πόρ-ος.

Si nous considérons maintenant que le sansk. *div-am*, est pour **dyo-am* et que la racine *bho-bhû* du sansk. aurait pour forme forte *bhao* en zend, nous sommes amenés à en conclure que *bhav-a-ti* est pour **bhau-a-ti*, venant de **bhao-a-ti*. Et cette conséquence nous semblera d'autant plus probable que la prétendue résolution du *o* en *av* devant une autre voyelle est une explication tout empirique qui ne soutient pas la critique au point de vue physiologique et rationnel.

Quant au passage à une forme faible, comme *bhû-t-a-s*, elle s'explique par une contraction de **bhaoa-t-a-s* en **bho'-ta-s*, avec chute de *a* devant *o* (comme le veut le *saṃdhi*) Il est fort à croire que les choses se sont passées de même en grec pour φυ-τό-ς; tandis que le latin *foe-tu-s* aurait opéré la contraction de *au* en *o*, sans qu'il y ait eu chute de la voyelle suivante.

La série des racines en *a-i* du sansk. correspondant à une forme forte du zend *ae* donne lieu à des raisonnements analogues. Exemples : sk. *kšay-a-ti, kši-ta-s*, pour **kšae-a-ti* ; — **kšê'-ta-s* [1], *kšî-ta-s*.

D'où une conception du rapport des formes fortes et des formes faibles des racines toute différente de celle qu'exposent les néo-grammairiens.

Ces indications établies, je répondrai à quelques objections présumables :

1. Cf. le *saṃdhi* régulier *te'pi*, pour *te api*.

1° Invraisemblance du double hiatus dans *bhaoa-*, *kšaea-*. Je décompose ces bases radicales en *bhao-a*, *kšae-a*, et je pose en fait que leur forme pleine est *bhao-at*, *kšae-at*, correspondant à des adjectifs verbaux sous leur forme faible ou contractée **bhut*, *kšit*. Nous avons vu plus haut par *bhṛt*, *kṛt*, etc., que ces adjectifs étaient souvent complexes et se composaient en réalité d'anciens adjectifs-participes chargés d'un suffixe du participe présent. C'est sans doute le cas de *bhao-at*, *kšae-at* (antécédents de **bhut*, *kšit*), qui peuvent et doivent être pour *bhao(n)-ant*, *kšae(n)-ant* [1].

Il reste à rendre compte du hiatus de ces dernières formes. Mais ce hiatus est à l'état de fait indéniable en zend, en grec et dans les langues germaniques et nous pouvons parfaitement nous dispenser de l'expliquer. Disons toutefois qu'il a probablement la même raison d'être que celui que nous venons d'examiner et qu'il n'est sans doute pas primitif; mais comme il a pris naissance dans les couches les plus profondes du langage, il est désormais impossible d'en indiquer d'une manière sûre les antécédents phonétiques.

2° En admettant cette explication pour les radicaux qu'on peut considérer comme terminés par une finale de participe présent, n'en faut-il pas une autre pour les racines à gutturales et à dentales? — Nullement, si l'on tient compte des observations faites plus haut, p. 130, sur les adjectifs verbaux qui se répartissent, pour la finale, entre les trois classes des consonnes explosives. Ainsi *raoc* s'expliquera par une combinaison *raon-akš*, *rao(n)-akš*, d'où *raon'kš* et *rao'kš* (zend *rukhsk*, forme faible). On remarquera, du reste, que les combinaisons de ce genre expliquent la présence si fréquente d'une nasale à l'intérieur des racines.

3° Dans l'hypothèse que les formes sansk. *roc-ruc* dérivent de *rao'c*, *rauc*, *roc*, *ruc*, l'évolution s'effectue sur une même ligne. Or, il n'en est pas de même en grec pour les radicaux

1. Pour un affaiblissement vocalique analogue, cf. *gôs*, pour **gao-as*, réduit à *gu-s* en composition.

λευκ-λυκ, qu'on ne peut faire sortir d'un antécédent dont ils procéderaient l'un par l'autre.

La réponse à cette objection nous amène à montrer par une série d'exemples comment les réductions se sont effectuées dans les différents idiomes et comment elles ont abouti à différentes variantes, parfois dans une même langue, selon le processus suivi :

Primitif *dyaô-as*, d'où sk. **dyao's*, **dyaus*, *dyôs*. — Gr. *Ζεεό'ς, *Ζηο'ς, Ζηυ'ς, Ζευ'ς, Ζης. — Lat. **diao-*, **diau-*, **diô-*, *diou-(is)*. — Gén. sk. *div-as* et *dyo's*, le premier pour **dio-as*, le second pour *diâv's*. Les accus. corresp. *divam* et *dyâm* sont en conséquence pour **dio-am*, **diâv-'m*. — Gén. gr. διϜ-ος, cf. sk. *div-as* [1].

Primitif *gâô-as*, d'où sk. **gao's*, **gau's*, *gô's*, cf. th. zend *gao*. — Gr. *βαο'ς, *βαυ'ς, *βως, βοῦς (cf. lat. *bôs*). — Gén. sk. *gos*, pour **go-as*; instr. *gav-â*, pour **gao-â*, acc. *gâm*, pour **gâvam*, **gâv'm* (cf. *dyâm*). — Gén. gr. βο-ός, pour *βου-ος, *βοϜ-ος, cf. gén. lat. *bov-is*.

Primitif *nâô-as*, d'où sk. *nô's*. — Gr. ναῦ'-ς, *ναο'ς. — Lat. *nâv-is*, pour **nâo-es*. — Gén. gr. ναϜ-ός, pour *ναο-ος, *ναυ ος.

Rad. prim. *ao-aks*, d'où gr. ἀϜέξ-ω et *αο'ξ-, αυ'ξ-ω. — Zend *ao'j*. — Sk. **ao'kš*, d'où **au'kš*, *okš*, *ukš* (cf. αὔξω) et **aoakš*, d'où **auakš*, **oaks*, **uakš*, *vakš* [2] (cf. ἀϜέξω). — Lat. **ao'x-*, d'où *aux-ilium*, etc.

1. La différence de la déclinaison de Ζεύς et de θεFος provient de ce que l'un est pour *Ζεο'ς et l'autre pour *θεο-ος. Dans le premier cas, la voyelle du suffixe est tombée, dans le second cas, elle s'est maintenue. — βαρύς, ἱερεύς, ἱερής s'expliquent par une finale *-âo-'s* devenue αυ'ς, ο'ς, υ'ς dans le premier cas, ευ'ς dans le second, ηF'ς dans le troisième (cf. *âv-'m* réduit à *âm* dans *dyâm* et *gâm*; cf. aussi Ζής auprès de Ζεύς). Le lat. n'a pas éliminé la voyelle du suffixe; il s'est borné à l'affaiblir : *grav-is*, p. **grao-as*, **grao-es* (cf. *navis*). — Ces remarques donnent la clé des formes fortes de la déclinaison des mots en *u-s* et *i-s* du sansk., ainsi que des formes grecques correspondantes : les désinences s'y sont jointes à des finales thématiques en *âo-*, d'où *au*, *av*, *o*, *u*, pour les premiers, et en *aé*, d'où *ai*, *ay*, *e*, *i*, pour les seconds.

2. Remarquons à ce propos qu'on ne saurait expliquer le sk. *uk-ta-s* par **v(a)k-ta-s*, et *uvâca* par **vavâca*. Il faudrait d'abord que *v* consonne, devant une autre consonne, pût revenir à l'*u* voyelle, ce qu'il n'est pas permis de

Rad. prim. *ao-ar,* d'où gr. ἀFήρ. — Lat. **ao'r-a, aura.*

Rad. prim. *thâô-a,* d'où gr. θεFα-ομαι avec les variantes radicales θᾶFε-, θηFε-, d'où θη-; θαο'-, d'où θαυ. — Lat. *tue-or (tave-, taue-, toe-).*

Rad. prim. χαο-', d'où 1° *χαυ, *χω, χου ou χοF; 2° *χεο, χευ, χεF, χε (dans χοFός, ἔχευα, χέFω, etc.)

Rad. prim. *tao-aks,* sk. *'tauakš, *toakš, tvakš, takš* [1]. — Gr. 1° *τεο'σχ, τευχ (τεύχω); 2° *ταυ'σκ, τοσκ, τυσκ (τιτύσκω) [2]. — Lat. *tex-o,* pour **tvex-o,* cf. sk. *tvakš.*

Primitif *nâô-as,* d'où sk. **nau-as, nav-as.* — Gr. *νευ-ος, νέF-ος. — Lat. **nau-, *nô-, *nou-, nov-us.*

Primitif *ao-is.* — Sk. *au-, av-is.* — Gr. αυ-, ω-, οF-ῖς. — Lat. *au-, ô-, ov-is.*

Rad. prim. du relatif-possessif *skâô-as, kšâô-as, sâô-as,* d'où sk. *sau-, so-, su-, sv-as* et *s-a(s); kau-, ko-, ku-tra, kv-a, k-a-s.* — Gr. σευ-, σεF-ος (ἑός, ὅς). — Lat. *sau-, sô-, sov-os* et *su-us; qau-, qo-, *qu-us* (suff. *os), qu-is* (suff. *as).*

Thèmes prim. redoublés : *ksao-a — ksao-ar; sao-a — sao-ar; sao-a — skao-ar,* expliquent, d'après les données précédentes, sk. *çvaçar* et *svasar;* gr. ἑκυρός et ὄαρ; lat. *socer* et *soror.*

Les théories que je viens d'exposer brièvement en les appuyant sur un certain nombre de faits qui rendent incontestables, à mon avis, les conséquences que j'en ai tirées, pourraient donner lieu à des développements plus étendus et être entourées de preuves plus nombreuses. Ce que je viens d'en dire suffit toutefois pour jeter les bases d'explications sur lesquelles j'aurai certainement l'occasion de revenir.

démontrer et ce qui paraît physiologiquement impossible. — *ukta-s* est pour **aok-ta-s, *auk-ta-s, *ok-ta-s,* cf. zend *aokhta,* dans *aokthondman* et gr. εὐκτός. — *uvâca,* de son côté, est pour *u-uâca* avec un redoublement parfaitement régulier (cf. parf. *âda* = *aada* de *ad,* etc.) de *uâc.*

1. Processus semblable en sk. dans *kar, tar, par,* etc., venant de **kvar, tvar, *pvar.*

2. Processus semblable en sk. dans *kur, tur, pur,* etc., venant de *kao-ar, tao-ar, pao-ar.*

ERRATA : P. 94, l. 24, lire *çiras*, au lieu de *çîras*.
P. 104, l. 8, lire *dât'r-î*, au lieu de *dâtar-î*.
P. 120, l. 12, lire ἱστάς, au lieu de ὕστας.

CONTRIBUTION A L'ÉTUDE

DE

LA MUSIQUE HINDOUE

PAR

J. GROSSET

BOURSIER D'ÉTUDES PRÈS LA FACULTÉ DES LETTRES DE LYON

CONTRIBUTION A L'ÉTUDE DE LA MUSIQUE HINDOUE

AVANT-PROPOS

Indépendamment de l'intérêt que présente, pour la connaissance de l'esprit humain, l'étude des moindres faits du passé, — surtout lorsqu'il s'agit d'une civilisation qui, comme celle des peuples de l'Inde, remonte aux premières manifestations appréciables de la race indo-européenne à laquelle nous appartenons, — la *musique hindoue* mérite de fixer notre attention et de piquer notre curiosité.

On est frappé, lorsqu'on étudie les littératures primitives, particulièrement celles des peuples de l'Orient, de voir l'importance capitale qu'ont prise à l'origine, parmi les diverses expressions de leur pensée, la poésie et la musique [1]. Ces

1. « Il est des nations entières, les Mahométans par exemple, remarque Schopenhauer, qui en manquent absolument (des arts plastiques) ; mais il n'en est pas où la musique et la poésie fassent défaut. » *Le monde comme volonté :* de l'Esthétique de la Poésie, t. II de la trad. Cantacuzène, page 642.

Nous citons plus loin, p. 14, un passage remarquable où Schopenhauer étudie l'alliance de la poésie avec la musique et fait ressortir la supériorité de la musique dans l'expression des sentiments.

deux arts, si intimement liés qu'ils semblent n'en avoir formé tout d'abord qu'un seul, y tiennent la première place, et apparaissent réunis dans la première forme que semble avoir revêtue la pensée humaine, dans ces *chants* mesurés et rhythmés des antiques populations aryennes, que nous appelons hymnes [1].

« ... Quand il s'agit des temps primitifs, remarque Pictet [2], il est impossible de séparer ces deux modes d'expression de l'âme humaine. Toute poésie commence par des chants populaires et se développe pendant longtemps en intime union avec la mélodie vocale et l'accompagnement musical. Ce n'est qu'aux époques de l'art avancé et réfléchi que la déclamation remplace le chant, et que celui-ci devient par lui-même un moyen puissant d'exprimer les sentiments à l'aide du prestige de la musique. Les langues ont conservé partout des preuves de cette fusion primitive des deux éléments, car partout les poëmes sont des chants, et les poètes des chanteurs. »

« Les premiers épanchements de l'inspiration poétique furent sans doute de courts chants qui décrivaient, en peu de vers et avec une simplicité encore embarrassée, les choses dont les âmes étaient profondément touchées [3]. »

1. Dans son récent ouvrage sur l'Histoire de la littérature grecque, après avoir démontré la pratique de la danse et du chant dans les fêtes en l'honneur des dieux, dans les autres occasions de réjouissances telles que les noces et les vendanges, au temps d'Homère; après avoir établi qu'elle remonte même à une époque bien antérieure à Homère et aux plus anciens poètes lyriques qui nous soient connus, le savant professeur W. Christ ajoute : « Le texte et la mélodie marchent, dans la poésie grecque, la main dans la main jusqu'à l'époque de la guerre du Péloponnèse. En règle générale, en même temps qu'il composait le texte, le poète lui adjoignait la mélodie. Mais, si l'on considère le cours de l'histoire, on voit le développement de la musique précéder celui de la poésie; on voit des mélodies sur la cithare et sur la flûte se propager dans le peuple, avant que des textes poétiques y aient été adaptés. » — *Handbuch der Klassischen Alterthums-Wissenschaft*. Band VII. Nœrdlingen, 1888, page 86-87.

2. *Les Origines indo-européennes*, Paris, 1859-1863 (1re édition), t. II, p. 477. — Comp. Benfey, article *Indien* dans l'*Encyclopédie d'Ersch et Grüber*.

3. Ottfried Müller, *Hist. de la littér. gr.*, 3e éd., t. II, p. 32 de la trad. de K. Hillebrand.

Ces timides balbutiements de l'homme en face des forces de la nature, paraissent avoir revêtu le caractère de chants religieux. C'était une sorte de mélopée naïve, acte d'adoration envers la nature clémente ou redoutable, prière instante adressée aux puissances divinisées et faisant partie des rites du sacrifice. Ce furent aussi de véritables conjurations, des *incantations,* pour nous servir de l'heureuse expression du professeur R. Roth [1], auxquelles l'intelligence fortement impressionnable de ces antiques populations accordait un effet magique.

Aussi loin que nous pouvons remonter dans la littérature de la Grèce, peut-être mieux connue de nous que celles de l'Orient, nous entrevoyons dans les chants de deuil et d'hyménée, dans les péans et les thrènes, dans ces « mélodies populaires accompagnées de paroles plus ou moins expressives [2] », les germes de ce qui donnera plus tard naissance à la poésie lyrique ; en même temps que nous saisissons à ses débuts la poésie épique sous la forme de ces hymnes déjà plus développés, plus réguliers, et en quelque sorte hiératiques.

Les auteurs de ces hymnes joignaient à leur caractère de prêtres inspirés celui de poètes et de musiciens. Dans l'Inde, ces chants sacrés étaient l'œuvre des *ṛšis* [3]. En Grèce, les auteurs à moitié légendaires, auxquels on les attribuait, recevaient la dénomination générale *d'aèdes*, c'est-à-dire de *chantres* [4].

1. *Der Atharvaveda in Kaschmir*, p. 10. — Comp. A. C. Burnell, *The Arsheyabrâhmaṇa*, p. 47 de l'*Introduction*

2. Maurice Croiset, *Histoire de la littérature grecque*, 1887, t. I, page 55.

3. D'après certaines autorités (MM. Grassmann, Bergaigne, etc.), « ceux qui répandent leurs chants » (racine *arš* couler, répandre). D'autres rattachent ce mot à la racine *arc*, célébrer par des chants (M. Regnaud) ; — malgré la difficulté d'expliquer le changement de c en š (Dict. de St-Pét. art. *ṛši*).

4. « On ne saurait établir par aucune donnée réellement scientifique que les poètes primitifs de la Grèce aient chanté en vers. Mais il est certain qu'ils chantaient » (E. Burnouf, *Hist. de la litt. gr.*, t. I, p. 35). — Ces chants accompagnés au son de la cithare (φόρμιγξ), de la lyre ou de la flûte, présidaient ordinairement à la danse des chœurs. — Voyez Otfried Müller t. II, ch. 3.

Il s'en suit que, pour avoir une connaissance un peu approfondie de ces productions primitives, l'étude de la musique antique est utile, sinon indispensable. Il est bien difficile de se faire une idée précise des cérémonies du culte aryen [1] et hellénique, dans lesquelles les hymnes du Rig- et du Sâma-Véda, par exemple, étaient psalmodiés ou chantés par des catégories spéciales de prêtres, dans lesquelles les œuvres, perdues pour nous, des Chrysothènes, des Thamyris, des Olen, etc., précédaient ou suivaient l'acte du sacrifice, si l'on n'a pas la moindre notion du caractère que devaient revêtir ces modulations musicales qui, bien loin de n'être toujours que l'accompagnement de la prière, en constituaient parfois, dans les hymnes de Sâma-Véda notamment, la partie essentielle.

Que saurait-on des cérémonies catholiques, et quelle idée pourrait-on se faire des solennités grandioses de ce culte, à l'aide des seuls textes liturgiques; sans le secours, tout au moins, des données du plain-chant — avec lequel, du reste, la mélodie grecque et hindoue présente tant d'analogie?

Mais il y a plus. Dans l'Inde comme en Grèce, et plus qu'en Grèce même, la musique devait faire corps pour longtemps avec la poésie. En cessant d'être prêtre, le poète ne cessa pas d'être un chantre et un musicien. Cette vérité, évidente et indiscutable quand on considère l'ode et le genre lyrique, n'est guère moins sûre pour ce qui concerne l'épopée et le drame.

La musique constituait la partie essentielle de l'ode grecque comme elle fut le premier élément des drames grec et hindou primitifs, comme elle est le fond de la romance et de l'opéra modernes. « L'idée de poésie lyrique, dit Ottfried Müller (t. II, p. 313), à ne parler d'abord que des signes tout extérieurs, rappelle surtout la réunion de la poésie avec

1. Chez les Perses, au rapport d'Hérodote (I, p. 132), un mage (μάγος), assistant à chaque sacrifice, chantait une poésie théogonique (ἐπαείδει θεογονίην).

la musique, le chant aussi bien que la musique instrumentale ».

Pour ce qui est de l'épopée, nous reconnaisons sans peine que l'élément musical était, dans ces compositions, subordonné à la parole, que la poésie n'y était pas, au même titre que dans nos anciennes cantilènes, nos romances et nos opéras, écrite spécialement pour le chant ou même modelée sur lui; mais il n'en reste pas moins acquis que la musique y jouait encore un rôle important et caractéristique.

Quelle était la véritable nature de ces récitations épiques, il est intéressant de s'en rendre un compte exact.

L'aède nomade, poète et musicien, allait à l'origine de ville en ville, réciter les poëmes aimés, ses œuvres le plus souvent. « Il fallait, nous rapporte M. Maurice Croiset [1], qu'il sût jouer de la cithare et chanter. Il est vrai que cette partie technique de son art était fort simple. Avec un instrument tel que celui dont il disposait, l'effet musical ne pouvait être que subordonné à l'effet poétique. L'aède préludait par quelques notes qui annonçaient le chant et lui donnaient le ton; c'était là ce qu'on appelait ἀναβάλλεσθαι (commencer). Le récit chanté suivait. Sans doute la cithare ne servait plus pendant ce récit qu'à soutenir la voix de loin en loin, car il est évident qu'il ne pouvait être question d'un véritable accompagnement. Le chant lui-même se réduisait à une sorte de récitatif... Cette manière de chanter, la seule qui puisse convenir au récit épique [2], est encore celle des chanteurs serbes et russes [3] ».

Aux aèdes succédèrent les *rhapsodes*. Avec eux l'usage de

1. *Ouvrage cité*, t. I, p. 408.

2. Si l'on objecte la longueur du vers épique, et la difficulté de l'adapter à un chant, nous remarquerons avec M. M. Croiset (p. 70) que l'hexamètre, comme le pentamètre, semble résulter de la soudure de deux membres métriques, d'abord simplement groupés et constituant une sorte de strophe.

3. « Encore de nos jours, les chants héroïques serbes, qui ont très fidèlement conservé leur caractère primitif, sont récités à voix élevée par des chanteurs ambulants, après quelques accords sur la *gurla*, instrument à cordes d'une construction fort simple. » (Ottfried Müller, ouvrage cité, t. II, p. 66.)

la phorminx commença à être abandonné dans les récitations épiques. « Sans doute les progrès nouveaux de la musique avaient rendu les auditeurs plus difficiles ; cet accompagnement primitif semblait monotone et insignifiant ; on y renonça. » Le mot rhapsode finit par désigner une classe d'individus « qui récitaient en public, sans accompagnement musical, des poésies épiques, dont ils n'étaient pas les auteurs [1] ».

Mais l'épopée ne dut pas à ces progrès de l'art musical d'être complètement isolée du chant. Au contraire, l'union reprit bientôt plus intime encore. Car à côté des rhapsodies dont nous parlons plus haut, il y avait, à l'occasion des concours de musique (ἀγών), de véritables chants épiques exécutés avec accompagnement d'instruments à cordes, au milieu d'un appareil pompeux de costumes et d'une sorte de mise en scène [2]. Terpandre passe même pour avoir adapté des mélodies, composées d'après des *nomes* déterminés, aux hexamètres d'Homère ainsi qu'aux siens propres, et, au dire de Plutarque (*De musicâ*, 3), il les chantait ainsi dans les concours.

Il en fut tout-à-fait de même dans l'Inde. Si les grandes épopées du *Mahâbhârata* et du *Râmâyaṇa* étaient parfois, à ce qu'il semble, débitées sur le ton monotonede la récitation orientale faiblement modulée *(pâṭha)*, il est fait mention dans les textes d'un chant véritable. Dans le *Raghuvaṃça (Sarga* XV, cl. 33, 63-69, éd. Calcutta 1832), nous voyons les deux fils de Râma, Kuça et Lava, consoler leur mère, dans son exil, en interprétant l'histoire de leur père sous la direction de Vâlmîki lui-même, leur maître spirituel :

« A peine furent-ils sortis de l'enfance, que, leur ayant enseigné le véda et les védângas, il leur fit chanter son poème, la première voie qui s'offre aux apprentis poètes [3]. »

1. Maurice Croiset, ouvrage cité : p. 414.
2. Comp. Ottfried Müller, ouvrage cité : t. II, p. 69
3. sâṅgaṃ ca vedam adhyâpya kiṃ cid utkrântaçaiçavau |
svakṛtiṃ gâpayâm âsa kaviprathamapaddhatim || 33 ||

Ils vont çà et là propageant l'œuvre de leur maître, et partout leurs accents mélodieux charment les spectateurs :

« Dociles aux leçons de leur *guru*, les deux fils de Sîtâ, Kuça et Lava allaient çà et là chantant le *Râmâyaṇa*, œuvre personnelle du descendant de Pracetas.

« C'est l'histoire de Râma, l'auteur est Vâlmîki, la voix des interprètes égale celle des Kimnaras : que leur faut-il de plus pour captiver l'âme des auditeurs [1]? »

Ils chantent avec le même succès devant leur père lui-même :

« La grâce exquise de leur personne, la douceur de leur chant avaient été déjà rapportées à Râma ; accompagné de son jeune frère, il fut curieux de les voir et de les entendre.

« Toute au plaisir d'écouter leurs chants, les visages baignés de larmes, autour d'eux l'assistance était comme un bois au matin, à l'abri du vent, ruisselant de rosée.

. . . .

« Quel maître vous a appris à chanter, quel poète est l'auteur de ces chants? » leur demande le roi lui-même. « C'est Vâlmîki », répondent-ils [2]. »

Cette coutume s'est perpétuée jusqu'à nos jours. Actuellement encore, il existe dans l'Inde des classes spéciales de lecteurs et de chanteurs de la grande épopée hindoue [3].

1. atha prâcetasopajñaṃ râmâyaṇam itas tataḥ |
maithileyau kuçalavau jagatur gurunoditau || 63 ||
vṛttaṃ râmasya vâlmîkeḥ kṛtis tau kiṃnarasvarau |
kiṃ tad yena manohartum alaṃ syâtâṃ na çṛṇvatâm || 64 ||

2. rûpe gîte ca mâdhuryaṃ tayos tajjñair niveditam |
dadarça sânujo râmaḥ çuçrâva ca kutûhalî || 65 ||
tadgîtaçravaṇaikâgrâ saṃsad açrumukhî babhau |
himanisyandinî prâtar nirvâteva vanasthalî || 66 ||
. . . .
geye kena vinîtau vâṃ kasya ceyaṃ kṛtiḥ kaveḥ |
iti râjñâ svayaṃ pṛṣṭau tau vâlmîkim açâṃsatâm || 69 ||

3. Nous extrayons ces renseignements intéressants d'une communication de Protap Chandra Roy, datée de Calcutta, 17 juillet 1886 à l'*American Oriental Society*. — Voyez Proceedings at New Haven oct. 1886, p. ii, (*Journal Am. Or. Soc.* vol. XIII).

Les premiers, appelés *pâṭhakas,* soutenus et repris par les *dhârakas,* sortes de correcteurs, récitent, devant un auditoire nombreux, les vers du *Mahâbhârata.* Ils consacrent généralement trois mois à l'œuvre complète, pendant lesquels ils sont magnifiquement traités et rétribués par le maître de la maison où ont lieu les séances. A côté de ces récitateurs de profession, qui sont tous des brâhmanes, les *kathakas chantent* le poëme devant une *salle pleine* et sont plus largement rénumérés. Parfois les *pâṭhakas* récitent les vers le matin, et les *kathakas* les chantent le soir, les premiers devant un auditoire instruit, les seconds devant une assistance mêlée.

Si nous passons au drame, nous voyons qu'en Grèce il fut primitivement un chant liturgique (ᾠδή), consacré à la louange de la divinité. Le chœur est presque tout, l'action dramatique ne vient que plus tard et d'abord en seconde ligne.

Dans l'Inde c'était de même, surtout à l'origine [1], à l'occasion de la fête de quelque divinité qu'intervenaient les représentations dramatiques. Le drame hindou nous présente, à côté de la prose du dialogue, des parties lyriques et rhythmées. Ces passages poétiques étaient, pour quelques-uns du moins, chantés avec ou sans accompagnement. Nous avons un moyen facile de nous assurer de cette adjonction musicale ; car plusieurs pièces de théâtre hindoues, par exemple *Priyadarçikâ, Uttara-Râma-Caritra, Mâlavikâgni-*

1. « Il n'est plus possible de douter, dit M. Barth à propos du travail de M. Weber sur le *Mahâbhâṣya* (Ind. St. XIII) de l'existence d'une littérature dramatique assez développée dès l'époque de Patañjali [c'est-à-dire au moins dès la 2e moitié du IIe siècle avant J. C.]. Le spectacle était relevé par des danses et des chants ; les sujets, à en juger par les exemples recueillis par M. Weber, étaient empruntés de préférence à la légende de Kriṣṇa, et ainsi se trouve confirmée, de la manière la plus brillante, la supposition de Lassen, que les origines du drame indien sont à chercher dans le culte de ce dieu, à peu près comme celles du drame grec se rattachent au culte de Bacchus. » *(Rev. Crit.,* 28 fév. 1874). — Voyez Lassen, *Indische Alterthumskunde,* t. II, p. 502, seqq. et comparez l'intéressante et érudite Dissertation du Dr Ernst Windisch : *Der Griechische Einfluss im indischen Drama.*

mitra, renferment, comme certaines de nos compositions modernes, de véritables représentations intercalaires, qui nous initient aux procédés habituels du théâtre, et à l'occasion desquelles nous prenons sur le fait tout l'attirail scénique des Hindous. Il y est question d'orchestres, de chants, de mimique et de danse ; la scène est encombrée d'instruments de musique, qu'une voix ordonne d'enlever à un moment donné, (*Uttara-Râma-Caritra,* acte VII).

La littérature épique nous offre, elle aussi, un certain nombre de peintures des représentations théâtrales données à l'occasion de fêtes ; ces descriptions renferment parfois une grande abondance de détails fort intéressants pour nous. C'est ainsi que nous assistons dans le *Harivamça* (152e *adhyâya* de l'édition de Calcutta, 1839), à de grandes réjouissances chez les habitants de Svapura, à l'occasion desquelles plusieurs représentations sont données par la troupe du faux acteur Bhadra.

Un concert véritable sert de prélude à la pièce choisie, « Le rendez-vous de Rambhâ » :

8687 « Ces descendants de Bhîma ont bientôt revêtu leur costume, et, sous leur déguisement d'acteurs, ces héros, habitués à des exploits terribles, entrent pour donner la représentation.

8688 Alors ils font retentir les cymbales, les instruments à vent accompagnés du bruit des tambours *muraja* et *anaka,* les divers instruments aux cordes sonores, aux notes harmonieuses.

8689 Alors les femmes de la race de Bhîma chantent l'air appelé *châlikya* sur le mode *gândhâra* usité chez les dieux, véritable ambroisie de l'oreille, charme à la fois de l'esprit et des sens.

8690 Elles chantent, dans l'échelle mélodique fondée sur le mode gândhâra, la « Descente du Gange », elles exécutent avec un ensemble parfait cet *âsdrita,* combinaison d'agréables mélodies.

8691 Les Asuras subissent le charme de leur chant que

cadencent les *layas* et les *tâlas;* ils écoutent cette œuvre magnifique, la « Descente du Gange », ô descendant de Bharata, et, ravis, se lèvent à plusieurs reprises.

8692 Pradyumna, Gada et Çâmba le valeureux, qui font partie de la troupe exécutent la *nândî*.

8693 Cette « bénédiction » terminée, le fils de Rukminî récite un *çloka* relatif à la « Descente du Gange », qu'il accompagne d'un jeu savant.

8694 Après quoi vint la représentation de la pièce « Les Entretiens amoureux de Rambhâ et du fils de Kuvera ». Çûra représentait Râvaṇa, Manovatî jouait le rôle de Rambhâ,

8695 Pradyumna faisait Nalakûbara, et Çâmba était son *vidûsaka* [1]..... »

De plus, nous avons encore dans plusieurs drames, et notamment au quatrième acte d'*Urvaçî*, l'indication non seulement des formes métriques employées pour les diverses strophes, mais encore des termes techniques par lesquels on désignait chaque air [2].

Enfin, en l'absence même de toute autre indication, nous pourrions soupçonner l'importance que possède dans la contexture du drame hindou la partie musicale par ce seul fait que c'étaient, d'après la légende, les musiciens célestes et les nymphes du paradis d'Indra, les *gandharvas* et les *apsaras*, qui représentaient devant les dieux en fête les pro-

1. La traduction de ce passage du *Harivamça* est rendue difficile par le nombre de termes techniques encore inexpliqués qu'on y rencontre, tels que *châlikya*, *grâmarâga* (voir pourtant Haug : *(Ueber das Wesen and den Werth des wedischen Accents*, 1874, p. 59), *âsârita*, *viddha*, etc. Aussi l'interprétation de plusieurs de ces termes reste-t-elle douteuse. Nous corrigeons *tantrîsvaragunair viddhân* avec le *Dict. de Saint-Pét.*, et *râvana*. Notons enfin la forme insolite *âgândhâre* de l'édition de Calcutta.

2. A côté du quatrième acte d'*Urvaçî*, nous pouvons citer un véritable drame lyrique, le *Gîtagovinda* de Jayadeva, tout entier composé de chants. (Lassen *Ind. Alterth.*) — Comp. Benfey, article *Indien*, de l'*Encyclopédie d'Ersch et Grüber*, p. 283.

ductions dramatiques du *muni* Bharata ou du poète Vâlmîki [1].

Mais nous avons plus que des indices et des probabilités pour reconnaître au drame hindou son véritable caractère d'opéra mélo-dramatique. Nous pouvons appuyer notre opinion sur des faits et des textes précis. Bharata, dans son Traité sur le théâtre *(Nâṭyaçâstra)*, consacre six chapitres [2] (les 28e, 29e, 30e, 31e, 32e et 33e) à l'étude de la musique appliquée au drame. En outre, le 5e *adhyâya* est consacré tout entier à l'exposition des règles du *pûrvaraṅga*, à l'indication des nombreuses subdivisions de ce prélude-prologue, où dominent les diverses espèces de chants, la musique et la danse. Enfin, comme nous le verrons plus loin — de même que les théoriciens postérieurs rangeaient sous la dénomination générale de *saṃgîta* les lois concernant non seulement la musique, mais encore la danse, la mimique et l'exécution scénique proprement dite, — Bharata (xxviii, 3, 6) comprend aussi le drame dans la règle de l'*âtodya* ou instrumentation musicale.

Cette prédilection des Hindous pour la musique donne à leurs compositions dramatiques un caractère particulier, et si nous avions à les rapprocher des œuvres de notre théâtre moderne, c'est l'opéra comique, ou une espèce de drame lyrique mêlé de dialogue et de chant, qui nous fournirait la comparaison la plus exacte.

N'en résulte-t-il pas que l'étude du seul texte de ces pièces ne nous en donne qu'une idée imparfaite? Pourrait-on initier, d'une manière même approximative, un étranger à nos représentations d'opéras, en lui mettant entre les mains le simple libretto? Les paroles ne sont elles pas le plus souvent un accessoire de pure harmonie sonore, par-

1. Voir *Vikrâmorvaçî* acte II, III; et *Uttara-Râma-Caritra* acte VII; ainsi que le *Nâṭya-Çâstra* de Bharata : *adhyâya*, I, *çl.* 24 et suiv. (inédit).

2. Dans le 17e *adhyâya* (le 19e d'après le ms. de G), Bharata touche déjà quelques points de la théorie musicale; il énumère les sept notes de la gamme, les trois organes producteurs des sons, etc.

fois même dépourvu de sens [1], et méritent-elles d'attirer toute notre attention, au détriment de la partie essentielle, de celle qui rend le mieux la pensée de l'auteur, de la partie musicale [2]?

1. « Le sinologue Davis, dans son Avant-propos à la traduction du *Laon-Sang-urh* ou « An heir in old age ». (Le vieillard héritier, Londres, 1817), remarque que les drames chinois se composent en partie de stances rimées, destinées à être chantées ; puis il ajoute : « Le sens en est souvent fort obscur, et, de l'aveu des Chinois, leur but est avant tout de plaire à l'oreille : à cet effet, l'on néglige la signification, et, au besoin, on la sacrifie entièrement à l'harmonie ». En lisant cela, ne pense-t-on pas immédiatement à certains chœurs des tragédies grecques, dont le sens est si difficile à déchiffrer? » — (Schopenhauer. *Le monde comme volonté : De l'esthétique de la poésie*, p. 649, tome II de la trad. Cantacuzène).

2. « Puisqu'il est parfaitement établi que la musique, loin d'être un simple auxiliaire de la poésie, est un art indépendant, le plus puissant entre tous, et atteignant son but entièrement par ses propres ressources, il est certain également qu'elle peut se passer des paroles d'un chant, ou de l'action d'un opéra. La musique, en tant que musique, ne connaît que des sons, sans connaître les causes qui les produisent. En conséquence, la voix humaine aussi n'est pour elle, primitivement et essentiellement, autre chose qu'un son formulé comme celui de tout autre instrument, et possède, comme tout autre son, les avantages et les inconvénients spéciaux, résultant de l'instrument qui le produit. Il se trouve, dans le cas présent, que *ce même instrument peut servir, en outre, comme instrument du langage, à la communication des notions;* mais c'est là une circonstance accidentelle, dont la musique peut profiter accessoirement pour faire alliance avec la poésie, mais dont elle ne doit jamais faire la chose principale ; jamais elle ne doit porter son attention exclusive sur le sens des vers, qui sont le plus souvent et même (ainsi que Diderot le donne à entendre dans le Neveu de Rameau) *qui sont nécessairement tout-à-fait insignifiants.* Les paroles sont et seront toujours pour la musique une addition étrangère, et d'une valeur subordonnée, car l'*effet des sons est incomparablement plus énergique, plus infaillible et plus prompt que celui des paroles : incorporées à la musique, elles ne doivent donc jamais vouloir primer, elles doivent se plier.*

« Le rapport est tout autre quand il s'agit de paroles données, chanson ou texte d'opéra, auxquelles on adapte une musique. Dans ce cas, l'art musical aura bien vite fait de nous montrer son pouvoir et sa supériorité ; *il nous donnera l'interprétation la plus profonde, la plus parfaite et la plus cachée des sentiments exprimés par les paroles, ou des actions représentées par l'opéra : il nous dévoilera leur essence la plus réelle, et nous fera connaître l'âme même des situations et des événements dont la scène ne nous représente que l'enveloppe et le corps........*

« La raison, alors même qu'on parle devant elle la langue du sentiment, n'aime pas à rester entièrement inactive. Quoique la musique ait la faculté d'exprimer par ses seules ressources chaque sentiment, chaque émotion, l'addition des pa-

Est-ce à dire que nous puissions espérer reconstituer de toutes pièces un opéra hindou, texte et partition, autrement dit avec le chant, la musique et la danse? Assurément non. Mais si nous ne saurions restituer les productions musicales de l'Inde, ne devons-nous pas, à l'aide des nombreux traités existant sur la matière, essayer de comprendre dans ses traits essentiels la théorie musicale des Hindous et de nous rendre compte de la différence assez sensible qui existe entre leur façon d'entendre cet art et nos idées modernes.

On peut ajouter d'ailleurs que nous avons un moyen facile de nous représenter ce que devait être le drame hindou considéré dans l'intégrité de ses éléments. L'Inde est un des pays où les traditions se perpétuent avec le plus de fixité. Malgré les nombreuses invasions qu'eut à supporter ce pays aux diverses époques de l'histoire, et qui ont eu leur contre-coup obligé sur les mœurs, la littérature et les sciences, — grâce à la force de résistance et à la conservation de certaines écoles religieuses, grâce surtout à la renaissance littéraire du commencement de ce siècle, — nous pouvons saisir dans l'Inde, encore à l'heure actuelle, comme le reflet des cérémonies, des théories et des œuvres du passé.

Pour le drame notamment on signale *actuellement* au Bengale des représentations populaires, appelées *yâtras* [1].

roles nous donne en plus les objets de ces sentiments, les motifs de ces émotions. La partie musicale, la partition d'un opéra a une existence entièrement indépendante, séparée, et pour ainsi dire abstraite; elle n'a rien de commun avec l'action et les personnages du libretto, et elle suit ses règles spéciales et invariables : aussi produit-elle son plein effet, même sans le texte. *Mais comme cette musique a été composée en vue du drame, elle s'en est faite en quelque sorte l'âme ; par son union avec les événements, les personnages et les paroles, elle est devenue l'expression de la signification intime de toute l'action et de la nécessité dernière et cachée de tous ces événements.* » (Schopenhauer, *Le monde comme volonté : De la métaphysique de la musique*, t. II de la trad. Cantacuzène pp. 678, seq.).

1. Voyez Wilson : *Chefs d'œuvre du théâtre indien*, trad. Langlois, I, préf. p. IX; II, p. 390 — et surtout la thèse de Nisikânta Chattopâdhâya : *The yâtras, or the popular dramas of Bengal*, London, 1882.

Dans les provinces occidentales de l'Inde les yâtras sont remplacés par des

Ces pièces sont composées en bengali moderne, par des représentants de la classe instruite, sur certaines données du *Râmâyaṇa* et du *Mahâbhârata*, tout particulièrement sur des épisodes de la vie de Kriṣṇa, à l'imitation des drames sanskrits. Or, dans ces drames, les chants et l'élément lyrique tiennent la place principale : le dialogue — cette partie essentielle du drame — est souvent laissé à l'improvisation de l'artiste [1], ou écrit avec peu de soin et de développement, tandis que les vers, la musique, la mimique et la danse sont traités avec un souci tout particulier.

Nous croyons en avoir assez dit pour être autorisé à affirmer, en concluant, l'importance capitale de l'art musical parmi les productions des peuples aryens et particulièrement des Hindous, et pour justifier l'intérêt qui s'attache à son étude. Elle ne saurait, du moins sans inconvénients, être disjointe de l'étude générale du théâtre dont elle fait partie intégrante.

Mais la musique hindoue, pour nous en tenir à celle-là, est très peu connue en France. Si nous exceptons l'ouvrage bien ancien de La Fage, sur l'*Histoire générale de la musique et de la danse*, et les quelques chapitres de J. Fétis dans son *Histoire de la musique dans l'antiquité*, t. II, nous ne sachons pas qu'elle ait fait chez nous l'objet d'une étude approfondie. Le travail de Fétis n'est, comme on le comprend du reste, et ne pouvait être qu'un travail de seconde main. La connaissance des textes, les textes mêmes lui manquaient pour établir sa théorie de la musique hindoue. Aussi ne doit-on pas s'étonner si ses affirmations et ses conclusions sont si souvent sujettes à caution. Les seuls ouvrages qu'il avait à sa disposition, ceux de W. Jones, du capitaine Villard, d'Ouseley, de Paterson, etc. datent des

productions analogues, les *râsas*, sortes de ballets accompagnés de chansons et de gestes mesurés qui représentent également les aventures de Kriṣṇa ou de Râma (Wilson, *endroit cité;* — Lassen, *Ind. Alterth.* II, 504 ; IV, 815-16).

1. Comparez ce que dit Wilson d'un drame sanskrit de la fin du siècle dernier le *Citra-yajña* : ouvrage cité, t. II, p. 387.

commencements du siècle. A vrai dire la musique hindoue était à peu près lettre morte avant les remarquables publications du râja Surindro Mohun Tagore, et les études du râja Râm Dâs Sen, ces dernières écrites en bengali, et par cela même d'un abord difficile.

Les traités sur la matière ne manquent pas cependant, et, indépendamment de ses autres ouvrages, Mohun Tagore a fait beaucoup pour l'intelligence de son art de prédilection, en publiant une compilation d'anciens textes sanskrits sous le titre de « *Saṃgîta-Sâra-Saṃgraha* [1]. (Calcutta, 1875).

C'est dans le but de fournir aux spécialistes de nouveaux éléments d'appréciation que nous avons entrepris l'étude de la musique hindoue et la publication de textes inédits. Nous donnons aujourd'hui un des chapitres du Traité de Bharata sur le théâtre, en attendant la publication complète de l'ouvrage. Ce chapitre, le vingt-huitième, renferme la partie la plus importante de la théorie musicale des Hindous. La date de l'ouvrage est relativement ancienne. Bien que nous ne sachions encore rien de bien précis à cet égard, nous pouvons, sans trancher la question, admettre qu'elle se place au moins entre les deux derniers siècles avant l'ère chrétienne et les trois ou quatre siècles suivants. En tout cas l'ouvrage est bien antérieur à tous ceux dont nous connaissons l'existence sur la matière ; c'est dire quelle en est l'importance.

Notre travail devait avoir tout d'abord une extension bien plus considérable que celle que nous lui avons donnée finalement. Mais le défaut de place et les nécessités de la publi-

1. Une très intéressante et très utile *Revue*, la *Kâvya-mâlâ*, fondée depuis trois ans avec un plein succès à Bombay, par le propriétaire de la « Nirṇaya-Sâgara Press », et qui a déjà commencé à donner un choix d'ouvrages sanskrits, empruntés surtout à la littérature si riche et si peu connue encore du moyen-âge, annonce la publication prochaine de plusieurs Traités de Musique, parmi lesquels nous relevons le *Saṃgîta-darpaṇa* de Dâmodara, le *Saṃgîta-ratnâkara* de Çârṅgadeva, le *Saṃgîta-pârijâta* de Aho-Bala (déjà édité par le paṇḍit Jîbânanda Vidyâsâgara. Calcutta, 1884), etc.

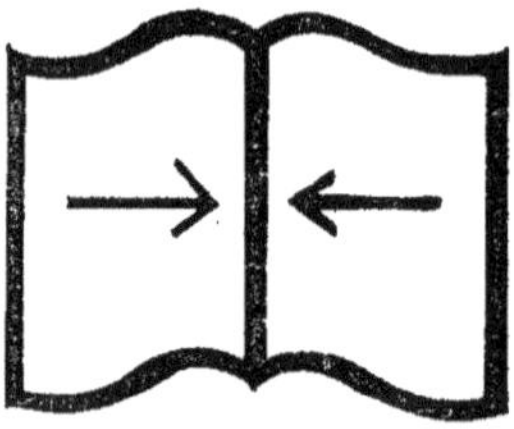

RELIURE SERREE
Absence de marges
intérieures

Contraste insuffisant
NF Z 43-120-14

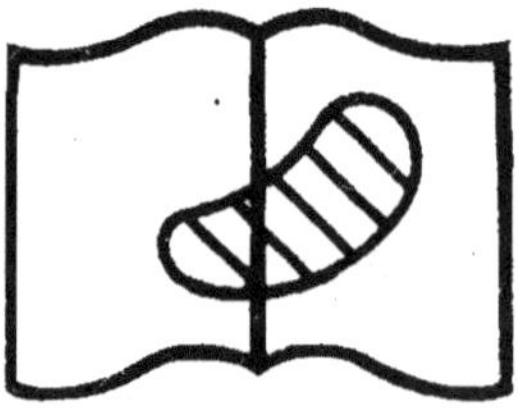

Illisibilité partielle

Valable pour tout ou partie
du document reproduit

cation dans laquelle on a bien voulu l'accueillir nous obligent à réduire notre plan primitif.

Nous nous étions proposé de faire précéder la publication du texte de Bharata d'un *Essai sur la musique des Hindous :* nous y avions rassemblé la plupart des données recueillies sur le sujet, tant dans Bharata même que dans les autres textes sanskrits actuellement publiés, dans les ouvrages de Mohun Tagore, de Râm Dâs Sen et des auteurs européens

Cet Essai débutait par une *Partie historique et bibliographique ;* puis venait une *Etude préliminaire sur la musique védique d'après les hymnes et la littérature exégétique.* Nous arrivions ensuite au cœur même du sujet, qui était l'*Exposé des éléments de la musique hindoue à l'époque classique ;* et le point de départ de ce chapitre était l'*adhyâya* même de Bharata, dont nous complétions les données à l'aide des remarquables et très utiles publications de Mohun Tagore. Enfin, après un *Résumé sur certains points complémentaires de la théorie musicale,* traités plus à fond par Bharata dans les *adhyâyas* non encore dépouillés complètement, nous devions conclure en essayant de définir la nature de cette musique hindoue et d'indiquer quels rapports elle présente avec la musique occidentale.

Nous avons dû remettre à une date ultérieure l'exécution complète de ce plan, et nous borner à l'impression de ces quelques pages. Nous les considérons comme une amorce de l'Etude détaillée que nous espérons pouvoir faire paraître très prochainement.

En attendant, nous présentons aujourd'hui au lecteur le texte du 28e *adhyâya* du *Bhâratîya-Nâ ya-Çâstra.* Nous en donnons une interprétation parfois littérale, parfois considérablement réduite, ou même résumée, suivant les besoins, sous forme de tableau. Nous ne nous dissimulons pas la difficulté de la tâche et l'imperfection de l'œuvre. C'est une ébauche, et, nous en avons conscience, une ébauche imparfaite. Tel qu'il est cependant, ce travail pourra peut-être offrir quelque utilité. Notre principal but, en l'entreprenant, a été, nous l'avons déjà dit, de fournir de nouveaux éléments d'appréciation et d'études à ceux qu'une connaissance plus complète que la nôtre des phénomènes musicaux pourra mettre à même de traiter plus sûrement ces questions si délicates et si complexes de rhythme, de mesure, de nombre et d'harmonie.

REMARQUES PRÉLIMINAIRES

CONCERNANT L'ÉTABLISSEMENT DU TEXTE DU 28e ADHYAYA

Le texte du 28e *adhyâya* du *Bhâratîya-Nâṭya-Çâstra* a été établi d'après les deux manuscrits sanskrits déjà connus par les travaux de MM. Fitz-Edward Hall, Heymann et Paul Regnaud. Le premier, en caractères *devanâgaris,* sur papier indien appartient à M. Hall, le second, en caractères *granthas,* sur feuilles de palmier, est la propriété de l'*Asiatic Society* de Londres.

Nous les désignons, après M. Paul Regnaud, par les lettres A et G. [1]

Le texte de ce chapitre est en *çlokas* mélangés de prose

1. On doit à M. Fitz-Edward Hall, le savant indianiste bien connu, la publication des *adhyâyas* dix-huit, dix-neuf, vingt, et trente-quatre. Il en a donné le texte à la suite de son édition du *Daçarûpa (Bibliotheca Indica,* new series nos 12, 24 et 82. Calcutta, 1861-65).

M. W. Heymann a publié dans les *Nachrichten von der Kœnigl. Gesellschaft der Wissenschaften und der G. A. Universitœt zu Gœttingen* (25 février 1874, pages 86-107) une étude approfondie des mss. de Bharata : *Ueber Bharata's Nâṭyaçâstram,* à laquelle nous renvoyons le lecteur.

Les travaux de M. Paul Regnaud sur Bharata sont bien connus et justement appréciés. Il a publié successivement :

Le *dix-septième chapitre du Bhâratîyanâṭya-çâstra.* Paris, Leroux, 1880.

La *Métrique de Bharata,* texte sanskrit de deux chapitres du même ouvrage (seconde moitié du 15e et 16e chapitre). Paris, Leroux, 1880.

Enfin les *sixième et septième chapitres* à la suite de son ouvrage sur la *Rhétorique sanskrite* (Paris, *Leroux,* 1884), couronné par l'Académie des Inscriptions et Belles-Lettres.

C'est par l'entremise de M. Paul Regnaud que les manuscrits de M. F.-E. Hall et de l'*Asiatic Society* ont été laissés à notre disposition ; c'est grâce à ses leçons et à ses conseils incessants que nous avons pu entreprendre cette première publication.

et de vers *âryas.* L'état des deux manuscrits laisse beaucoup à désirer : les variantes sont nombreuses, les leçons diffèrent sensiblement en plus d'un endroit.

Le ms. G présente, en dehors de nombreuses divergences de détail, des déplacements importants coupés de lacunes, comparativement au texte de A. L'ordre des *çlokas* est interverti notamment du *çl.* 11 au *çl.* 21, du *çl.* 48 au *çl.* 54; enfin, à partir du *çloka* 78, le désordre est tel que nous avons dû, faute de pouvoir indiquer clairement en note les déplacements et les rapprochements, donner à part, jusqu'à la fin de l'*adhyâya,* le texte de G en appendice.

Nous constatons en outre des intercalations évidentes et des lacunes. Parmi les passages intercalés, nous signalerons les 4 *çlokas* 108-111 empruntés à A et qui manquent dans G. Rien n'annonce le développement en question, qui se termine, du reste, par un fragment de *pada,* suivi d'une lacune. Nous ferons la même observation pour les *çlokas* 39-40, pris cette fois dans G et qui font défaut dans A. Nous avons encore des raisons de croire à une lacune après le *çloka* 80 qui ne satisfait pas au développement annoncé.

Certaines répétitions de mots, de phrases entières, sont dues à l'inattention du copiste (par ex. dans A : les 4 hémistiches intercalés à l'intérieur du *çloka* 45, les quelques lignes de prose entre *çl.* 81 et 82; l'hém. 144 *a* répété après 145. — Dans G : les deux hém. 91 *b*, 92 *a*, les 3 hém. 91-93 intercalés *çl.* 134, et qui reviennent plus loin régulièrement, fondus en 2 hém,... etc.).

En plus d'un endroit, le mauvais état des mss., qui gardent des traces de remaniements évidents, rendent peu sûrs l'établissement du texte et son interprétation. Nous avons pris comme règle de mettre entre crochets les passages douteux. Nous avons dû, en outre, hasarder certaines restitutions : nous les avons réduites au strict nécessaire, et nous y avons procédé avec la plus grande réserve. En général, nous étions autorisé à les faire par les variantes qu'offrait l'un ou l'autre de nos mss.; c'est parfois la grammaire, le mètre, parfois le sens qui nous ont guidé. Nous n'avons pas cru devoir justifier chaque fois ces corrections en note; mais chaque fois nous les signalons en donnant la leçon du ms. modifié.

Nous n'insisterons pas ici sur les remarques de détail que nécessiteraient nos manuscrits, pour lesquelles nous renvoyons à l'article de M. W. Heymann.

Il est cependant certaines observations que nous devons présenter brièvement car elles nous dispenseront de développer outre mesure les variantes. Elles portent toutes sur l'*adhyâya* que nous publions et concernent les particularités que nous avons relevées dans la méthode grammaticale et l'orthographe habituelles aux manuscrits.

Ils redoublent presque toutes les consonnes après *r* : ils écrivent par exemple : *karttavya*, *mûrcchanâ*.

Ils n'observent pas toujours les règles de transformation du *ṛ* voyelle en la semi-voyelle correspondante *r* après une autre voyelle [1], même dans les passages écrits en prose (A : p. 27, l. 19, 21; p. 29, l. 4; p. 30, l. 4, 11, 18; p. 31, l. 11. — G. : p. 28, l. 2, etc.). Dans les textes versifiés, notons que, indépendamment des nécessités du mètre, le fait se passe généralement à la fin d'un pada (*çl.* 22 *a*, 157 *b*, etc.), où les règles du *saṃdhi* ne sont pas toujours strictement appliquées (*câtra eko* 136, *caiva a°* 146 *b*.).

Enfin, nos mss. substituent ordinairement l'un et l'autre l'*anusvâra* aux différentes nasales devant presque toutes les muettes, même les dentales et les palatales.

Ex. : *mârddaṃgikaḥ* au lieu de *mârdaṅgikaḥ* (*çl.* 5 *a*);
gâṃdharvam au lieu de *gândharvam* (*çl.* 8 *b*);
vyaṃjanâni au lieu de *vyañjanâni* (*çl.* 16 *a*); etc.

Nous avons adopté pour tous ces cas la transcription généralement suivie, celle du *Sanskrit-Wörterbuch* de

1. Ce *saṃdhi* archaïque se constate fréquemment dans les mss. Voyez à ce sujet : Weber, *Ind. Studien*, VIII, p. 164; — Burnell, *The Arsheyabrâhmaṇa, Introd.* p. x.

MM. Böhtlingk et Roth. Nous n'indiquons pas en note les modifications de ce genre que nous faisons subir au texte de nos mss.

Il en est de même pour certaines habitudes particulières à G. Par exemple il conserve à peu près toujours la dentale sourde devant une sonore, à l'intérieur comme à la fin d'un mot : *tasmât gâṃdharvam* au lieu de *tasmâd gândharvam* (*çl.* 9 *b*); *ṡaṭja,* au lieu de *ṡaḍja;* etc.; sans s'astreindre à une méthode rigoureuse. Il fait subir encore aux sifflantes l'assimilation régressive, en restreignant l'emploi du *visarga :* *gâyanas saparigrahaḥ,* au lieu de *gâyanaḥ saparigrahaḥ* (*çl.* 4 a); *niççeṡaç çiçirakâle* au lieu de *niḥçeṡaḥ çiçirakâle* (*ârya* 36 *b*); *çuddhâṡ ṡaṭjagrâme* au lieu de *çuddhâḥ ṡaḍjagrâme,* etc. Il eût été trop long comme sans intérêt de signaler toutes ces variantes.

Nous pouvons noter rapidement quelques autres observations de moindre importance :

A présente quelques traces de prâkritisme : il écrit *sukhiram* pour *suṡiram* (*çl.* 1 *b*, 2 *b*); *khadja* pour *ṡaḍja* (p. 27, l. 16, etc.)

Il supprime parfois la consonne terminant un mot quand le mot suivant commence par cette même consonne : *ta jñeyam* pour *taj jñeyam* (*çl.* 8 *b*); *bhave nyâso* pour *bhaven nyâso* (*çl.* 124 *a*, 149 *a*).

Enfin il écrit généralement *patra* et non *pattra, tatva* et non *tattva,* etc.

G présente presque à chaque ligne des exemples de *â* correspondant, à l'intérieur ou à la fin des mots, à *ă* suivi de l'*anusvâra;* parfois c'est l'inverse qui a lieu (*ghanâ* pour *ghanaṃ, çl.* 1 *b; pâdabaṃgâç* pour *pâdabhâgaḥ, çl.* 20 *b*, etc.).

Il remplace très souvent *ç* par *g*, surtout après l'*anusvâra : vâṃgas = vaṃças* (*çl.* 10 a), *yatrâṃgas = yatrâṃçaḥ* (p. 27, l. 13), etc.

Si nous ne craignions de développer outre mesure ces remarques préliminaires, nous aurions à signaler encore certaines irrégularités relatives au mètre. On s'explique aisément quelques-unes de ces licences par la difficulté qu'il y avait de faire entrer dans le vers les longs mots techniques si fréquents dans ce chapitre, par exemple ceux qui désignent les *jâtis*.

Nous expliquons par ce fait l'instrumental fautif *ārṣābhī-bhyām*, et le nominatif *ārṣābhī*, qui présentent toujours dans nos âryas le second *a* long (çl. 52, 53 seqq.), alors qu'il est marqué bref dans les autres passages de l'*adhyâya*.

Les vers sont dans A séparés, sauf omission, par un trait vertical, sans numérotation. G sépare d'une façon très irrégulière. Quant aux passages en prose, A les partage ordinairement en phrases, mais le plus souvent à contre sens. G. n'observe à ce sujet aucune règle précise : le plus souvent il met les phrases, comme les vers, bout à bout. Nous n'indiquons pas toujours en note ces particularités [1].

Nous terminerons par quelques courtes indications concernant la disposition des variantes.

Nous avons suivi généralement la leçon de A, à moins que les variantes fournies par G ne présentâssent un texte plus complet ou plus explicite, — auquel cas les notes indiquent toujours la leçon de A. Ces variantes ont été reportées au bas de chaque page avec des numéros qui renvoient à la ligne correspondante du texte. A partir du *çloka* 78, nous avons dû, ainsi que nous l'avons expliqué déjà, reléguer en appendice le texte, numéroté par lignes, de G, auquel renvoient les notes du bas des pages. Nous lui avons conservé, — comme à nos autres variantes, — la forme barbare sous laquelle le manuscrit le donne. Cette méthode a peut-être l'avantage de donner la reproduction exacte de certaines parties de nos manuscrits, et de permettre ainsi de juger de leur état de conservation et de leur degré de correction.

1. Nous remarquons dans A, à la fin de l'*adhyâya*, une erreur de pagination. Le copiste donne à deux feuillets successifs le même numéro 144. Une glose marginale nous avertit, dans la seconde, de la méprise. La voici : *ekâṅkapattradvayam* (ms. °patra°) c'est-à-dire : « un même chiffre pour deux feuillets ».

BHÂRATÎYANÂṬYAÇÂSTRAM

[ATHÂṢṬÂVIṂÇATIMO'DHYÂYAḤ]

[*jâtilakṣaṇo nâma* (A)]
[*âtodyavidhir nâma* (G)]

âtodyavidhim idânîṃ vakṣyâmaḥ. tad yathâ.
tataṃ caivâvanaddhaṃ ca ghanaṃ suṣiraṃ eva ca |
caturvidhaṃ tu vijñeyam âtodyaṃ lakṣaṇânvitam || 1 ||
tataṃ tantrîkṛtaṃ jñeyam avanaddhaṃ tu pauṣkaram |
ghanaṃ tâlas tu vijñeyaḥ suṣiro vaṃça eva ca || 2 ||
prayogas trividho hy eṣâṃ vijñeyo nâṭakâçrayaḥ |
tataṃ caivâvanaddhaṃ ca tathâ nâṭyakṛtaç ca yaḥ || 3 ||
tate kutapavinyâso gâyanaḥ saparigrahaḥ |
vaipañciko vaiṇikaç ca vaṃçavâdas tathaiva ca || 4 ||
mârdaṅgikaḥ pâṇavikas tathâ dârduriko budhaiḥ |
avanaddhavidhâv eṣaḥ kutapaḥ samudâhṛtaḥ || 5 ||
uttamâdhamamadhyâbhis tathâ prakṛtibhir yutaḥ |
kutapo nâṭyayoge tu nânâdeçasamâçrayaḥ || 6 ||

1 atodya A, G. vyâkhyâsyâmaḥ G. tad yathâ manque dans A. — 2 ghanâ G. sukhiram A. — 4 tatrî° A. tantrigatâ G. uvanaddhaṃ G. — 5 tâlaṃ G. sukhiro A. vaṃça ucyate | G. — 7 tataç A. °avanaddhaç A. nâṭyakṛtâçrayaḥ | G. — 8 tataḥ A. kṛtapari° G. — 9 vaṃçavâdaka eva ca | G. — 10 pâṇavikaḥs A. dârdurikâ A. dârdariko° G. — 11 avanarddha G. eśa kṛtapas G. — 12 yutaiḥ | G. — 13 °yogo'tra G.

evaṃ gîtaṃ ca vâdyaṃ ca nâṭyaṃ ca vividhâçrayam |
alâtacakrapratimaṃ kartavyaṃ nâṭyayoktṛbhiḥ || 7 ||
yat tu tantrîkṛtaṃ proktaṃ nânâtodyasamâçrayam |
gândharvam iti taj jñeyaṃ svaratâlapadâçrayam || 8 ||
atyartham iṣṭaṃ devânâṃ tathâ prîtikaraṃ punaḥ |
gandharvâṇâṃ ca yasmâd dhi tasmâd gândharvam ucyate||9||
asya yonir bhaved gâtraṃ vîṇâ vaṃças tathaiva ca |
eteṣâṃ caiva vakṣyâmi vidhiṃ svarasamutthitam || 10 ||
gândharvaṃ trividhaṃ vidyât svaratâlapadâtmakam |
trividhasyâpi vakṣyâmi lakṣaṇaṃ karma caiva hi || 11 ||
dvyadhiṣṭhânâḥ svarâ vaiṇâḥ çârîrâç ca prakîrtitâḥ |
ubhâbhyâm api vakṣyâmi vidhânaṃ lakṣaṇânvitam || 12 ||
svarâ grâmau mûrchanâç ca nânâsthânâni vṛttayaḥ |
svanasâdhâraṇe varṇâ hy alaṃkârâḥ sadhâtavaḥ || 13 ||
çrutayo jâtayaç caiva vidhisvarasamâçrayâḥ |
dâravyâṃ samavâyo 'yaṃ vîṇâyâṃ samudâhṛtaḥ || 14 ||
svarâ grâmâv alaṃkârâ varṇâḥ sthânâni jâtayaḥ |
sâdhâraṇe ca çârîryâṃ vîṇâyâṃ eṣa saṃgrahaḥ || 15 ||
vyañjanâni svarâ varṇâḥ saṃdhayo 'tha vibhaktayaḥ |
nâmâkhyâtopasargâç ca nipâtâs taddhitâs tathâ || 16 ||
chandovidhânaṃ ca tathâ jñeyaḥ padagato vidhiḥ || 17 ||
anibaddhaṃ nibaddhaṃ ca dvividhaṃ tat padaṃ smṛtam |

1 evaṃ gânaṃ G. — 3 tantrigataṃ proktâ tad âtodyaº G. — 4 ta jñeyaṃ A. vijñeyaṃ G. padâtmakam | G. — 5 prîtikarâ G. — 6 gandharvâṇamm idaṃ yasmaṃt tasmât G. — 7 gânaṃ G. vâṅgas G. — 8 ºsamutthitâm | A. — 9-7 A partir d'ici G relativement à A présente des déplacements dans l'ordre des çlokas, et des variantes considérables. Nous indiquons d'après notre numérotation l'ordre de G; les chiffres en italique s'appliquent aux lignes de la page suivante : 11, 12, 9, 10, 13, 14, (14 *bis*), 15, 16, 17, 18, *2*, *3*, *4*, *5*, *6*, 19, 20, 21, *7*. Le texte de cette énumération paraît du reste avoir subi dans A comme dans G des altérations. — 10 caiva karmabhiḥ | G. — 11 svarâḥ A. vyadhiṣṭhânâ surâ jñeyâ vaiṇâç çârîrakâç ca te | G. — 12 eteṣâṃ caiva A. vidhiṃ svarasamutthitam | G. — 13 svarâç ca çrutayo grâmo mûrchânâ sthânasaṃyutâḥ | G. 14 suṣkaṃ sâdhârano varṇo A. G consacre 2 hém. au même objet : svanaṃ sâdharaṇe caiva jâtayo 'ṣṭâdaçaiva ca | varnâç catvara eva syur alaṃkârâç ca dhâtavaḥ || — 15 vṛttayo jâtayaç caiva kṛṣṇaṃ karaṇam eva ca— G. — 16 dâvyâm G. hi svarâçrayaḥ | G. — 17 svaram A. varnâ A. svarâ grâmau tathâ sthânam jâtyas sâdhâraṇakriyâm | G. — 18 alaṃkâraç ca varṇâç câ gîtayça ca çarîrajâḥ | G. — 20 nâmâvyoº G. kṛtaḥ | G. — 21 chando vṛtto nijâtyaç ca nityaṃ padagatâtmakâḥ | G. Le çl. 17 n'a plus qu'un hémistiche. — 22 manque dans G.

atas tâlagatasyâpi sampravakšyâmi vai dvijâḥ || 18 ||
âvâpas tv atha niškrâmo vikšepo 'tha praveçanam |
çamyâtâlaḥ samnipâtaḥ parivartaḥ savastukaḥ || 19 ||
mâtrâpramâṇabîjâni vidârî ca yatir layaḥ |
gîtayo 'vayavâ mârgâḥ pâdabhâgâḥ sapâṇayaḥ || 20 ||
ity ekavimçako jñeyo vidhis tâlagato budhaiḥ |
gândharvasamgraho hy eša vistaram tu nibodhata || 21 ||
tatra svarâḥ.
šaḍjaç ca ṛšabhaç caiva gândhâro madhyamas tathâ |
pañcamo dhaivataç caiva saptamaç ca nišâdavân || 22 ||
caturvidhatvam etešâm vijñeyam çrutiyogataḥ
vâdî caivâtha samvâdî hy anuvâdî vivâdy api || 23 ||
tatra yo yatrâmçaḥ sa tatra vâdî.
yayoç ca navatrayodaçakam parasparataḥ çrutyantare tâv
anyo'nyasamvâdinau.
yathâ. šaḍjapañcamâv ṛšabhadhaivatau gândhâranisâdavantau šaḍjamadhyamâv iti šaḍjagrâme.
madhyamagrâme'py evam eva šaḍjapañcamavarjyam pañcamaršabhayoç câtra samvâda iti.
atra çlokaḥ.
samvâdo madhyamagrâme pañcamasyaršabhasya ca |
šaḍjagrâme ca šaḍjasya samvadaḥ pañcamasya ca || 24 ||
vivâdinas tu ye tešâm syâd vimçatikam antaram.
tad yathâ. ṛšabhagândhârau dhaivatanišâdau.
evam vâdisamvâdivivâdišu sthâpitešu çešâ hy anuvâdinaḥ

1 manque dans G. — 2 âvâpas v atha G. vikšepaç ca praveçakaḥ | G. — 3 sampâ° A. — 4 mâtrâ vidâry aṅgulayâ yatiḥ prakaraṇam tathâ | G. — 5 pâdabhamgâç ca pâṇayaḥ | G. — 6 °vimçatividhim jñeyam tâlagatam A. — 7 vistâraç ca G. — 9 šaḍjâpya corrigé en šaḍjâdya A. Le mètre exige ca ṛšabhaç. — 10 nišâdas sapta ca svarâḥ | G. — 11 nâṭyayoktṛbhiḥ | A. — 12 hy manque dans G. anuvâdî vivâdanau A. anuvâdyâ G. — 13 et 14 yatra yâṅgaspṛçatis tasya vâdî dhanavanavakatrayodaça çrutyantare G. °antara A. — 15 anyo 'nyam G. — 16 et 17 khaḍjapañcamau ṛ° A. °nišâdâvantau A. šaḍjagrâmo A. šaḍjamadhyamau šaḍjapañcamau ṛšabhadhai(ta)vatau gândhâranišâdau šaḍjagrame G. — 18 madhyamagrâme omis par G. šaḍpañc° A. °varjî A. °varjyâ G. — 19 °ṛšabh° A. — 21 ṛšabh° A. — 22 vâ | A. — 23 vivâdanam tu te yešâm dviçrutisvaram antaram G. — 24 nišâdâv A. — 25 au lieu de evam, atrâpi A. çešâḥ anuvâda G. samjñakâḥ manque dans A, ainsi que toute l'énumération qui suit, jusqu'à vadanâd p. 28, l. 10.

saṃjñakâḥ.

yathâ. ṣaḍjasyarṣabhagândhâradhaivataniṣâdâḥ. ṛṣabhasyamadhyamapañcamaniṣâdâḥ. gândhârasyâpi madhyamapañcamadhaivatâḥ. madhyamasya dhaivatapañcamaniṣâdâḥ.pañcamasya dhaivataṣaḍjau. dhaivatasya ṣaḍjamadhyamapañcamâḥ ṣaḍjagrâme.

madhyamagrâme 'pi madhyamasya pañcamadhaivataniṣâdâḥ. pañcamasyarṣabhaṣaḍjagândhârâḥ. dhaivatasya ṣaḍjarṣabhagândhârâḥ. niṣâdasya ṣaḍjarṣabhagândhârâḥ.

vadanâd vâdî saṃvadanât saṃvâdî vivadanâd vivâdy anuvadanâd anuvâdîti.

eteṣâṃ ca svarâṇâṃ nyûnâdhikatvaṃ tantrîvâdanadaṇḍendriyavaiguṇyâd upajâyate.

svaravidhânam etac catuḥprakâram iti.

atha grâmau.

ṣaḍjagrâmo madhyamagrâmaç ceti.

tatra vâ dvâviṃçatiçrutayaḥ. yathâ.

tisro dve ca catasraç ca catasras tisra eva ca |
dve catasraç ca ṣaḍjâkhye grâme çrutinidarçanam || 25 ||

madhyamagrâme tu çrutyapakṛṣṭaḥ pañcamaḥ kâryaḥ.

pañcamaçrutyutkarṣâd apakarṣâd vâ yad antaraṃ mârdavâd âyatatvâd vâ tat pramâṇaçrutiḥ.

nidarçanaṃ tv âsâm abhivyâkhyâsyâmaḥ. yathâ.

[dve vîṇe tulyapramâṇatantryupavâdanadaṇḍamûrchane ṣaḍjagrâmâçrite kârye. tayor ekatarasyâṃ madhyamagrâmikîṃ kṛtvâ pañcamasyâpakarse çrutiṃ tâm eva pañca-

2-9 m. dans A. ṣaḍjasya ṛṣa° G. — 3 madhyapañc° G. — 5 °śodau G. — 8 pañcamasya omis par G. — 9 śagja° G. — 10 vâdanât vâdî saṃvâdânât saṃvâdir vivâditvât vivâdî G. vivâdîti A. — 11 anuvâdanâd âonuvâdî G. omis dans A. — 12 ca manque dans G. ûnâ° G. °dhikatva A. tantryupa° G. vâdanaṃ A. — 13 °guṇyad G. — 14 ity etat svaravirṇadhânaṃ caturvidhâḥ G. — 15 et 16 atha dvau grâmau grâmau ṣaḍjo madhyamaç ceti G. — 17 atrâçcintâ A. tatrâ vâ G.— 18 ca omis après dve G. — 19 °khyo A. tu çrutidarç° G. — 20 çrutyacatuṣṭhuḥ G. — 21 pañcamasya çrutyutkarṣâbhyâm yad antaraṃ G. anantaraṃ A. — 22 mârdavâyatatvaṃ tâvat pramâṇaçruti G. pramâṇâ° A. — 23 câsâm abhikhyâ° G. — 24 vîṇo A. °vâdanaṃ A. daṇḍa manque dans G. — 25 et 26 mûrcchagrâme śaṭja° G. °gramâ° A. tayor anyataramadhyamanâmikiṃ kuryât G. °karśa G. çrutiḥ | A.

mavaçât šaḍjagrâmikîm kuryât. evam çrutir apakṛšṭâ bhavati.

punar api tadvad evâpakaršâd gândhâranišâdavantâv itarasyâm dhaivataršabhau praviçato dviçrutyadhikatvât.

punas tadvad evâpakaršâd dhaivataršabhâv itarasyâm pañcamašaḍjau praviçataḥ çrutyadhikatvât.

tadvat punar apakṛšṭâyâm tasyâm pañcamamadhyamašaḍjâ itarasyâm madhyamagândhâranišâdavantaḥ pravekšyanti catuḥçrutyadhikatvât.]

evam anena çrutinidarçanena dvaigrâmikyo dvâviṃçatiçrutayaḥ pratyavagantavyâḥ.

atra çlokâ bhavanti.

šaḍjaç catuḥçrutir jñeya ṛšabhas triçrutis tathâ |
dviçrutiç caiva gândhâro madhyamaç ca catuḥçrutiḥ || 26 ||
catuḥçrutiḥ pañcamaḥ syâd dhaivatas triçrutis tathâ |
nišâdo dviçrutiç caiva šaḍjagrâme bhavanti hi || 27 ||
catuḥçrutis tu vijñeyo madhyamaḥ pañcamaḥ punaḥ |
triçrutir dhaivatas tu syât catuḥçrutika eva hi || 28 ||
nišâdašaḍjau vijñeyau dvicatuḥçrutisaṃbhavau |
ṛšabhas triçrutiç ca syâd gândhâro dviçrutis tathâ || 29 ||

antaranidarçanam api vyâkhyâtam.

atha mûrchanâḥ.

dvaigrâmikyaç caturdaça. yathâ.

âdâv uttaramandrâ syâd rajanî cottarâyatâ |

1 pañcamasya çrutyutkaršavaçât šaṭjagrâmikim kuryât eta çrutir apatušṭâ...G. — 3 evapakaršayet yathâ A. evârakaršât G. °nišâdâv api G. — 4 itarasyâm pravekšyanti [lacune jusqu'après pravekšyanti, l. 8] G. °ṛšabho praviçataḥ dviçrutyâbhyadhi° A. — 5 °karšâdhvaivataršabhâdh A. — 8 A coupe la phrase après pravekšyanti. — 9 catuçrutyabhryadhi° G. — 10 çrutidarçanavidhânena G. dvaigrâmiko A. dvâviṃçâ çru° G. — 11 A et G coupent après çrutayaḥ | . pratyagant° G. — 12 atra çlokâḥ | (bhavanti manque) G. — 13 catuçruti G. triçrutismṛtaḥ G. — 14 câpi G. catuçru° G. — 15 catuçrutiḥ | G. pañcama A, G. syâ triçrutir dhaivatam G. — 16 dviçrutis tu nišâda syât G. svarântare | G. — 17-21 manquent dans A. 17 catuçru° G vijñeyâ G. — 18 catuçru° G. — 19 G écrit exceptionnellement ici šaḍjau. catuçru° G. — 20 triçrutiç ca syât G. — 22 Nous coupons après mûrchanâ, en ajoutant le ḥ; 22, 23 mûrcchanâṭye grâm° G. dvaigrâmikâç caiva... A. yathâ manque dans G. — 24 âdyâtyuttaramantrâkhyâ rajananî... G.

caturthâ çuddhaṣaḍjâ ca pañcamî matsarîkṛtâ || 30 ||
açvakrântâ tathâ ṣaṣṭhî saptamî câbhirudgatâ |
ṣaḍjagrâmâçritâ hy etâ vijñeyâḥ sapta mûrchanâḥ || 31 ||
âsâṃ ṣaḍjaniṣâdadhaivatapañcamamadhyamagândhârar-ṣabhâdyâḥ svarâ iti.

atha madhyamagrâme.
sauvîrî hariṇâçvâtha syât kalopanatâ tathâ |
çuddhamadhyâ tathâ caiva mârgî syât pauravî tathâ || 32 ||
hṛṣyakâ ceti vijñeyâ saptamî dvijasattamâḥ |
madhyamagrâmajâ hy etâ vijñeyâḥ sapta mûrchanâḥ || 33 ||
âsâṃ madhyamagândhârarṣabhaṣaḍjaniṣâdadhaivatapañ-camâ ânupûrvâdyâḥ svarâḥ.

tatra ṣaḍjagrâme.
ṣaḍjenottaramandrâ niṣâdena rajanî dhaivatenottarâyatâ pañcamena çuddhaṣaḍjâ madhyamena matsarîkṛtâ gân-dhâreṇâçvakrântarṣabheṇâbhirudgatâ.

atha madhyamagrâme.
madhyamena sauvîrî gândhâreṇa hariṇâçvarṣabheṇa ka-lopanatâ ṣaḍjena çuddhamadhyamâ niṣâdena mârgî dhai-vatena pauravî pañcamena hṛṣyaketi.

evam etâḥ prakramayuktâḥ.
pûrṇâḥ ṣâḍavâuḍavitîkṛtâḥ sâdhâraṇakṛtâç ceti caturvidhâç caturdaça mûrchanâḥ.

kramayuktâḥ svarâḥ sapta mûrchanâs tv abhisaṃjñitâḥ |
saṭpañcakasvarâs tâsâṃ ṣâḍavâuḍavitâḥ smṛtâḥ || 34 ||

1 caturvi° G. tu (au lieu de ca) G. — 2 tu ṣaṣṭhî syât G. — 3 hy aitâ A. hy manque dans G. — 4 gândhâra |° A. — 4, 5, 6 °gândhâraḥ ṛṣabha ṣatjagrâme madhyamagrâme tu G. — 7 °çvâthâ A. hariṇâç ca syât | kalopapannata G. — 8 caturthi çuddhamadhyâ tu mârgavî... G. — 9 caiva vijñeyâs G. — 10 eto G. — 11 °ṣaḍjarṣabha° A. gândhâro ṛṣabhaṣatja(grâme madhyamagrâme tu) niṣâdadhaivatapañcamâḥ | G. A coupe après pañcamâḥ. — 12-20 manquent dans G. — 12 °yâ svarâs A. — 14 ṣaḍjanottottara A. caivateno° A. — 16 °çvâkrântâ ṛṣabhenîbhir° A. — 18 °çvâ ṛṣabheṇâ kâlo° A. — 19 mârgî omis dans A. — 21 °yuktâ A. kramayutâḥ G. — 22, 23 pûrṇâ A. °kṛtâç caturdaça bhavaty api | A. ṣaṭpañcasvaragâ smṛtâḥ | ṣâḍavâuḍavita saṃjñitâḥ pûrṇâs sâdhâraṇakṛtâç... G. — 24 samûrcchanâsty abhisaṃjñitâ | A. svarâs sapta mûrcchanâs v abhi° G. — 25 °vitâ smṛtâḥ | A. tâsâ ṣoḍavâuḍavitâ smṛtâḥ | G.

sâdhâraṇakṛtâç caiva kâkalîsamalaṃkṛtâḥ |
antarasvarasaṃyuktâ mûrchanâ grâmayor dvayoḥ || 35 ||

?[dvividhaikamûrchanâsiddhiḥ. tatra. dviçrutiprakaršâd dhaivatîkṛte gândhâre mûrchanâ grâmayor anyatra. šaḍjagrâme madhyamagrâme' pi dhaivatamârdavân nišâdotkaršâd dvaividhyaṃ bhavati. tulyaçrutyantaratvâc ca saṃjñânyatvam. catuḥçrutikam antaram pañcamadhaivatayoḥ. tadvad gândhârotkaršâc catuḥçrutikam eva bhavati. çešâç câpi madhyamapañcamadhaivatanišâdašaḍjaršabhâ madhyamâditvaṃ prâpnuvanti tulyaçrutyantaratvât. antaradarçanam api çrutidarçane proktam.] tatra mûrchanâsaṃçritâs tânâç caturaçîtiḥ. tatra.ekonapañcâçat šaṭsvarâḥ pañcatriṃçat pañcasvarâḥ. lakšaṇaṃ tu šaṭsvarâṇâṃ saptavidham. yathâ. šaḍjaršabhapañcamanišâdahînâç catvâraḥ tânâḥ šaḍjagrâme. maḍhyamagrâme tu šadjaršabhagândhârahînâs trayas

1 caika A. °kṛtâm | G. — 2 antasvarasaṃyuktaṃ G. — 3-13 Passage évidemment corrompu. Notre texte est peu sûr. Aussi donnons-nous à part les leçons de A et de G.

Texte de A : dvividhaikamûrcchanâsiddhi çrutivaiprakaršât | dhaivatîkṛte gândhâre mûrcchanâgrâmayor anyatra | šaḍjagrâme madhyamagrâme 'pi dhaivatamârdavân nišâdotkaršât dvaividhyaṃ bhavati | tulyaçrutyantatvâc ca saṃjñânyatvaṃ catuḥçrutikam antaraṃ pañcamadhaivatayos tad gândhârotkaršâ catuḥçrutikam eva bhavati | çešaç copi madhyamapañcadhaivatanišâdašaḍjaršabhagândhâramadhyamapañcamatvaṃ prâpnuvanti | tulyaçrutis antârâtvâd anantaraṃ nirdarçati na proktaṃ iti |

Texte de G : dvividhaikamûrcchanâsiddhis tatra dviçrutiprakaršâd dhaivatîkṛtenagra gâḍâre mûrcchanâgrâmayor anyatvantatadvaçâ madhyamâdayo yathâ saṃkhyena nišâdâdimatvaṃ pratipâdyante madhyamagrâme dhaivatadvaividhyaṃ bhavati tulyâ | çrutyaṅgare tvâc catuçrutyantaraṃ pañcamadhaivatayos tadvat gândhârotkaršâc catuçrutikram antaraṃ bhavati çešâc câpi madhyamapañcamadhaivatanišâdašatjaršabhâ madhyamâditvaṃ prâpnuvanti | tulyaçrutyantaratvât antaradarçanam api çrutidarçane proktaṃ.

14 mûrchatâ° A. caturâçîti | A. °nâçrayâ sthânâç G. — 15 tatraiko° A, G. pañcatriṃçat pañcasvarâḥ manque dans A. — 16 šâṭjavânâṃ sapta vidhâ G. yathâ manque dans A.— 17 °nišâdapañcamaº G. catvârâs A. A et G coupent après tânâḥ. — 18 madhyamagrâme manque dans A. madhyâgrâme G. °hînâçrayâ sûyâs tânâḥ | G.

tânâḥ. evam ete sarvâsu mûrchanâsu kriyamâṇâ bhavanty ekonapañcâçat tânâḥ.
pañcasvarâṇâm tu pañcavidham eva lakṣaṇam. yathâ.
ṣaḍjapañcamahînâ ṛṣabhapañcamahînâ gândhâraniṣâdavaddhînâ iti trayas tânâḥ
ṣaḍjagrâme. madhyamagrâme tu gândhâraniṣâdavaddhînâv ṛṣabhadhaivatahînâv iti dvau tânau.
evaṃ pañcasvarâḥ sarvâsu mûrchanâsu kriyamâṇâs tânâḥ pañcatriṃçad bhavanti.
ṣaḍjagrâma ekaviṃçatir madhyamagrâme caturdaça.
evam eta ekatra gamyamânâç caturacîtir bhavanti.
dvividhâ tânakriyâ tantryâm. praveço nigrahaç ca.
atra.praveço nâmâdharasvaraprakarṣaṇâd uttaramârdavâc ca nigrahaç câsaṃsparçaḥ. madhyamasvarâsaṃsparçaḥ.
madhyamasvareṇa tu vaiṇena mûrchanânirdeço bhavaty anâçitvât. madhyamasvarasya nigrahaḥ praveço vâ.
itthaṃ prayoktuḥ çrotuḥ sukhârthaṃ tânamûrchanâtattvam.
mûrchanâprayojanam api sthânaprâptyarthaḥ.
sthânam tu trividham pûrvoktalakṣaṇaṃ kâkuvidhâv iti.
sâdhâraṇavidhim idânîṃ vakṣyâmaḥ. tatra.
sâdhâraṇaṃ nâmântarasvaratâ. kasmât.
dvayor antare yo'rtho bhavati sa sâdhâraṇaḥ.

1 evam ete viṣâḍabâsu mûrcchânâsu kri° G. — 2 tânâ A. — 3 yathâ manque dans A. — 4, 5 ṣaḍjapañcamahîna ṛṣabhapañcamahînaḥ | gândhâraniṣâdavaddhînaḥ | iti ṣaḍjagrâmo... A. ṣaṭjapañcamahînaṃ... °hîno... niṣâdahîna iti trayas tanoḥ ṣaṭjagrâme... G. — 6, 7 °dhînâḥ ârṣabhadhaivatahînety.., A. tu ṣaṭjadhaivatahîno niṣâdagândhârahîna iti dvau tânâḥ | G. — 8, 9 pañcasvarâsu sarvâsu mûrchâ° G. tânâ A. tânâ ṣaṭttriṃçâ... G. — 10, 11 manquent dans A. ṣaṭjagrâme ekaviṃçatiḥ | G. °çitir G. — 12 dvividha° A. praveçân nigrahâs A. dvividhâṃ tânakriyâ praveço vigrahaç ca G. — 13, 14 tatra praveço nâmâdharaprakarṣâd G. praveçanam adhara°... °mârdavâtva A. câsaṃsparço... (madhyamasvarâsaṃsparçaḥ manque) A. vinigrahas v asaṃsparçaḥ | madhyamasvaraṃ saṃsparçaḥ | G. — 15, 16 madhyâma° A. °nirdeçaḥ kâryaḥ madhyamasva tv anâçîtvât nigrahaḥ | praveço vâ G. nigrahe parigrahe vâ | A. — 17 itthaṃtuḥ A. sukhârthan tânamûrcchanânâtatvam... A. itthaṃ manque dans G, dont voici le texte : prayoktṛçrotṛsukhârthânâṃ tânânâṃ — 18 prâptyartha... A. prâptiḥ | (artha manque) G. — 19 ca au lieu de tu A. trividhaṃ | G. lakṣaṇaṃ | A. °vidhâne... G. — 20 sâdhâraṇama vidhânam G. tatra m. dans G. — 21 sâdhâranâ nâmânûttarasvaratâ A. sâdhâraṇa nâmântarasvaratvât tasmâd G. — 22 vayor A. yad vayor asthaṃ tat sâdhâraṇaṃ G.

yathâ ṛtv antare.
châyâsu bhavati çîtaṃ prasvedo bhavati câtapasthasya |
na ca nâgato vasanto na ca niḥçešaḥ çiçirakâlaḥ || 36 ||
iti kâlasâdhâraṇatâ.
dve sâdhâraṇe svarasâdhâraṇaṃ jâtisâdhâraṇaṃ ceti.
svarasâdhâraṇaṃ kâkalyantarasvarau. tatra. dviçrutiprakaršaṇân nišâdavân kâkalîsaṃjño nišâdo na šaḍjo dvâbhyâm antarasvaratvât. sâdhâraṇatvaṃ pratipadyate.
evaṃ gândhâro'py antarasvarasaṃjño gândhâro na madhyamas tayor antarasvaratvât. ata eva svarasâdhâraṇam.
kasmân nišâdaḥ kâkalîsaṃjñaḥ.
kalatvât kâkalî kaštatvâd vâtisaukšmyâd atha vâ kâkšivat.
ubhayasambandhât kâkalîsaṃjñâya.
yathâ šaṇṇâṃ rasânâṃ madhye lavaṇaḥ kšârasaṃj a
evaṃ nišâdaḥ kâkalîsaṃjño gândhâraç cântarasaṃjño bhavati.
jâtisâdhâraṇam ekâṃçânâṃ viçešâj jâtînâṃ tu samavâyât.
pratyakšeṇa saṃjña iti.
svarasâdhâraṇaṃ dvividhaṃ dvaigrâmikyam. kasmât.

1 ṛtv antare m. dans A. — 2 châyâsu prabh° A. chayâ bhavati | G. °svedo vâ G. — 3 vasantaḥ G. °kâla (iti) A. kâle (iti) G. — 4 sâdhâraṇaḥ | G. A ne coupe pas. — 5 dvi A. A indique d'abord le jâtisâdh°, puis le svara°. — A partir de 6, jusqu'à *6* p. 34, nos textes diffèrent sensiblement, surtout pour la disposition des phrases. Nous suivons G avec corrections, faites parfois d'après A, et reproduisons à part, tel quel, le passage correspondant de A.

yathâ nisâdaḥ kâkalîsaṃjño bhavati reṇâs tathâ jâtisâdhâraṇam ekâṃçânâṃ viçešâj jâtînâṃ tu samavâyât pratyakšeṇa saṃjñâm iti svarasâdhâraṇam api dvividham | dvaigrâmikaṃ | kasmât sâdhâreṇâtra svaraviçesa iti ti | šaḍjasâdhâraṇam eva madhyame pi | sâdhâraṇatvam asya prayogasaukšmyât kauçikam abhinišpadyate | atra câptopadeçasiddho nišâdavân eva kâkalîsaṃjño bhavati | çatuçrutitvâc ca kâkalîsaṃjñaḥ kodṛcyata iti | yathâ hi šaṇṇâṃ rasânâmm anyatamaḥ kšarasaṃjñitaḥ | tathâ nišâdaḥ kâkalîsaṃjño gândhâraç cântarasaṃjño bhavati | tasya câlpanišâdâsu jâtišu prayogo bhavaty api ca |

(Corrections de G :) 6, 7, 8 viçrutiprakaršaṇâṃ nišâdayaḥ | kâkalîsaṃjñena nišâdena na šaṭjaḥ dvâbhyâṃ prâptopaktatvât... — 9... antasvarasaṃjñâḥ... madhyamaḥ... — 11 tasmân... — 12 °tvâd yâti atisaukšyât... — 14 °saṃjñâ. — 15 °saṃjñâḥ sâdhâraṇasvaraç cântara°. — 17, 18 D'après A, G évidemment corrompu : jâtisâdhâraṇam ekagrâmâm açanâjñâtînaḥ jâtyor vâ anyasmin grâme pratyaṅgadarçanaṃ saṃsmaranâpagamât. — 19 dvividhâ.

ṣaḍjagrâme ṣaḍjasâdhâraṇam madhyamagrâme madhyamasâdhâraṇam. sâdhâraṇo'tra svaraviçeṣa iti. ṣaḍjasâdhâraṇam evam. madhyamagrâme'pi sâdhâraṇatvam. asya tu prayogasaukṣmyât kaiçikam iti nâma niṣpadyate. evaṃ svarasâdhâraṇam. asyâlpaniṣâdagândhârâsu jâtiṣu prayogaḥ.

atra çlokau.

antarasvarasaṃyogo nityam ârohisaṃçrayaḥ |
kâryaḥ svalpaviçeṣeṇa nâvarohî kadâ ca na || 37 ||
kriyamâṇo'varohî syâd alpo vâ yadi vâ bahuḥ |
jâtirâgaṃ çrutim caiva nayante tv antarasvarâḥ || 38 ||
jâtîr idânîṃ vakṣyâmaḥ.
[svarasâdhâraṇagatâs tisro jñeyâs tu jâtayaḥ |
madhyamâ pañcamî caiva ṣaḍjamadhyâ tathaiva ca || 39 ||
âsâm aṅgâs tu vijñeyâḥ ṣaḍjamadhyamapañcamâḥ |
yathâ . . . . vyaktâ sâ pañcamî tathâ || 40 ||
jâtayo 'ṣṭâdaçety eva pûrvaṃ yâ gaditâ mayâ |
tâs tv ahaṃ vartayiṣyâmi nyâsâpanyâsasaṃyutâḥ || 41 ||
ṣâḍjî caivârṣabhî caiva dhaivatî saniṣâdinî |
ṣaḍjodîcyavatî caiva tathâ vai ṣaḍjakaiçikî || 42 ||
ṣaḍjamadhyâ tathâ caiva ṣaḍjagrâmasamâçrayâḥ |
ata ûrdhvaṃ pravakṣyâmi madhyamagrâmasaṃçrayâḥ ||43||
gândhârî madhyamâ caiva gândhârodîcyavâ tathâ |
pañcamî raktagândhârî tathâ gândhârapañcamî || 44 ||

2 °viçeṣaḥ | iti ṣaṭsâdhâ°. — 3 'pi sâdhâraṇatvam (d'après A) m. dans G. — 7 atra çlokau m. dans G. — 8 a'rasvara° G. — 9 kâryasvaraviçeṣeṇa A. kâryasvalpo viceṣeṇa G. kâda ca nâ G. — 10 'varohî syâlpo G. bahu G. — 11 jâtirâga G. çrutim gîtan âçayed antarasvara iti | A. — 12 jâtimîm idânim G. — 13-16 Interpolé dans G. M. dans A. — 14 ṣâḍjamadhyaṃ G. — 15 aṅgas tu vijñeyâ ṣaḍja° G. — 16 corrompu : yathâ spandaṇlataraṃ vyaktâ, etc. — 17-18 remplacent dans A les 4 hémistiches précédents. M. dans G. — 19 ṣaḍjî câ° A ṣaṭjârṣabhî dhaivatî ca naiṣaṃdî ca tathâ parâ | G. — 20 ṣaṭjâdîcyavatî ṣaṭsakaiçîkî ṣaṭjamadhyamâṃ G. — 21 ṣaṭjagrâmâçrayâny etâ vijñeyâs saptajâtayaḥ | G. — 22 °saṃçrayâ G. — 23, 24, *1*, *2*, G dispose autrement les çlokas; voici le texte qu'il présente, avec ses incorrections :

gândhârî raktagândhârî gândhârodîcyavâ tathâ |
madhyamodîcyavâ caiva madhyamâ pañcamî tathâ ||
gândhârapañcamî cândhrî nanayanti tathâ parâ
karmâravî kaiçikî ca jñeyâs v ekâdaçâparâ ||

madhyamodîcyavâ caiva nandayantî tathaiva ca |
karmâravî ca vijñeyâ tathândhrî kaiçikî tathâ || 45 ||
etâsâm aṣṭâdaçânâṃ sapta svarâkhyâḥ.
tâç ca dvividhâḥ. çuddhâ vikṛtâç ca.
tatra çuddhâḥ.
ṣaḍjagrâme ṣâḍjy ârṣabhî dhaivatî niṣâdavatî ca.
gândhârî madhyamâ pañcamî ceti madhyamagrâme.
çuddhâ anyûnasvarâḥ svarâṃçagrahanyâsâḥ.
eṣâm anyatamena dvâbhyâṃ bahubhir vâpi lakṣaṇair vi-
kriyâm upagatâ nyâsavarjaṃ vikṛtasaṃjñâ bhavanti.
tena tâ eva çuddhâs tâ eva ca vikṛtâḥ.
nyâsavidhâv apy âsâṃ mandro niyamâd bhavati çuddhâsu
vikṛtâsv aniyamât.
tatraikâdaça saṃsargajâ vikṛtâḥ.
parasparaṃ saṃyogâd ekâdaça nirvartayanti. yathâ.
çuddhâ vikṛtâç caiva hi samavâyâj jâtayas tu jâyante |
tâ eva çuddhavikṛtâ bhavanti caikâdaçânyâs tu || 46 ||
tâsâṃ yâ nirvṛttâ svareṣv athâṃçeṣu jâtiṣu ca jâtiḥ |
tâṃ vakṣyâmi yathâvat saṃkṣepeṇa krameṇeha || 47 ||
syât ṣaḍjamadhyamâbhyâṃ nirvṛttâ ṣaḍjamadhyamâ jâtiḥ |

Entre 1 et 2, A intercale le passage suivant qui revient à sa place, p. 36, l. 1-4:
jâtînâṃ gândhârî ṣaḍjîbhyâṃ saṃyogât ṣaḍjakaiçikî câpi |
gândhârî ṣâḍjîbhyâṃ caiva svac caiva saṃgamâṣṭa ca |
ṣaḍjodîcyavatî caiva jñeyâ sâ namato jâtiḥ |
ṣâḍjî gândhârî madhyamodîcyavâ

2 karmaravî A. — 3 svarakhyâs A. sapta svarâḥ | nâmadheyâḥ | G. — 4 saptasvarâ jâtayo dvividhâç G. — 6 ṣâḍjî A. ṣâḍjî arṣabhî sadhaiv° G. ca manque daṇs G. — 7 madhyâmâ A. ceti manque dans G. — 8 ete anyûna° A. grâha A. svaraṃgrahasyâsapanyâsâḥ | G. — 9 ebhyo'nyatame G. vâ lakṣaṇer G. — 10 mupagâ nyâsa° G. °gatâḥ nyasâ A. vikṛtaṃ A. bhavanti manque dans G. — 11 manque dans G. — 12, 13, âsâ G. niyamâc chuddhaḥ svavikṛtâsv aniyamaḥ | A. aniyamâḥ G. — 14 tatraikadeço jâtayo vikṛtâḥ | G. A coupe la phrase non avant, mais après parasparam. — 15 paraspara G. ekâdeçâṃ nivart° G. — 16 samavâyâṃ G. — 17 punar eva A. °daçanyâs G. — 18 nirvṛttâṃ careṣv G. jâtir G.— 19 vakṣyâmi | yathâ saṃkṣepeṇa krameṇa haryât G.— 20 syât manque dans G. A coupe après syât | . ṣaḍji° G. ṣâḍjî° semblerait être la bonne leçon, mais détruirait le mètre. nivṛttaṃ G. °madhyamâj A. madhyamaḥ jâti G.

gândhârîšâḍjîbhyâm saṃyogât šaḍjakaiçikî vâpi || 48 ||
šâḍjîgândhârîbhyâṃ dhaivatyâç câpi yâ vinišpannâ |
saṃsargâd vijñeyâ sâ šaḍjodîcyavâ jâtiḥ || 49 ||
šâḍjîgândhârî pañcamî tathâ dhaivatî ca khalu jâtiḥ |
gândhârodîcyavatîṃ jâtiṃ nirvartayanty etâḥ||50|| [vatyâ |
gândhârapañcamâbhyâṃ madhyamayâ viracitâ ca dhai-
jâtis tu madhyamodîcyaveti sadbhiḥ sadâ jñeyâ || 51 ||
gândhârîpañcamyoḥ saptamyâç caiva raktagândhârî |
gândhâryâršabhîbhyâm ândhrî saṃjâyate jâtiḥ || 52 ||
yonis tu nandayantyâs tv âršabhî pañcamî sagândhârî |
karmâravîṃ nišâdî sâršabhî pañcamî kuryuḥ || 53 ||
gândhârîpañcamyor yogâd gândhârapañcamî jâtiḥ |
dhaivatyâršabhîbhyâṃ hînâṃ khalu kaiçikîṃ kuryuḥ||54||
evaṃ parasparotpannâ vijñeyâ jâtayo budhaiḥ |
pṛthaglakšaṇasaṃyuktâ dvaigrâmikyaḥ svarâçrayâḥ||55||

De 1 à 14, G présente des lacunes, des déplacements nombreux comparativement à A. En voici le texte avec les incorrections :

šâḍjî gândhâribhyâṃ dhaivatyâç câpi yâ vinišpannâ
çaṃsargâd(vâ) vijñeyâ sâ šaḍjodicyavâ jâtir
vâḍjigândhârîbhyâṃ šabhrutâš šaḍjakaiçikî jâtiḥ
šâḍjigândhâribhyâṃ saṃbhṛtâš šaḍjakaiçikî jâtiḥ
šâdjîgândhârîbhyâṃ dhaivatyâç câpi madhyamâyâç ca
gândhârodîcyavâ syât nirvṛtto nâmato jâtiḥ
gândhârîpañcamîm adakšyâṃ caiva nandayantî tu
gândhârîpañcamâbhyâṃ jâtâ gatâ gândhârîpañcamî jâtiḥ |
naišâdyâršabhîbhyâṃ pañcamyâṃ caisava saṃsargât
karmârašiti nâmnâ jâtiḥ pûrnâç vidalati ceyam
dhaivatyâršabhîhînâ bañcâbhyâṃ kaiçikiḥ kuryuḥ |

1 šaḍjâbhyâṃ A. D'après A, l'ârya appartiendrait au mètre gîti, formé de deux longs vers de 30 brèves. — 2 et 3 texte de G ; le texte de A est fautif :

gândhârîšâḍjîbhyâṃ dhaivatyâç caiva saṃgamât tu |
šaḍjodîcyavatî jñeyâ sâ nâmato jâtiḥ

4 le texte de A est altéré, mal coupé : la césure ne tombe pas après le 3e pied ; de plus, nous corrigeons caiva en ca. pañcamâ | A. — 6 gândhârîpañcamî° paraît être la bonne leçon, mais détruit le mètre. ca manque au ms.; le vers n'est pas coupé. — 7 césure après le 4e pied. °dîcyavyeti A. — 8 saptamyâsaiva A. — 9 âršabhâ° A, le mètre exigerait âršâbhî°. — 10 ici encore il faudrait âršâ°. — 11 kârmâravî A. le mètre demanderait encore sâršâ°. pañcamîṃ kuryu (non coupé) A. — 13 dhaivatyârthabhâ° A ; il faudrait âršâ°. — 14 evaṃ vaṃ A. evaṃ parasparo° répété G. °lpannâ by otâš tu jâtayaḥ (budhaiḥ omis) G. — 15 °grâmikya G.

âbhyaç catasro niyamâj jñeyâḥ saptasvarâ budhaiḥ |
daça pañcasvarâ jñeyâç catasraç caiva šaṭsvarâḥ || 56 ||
madhyamodîcyavâ caiva tathâ ca šaḍjakaiçikî ||
karmâravî ca sampûrṇâs tathâ gândhârapañcamî || 57 ||
šâdjy ândhrî nandayantî ca gândhârodîcyavâ tathâ |
catasraḥ šaṭsvarâḥ çešâḥ pañcavastusvarâ daça || 58 ||
nišâdiny âršabhî caiva dhaivatî šaḍjamadhyamâ |
šaḍjodîcyavatî caiva pañca šaḍjâçritâḥ smṛtâḥ || 59 ||
gândhârî raktagândhârî madhyamâ pañcamî tathâ |
kaiçikî caiva pañcaitâ madhyamagrâmasaṃçrayâḥ || 60 ||
yâs tâḥ pañcasvarâḥ proktâ yâç caitâḥ šaṭsvarâḥ smṛtâḥ |
kadâ cid auḍavîbhûtâḥ kadâ cit šâḍavîkṛtâḥ || 61 ||
šaḍjagrâme tu sampûrṇâ vijñeyâ šaḍjakaiçikî |
šaṭsvarâ caiva vijñeyâ šâdjî vai gânayoktṛbhiḥ || 62 ||
sampûrṇâ madhyamagrâme jñeyâ karmâravî budhaiḥ |
gândhârapañcamî caiva madhyamodîcyavâ tathâ || 63 ||
punaç ca šaṭsvarâ jñeyâ gândhârodîcyavâ budhaiḥ |
ândhrî ca nandayantî ca madhyamagrâmasaṃçrayâḥ ||64||
evam etâ budhair jñeyâ dvaigrâmikyaç ca jâtayaḥ |
ata ûrdhvam pravakšyâmi tâsâm aṃçavikalpanam || 65 ||
šâṭsvarî saptame tv aṃçe nešyate šaḍjamadhyamâ |
saṃvâdilopâd gândhâras tatraiva na bhavišyati || 66 ||
gândhârîraktagândhârîkaiçikînâṃ tu pañcamaḥ |

1 âdyaç G. niyamâ jñeyâ A. niyamât jñeyâts G. — 3 °dîcyavâṃ A. °dîcyabî G. ca manque dans A et G. °kaiçikîṃ G. Ni A ni G ne coupent. — 4 °ravî va A. °ravîti G. sampûrṇâ A, G. — 5, 6 manquent dans G. 5 °andhrî A. — 7 et 8 placées après 9 et 10 dans G. 7 nišâdaty A. âršabhî dhaivatî caiva naišâdî G. — 8 šadjâçritâ A. šaḍjagrâmasamâçrayâḥ | G. — 9 gândhârâ A. — 10 ceti vijñeyâ pañcaitâ madhyamâçrayâḥ | G.

A la suite du çloka 59, placé après 60, G, au lieu des 4 çlokas 61-64 de A, en présente 2 dans l'ordre suivant :

pañcasvarâ daçaitâç ca jâtayo nityam eva hi |
gândhârodîcyavâ caiva nandayantî tathaiva ca |
madhyamagrâmasaṃbhûtâś šaṭsvarâs tisra eva tu |
šaṭjagrâme tu vijñeyâ sampûrṇâ šaṭjakaiçikî |

11 prokta A. caitâ šaṭsvarâ A. — 14 šaḍjya vai kâna° A. — 18 nadayantî A. — 19 budhai G. °grâmikyopajâtayaḥ | A. — 20 aṅga° G. — 21 šaṭsvarî A. šaṭsvarye saptamâṅgâ tu G. °dhyamâḥ | G. — 22 saṃvâdilopo gândhâro tadvad eva hi neyate | A. saṃvâdyalobhât G. — 23 pañcamî | A.

ṣâḍjâyâṃ caiva gândhâram anâṃçaṃ viddhi ṣâḍave || 67 ||
ṣaḍjodîcyavatyâç caiva dhaivatâṃçe na ṣâḍavam |
saṃvâdilopât saptaitâḥ ṣâṭsvarye tu vivarjitâḥ || 68 ||
gândhârîraktagândhâryoḥ ṣaḍjamadhyamapañcamâḥ |
saptamaç caiva vijñeyâ yeṣu câuḍavitaṃ bhavet || 69 ||
dvau ṣaḍjamadhyamâṃçau tu gândhâro'tha niṣâdavân |
ṛṣabhaç caiva pañcamyâṃ kaiçikyâṃ caiva dhaivataḥ || 70 ||
evaṃ hi dvâdaçaite syur varjyâḥ pañcasvare sadâ |
yâs tv anauḍavitâ nityaṃ kartavyâ jâtayo budhaiḥ || 71 ||
sarvasvarâṇâṃ nâças tu vihitas tv atha jâtiṣu |
na madhyamasya nâças tu kartavyo hi kadâ ca na || 72 ||
saptasvarâṇâṃ pravaro hy anâçî caiva madhyamaḥ |
gândharvakalpe vihitaḥ sâmagair api madhyamaḥ || 73 ||
daçavidhaṃ jâtilakṣaṇam.
grahâṃçau târamandrau ca nyâso'panyâsa eva ca |
alpatvaṃ ca bahutvaṃ ca ṣâḍavâuḍavite tathâ || 74 ||
atha grahâḥ.
grahâs tu sarvajâtînâm aṃçavat parikîrtitâḥ |
yaḥ pravṛttau bhaved aṃçaḥ so'ṃço grahavikalpitaḥ || 75
tatrâṃço nâma.
? [râgaç ca yasmin vasati yasmâc caiva pravartate |

1 ṣaṭjârâç caiva gândhârâm aṅgaṃ ṣaṭbâḍave viduḥ | G.— 2 ṣaḍjodîcyavatî caiva tâṃçe. A. ṣâḍave dhaivato nâsti ṣaḍjodîcyaviyogataḥ | G. — 3 saptaite G. ṣaṭsvarthena A. ṣaṭsvarye G. — 4 °raktagândhâryâḥ A et G. ṣṣaḍjapañcamamadhyamâḥ | G. — 5 caivo A. saniṣâdaç ca G. noḍuvite ime | G. — 6 ṣaḍjî° G. °âṅge tu G. 'th ṣ.ṣedavân | G. — 7 pañcamyâ G. — 8 ca dvâdaçeve te varṇyâḥ G. tadâ | G. — 9 etâs tu noḍubâ G. anauḍuvitâ A. hi sadâ budhaiḥ | A. — 10 vihito'pi nâçasv G. — 11 madhyamasthâpi G. na (au lieu de hi) G. — 12 sarva° G. hy avinâçi tu G. °mâḥ | A.— 13 'bhimatas sâmaç cai maharṣibhiḥ | G. — 15 grahâçau A °âṅgau G.— 17 manque dans G.— 18 grahas G. aṃça eva hi kîrtitâ | G. — 19 yat A. soço A. yaṃ pravṛttaṃ bhavet gânaṃ so'ṅgo... G. grahavivarjitaḥ | A. — 21-5 Corrections peu sûres, le texte présente des altérations nombreuses et des traces de remaniements. 21 yasmiṃ vasati râgas tu G. °vartane G. — Suit dans A et G un vers supprimé au texte comme faisant double emploi avec la leçon adoptée de G. Le voici dans les 2 mss. :

(A) tenâvatâramandrâṇâṃ yo' tyartham copalabhyate |
(G) tanetâcatâramandrâṇâṃ yo' tyarthaṃm apalabhyate |

mandratâravišayâ ca pañcasvaraparâgatiḥ || 76 ||
anekasvarasaṃyoge yo'tyartham upalabhyate |
anyac ca balino yasya saṃvâdî cânuvâdy api || 77 ||
grahâpanyâsavinyâsanyâsasaṃnyâsagocaraḥ |
paricâryaḥ sthito yas tu so'ṃçaḥ syâd daçalakšaṇaḥ || 78 ||]
pañcasvaraparâ târagatir. yathâ.
aṃçât târagatiṃ vindyâd â caturthasvarâḍ iha |
â pañcamât pañcamâd vâ nâtaḥ param ihešyate || 79 ||
trividhâ mandragatiḥ.
aṃçaparâ nyâsaparâ apanyâsaparâ ceti.
mandras tv aṃçaparo nâsti nyâse tu dvau vyavasthitau |
gândhâre nyâsaliṅge tu dṛšṭam ṛšabhadhaivatam || 80 ||
atha nyâsaḥ. ekaviṃçatividho hy aṅgasamâptau.
tadvad apanyâso 'py aṅgamadhye šaṭpañcâçatsaṃkhyaḥ.
yathâ.
nyâso hy aṅgasamâptau sa caikaviṃçatividho vidhâtavyaḥ |
šaṭpañcâçatsaṃkhyo 'ṅgamadhye 'panyâsa eva syât || 81 ||
? [dvividham alpatvaṃ laṅghanâd anabhyâsâc ca.

1, 2, 3 manquent dans A. 1 mandraṃ ca târavišayâ G. balino (peut-être pour vâdino) yac ca G. — 4 graho G. nyâsa omis dans G. sanyâsa A et G. — 5 paridhâvaç câ yaç ceha A. parivâryasthito yas tu so'ṅga G. — 6 A partir d'ici et jusqu'à la fin de l'adhyâya le texte de G présente des variantes, des lacunes et des déplacements si considérables, que nous le reléguons en appendice, dans le but de faciliter les rapprochements; nous nous bornerons à renvoyer pour chaque vers au numéro correspondant du texte de G. — 6 (G 41). — 7 (G 42) aṃçât taragatiṃ A. — G fait suivre cet hém. du suivant :

pañcamaṃ hy athâgacchet tato' ṅgavihitaṃ tv iha.

8 (G 44) pañcamâd yâ nânaḥ A. — 9 (G 45) dvividhâ A °gatir... A. — 10 (G 46) Nous séparons avec A °parâ apa°. — 11 (G 47) aṃçât paro A. — 12 (G 48) âršebhasevanam | A. Texte incertain, lacune probable. — 13 (G 52) nyâsa... A. — 14 (G 53) aparanyâso A. aṃçamadhye A. — 15, 16, 17 manquent dans G. — 17 (restitué) ...saṃkhyo yathâ | khyo bhaved apanyâsa eva syât | A. — 18-4 (G 31-36) Passage corrompu. Le texte que nous donnons d'après l'un et l'autre ms. est bien peu sûr :

Texte de A : dvividham alpatvaṃ laṅghanâd anabhyâsâc ca | tatra šâḍavâuḍavitakaraṇatvam aṃçânâṃ gîtânâm antaramârgam upagatânâṃ svarâṇâṃ laṅghanâd abhyâsâc ca tatra šâḍavâuḍavitakaraṇom aṃçânâṃ gîtânâm antaramârgam upagatânâṃ svarâṇâṃ abhyâsâc coccaraṇam |

Texte de G : dvividham alpatvaṃ laṅghanâd aubhyâs sâc ca gîtântaramârgam upâgatânâṃ šâḍavâudhavitakaraṇâṇâm aṅgânâṃ ca svarâṇâṇâṃ laṅghanâd anabhyâsâc ca sakṛd uccâraṇaṃ yathâjâti tadvat bahutvam alpatvavicaryayât dvividham evânyešâm api balinâṃ saṃcâraḥ...

tatra šâḍavâuḍavitakaraṇatvam amçânâm gîtânâm antaramârgam upagatânâm svarâṇâm laṅghanâd anabhyâsâc ca sakṛd uccâraṇam yathâjâti. tadvad bahutvam alpatvaviparyayâd dvividham evânyešâm api balinâm samcâraḥ.

alpatve ca bahutve ca tathâ pûrvaviniçcayât |
jâtisvarais tu nityam syâj jâtyalpatvam dvidhâ ca tat || 82 ||
samcâro'mçabalasthânâm alpatvam durbalâsu ca |
dvividhântaramârgas tu jâtînâm vyaktikârakaḥ || 83 ||

šaṭsvaram šâḍavitam caturdaçavidham saptacatvârimçatprakâram. pûrvoktavidhânam yathâjâtyamçaprakârair iti.

pañcasvaram auḍavitam vijñeyam dacavidham prayogajñaiḥ |
trimçatprakâravihitam pûrvoktam lakšaṇam tv asya || 84 ||
šaṭsvarasya prayogo'sti tathâ pañcasvarasya ca |
catuḥsvaraprayogo'sti hy avakṛšṭadhruvâsv atha || 85 ||
dvaigrâmikînâm jâtînâm sarvâsâm api nityaçaḥ |
trišašṭir amçâ vijñeyâs tâsâm caiva tathâ grahâḥ || 86 ||

amçagrahân idânîm vyâkhyâsyâmaḥ. tatra.

madhyamodîcyavâyâs tu nandayantyâs tathaiva ca |
tathâ gândhârapañcamyâḥ pañcamo'mço grahas tathâ ||87||
dhaivatyâç ca tathaivâmçau vijñeyau dhaivataršabhau |
pañcamyâs tu grahâv amçau bhavataḥ pañcamaršabhau |
gândhârodîcyavâyâs tu grahâmçau šaḍjamadhyamau | 88 ||
âršabhyâm tu nišâdas tu tathâ caršabhadhaivatau |
nišâdyâm ca nišâdas tu gândhâraç caršabhas tathâ || 89 ||
tathâ ca šaḍjakaiçikyâm šaḍjagândhârapañcamâḥ |
tisṛṇâm api jâtînâm grahâs tv amçâç ca kîrtitâḥ || 90 ||
šaḍjaç ca madhyamaç caiva nišâdo dhaivatas tathâ |

5 (G 37). — 6 (G 38) jâtiḥ svarais A. — 7 (G 39). — 8 (G 40). — 9 (m. dans G) śaṭśvaram šâmḍavantac A. — 10 (m. dans G). — 11 (m. dans G) auḍuvitam A. — 12 (G 49) tv asyâḥ | A. — 13 (G 50). — 14 (G 51) hy amvakṛśṭha° A. — 15 (G 1). — 16 (G 2) caivâmçasamgrahaḥ A. texte adopté : celui de G. — 17 (G 3) °grâhân A. — 18, 19, 20, 21 (manquent dans G). — 21 pañcamyâ A. — 22 (G 4). — 23 (G 5) arś° A. câr'ś° A. — 24 (G 6) cârś' A. — 25 (G 7). — 26 (G 8). — 27 (G 9).

śaḍjodîcyavatîjater grahâs tv aṃçâç ca kîrtitâḥ ‖ 91 ‖
pañcamenarśabhaç caiva niśâdo dhaivatas tathâ |
karmâravyâ budhair aṃçâ grahâç ca parikîrtitâḥ ‖ 92 ‖
gândhâraç carśabhaç caiva pañcamo' tha niśâdavân |
catvâro' ṃçâ bhavanty ândhryâ grahâç caite tathaiva hi ‖93‖
ṛśabhaç caiva śaḍjaç ca madhyamaḥ pañcamas tathâ |
madhyamâyâ grahâ jñeyâ aṃçâç caiva sadhaivataḥ ‖ 94 ‖
niśâdaśaḍjagândhârâ madhyamaḥ pañcamas tathâ |
gândhârîraktagândhâryor grahâṃçâḥ parikîrtitâḥ ‖ 95 ‖
śâḍjâyâ śaḍjagândhârau madhyamaḥ pañcamas tathâ |
dhaivataç câpi vijñeyâ grahâç câṃçâḥ prakîrtitâḥ ‖ 96 ‖
kaiçikyâṃ carśabhahînâ grahâṃçâḥ śaṭsvarâḥ smṛtâḥ |
sarvasvaragrahâṃçâ ca vijñeyâ śaḍjamadhyamâ ‖ 97 ‖
evaṃ triśaśṭir vijñeyâ grahâç câṃçâç ca jâtiśu |
aṃçavac ca grahâs tv âsâṃ sarvâsâm eva nityaçaḥ ‖ 98 ‖
sarvâsâm eva jâtînâṃ trijâtis tu gaṇâḥ smṛtâḥ |
sarvathâ caiva vijñeyâ vardhamânasvarâ yathâ ‖ 99 ‖
ekasvaro dvisvaraç ca trisvaro'tha catuḥsvaraḥ |
pañcasvaraḥ śaṭsvaraç ca tathâ saptasvaro'pi ca ‖ 100 ‖
pûrvam uktam idaṃ tv âsâṃ grahâṃçaparikalpanam |
madhyamodîcyavâ jâtis tathâ gândhârapañcamî ‖ 101 ‖
nandayantî ratiçreśṭhâ param ekâṃçakâḥ smṛtâḥ |
dhaivatî pañcamî caiva śâḍavendre prakîrtite ‖ 102 ‖
gândhârodîcyavâ câbhyâṃ samâ syâd dvyaṃçakety api |

1 (G 10, 12). — 2 (G 11, 13). — 3 (G 14). — 4 (G 15). — 5 (G 16) ândhryâ restitué : asyâ grahâç cete A.— 6 (G 17) śaḍjaç câ ṛś° A. texte de G.— 7 (G 18) °dhaivatâḥ A. — 8 (G 21). — 9 (G 22) °gândhâryo A. — 10 (G 19) texte de G. śaḍjaç caitâ (ce mot effacé) gândhârâ śaḍjamadhyâmadhyamapañcamau | A. — 11 (G 20) texte de G. grahair aṃçaiç ca vijñeyâ vikṛtâ sûrayogajâḥ | A. — 12 (G 23) cârś° A. śaṭsvarâ A. — 13 (G 24) °ṃçâç ca vijñeyâḥ śaḍjamadhyamâḥ | A. — 14 (G 25) vijñeyâḥ sarvâsv aṃçâsu jâtiśu | A. texte de G. — 15 (G 26). — 16 (G 27) gaṇâ A. — 17 (G 28) lakśaṇaṃ sa ca vijñeyo varddhamânasvaro budhaiḥ | A. corrections de G. yathâ restitué. — 18 (G 29). — 19 (G 30) caturddhâ syâd ekadhâ sapta śaṭsvarau | A. texte de G. — 20 et suivants manquent dans G. — 22 Peut-être faut-il lire pañcamaikâ° au lieu de param ekâ°. — 23 śâḍavendre prakîrttitâ | A. — 24 Restitué conformément au sens exigé. gândhârodîcyavâc câbhyâṃ samâṃ(syâṃniśu ity api corrigé en marge en :) sâṃtikeśv api | A.

ârṣabhyâṃ rinidhâ aṃçâ niṡâdîrinigâs trayaḥ || 103 ||
sagapâḥ ṡadjakaiçikyâs tisro'ṃçakâḥ prakîrtitâḥ |
caturaṃçâ samanidhâ ṡadjodîcyavatî smṛtâ || 104 ||
karmâravî ripanidhair ândhrî ripanigaiḥ smṛtâ |
sagamapadhaiḥ ṡâḍjî syât pañcabhiç câpi madhyamâ || 105 ||
saparimadhair aṃçaiḥ syâd gândhârî samagânipaiḥ |
tadvat syâd raktagândhârî catasro'ṃçaiç ca pañcabhiḥ || 106 ||
kaiçikî ca ṡaḍaṃçâ syât sagamapanidhaiḥ smṛtâ |
ṡaḍjamadhyâ tu saptâṃçâ triṡaṣṭir iti te'ṃçakâḥ || 107 ||
[aṃçakaiç. . . . . prîtijâḥ |
âstâṃ prayogakâle tu puram âçrâvaṇâvidhiḥ || 108 ||
mârgais tribhiḥ prayoktavyaç citravârtikadakṡiṇaiḥ |
caturbhir gîtibhiç ca syân mâgadhyâdibhir eva ca || 109 ||
pûrvaraṅge kṛte çuddhe kâṇḍikâçrâvaṇâvidhiḥ |
âsâritâni paççâc ca tato jâtyaṃçajalpanam || 110 ||
svarâṇâm aṅgahâraiḥ syât padeṡv abhinayakramaiḥ |
?(vardhamâpabhauvitâ |) . . . . || 111 ||]

(Lacune)

aṃçâḥ syuḥ pañca ṡâḍjâyâ niṡâdarṡabhavarjitâḥ |
apanyâso bhavaty atra gândhâraḥ pañcamas tathâ || 112 ||
nyâsaç câtra bhavet ṡaḍjo lopyaḥ saptama eva tu |
[ṡâḍavaṃ saptamopetam alpau vai saptamarṡabhau || 113 ||

1-17 manquent dans G. — 1 Restitué pareillement : trividhâ asau niṡadhânigamâs tayaḥ | A. — 2 sagapâ A. tisroçâṃsvaḥ prakîrttitaḥ | A.— 3 caturaṃçâḥ samanidho ṡaḍjodîcyavatî smṛtâḥ | A. — 4 karmâravyâ A. ripanidhaiḥ smṛtâḥ | A.— 5 rasâḥ samapathai ṡâḍjî A. madhyamâḥ | A.— 6 Nous restituons encore : les nécessités du vers nous obligent à écrire gâ au lieu de ga contrairement à l'habitude suivie pour ces abréviations (cf. çl. 104, 105). parimadhair amçai syâd gândhârî mṛgamânitaiḥ | A. — 7 tadva syâd uktagândhâri catasroçaiç câ pañcabhipañcabhiḥ | A. — 8 mokaiçikaikya ṡaḍaṃçâ syât sagomâyânijaiḥ smṛtâḥ | A. — 9... tu sasadhâṃ sâṃ sâ tri° A. non coupé. — 10-17 les 4 çlokas 108-111 paraissent intercalés. — 10 Le texte est trop peu sûr pour que nous essayions de le reconstituer : aṃçakaiç râmârâgâbhyâstâṃ janayaprîtijâḥ | A. — 11 âçravacovidhih | A. — 12 prayoktavyâç A. — 16 Nous corrigeons d'après l'analogie du çl. 160 b le 2e pada : padâny abhinavakramaiḥ. — 17 Nous donnons tel quel, malgré son aspect barbare, le fragment d'hémistiche qui termine le développement. — 18 (G 56) manque dans A. Texte de G. — 19 (G 57) apanyâse A. — 20 (G 57) âḍjo A. — 21 (G 58) m. dans A et répète, pour le sens, la fin de l'hém. préc. Texte de G.

šaḍjagândhârasaṃcâras tathâ dhaivatašaḍjayoḥ |]
gândhârasya ca bâhulyaṃ tv atra kâryaṃ prayoktṛbhiḥ || 114 ||
âršabhyâṃ ca bhavanty aṃçâ dhaivataršabhasaptamâh |
eta eva hy apanyâsâ nyâsaç ca ṛšabhaḥ smṛtaḥ || 115 ||
alpatvaṃ ca viçešeṇa bhavet šâḍavakâriṇaḥ |
laṅghanaṃ pañcamasyaiva syâd ârohaṇasaṃçrayât || 116 ||
šaṭsvaraṃ saptamahînaṃ pâñcasvarye ça pañcamaḥ |
vivâdinâṃ svarâṇâṃ ca saṃcâro'tra vidhîyate || 117 ||
dhaivatyâ dhaivataršabhâv aṃçau nyâsaḥ syâd dhaivataḥ |
apanyâsâ bhavanty atra dhaivataršabhamadhyamâḥ || 118 ||
šaḍjapañcamahînaṃ ca pâñcasvaryaṃ vidhîyate |
pañcamena vinâ caiva šâḍavaṃ parikîrtitam || 119 ||
ârohiṇau ca tau kâryau laṅghanîyau tathaiva ca |
nišâdaç caršabhaç caiva gândhâro balavân tathâ || 120 ||
nišâdinyâṃ nišâdo' ṃçâ gândhâras tv ṛšabhaḥ smṛtâḥ |
eta eva hy apanyâsâ nyâsaç caivâtra saptamaḥ || 121 ||
dhaivatyâ iva kartavyau šâḍavâuḍavite tathâ |
tadvac ca laṅghanîyau tu balavantau tathaiva ca || 122 ||
aṃçâs tu šaḍjakaiçikyâṃ šaḍjagândhârapañcamâḥ |
apanyâsâ bhavanty atra šaḍjasaptamapañcamâḥ || 123 ||
gândhâraç ca bhaven nyâso hînasvaryaṃ na câtra tu |
daurbalyaṃ câtra kartavyaṃ dhaivatasyaršabhasya ca || 124
šaḍjaç ca madhyamaç caiva nišâdo dhaivatas tathâ |
syuḥ|šaḍjodîcyavatyaṃçâ nyâsaç caiva tu madhyamaḥ || 125
apanyâso bhavaty asyâ dhaivataḥ šaḍja eva ca |
parasparam ihâṃçânâṃ saṃcâraç ca vidhîyate || 126 ||
pañcamaršabhahînaṃ tu pâñcasvaryaṃ tu tatra vai |

1 (G 59) m. dans A. Texte de G. — 2 (G 60). — 3 (G 61). — 4 (G 63) câ ṛśabhaḥ smṛtâḥ—A. —5, 6, 7, 8 (G 64, 65, 66, 67) m. dans A. Texte de G. — 9 (G 68) ṛśabhâv A. nyâsaṃ thya dhaivataḥ | A. — 10 (G 69). — 11 (G 70). — 12 (G 71). — 13 (G 72). — 14 (m. dans G, où on lit : hînasvarasya bhâvât tu saṃpûrṇâ ceyam išyate).— 15-22 manquent dans G. 15 'ṃço gândhârâs tv aršabha smṛtaḥ | A. 16 saptamâḥ A. — 18 tadvâtva A. — 20 apanyâsa A. — 21 bhave A. — 23) (G 74). — 24 (G 75) °aṃçâḥ A. — 25 (G 76) asya A. — 26 (G 77). — 27 (G 78 pañcâ° A. — Après 27 A présente les multiples et incompréhensibles répétitions suivantes que nous reproduisons telles quelles :

apanyâsa bhavanty atra śaḍjasaptamapañcamâḥ |

ṛšabhaḥ šâḍave hîno gândhâraç ca balî bhavet || 127 ||
sarve'ṃçâḥ šaḍjamadhyâyâ apanyâsâs ta eva ca |
šaḍjo vâ madhyamo vâpi nyâsaḥ kâryaḥ prayoktṛbhiḥ || 128 ||
gândhârasaptamopetaṃ pâñcasvaryaṃ tu tatra vai |
šâḍavaṃ saptamopetaṃ câtra kâryaṃ prayogataḥ || 129 ||
sarvasvarâṇâṃ saṃcâra išṭas tasyâṃ prayoktṛbhiḥ || 130 ||
šaḍjagrâmâçrayâ hy etâ vijñeyâḥ sapta jâtayaḥ |
ataḥ paraṃ pravakšyâmi madhyamagrâmasaṃçritâḥ || 131 ||
gândhâryâḥ pañca syur aṃçâ dhaivataršabhavarjitâḥ |
apanyâso bhavec câtra šaḍjaḥ pañcama eva ca || 132 ||
gândhâro'tra bhaven nyâsaḥ šâḍavaṃ caršabhaṃ vinâ |
ṛšabhadhaivatopetaṃ tathâ câuḍavitaṃ bhavet || 133 ||
laṅghanîyau ca tau nityam ṛšabho dhaivataṃ vrajet |
gândhârîvihitaṃ nyâsaṃ hînasvaryaṃ ca lakšaṇam || 134 ||
sarvaṃ ca raktapûrvâyâ gândhâryâç ca vinirdiçet |
balinau bhavataç câtra dhaivataḥ saptamas tathâ || 135 ||

gândhâraç ca bhavetyâso hînasvaryaṃ na câtra tu |
daurbalyaṃ câtra karttavyaṃ dhaivatasyaršabhasya ca |
šaḍjasaptamapañcamâḥ |
gândharaç ca bhaven nyâso hînasvaryaṃ na câtra tu |
daurbalyaṃ câtra karttavyaṃ dhaivatasyaršabhasya ca |
šaḍjaç ca madhyamaç caiva nišâdo dhaivatas tathâ |
syuḥ šaḍjodîcyavantyaṃçâ nyâsaç caiva nišado dhaivatas tathâ |
syuḥ šaḍjodîcyavantyaṃçâ nyâsaç caiva nišado dhaivatas tathâ |
syuḥ šaḍjodîcyavantyaṃçâ nyâsaç caiva madhyamaḥ |
apanyâso bhavaty asyâ dhaivatâ šaṭsu pañca ca |
parasparât tu gamanaṃ chandaṃ tac ca vidhîyatâm |
pañcamaršabhahînaṃ tu pâñcasvaryaṃ tu tatra vai |

1 (G 79) A ṛšabhaṃ šâṃḍavaṃ câsyâṃ gândhâraç ca valî bhavat |
G ṛšabhaḥ šâḍave hîno laṅghanaṃ ca tayor bhavet |
2 (G 80) sarvešâṃ A. — 3 (G 81). — 4 (G 82). — 5 G offre à la place de cet hém. le suivant (83) :
ṛšabhaš šâḍave hîno durbalas sa viçešataḥ |
6 (G 84) išṭa taç ca prakîrtitâḥ | A. texte de G. Nous ne donnons qu'un hémistiche au çloka 130. — 7 (G 85). — 8 (G 86). — 9 (G 87) pañca pañcâṃçâ A. — 10 (G 88) šaḍja A. — 11 (G 89) câršabham A. — 12 (G 90) âršabhamA. câuḍuvitaṃ A. — 13 manque dans G qui intercale par erreur 3 hém. qui se retrouvent plus loin dans A. ṛšabhâ dhvaivatam vrajet | A. — 14, 15 (G 94, 95) Texte de G corrigé. A trop fautif :
gândhâryâ vidhivas tv ešasvaraṃ nyâsâṃ sasaṃcaraḥ |
lakšaṇaṃ raktagândhâryâ gândhâryâ eva tu smṛtam |
16 (G 96).

gândhâraṣadjayoç caiva saṃcâraç carṣabhaṃ vinâ |
apanyâsas tathâ câtra eko vai madhyamaḥ smṛtaḥ || 136 ||
gândhârodîcyavâṃçau ca vijñeyau ṣaḍjamadhyamau |
pâñcasvaryaṃ na câsty atra ṣâṭsvaryam ṛsabhaṃ vinâ || 137 ||
asyâs tv alpabahutvasya nyâsâpanyâsayos tathâ |
yaḥ ṣaḍjodîcyavâyâs tu sarvo 'tra sa vidhiḥ smṛtaḥ || 138 ||
madhyamâyâṃ bhavanty aṃçâ vinâ gândhârasaptamau |
eta eva hy apanyâsâ nyâsa eva hi madhyamaḥ || 139 ||
gândhârasaptamopetaṃ pâñcasvaryaṃ vidhîyate |
ṣâṭsvaryaṃ câpy agândhâraṃ kartavyaṃ tu prayogataḥ || 140 ||
ṣaḍjamadhyamayoç câtra kâryaṃ bâhulyam eva ca |
gândhâralaṅghanaṃ câtra nityaṃ kâryaṃ prayoktṛbhiḥ || 141 ||
madhyamodîcyavâyâs tu pañcamo'ṃçaḥ prakîrtitaḥ |
çeṣo vidhis tu kartavyo gândhârodîcyavâṃ gataḥ || 142
dvâv aṃçâv atha pañcamyâ ṛṣabhaḥ pañcamas tathâ |
saṃniṣâdâv apanyâsau nyâsaç caivâtra pañcamaḥ || 143 ||
madhyamâyâṃ tu kartavye ṣâḍavâuḍavite tathâ |
daurbalyaṃ câtra vijñeyaṃ ṣaḍjagândhârapañcamaiḥ || 144 ||
kuryâd asyâṃ ca saṃcâraṃ pañcamasyarṣabhasya ca |
gândhâragamanaṃ caiva kâryam alpaç ca saptamaḥ || 145 ||
atha gândhârapañcamyâḥ pañcamo'ṃçaḥ prakîrtitaḥ |
pañcamaç carṣabhaç caiva apanyâsau prakîrtitau || 146 ||
nyâsaç câtra tu gândhâraḥ sa ca pûrṇasvaro bhavet |
gândhârapañcamâbhyâṃ ca saṃcâro'tra vidhîyate || 147 ||
ṛṣabhaḥ pañcamaç caiva gândhâro'tha niṣâdavân |

1 (G 97) cârṣabhaṃ A. — 2 (G 98) La grammaire exigerait câtraiko ; licence fréquente à la fin d'un pada. madhyama A. — 3 (G 99). — 4 (G 100) pañca° A. ṣaṭsv° A. — 5, 6 (G 101-102). 5 asyâsthâ A (paraît corrigé en asyâs tv a°). 6 vidhiva A. — 7, 8, 9 (G 103, 104, 105). — 10, 11, 12 (G 91, 92, 93 ; puis 106, 107). 10 ṣaddharaṃ (?) A. — 13 (G 108). — 14 (G 109) madhyamâyâs tu yaḥ smṛtaḥ | A. texte de G (qui parfait le nombre des *apanyâsas*). — 15 (G 110) — 16, 17 (G 111, 112). — 18 (G 113). — 19 (G 114) °syârṣ° A. G a madhyama° au lieu de pañcama°. — 20 (G 115). A reproduit après 20 fautivement l'hém. 17 avec var. : madhyamâyâṃ tu vijñeye (ms. o) ṣâḍavâuḍavite budhaiḥ | . — 21 (G 116). — 22 (G 117) caiva a° exigé par le mètre. apanyâsaḥ prakîrttitaḥ | A. — 23 (G 118). — 24 (G 119). — 25 (G 120) ṛṣabham pañcamasyaiva A.

catvaro 'ṃçâ bhavanty ândhryâm apanyâsâs ta eva tu || 148 ||
gândhâraç ca bhaven nyâsaḥ ṣaḍjopetaṃ ca ṣâḍavam |
gândhârarṣabhayoç câpi saṃcâras tu parasparam || 149 ||
saptamasya ca ṣaḍjasya nyâso gatyanupûrvaçaḥ |
ṣaḍjasya laṅghanaṃ kâryaṃ nâsti câuḍavitaṃ sadâ || 150 ||
nandayantyâḥ kramân nyâsas tv apanyâso'ṃça eva ca |
gândhâro madhyamaç caiva pañcamaç ceti nityaçaḥ || 151 ||
ṣaḍjenâṃço laṅghanîya ândhrîsaṃcâra iṣyate |
laṅghanam ṛṣabhasyâtra tac ca mandragataṃ smṛtam || 152 ||
târagatyâ tu ṣaḍjaḥ syât kadâ cin nâtivartate |
gândhâraç ca grahaḥ kâryas tathâ nyâsaç ca nityaçaḥ || 153 ||
karmâravyâḥ smṛtâ hy aṃçâ ṛṣabhaḥ pañcamas tathâ |
dhaivataç ca niṣâdaç câpy apanyâsâs ta eva tu || 154 ||
pañcamaç ca bhaven nyâso hînasvaryaṃ na câtra tu |
gândhârasya viçeṣeṇa sarvato gamanaṃ bhavet || 155 ||
kaiçikyâṃçâs tu vijñeyâḥ svarâḥ sarverṣabhaṃ vinâ |
eta eva hy apanyâsâ nyâsau gândhârasaptamau || 156 ||
dhaivate'ṃçe niṣâde ca nyâsaḥ pañcama iṣyate |
apanyâsaḥ kadâ cic ca ṛṣabho 'pi bhaved iha || 157 ||
arṣabhaṃ ṣâḍavaṃ câtra dhaivatarṣabhavarjitam |
tathâ câuḍavitaṃ kâryaṃ balinau ṣaḍjapañcamau || 158 ||
daurbalyam ṛsabhasyâtra laṅghanaṃ ca viçeṣataḥ |
ṣaḍjamadhyâvad atrâpi saṃcâras tu bhaved iha || 159 ||
evam etâ budhair jñeyâ jâtayo daçalakṣaṇâḥ |
svasvaiç ca karaṇair yojyâḥ padeṣv abhinayair api || 160 ||

1 (G 121) andhryâm (corrigé?) A. — 2 (G 122) bhave A. — 3 (G 123). — 4 (G 124). — 5 (G 125). — 6, 7 (G 126, 127). — 8, 9, 10 (G 128, 129, 130, 131). — 8 laṅghanîyo tîghra (? corr.) A. — 10 ṣaḍja syât A. — 11 (G 132). — 12, 13, 14 (G 133, 134, 135, 136). Le texte de G renferme en plus de A l'indication suivante : anaṃçâ (ms. anaṅgâ) balinas tathâ. — 12 A semble supprimer l'r de karma° par une correction douteuse. — 13 Dans A, la césure ne tombe pas après le 1er pada. — 14 bhave A. — 15 (G 137). — 16 (G 138) vijñeyâ svarâ A. — 17 (G 139). — 18 (G. 140) dhaivatâṃçe A. nyâsa A. — 19 (G 142?) ca ṛ° exigé par le mètre. — 20 (G 144). ṛsabhaṃ A. — 21 (G 145) caumḍu° A. valinau vâça° (corr. en marge en ṣaḍja) A. — 22 (G 141). — 23 (G. 146). °madyavad A. — 24 (G 147) °lakṣaṇaḥ | A. — 25 manque dans G. yojyam (?) A.

1 âsâm idânîṃ vakšyâmi rasabhâvavikalpanam |
yathâ yasmin rase yâç ca tattvaṃ me saṃnibodhata|| 161 ||

||iti bhâratîye nâṭyaçâstrejâtilakšaṇo nâmâdhyâyo' ṣṭâviṃçatimaḥ ||

1 manque dans G. — 2 (G 148) yathâ rasmin (corrigé?) rase yâç ca tâtva (surchargé : tva en marge) maṃ (corrigé en saṃ?) çan nibodhata | A. Nous restituons conformément à un hémistiche analogue d'un adhyâya suivant (le 31e) inédit : purvoktam vai vidhânaṃ ca tatvaṃ (sic) me saṃnibodhata |
3 || iti bhâratîye nâṭyaçâstre âtodyavidhir nâmâṣṭâviṃço 'dhyâyaḥ || G.

APPENDICE

TEXTE DE G

Suite des variantes, de la page **39**, *l.* **6**, *à la fin de l'adhyâya.*

dvaigrâmikânâṃ jâtînâṃ sarvâsâm api nityaçaḥ |
aṅgâs trîšaṣṭhi vijñeyâs tâsâṃ caiva tathâ grahaḥ |
aṅgagrahâvidhim idânîṃ vakšyâmi
....ma..dîcyavâyaṃs tu grahâṃçoš šaḍjamadhyamâḥ
âršabhâç ca tathaivâṃçâ nišâdaršarbhadhaivatâḥ
naišâdinyâ nišadas tu gândhâraç câršabhas tathâ |
aṅgâç ca šaṭjakaiçikyâš šaḍjagândhârâpañcamâḥ |
matisṛṇâm api jâtînâṃ grahâṃç câṅgâç ca kîrttitâḥ |
šaḍjaç câ madhyamaç caiva nišâdo dhaivatas tathâ |
aṅgagrahâç ca catvâraš šaḍjodîcyapratiçrutâḥ |
pañcamo ṛšabhaç caiva šodo dhaivatas tathâ |
aṅgagrahâs tu catvâraš šaḍjodîcyapariçritâḥ |
pañcamo ṛšabhaç caiva nišâdo dhaivatas tathâ |
karmâravyâs tathaivâṃçâç catvâras saṃprakîrttitâḥ |
gândhâraç caršabhaç caiva nišâdaḥ pañcamas tathâ |
âsâṃç câgagrahâtyâç catvâraḥ parikîrttitâḥ |
ṛšabhaç caiva šaḍjaç ca madhyamaḥ pañcamaḥ |
pañcamâyâ grahâs tv aṅgâ dhaivataç ca prakîrttitaḥ |
šaḍjâyâ šaḍjagândhârau madhyamaḥ pañcamas tathâ |
dhaivataç câpi vijñeyâ grahâç câṃçâḥ prakîrttitâḥ |
nišâdaršabhagândhâra madhyamaḥ pañcamas tathâ |
gândhârîraktagândhâryo grahâṃçâs tu budhair matâḥ |
varjitaršabhayogâs tu keçikyaṃçâš šaḍeva tu |
svarâs sarve ca vijneyâš šaḍjamadhyâṃçagrahâḥ |
evaṃ trišaṣṭi vijñeyâ grahâç câṃçâç ca jâtišu |
aṅgavaç ca grahâs tâsâṃ sarvâsâm eva nityaçaḥ |
sarvâsâm eva jâtînâṃ trijâtis tu guṇa smṛtaḥ |

sarvathâ caiva vijñeyâ varddhamânasvarâ tathâ |
ekasvaro dvisvaraç ca trisvaro'thaç catusvaraḥ |
pañcasvaraš šaṭsvaraç ca tathâ saptasvaro'pi ca |
dvividham alpatvaṃ laṅghanâd aubhyâssâc ca
gîtântaramârgam upâgatânâṃ šâḍavâuḍavitakaraṇânâm
aṅgânâṃ ca svarâṇâṇâṃ laṅghanâd anabhyâsâc ca
sakṛd uccâraṇaṃ yathâjâti
tadvat bahutvam alpatvavicaryayât dvividham
evânyešâm api balinâṃ saṃcâraḥ
alpatvaṃ ca yathâ | pûrvaviniçcayât
jâtisvarais tu nityaṃ syâj jâtyalpatvaṃ vidhânataḥ
saṃcâro'ṅgabalasthânâm alpatvaṃ durbalešu ca |
dvividhântaramârgas tu jâtînâṃ vyaktikârakaḥ |
atha pañcasvarâḥ karṇyâḥ gat târagatiḥ
aṅgântârageti vidyâd â caturthasvarâd ihi
pañcamaṃ hy athâgacchet tato'ṅgavihitaṃ tv iha
â pañcamât pañcamâd vâ nâtaḥ param ihešyate |
trividhâ mandragatiḥ
aṅgaparanyâsaparâ apanyâsaparâ ceti vâ
mandro hy aṅgaparo'nti hy âsau tu vau vyavasthitau
gândhâreva grahe nyâse šṭem âršа dhaivataṃ
šaṭsvaktaṃ lakšaṇaṃ câsya
šaṭsvarasya prayogo'yaṃ tathâ | pañcasvarasya ca
catusvara prayogo'pi deçâpekšaḥ | prayujyate
atha nyâsaḥ aṅgasamâptau caikaviṃçat trividhaḥ sa ca
tadâ jâtyantaro'panyâsâ sa šaṭpañcâçat saṃkhyaḥ
evam uktam iha samyak jâtînâṃ lakšaṇaṃ mayâ |
ata ûrdhvaṃ pravakšyâmi tâsâm aṅgavikalpanam |
aṅgâ syu pañca šaṭjâyâ nišâdaršabhavarjitâḥ |
nyâsaš šaṭja upanyâso syâtâṃ gândhârapañcamau |
šâḍayaṃ saptamopotam alpo vai saptamaršabhau |
šaḍjagândhârasaṃcâras tathâ dhaivatašaṭjayoḥ |
gândhârasya tu bâhulyaṃ yatra kâryaṃ prayoktṛbhiḥ |
aṅgajâtâs tathâršabhyâṃ nišâdaršabhadhaivatâḥ |
ata ûrdhvaṃ pravakšyâmi nyâsâpanyâsakalpanam |
eta eva hy apanyâsâ nyâsaç ca ṛšabha smṛtaḥ |
alpatvaṃ ca viçešeṇa bhavet šâḍavakâriṇaḥ |
laṅghanaṃ pañcamasyaiva syâbh ârohaṇasaṃçrayât |
šaṭsvaraṃ saptamaṃ hînaṃ pañcasvarye ca pañcamaḥ |

vivâdînâma svarâṇâṃ ca saṃcâro'tra vidhîyate |
dhaivatyâ dhaivato nyâsas syâd aṃço dhaivatarṣabhau |
apanyâsâ bhavanty atra dhaivatarṣabhamadhyamâḥ |
ṣaḍjapañcamahînaṃ ca pañcasvaryaṃ vidhîyate |
pañcamasya vinâçena ṣâdhavatvaṃ vidhîyate |
ârohitau ca karttavyau laṅghanîyau dhaivatarṣabhau
hînasvarasya bhâvât tu sampûrṇâ ceyam iṣyate |
ṣaṭjaç ca madhyamaç caiva niṣâdau dhaivatas tathâ |
bhavanti ṣaḍjodîcyavâ nyâso madhyama iṣyate
apanyâsâv iha syâtâṃ dhaivatarṣabha eva ca |
parasparâçânugamau gândhâro nupamî bhavet |
pañcamasvarahînaṃ tu pañcasvaryaṃ vidhîyate |
ṛṣabhas ṣaḍave hîno laṅghanaṃ ca tayor bhavet |
sarveṣâṣ ṣaṭjamadhyâyâ apanyâsas ta eva ca |
ṣaḍjaç ca madhyamaç caiva nyâsau kâryau prayokṛtbhiḥ |
gândhârasaptamopetaṃ pañcadhuryaṃ vidhîyate |
ṛṣabhaṣ ṣâḍave hîno durbalas sa viçeṣataḥ |
sarvasvarâṇâṃ saṃcâra iṣṭas tasyâṃ prayoktṛbhiḥ |
ṣaṭjagrâmâçritâ hy eṣâ vijñeyâs sapta jâtayaḥ |
ata ûrdhvaṃ pravakṣyâmi madhyamagrâmasaṃçritâḥ |
aṅgâ syuḥ pañca gândhârye dhaivatarṣabhavarjjitâḥ |
apanyâsatva madhyâs tu ṣaḍjamapañcamayor api |
gândhâraç ca bhave nyâsaṣ ṣâḍavaṃ tv ṛṣabhaṃ vinâ |
dhaivadarṣabhahînaṃ tu pañcasvaryaṃ vidhîyate |
ṣaṭsvaryam atha gândhâryâṃ karttavyaṃ svarayogataḥ |
ṣaṭjamadhyamayor atra bâhulyaṃ saṃvidhîyate |
prayoktṛbhiḥ prayoktavyaṃ gândhârasya ca laṅghanam |
gândhârîvihita nyâso hînasvaryaṃ ca lakṣaṇam |
sarvaṃ ca raktâpûrvâyâ gândhâryâç ca vinirddicet |
balavantau vidhâtavyau dhaivatas saptamas tathâ |
gândhâraṣaḍjayor atra saṃcâra ṛṣabhaṃ vinâ |
apanyâsas tu kârya syâd eka vi vâtra madhyamaḥ
gândhârodîcyavâyâṃ tu dvâv aṃçau ṣaḍjamadhyamau |
pañcasvaryaṃ bhaven nâtra ṣâṭsvaryaṃ cârṣabhaṃ vinâ |
káryo' trântaramârgas tu nyâso' panyâsa eva tu |
tatrâlpatvâdividhayaṣ ṣaḍjodîcyavatîsamâ |
madhyamâdvâ bhavanty aṅgâs sa ṣaḍjarṣabhamadhyamâḥ |
pañcamo dhaivataç caivâpanyâsâs tatra eva tu |
nyâso madhyama evâtra viçrutyo hînakâ bhavet |

gândhârahînâ šatsvaryam bâhulyam satjamadhyayoḥ |
gândhârasya ca daurbalyam madhyamâyâ vidhîyate |
madhyamodîcyavâyâs tu madhyamo'ṃço na hînataḥ |
çešo vṛttiç ca karttavyo gândhârodîcyavâm gataḥ |
dvâv amçâv api pañcamyâ bhavataḥ pañcamaršabhau |
apanyâso nišâdaç ca mañcamaršabhasaṃyutaḥ |
nyâsa pañcama eva syât madhyamâvacyanînatâ |
durbalâç câtra karttavyâš šatjagândhâramadhyamâḥ |
kuryâc câpy atra saṃcâram madhyamasyaršabhasya ca |
gândhâragamanam câlpam saptamât samprayojayet |
atha gândhârapañcamyâḥ pañcamâmçaḥ prakîrttitaḥ |
pañcamaršabham caivâpanyâsau prakîrttitau |
gândhâro'tra bhave nyâso hînâsvâryaç ca nešyate |
pañcamyâs tatha gândhâryâ saṃcâraç ca vidhîyate |
ṛšabhaḥ pañcamaç caiva gândhâro'tra nišâdavân |
catvâro'mçâ bhavanty andhryâḥ apanyâsâs ta eva ca |
gândhâryâç ca bhave nyâsaš šaḍjâpetaç ca šâḍavaḥ |
gândhârašaḍjayor atra saṃcâra syât parasparam |
šašthasaptamayoç câtra nyâsagamyânupûrvaçaḥ |
šaḍjasya laṅghanam câtra nâsti nainaḍubitam tathâ |
nandayantyâ bhavanty aṅgâ pañcamo nityam eva tu |
syâtâm asyânapanyâso madhyamaḥ pañcamas tathâ |
šâḍavam šatjahînam tu laṅghanîyas sa eva ca |
anghrîvak saṃcarâ nityam ṛšabhasya ca laṅghanam |
tatra mandagataḥ proktâ nityam gânaprayoktṛbhiḥ |
târagatyâtha šaḍjas tu kadâ cin nâtivarttate |
gândhâre ca grahaḥ kâryaḥ tathâ nyâsaç ca nityaçaḥ |
karmâravyâ bhavanty âgâḥ pañcamaršabhadhaivatâḥ |
nišâdaç ceti catvâro grahâç ca parikîrttitâḥ |
eta eva panyâsâ nyâsâ pañcama išyate |
hînasvaryam na câtra syâd anaṅgâ balinas tathâ |
gândhârasya viçešeṇa sarvato gamanaṃ bhavet |
kaiçikyams tu bhavanty âgâs sarve caršabhavarjjitâḥ |
eka eva hy apanyâsâ nyâsau gândhârasaptamau |
dhaivato'ṅge nišâde ca nyâsâḥ pañcama išyate |
daurbalyam caršabham ca syâ laṅghanam ca viçešataḥ |
apanyâsatvam aṅgatvam bâhulyam ca kadâ ca nâ |
bhaved asyaiva saṃcâraš šaḍjamadhyamvad išyate |
ṛšabhaš šâḍave hîno dhaivataç caršabham vinâ |

145 kâryaṃ coḍuvitâ nâtra balînântyapañcamau |
ṣaṭjamadhyamad atrâpi saṃcâras tu vidhîyate |
evam etâ budhai jñeyâ jâtayo daçalakṣaṇâḥ |
kâryâ yasmin rase yâç ca tâç ca me saṃnibodhata |

|| iti bhâratîye nâṭyaçâstre âtodyavidhir nâmâṣṭâviṃço 'dhyâyaḥ ||

TRAITÉ DE BHARATA SUR LE THÉATRE

VINGT-HUITIÈME ADHYAYA

Les jâtis (A)

ou l'Instrumentation musicale (G)

(prose) L'auteur va traiter des instruments de musique *(âtodya* [1]*)*.

1 Il y en a quatre espèces : *tata* [2], *avanaddha* [3], *ghana* [4], *suśira* [5].

2 Le *tata* comprend les instruments à cordes *(tantîkṛta)*; l'*avanaddha* désigne les tambours *(pauśkara* [6]*)*; comme exemple de *ghana* on donne la cymbale *(tâla* [7]*)*; pour le *suśira*, la flûte *(vaṃça* [8]*)*.

3 Pour ce qui est de leur emploi dans le drame *(nâṭaka)*, ces quatre espèces se réduisent à trois : le *tata*, l'*avanaddha*, et l'exécution scénique *(nâṭyakṛta* [9]*)*.

4 Dans le *tata*, la composition du groupe des exécutants *(kutapavinyâsa* [10]*)* comprend le chanteur (*gâyana*) avec ses assistants *(parigraha* [11]*)*, le joueur de *vipañcî* [12] (luth), le joueur de *vîṇâ* [13] (luth) et le joueur de flûte *(vaṃça)*.

5 Dans l'*avanaddha*, les diverses espèces de tambours, le *mṛdaṅga* [14], le *paṇava* [15], le *dardura* [16], forment le *kutapa*.

6 Dans l'exécution scénique *(nâṭyayoga)*, le *kutapa*, variant suivant les pays *(nânâdeçasamâçraya* [17]*)*, comprend des personnages de condition supérieure, inférieure et moyenne.

7 Ainsi s'exécutent, à l'image d'un cercle de feu *(alâtacakrapratimam* [18]*)* [c'est-à-dire en étroite relation], ces diverses parties d'un tout : le chant *(gîta)*, la musique instrumentale *(vâdya* [19]*)* et le drame *(nâṭya)*.

8 Quant au genre composé d'instruments divers appelé *tata* ou *tantîkṛta*, il reçoit le nom de « *gândharva* [20] », embrassant les sons musicaux *(svara)*, la mesure *(tâla)* et les mots *(pada)*.

9 Ce nom de *gândharva* lui vient de ce qu'il fait la joie et les délices des dieux et des *gandharvas* [21].

10 Les éléments *(yoni)* du *gândharva* sont le corps *(gâtra)* [ou le chant *(gâna)*], le luth *(vîṇâ)* et la flûte *(vaṃça)*.

L'auteur va en dire la règle, qui a sa base dans les notes.

11 Le *gândharva* se divise en trois parties : sons musicaux, mesure et texte. On en dira la définition et l'objet *(karman)*.

12 [Les svaras [22]]. Les *sons musicaux* ont deux sièges de production : la *vîṇâ* et le corps. Suit l'indication des caractères distinctifs qui constituent chacun d'eux.

13 Les *svaras*, les deux *grâmas*, les *mûrchanâs*, les *sthânas*, les *vṛttis*, les deux *sâdhâraṇas*, les *varṇas*, les *alaṃkâras*, les *dhâtus*,

14 les *çrutis*, les *jâtis*, telle est l'énumération des éléments de la *vîṇâ* faite de bois *(dâravî)*.

15 Les *svaras*, les deux *grâmas*, les *alaṃkâras*, les *varṇas*, les *sthânas*, les *jâtis*, les deux *sâdhâraṇas* [et les *gîtis* (texte de G)], tel est le résumé des éléments de la *vîṇâ* corporelle *(çârîrî)*.

16,17 [Le pada [23]] La règle relative au *texte* embrasse : les consonnes *(vyañjana)*, les voyelles *(svara)*, les lettres *(varna)*, les combinaisons euphoniques *(samdhi)*, les désinences casuelles *(vibhakti)*, les noms *(nâman)*, les verbes *(âkhyâta)*, les prépositions *(upasarga)*, les particules *(nipâta)*, les suffixes secondaires *(taddhita)*, la métrique *(chandas)*.

18 Le *pada* est de deux sortes : assujetti aux entraves du vers (*nibaddha*), ou laissé aux libertés de la prose (*anibaddha*).

19,20,21 [Les talas [24]]. La règle relative à la *mesure* comprend vingt et une subdivisions : *âvâpa, niškrâma, vikšepa, praveçana, çamyâtâla, samnipâta, parivarta, vastuka, mâtrâ, pramâṇa, bîja, vidârin, yati, laya, gîtis, avayavas, mârgas, pâdabhâgas, pâṇis,* [*aṅgulis* et *prakaraṇa* (ms. G.)].

Tel est le *gândharva* résumé. L'auteur va en présenter le développement.

Les notes [25]. —

22 Il y en a sept : *šadja* [26], *ṛšabha, gândhâra, madhyama, pañcama, dhaivata, nišâda.*

23 Elles sont classées sous quatre catégories, d'après les *intervalles* (*çrutis* [27]) qui les séparent les unes des autres ; elles sont : *vâdins* ou dominantes, *samvâdins* ou consonantes, *anuvâdins* ou auxiliaires, *vivâdins* ou dissonantes.

(prose) Toute note *dominante* est en même temps tonique (*amça*).

Les notes entre lesquelles on compte neuf ou treize intervalles sont *consonantes* [28].

TABLEAU DES NOTES CONSONANTES

šadjagrâma		*madhyamagrâma*	
šadja *pañcama*	13 *çrutis*	*pañcama* *ṛšabha*	13 *çrutis*
ṛšabha *dhaivata*	13 —	[*ṛšabha* *dhaivata*	12 —] ?

ṣadjagrâma		*madhyamagrâma*	
gândhâra / *niṣâda*	13 *çrutis*	*gândhâra* / *niṣâda*	13 *çrutis*
ṣaḍja / *madhyama*	9 —	*ṣaḍja* / *madhyama*	9 —

24 La seule différence qu'il y ait à ce propos entre les deux modes de la gamme porte sur ce fait que les consonantes *ṣaḍja* et *pañcama* du *ṣaḍjagrâma* sont remplacées en *madhyamagrâma* par *pañcama* et *ṛṣabha*.

(prose) Les notes *dissonantes*[29] sont celles qui présentent vingt intervalles (?).

TABLEAU DES NOTES DISSONANTES

ṛṣabha / *gândhâra*	3 *çrutis*	*dhaivata* / *niṣâda*	3 *çrutis*

Les notes qui ne sont ni dominantes, ni consonantes, ni dissonantes, sont *auxiliaires*[30].

TABLEAU DES NOTES AUXILIAIRES

ṣaḍjagrâma		*madhyamagrâma*	
vis à vis de *ṣaḍja*	*ṛṣabha* / *gândhâra* / *dhaivata* / *niṣâda*	vis à vis de *madhyama*	*pañcama* / *dhaivata* / *niṣâda*
— *ṛṣabha*	*madhyama* / *pañcama* / *niṣâda*	— *pañcama*	[*ṛṣabha*] ? / *ṣaḍja* / *gândhâra*
— *gândhâra*	*madhyama* / *pañcama* / *dhaivata*	— *dhaivata*	*ṣaḍja* / [*ṛṣabha*] ? / *gândhâra*
— *madhyama*	*dhaivata* / *pañcama* / *niṣâda*	— *niṣâda*	*ṣaḍja* / *ṛṣabha* / [*gândhâra*] ?
— *pañcama*	*dhaivata* / [*ṣaḍja*] ?		
— *dhaivata*	*ṣaḍja* / *madhyama* / *pañcama*		

Le terme *vâdin* dérive de *vadana; saṃvâdin* de *saṃvadana; vivâdin* de *vivadana; anuvâdin* de *anuvadana.*

? Le manque de justesse[31] par excès ou différence *(nyûnâdhikatva)* dans la production des sons [rangés sous ces quatre catégories] résulte de l'imperfection *(vaiguṇyât)* du *daṇḍa* [ou manche de l'instrument] et du défaut de résonnance des cordes.

Telles sont les quatre catégories des notes.

LES MODES DE LA GAMME *(grâma* [32]*).* —

Il y a deux modes de la gamme : le mode *ṣaḍja* et le mode *madhyama* [33].

LES VINGT-DEUX INTERVALLES *(çruti).* —

Chacun de ces modes comprend vingt-deux intervalles [34].

25 En voici le décompte pour le *ṣaḍjagrâma :*

trois, deux, quatre, quatre, trois, deux, quatre.

(prose) Dans le *madhyamagrâma, pañcama* doit être diminué *(apakṛṣṭa* [35]*)* d'un intervalle *(çruti).* L'intervalle d'une *çruti (antara)* qui représente l'élévation *(utkarṣa)* ou l'abaissement *(apakarṣa)* de *pañcama,* sa diminution *(mârdava)* ou son augmentation *(âyatatva),* est la *çruti*-type, indicatrice *(pramâṇa).*

EXPOSÉ DÉMONSTRATIF DE LA THÉORIE DES *çrutis* [36].

?? Soient deux luths (*vîṇâ*) accordés en *ṣaḍjagrâma,* ayant même *mûrchanâ,* même *daṇḍa,* même résonnance des cordes et même *çruti*-type. On fait dans l'un ou l'autre de ces luths la *çruti* du mode *madhyama,* en diminuant *pañcama,* de telle sorte que par une simple modification de *pañcama* (*pañcamavaçât*) on pourrait rétablir la *çruti* du mode *ṣaḍja :* on a ainsi diminué d'une *çruti.*

On procède à une nouvelle diminution : les notes *gândhâra* et *niṣâda* de l'un des luths deviennent alors dans l'autre *dhaivata* et *ṛšabha,* par suite de l'addition de deux *çrutis* (?).

Nouvelle diminution, en vertu de laquelle *dhaivata* et *ṛšabha* du premier deviennent dans le second *pañcama* et *šaḍja,* grâce à l'addition de [trois] *çrutis* (?).

Enfin, subissant encore une diminution, le premier voit ses notes *pañcama, madhyama* et *šaḍja* devenir dans l'autre *madhyama, gândhâra* et *nišâda,* par l'addition de quatre *çrutis* (?).

— La démonstration précédente permet de saisir le détail des vingt-deux *çrutis* des deux *grâmas.*

Suivent des *çlokas* (26-29).

DISPOSITION DES *çrutis* DANS LES DEUX MODES DE LA GAMME

Mode šaḍja

šaḍja	ṛšabha	gândhâ-ra	madhyama	pañcama	dhaivata	nišâda
1/4 │ 1/4 │ 1/4 │ 1/4	│ │	│	│ │ │	│ │ │	│ │	│
4 *çrutis.*	3 —	2 —	4 —	4 —	3 —	2 —

Mode madhyama

madhyama	pañcama	dhaivata	nišâda	šaḍja	ṛšabha	gândhâ-ra
1/4 │ 1/4 │ 1/4 │ 1/4	│ │	│ │ │	│	│ │ │	│ │	│
4 *çrutis*	3 —	4 —	2 —	4 —	3 —	2 —

(prose) Tel est le tableau des intervalles *(antara).*

LES *Mûrchanâs* [37]. —

Il y a quatorze *mûrchanâs* [ou séries continues des notes successives] pour les deux modes [réunis].

30-31 TABLEAU DES SEPT *mûrchanâs* DU MODE *ṡadja*.
(et prose)

Noms des MURCHANAS.	*Série correspondante.*
uttaramandrâ [38]	*ṡadja*, etc.
rajanî	*niṡâda*, etc.
uttarayatâ	*dhaivata*, etc.
çuddhaṡadjâ	*pañcama*, etc.
matsarîkṛtâ	*madhyama*, etc.
açvakrântâ	*gândhâra*, etc.
abhirudgatâ	*ṛṡabha*, etc.

32-33 TABLEAU DES SEPT *mûrchanâs* DU MODE *madhyama*.
(et prose)

Noms des MURCHANAS.	*Série correspondante.*
sauvîrî	*madhyama*, etc.
harinâçvâ	*gândhâra*, etc.
kalopannatâ	*ṛṡabha*, etc.
çuddhamadhyamâ	*ṡadja*, etc.
mârgî (ou *mârgavî*)	*niṡâda*, etc.
pauravî	*dhaivata*, etc.
hṛṡyakâ	*pañcama*, etc.

(prose) Telle est la série des *mûrchanâs*.

Ces quatorze *mûrchanâs* sont de quatre espèces : *pûrṇâs, ṡâḍavâs, auḍavâs, sâdhâraṇakṛtâs*.

34 Les sept notes en gradation (*kramayukta*), c'est ce qui constitue les *mûrchanâs* [complètes (*purṇa*)].

Les *mûrchanâs* d'une échelle à six et à cinq notes sont appelées *ṡâḍavâs* et *auḍavâs*.

35 Celles d'une échelle qui renferme des accidents (*kâkalî*), des notes intermédiaires (*antarasvara*) sont, dans les deux modes, dites *sâdhâraṇakṛtâs*.

?? Une même *mûrchanâ* se fait de deux manières [39] : *gândhâra* [qui a deux *çrutis* en mode *ṡadja*] devient [avons-nous vu] *dhaivata* [en *madhyama*] par l'addition de deux *çrutis* : les *mûrchanâs* diffèrent suivant les deux modes de la gamme.

En *ṡadja* comme en *madhyama (?)*, par suite de la diminution de *dhaivata*, de l'augmentation de *niṡâda*, il y a deux manières pour les *mûrchanâs*. Il y a désignation différente, quoiqu'il y ait même nombre de *çrutis* intercalaires (?)... l'intervalle et de quatre *çrutis* entre [pour?] *pañcama* et *dhaivata;* il est de même de quatre *çrutis* en raison de l'augmentation de *gândhâra*. Les autres notes [abstraction faite de *gândhâra?*], *madhyama, pañcama, dhaivata, nišâda, šadja, ṛšabha,* deviennent *madhyama,* etc. (?) par suite de l'équivalence de leurs *çrutis* intercalaires.

— Pour la théorie des intervalles *(antara),* voir ce qui a été dit précédemment à propos de la théorie des *çrutis* (p. 57-58).

(prose) Les *tânas* [40], fondés sur les *mûrchanâs,* [*mûrchanâs* à six ou cinq notes?] sont au nombre de quatre-vingt-quatre. Il y en a quarante-neuf pour l'échelle à six notes, et trente-cinq pour celle à cinq notes.

Les *tânas* de l'échelle à six notes *(šaṭsvara)* forment [suivant la note supprimée] sept classes :

Quatre en mode *šadja,* par suppression de *šadja, ṛšabha, pañcama, nišâda;*

Trois en mode *madhyama,* par suppression de *šadja, ṛšabha, gândhâra.*

Ce qui fait pour toutes les *mûrchanâs* un total de quarante-neuf *tânas šaṭsvaras* [7 × 7].

Les *tânas* d'une échelle à cinq notes [*pañcasvara*] constituent cinq classes :

Trois en mode *šadja,* par suppression d'un des trois couples : *šadja, pañcama; ṛšabha, pañcama* [41]*; gândhâra, nišâda;*

Deux en mode *madhyama,* avec suppression des couples *gândhâra, nišâda* ou *ṛšabha, dhaivata* [42].

Ce qui fait pour toutes les *mûrchanâs* un total de trente-cinq *tânas pañcasvaras :* vingt-et-un en mode *šadja* [7 × 3], quatorze en mode *madhyama* [7 × 2].

Tels sont les *tânas,* dont l'ensemble s'élève à quatre-vingt-quatre.

?? Dans les instruments à cordes *(tantrî)* il y a deux modes d'exécution des *tânas :* le *praveça* et le *nigraha*[43].

Le *praveça* consiste dans le passage d'une note inférieure à une note supérieure (?) ou d'une note supérieure à une inférieure (?).

Le *nigraha* c'est l'*asaṃparça (?)* c'est-à-dire le fait de ne pas toucher la note intermédiaire (?).

Quand, dans le luth, la note intermédiaire est employée et maintenue, il y a *mûrchanâ (?).*

C'est de la note intermédiaire que dépend le *nigraha* ou le *praveça (?).*

— Telle est la nature des *mûrchânas* et des *tânas,* qui servent au plaisir de l'exécutant et de l'auditoire.

Les *mûrchanâs* s'exécutent dans les différents *sthânas* [organes producteurs des sons, registres de la voix].

Il y a trois *sthânas*[44]. — Voir ce qui en a été dit dans la règle des *kâkus* [*adhyâya* XVII (A) ou XIX (G)].

Les *sâdhâraṇas*[45]. —

(prose) Le *sâdhâraṇa* c'est le fait pour un son d'être intermédiaire *(antara)* [entre deux notes].

[Définition plus générale :] Une chose placée entre deux autres est *sâdhâraṇa.*

Exemple tiré de l'intervalle des saisons :

36 A l'ombre il fait frais, mais au soleil on entre en sueur : le printemps est bien venu, mais la saison froide *çiçira* fait encore sentir ses derniers effets.

(prose) C'est le *sâdhâraṇa* des saisons.

[En musique,] il y a deux sortes de *sâdhâraṇas :* le *sâdhâraṇa* des notes et celui des *jâtis.*

?? Le *sâdhâraṇa* des notes comprend des notes *kâkalîs* et des notes *antaras (?).*

Supposons *niṣâda* augmenté de deux *çrutis : niṣâda* [par suite de cette acquisition] est dit *kâkalî,* mais ne devient pas *ṣaḍja;* entre les deux se place un son intermédiaire : le *sâdhâraṇa* prend naissance.

De même, *gândhâra* [dans les mêmes conditions] reste *gândhâra* avec désignation d'*antarasvara,* mais ne devient pas *madhyama,* car entre les deux se place un son intermédiaire : là encore il y a *sâdhâraṇa.*

— D'où vient cette désignation de *kâkalî,* donnée à *niṣâda ?*

Kâkalî [46] est formé sur *kala* (ténu, faible), avec idée de mauvaise qualité ou d'extrême ténuité [rendue par la particule *kâ*], comme dans *kâkṣin.* La réunion des deux éléments donne le mot *kâkalî.*

De même que le sel (*lavaṇa*), regardé comme faisant partie du groupe des six saveurs, [change de nom et] est appelé du nom générique de *kṣâra* (piquant) [du reste comme chacune des cinq autres substances (G)]; — de même *niṣâda* est appelé *kâkalî,* et *gândhâra* (?), *antara* [47].

?? Le *sâdhâraṇa* des *jâtis* résulte de la diversité des toniques d'un même mode, mais de la réunion de [plusieurs] *jâtis* (?) : la dénomination est aisée à comprendre (?).

Le *sâdhâraṇa* des notes est de deux sortes, suivant les deux modes. Voici comment : dans le mode *ṣaḍja,* il y a *ṣaḍjasâdhâraṇa;* dans le mode *madhyama, madhyamasâdhâraṇa.*

Le *sâdhâraṇa* est ici une espèce de note distincte (?). Il en est ainsi pour le *ṣaḍjasâdhâraṇa;* il y a de même *sâdhâraṇa* en mode *madhyama.*

En raison de la subtilité de son exécution, on l'appelle *kaiçika* [48].

Tel est le *sâdhâraṇa* des notes. Il s'emploie dans les *jâtis* où *gândhâra* et *niṣâda* sont *alpas.*

— Suivent des *çlokas :*

37,38 ?? Les notes intermédiaires (*antara*) forment, dans la gamme ascendante, des séries où la différence entre les notes est toujours très petite (*svalpa*) (?); il n'en est pas de même dans la gamme descendante, où la différence est tantôt petite (*alpa*), tantôt grande (*bahu*) (?). — Les notes intermédiaires constituent l'attrait (*râga* [49]) des *jâtis*, et produisent les *çrutis*.

Les *jâtis* [50]. —

[Formules indiquant les principales dispositions mélodiques des notes, la structure possible des phrases musicales]

39,40 ? [Les *jâtis* où s'emploie le *sâdhârana* des notes sont au nombre de trois : *madhyamâ*, *pañcamî* et *šadjamadhyâ*. Les éléments (*anga?*) qui les composent [ou leurs toniques (*amça*)?] sont *šadja*, *madhyama* et *pañcama* . . . .]

41 L'auteur a déjà mentionné précédemment (?) les dix-huit *jâtis* : il en fera l'exposition en indiquant leurs *nyâsas* et *apanyâsas*.

41-45   ÉNUMÉRATION DES DIX-HUIT *jâtis*.

Mode *šadja*.	Mode *madhyama*.
šâdjî ou (*šâdjâ*) [51]	*gândhârî* (ou *gândhârâ*)
âršâbhî	*madhyamâ*
dhaivatî	*pañcamî*
nišâdinî (ou *nišâdavatî*)	*gândhârodîcyavâ*
šadjodîcyavatî (ou °*dîcyavâ*)	*raktagândhârî*
šadjakaiçikî	*gândhârapañcamî*
šadjamadhyâ (ou °*madhyamâ*)	*madhyamodîcyavâ*
	nandayantî
	karmâravî
	ândhrî
	kaiçikî

(prose) De ces dix-huit *jâtis*, sept empruntent leur nom aux notes. Ces sept *jâtis* [simples] sont de deux sortes : naturelles (*çuddha*) ou artificielles (*vikṛta*). Les *jâtis* naturelles sont :

Mode *šadja*.	Mode *madhyama*.
šâdjî	*gândhârî*
âršabhî	*madhyamâ*
dhaivatî	*pañcamî*
nišâdavatî	

Elles sont naturelles, quand elles se composent de notes complètes (*anyûna*) [c'est-à-dire ayant toutes leurs *çrutis*], et sont pourvues d'*aṃças*, de *grahas* et de *nyâsas*.

Ces mêmes *jâtis* sont artificielles, quand elles ont subi une modification (*vikriyâ*) dans un, deux, ou plusieurs de leurs éléments — abstraction faite du *nyâsa* (?).

Ainsi elles sont tantôt naturelles, tantôt artificielles.

Pour ce qui est du *nyâsa*, dans les *jâtis* naturelles il est nécessairement (*niyamât*) à l'octave inférieur (*mandra*) (?) ; dans les *jâtis* artificielles, il n'y a pas là obligation.

Les onze *jâtis* résultat d'une combinaison, et artificielles :

De la combinaison [de *jâtis* simples] naissent onze [autres] *jâtis*.

46 Les *jâtis* simples sont naturelles ou artificielles ; de leur combinaison résultent d'autres *jâtis* : elles sont naturelles-artificielles (*çuddhavikṛta*) ; il y en a, de plus, onze autres [artificielles ?].

47 Pour chacune de ces onze *jâtis*, on va indiquer, brièvement et dans l'ordre, le mode de formation en ce qui concerne les notes, les toniques (*aṃça*), les *jâtis* [simples qui les composent].

48-54. TABLEAU DES ONZE *jâtis* COMPOSÉES

Leurs noms	Jâtis *composantes*
šadjamadhyamâ	*šâdjî* *madhyamâ*
šadjakaiçikî	*gândhârî* *šâdjî*
šadjodîcyavâ	*šâdjî* *gândhârî* *dhaivatî*
gândhârodîcyavatî	*šâdjî* *gândhârî* *pañcamî* (*madhyamâ*, G) *dhaivatî*
madhyamodîcyavâ	*gândhârî* *pañcamî* *madhyamâ* *dhaivatî*
raktagândhârî	*gândhârî* *pañcamî* *nišâdî*
ândhrî	*gândhârî* *âršabhî*
nandayantî	*âršabhî* *pañcamî* *gândhârî*
karmâravî	*nišâdî* *âršabhî* *pañcamî*
gândhârapañcamî	*gândhârî* *pañcamî*
kaiçikî	*šâdjî* *gândhârî* *madhyamâ* *pañcamî* *nišâdî*

55 Telles sont les *jâtis* composées ; elles ont des carac-

tères distinctifs, appartiennent à l'un ou l'autre mode de la gamme, et leurs éléments sont les notes.

56 De ces dix-huit *jâtis*, quatre sont toujours nécessairement à sept notes (*saptasvara, sampûrṇa*);
quatre à six notes (*šaṭsvara, šâḍava*);
dix à cinq notes (*pañcasvara, auḍava*).

57-64 **Division des *jâtis* d'après le nombre des notes qu'elles possèdent :**

	4 *sampûrṇâs*	4 *šâḍavâs*	10 *auḍavâs*
mode šadja	1 *šadjakaiçikî*	1 *šâdjî*	5 *âršabhî*, *dhaivatî*, *nišâdî*, *šadjamadhyamâ*, *šadjodîcyavatî*
mode madhyama	3 *karmâravî*, *gândhârapañcamî*, *madhyamodîcyavâ*	3 *gândhârodîcyavâ*, *ândhrî*, *nandayantî*	5 *gândhârî*, *raktagândhârî*, *madhyamâ*, *pañcamî*, *kaiçikî*

61 Les *jâtis* à cinq notes [52] sont parfois *šâḍavâs* (c.-à-d. ayant six notes); les *jâtis* à six notes, parfois *auḍavâs* (c.-à-d. ayant cinq notes).

65 Telles sont les *jâtis* dans les deux modes de la gamme. Suit l'indication de la tonique (*amça*) qui leur convient.

66 La *jâti šadjamadhyamâ*, dans une échelle à six notes, ne peut avoir *nišâda* comme tonique. Par suite de la perte de sa consonante [qui est *nišâda*], *gândhâra* non plus ne peut être ici la tonique.

67 *Pañcama* ne saurait être la tonique des *jâtis* à six notes *gândhârî, raktagândhârî, kaiçikî;* pas plus que *gândhâra* de *šâdjî*.

68 Avec *dhaivata* comme tonique, *šadjodîcyavatî* ne peut être *šâḍavâ* (à six notes) [ou (G) *dhaivata* n'est pas la tonique de cette *jâti* dans une échelle à six notes].

Quand elles perdent la consonante [de la note désignée comme ne pouvant être tonique (?)], ces sept (?) *jâtis* [53] cessent d'être *ṣâṭsvarîs* (à six notes) [et deviennent *âuḍavîs* (?)].

69 *Gândhârî* et *raktagândhârî*, dans une échelle à cinq notes, ont comme toniques : *ṣaḍja, madhyama, pañcama* et *niṣâda*.

70 Les toniques dans *ṣaḍjamadhyamâ* sont au nombre de deux : *gândhâra* et *niṣâda*; dans *pañcamî* la tonique est *ṛṣabha*; dans *kaiçikî*, *dhaivata*.

71 Telles sont les douze notes (?) [54] qui disparaissent dans les *jâtis* à cinq notes; mais ces *jâtis* n'appartiennent pas toujours à une échelle à cinq notes.

72 Les sept notes peuvent disparaître dans les *jâtis*, sauf *madhyama* qui subsiste toujours.

73 C'est que, des sept notes, *madhyama* est la note par excellence (*pravara*), l'impérissable (*anâçin*); *madhyama* fixée par les chantres du *sâma-veda* eux-mêmes dans le *gândharvakalpa* (traité de musique).

LES DIX ÉLÉMENTS CARACTÉRISTIQUES DES *jâtis* [55].

Ce sont :

74 *Graha* (note initiale), *aṃça* (tonique), *târa* (octave supérieur?), *mandra* (octave inférieur?), *nyâsa* (finale), *apanyâsa* (médiane), *alpatva* (diminution ou emploi rare?), *bahutva* (augmentation ou fréquence?), *ṣâḍava* (échelle à six notes), *auḍava* échelle à cinq notes).

Le *graha* [56]. —

75 La note initiale, dans toute *jâti*, est identique à la tonique; la tonique, dans une *pravṛtti* (?) est à la fois tonique et initiale.

L'*aṃça* [57]. —

76-78 ? Fondement et source du charme musical (*râga*), condition du *mandra* et du *târa* relatif à cinq notes (?), note distinctement perceptible au milieu de la combinaison des différentes notes, note dominante pourvue de consonantes et d'auxiliaires, donnant naissance au *graha*, à l'*apanyâsa*, au *vinyâsa*, au *nyâsa*, au *saṃnyâsa*, enfin commandant tout développement (?), — tel est l'*aṃça* avec ses dix caractéristiques.

La *târagati* relative à cinq notes [58]. —

79 ? C'est seulement de la tonique à la quatrième note que se soutient la modulation de tête (?), ou bien jusqu'à la cinquième, ou encore de la cinquième [à la tonique?].

La *mandragati* [59]. —

(prose) La modulation de poitrine (?) est de trois sortes : relative à l'*aṃça* (*aṃçaparâ*), au *nyâsa* (*nyâsaparâ*), ou à l'*apanyâsa* (*apanyâsaparâ*).

80 ? Il n'y a pas lieu à *mandra* pour l'*aṃça* (?); pour le *nyâsa*, il y a deux *mandras* possibles : quand *gândhâra* représente le *nyâsa*, ce sont *ṛṣabha* et *dhaivata* (?).

Le *nyâsa* [60]. —

(prose) 81 Il y a vingt-et-un *nyâsas*. Le *nyâsa* est la note qui termine une phrase (*aṅga*).

L'*apanyâsa*. —

(prose) 81 Il y a cinquante-six *apanyâsas*. L'*apanyâsa* est la note placée au milieu de la phrase.

(prose) ?? L'*alpatva* [61] est de deux sortes : par *laṅghana* et *anabhyâsa*. Du *laṅghana* de notes, promues à l'*antaramârga* de morceaux chantés, résulte la production du *ṣâḍava* et de l'*auḍava* (?); de l'*anabhyâsa*, résulte une seule émission (*sakṛd uccâraṇa*) selon la *jâti* (?).

Le *bahutva*, l'inverse de l'*alpatva*, est de même de

deux sortes. Il y a *saṃcâra* pour d'autres *balins.*
82 ?? On a établi précédemment la distinction qu'il y a entre *alpatva* et *bahutva.*

Pour les *jâtis,* l'*alpatva* est produit au moyen des notes des *jâtis;* il est de même de deux sortes.
83 ?? Il y a *saṃcâra* pour les *jâtis* dont la tonique est *bala; alpatva* pour celles qui sont *durbala.* L'*antaramârga,* manifestation des *jâtis,* est ainsi de deux sortes.
(prose) Le *šâḍava,* échelle à six notes, compte quatorze espèces (*vidha*) et quarante-sept modes (*prakâra*) (?) [62]; on l'a déjà défini pour chacune des *jâtis,* à propos des *prakâras* des toniques.
84 L'*auḍava,* échelle à cinq notes, compte dix espèces et trente modes; la définition en a été donnée précédemment.
85 L'échelle à six notes, à cinq notes, ainsi que celle à quatre notes s'emploient dans les *dhruvâs avakṛšṭâs* [63].
86 Le nombre des [notes susceptibles d'être] toniques, dans l'ensemble des *jâtis* des deux modes, s'élève à soixante-trois; elles sont en même temps notes initiales.

87-97 INDICATION DES TONIQUES-INITIALES DES DIX-HUIT *jâtis.*

Noms des jâtis.	*Notes toniques-initiales.*
madhyamodîcyavâ	*pañcama*
nandayantî..........	*pañcama*
gândhârapañcamî.......	*pañcama*
dhaivatî...............	*dhaivata* *ṛšabha*
pañcamî	*pañcama* *ṛšabha*
gândhârodîcyavâ.	*šaḍja* *madhyama*
âršabhî.	*nišâda* *ṛšabha* *dhaivata*

Noms des jâtis (*suite*).	*Notes toniques-initiales* (*suite*).
nišâdî	*nišâda* *gândhâra* *ršabha*
šadjakaiçikî	*šadja* *gândhâra* *pañcama*
šadjodîcyavatî	*šadja* *madhyama* *nišâda* *dhaivata*
karmâravî	*pañcama* *ršabha* *nišâda* *dhaivata*
ândhrî	*gândhâra* *ršabha* *pañcama* *nišâda*
madhyamâ	*šadja* *ršabha* *madhyama* *pañcama* *dhaivata*
gândhârî	*nišâda* *šadja* *gândhâra* *madhyama* *pañcama*
raktagândhârî	*nišâda* *šadja* *gândhâra* *madhyama* *pañcama*
šâdjî	*dhaivata* *gândhâra* *šadja* *madhyama* *pañcama.*

Noms des jâtis (*suite*).	*Notes toniques-initiales* (*suite*).
kaiçikî...............	*ṣaḍja* *gândhâra* *madhyama* *pañcama* *dhaivata* *niṣâda*
ṣaḍjamadhyamâ........	*ṣaḍja* *ṛṣabha* *gândhâra* *madhyama* *pañcama* *dhaivata* *niṣâda*

98 Telles sont les soixante-trois toniques-initiales des *jâtis;* dans toute *jâti* les initiales sont toujours identiques aux toniques.

99 Dans toutes les *jâtis,* les groupes (*gaṇa*) [de toniques (?)] sont appelés *trijâti* (?) ; il y a progression dans le nombre des notes [susceptibles d'être toniques] comme suit :

100 un, deux, trois, quatre, cinq, six, sept.

101 Le décompte des toniques-initiales a été fait précédemment. [L'auteur le résume à nouveau :]

1 *aṃça*	*madhyamodicyavâ*.........................	[*pa*]
	gândhârapañcamî.........................	[*pa*]
	nandayantî (consacrée à l'amour)...........	[*pa*]
2 —	*dhaivatî*	[*ri, dha*]
	les reines des ṣâḍavâs (?)	
	pañcamî	[*ri, pa*]
	gândhârodicyavâ....	[*sa, ma*]
3 —	*ârṣabhî*....	[*ri, dha, ni*]
	niṣâdinî.........................	[*ri, ga, ni*]
	ṣaḍjakaiçikî	*sa, ga, pa.*
4 —	*ṣaḍjodicyavatî*................	*sa, ma, ni, dha.*
	karmâravî...................	*ri, pa, ni, dha.*
	ândhrî.........................	*ri, pa, ni, ga.*

5 *aṃças*	*šâḍjî*	*sa, ga, ma, pa, dha.*
	madhyamâ	*sa, pa, ri, ma, dha.*
	gândhârî	*sa, ma, ga, ni, pa.*
	raktagândhârî	*sa, ma, ga, ni, pa.*
6 —	*kaiçikî*	*sa, ga, ma, pa, ni, dha.*
7 —	*šaḍjamadhyâ*	*sa, ri, ga, ma, pa, dha, ni.*

Telles sont les soixante-trois toniques.

[Suit un développement incomplet, et à coup sûr intercalé :]

108 . . . .

Au moment de la représentation (*prayogakâle*) on doit faire d'abord l'*âçrâvaṇâ* [64].

109 On l'exécute à l'aide des trois *mârgas* [65] : *citra, vârtika* et *dakšiṇa,* et avec le concours des quatre *gîtis* [66] : *mâgadhî,* etc.

110 Le prélude pur (*pûrvaraṅga-çuddha*) [67] terminé, on exécute la dernière partie (?) de l'*âçrâvaṇâ* (*kâṇḍikâçrâvaṇâ*) ; puis les *âsâritas* [68]; puis vient l'indication (?) (*jalpana*) des toniques des *jâtis*.

111 . . . .

[Lacune]

[L'indication des divers éléments de chacune des *jâtis* est encore une fois reprise et complétée [69] :]

112-114 šâḍjî.

5 aṃças : les sept notes à l'exclusion de *nišâda* et *ṛšabha.*
apanyâsas ; *gândhâra, pañcama.*
nyâsa : *šaḍja.*
šâḍava : supression de *nišâda.*
alpatva : *nišâda, ṛšabha.*
saṃcâra : *šaḍja-gândhâra, dhaivata-šaḍja.*
bâhulya : *gândhâra.*

115-117 âršabhî.

aṃças : *dhaivata, ṛšabha, nišâda.*
apanyâsas : — id. —
nyâsa : *ṛšabha.*

alpatva : *niṣâda.*
laṅghana, en montant (?) : *pañcama.*
ṣaṭsvara : suppression de *niṣâda.*
pâñcasvarya : suppression de *niṣâda* et *pañcama.*
saṃcâra : les notes *vivâdins* [*dha-ni, ri-ga*].

118-120 dhaivatî.

2 aṃças : *dhaivata, ṛṣabha.*
nyâsa : *dhaivata.*
apanyâsas : *dhaivata, ṛṣabha, madhyama.*
pâñcasvarya : *ṣaḍja, pañcama* (suppr.).
ṣâḍava : *pañcama.*
laṅghana, en montant (?) : *niṣâda, ṛṣabha.*
balavant : *gândhâra.*
[G ajoute :] saṃpûrṇâ, par suite de la présence des notes supprimées.

121-122 niṣâdî.

aṃças : *niṣâda, gândhâra, ṛṣabha.*
apanyâsas : — id. —
nyâsa : *niṣâda.*
ṣâḍava et auḍava : comme pour *dhaivatî.*
laṅghanîya et balavant : — id. —

123-124 ṣaḍjakaiçikî.

aṃças : *ṣaḍja, gândhâra, pañcama.*
apanyâsas : *ṣaḍja, niṣâda, pañcama.*
nyâsa : *gândhâra.*
le hînasvarya fait défaut.
daurbalya : *dhaivata, ṛṣabha.*

125-127 ṣaḍjodîcyavatî.

aṃças : *ṣaḍja, madhyama, niṣâda, dhaivata.*
nyâsa : *madhyama.*
apanyâsas : *dhaivata, ṣaḍja* (*ṛṣabha*, G).
saṃcâra : les *aṃças.*
pâñcasvarya : *pañcama, ṛṣabha.*
ṣâḍava : *ṛṣabha.*
balin : *gândhâra.*
[G. ajoute :] laṅghana : les notes du *pâñcasvarya.*

128-130 ṣadjamadhyâ.

amçaṣ : les sept notes.
apanyâsas : — id. —
nyâsa : *ṣadja* ou *madhyama*.
pâñcasvarya : *gândhâra*, *niṣâda*.
ṣâḍava : *niṣâda*
saṃcâra : les sept notes.

131 Telles sont les *jâtis* du mode *ṣadja;* suivent celles du mode *madhyama*.

132-134 gândhârî.

5 aṃças : exclusion de *niṣâda* et *ṛṣabha*.
apanyâsas : *ṣadja*, *pañcama*.
nyâsa : *gândhâra*.
ṣâḍava : *ṛṣabha*.
auḍavita : *ṛṣabha*, *dhaivata*.
laṅghanîya : *ṛṣabha*, *dhaivata*.

135-136 raktagândhârî.

Les éléments : nyâsa, hînasvarya et autres (aṃças) sont identiques à ceux de gândhârî.
[L'auteur ajoute :]
balin : *dhaivata*, *niṣâda*.
saṃcâra : *gândhâra-ṣadja*.
ṣâḍava : *ṛṣabha*.
apanyâsa : *madhyama*.

137-138 gândhârodîcyavâ.

2 aṃças : *ṣadja*, *madhyama*.
le pâñcasvarya fait défaut.
ṣâṭsvarya : *ṛṣabha*.
alpa et bahutva : comme pour *ṣadjodîcyavâ*.
nyâsa et apanyâsas : — id. —

139-141 madhyamâ.

aṃças : exclusion de *gândhâra* et *niṣâda*.
apanyâsas : — id. —

nyâsa : *madhyama.*
pâñcasvarya : *gândhâra, nišâda.*
šâṭsvarya : *gândhâra.*
bâhulya : *šadja, madhyama.*
laṅghana ou daurbalya (G) : *gândhâra.*

142 madhyamodîcyavâ.

aṃça : *pañcama.*
Le reste de la règle, comme pour *gândhârodîcyavâ* (pour *madhyamâ,* d'après la leçon fautive de A).

143-145 pañcamî.

2 aṃças : *ṛšabha, pañcama.*
apanyâses : — id. — et *nišâda.*
nyâsa : *pañcama.*
šâḍava et auḍavita : comme pour *madhyamâ.*
daurbalya : *šadja, gândhâra, pañcama.*
saṃcâra : *pañcama* et *ṛšabha.*
? gamana : *gândhâra.*
alpa : *nišâda.*

146-147 gândhârapañcamî.

aṃça : *pañcama.*
2 apanyâsas : *pañcama, ṛšabha.*
nyâsa : *gândhâra.*
pûrṇasvarâ.
saṃcâra : *gândhâra-pañcama.*

148-150 ândhrî.

4 aṃças : *ṛšabha, pañcama, gândhâra, nišâda.*
apanyâsas : — id. —
nyâsa : *gândhâra.*
šâḍava : *šadja.*
saṃcâra : *gândhâra-ṛšabha* (*šadja* G).
? nyâsa (gatyanupûrvaçaḥ) : *nišâda, šadja.*
laṅghana : *šadja.*
l'auḍavita fait défaut.

151-153 nandayantî.

nyâsa : *gândhâra (madhyama?* G).
apanyâsa : *madhyama (pañcama?* G).
aṃça : *pañcama.*
laṅghanîya : *ṣaḍja* et la note *aṃça.*
saṃcâra : comme pour *ândhrî.*
? Dans le *mandra*, il y a laṅghana de *ṛṣabha* [au lieu de *ṣaḍja*]; mais dans le *târa* il y a laṅghana de *ṣaḍja*, qui n'est jamais dépassé [*ou* : qui parfois n'est pas supprimé] (?) *(nâtivartate).*
graha : *gândhâra.*
nyâsa : — id. —
[G ajoute :] ṣâḍava : *ṣaḍja.*

154-155 karmâravî.

aṃças : *ṛṣabha, pañcama, dhaivata, niṣâda.*
apanyâsas : — id. —
nyâsa : *pañcama.*
le hînasvarya fait défaut.
? gamana : *gândhâra.*

156-159 kaiçikî.

aṃças : les sept notes moins *ṛṣabha.*
apanyâsas : — id. —
nyâsas : *gândhâra, niṣâda.*
Quand *dhaivata* ou *niṣâda* sont aṃças, le nyâsa est *pañcama*, et, dans ce cas, l'apanyâsa est parfois *ṛṣabha.*
ṣâḍava : *ṛṣabha.*
auḍavita : *dhaivata, ṛṣabha.*
balins : *ṣaḍja, pañcama.*
daurbalya et laṅghana : *ṛṣabha.*
saṃcâra : comme pour *ṣaḍjamadhyâ.*

160 Telles sont les *jâtis* avec leurs dix éléments : elles s'exécutent combinées avec les paroles (*pada*) (?), accompagnées de mouvements rhythmiques (*karaṇa*) [70] et de la mimique dramatique (*abhinaya*).

161 L'auteur [dans l'*adhyâya* suivant] indiquera les *rasas*

et les *bhâvas* (sentiments) [71] auxquels elles sont affectées; il dira comment chaque *jâti* s'emploie pour rendre tel ou tel sentiment.

[Nous résumons, dans le tableau ci-après, les éléments essentiels des *jâtis*.]

Planche(s) en 2 prises de vue

TABLEAU DES 18 JATIS

Mode.	Nom des jâtis.	jâtis composantes.	Etendue de l'échelle ordinaire.	NOTES SUPPRIMÉES — Echelle à 6 notes.	NOTES SUPPRIMÉES — Echelle à 5 notes.	Les 63 aṃças	Les 21 nyâsas.	Les 56 apanyâsas.
šaḍja	šâḍjî		*šâḍavâ*	niśâda	? niśâda ṛśabha	śaḍja gândhâra madhyama pañcama dhaivata	śaḍja	gândhâra pañcama
	âršabhî		*auḍavâ*	niśâda	niśâda pañcama	ṛśabha dhaivata niśâda	ṛśabha	ṛśabha dhaivata niśâda
	dhaivatî		*auḍavâ*	pañcama	pañcama śaḍja	ṛśabha dhaivata	dhaivata	ṛśabba dhaivata madhyama
	nisâdî		*auḍavâ*	pañcama	pañcama śaḍja	ṛśabha gândhâra niśâda	niśâda	ṛśabba gândhâra niśâda
	šaḍjodîcyavâ	šâḍjî gândhârî dhaivatî	*auḍavâ*	ṛśabha	ṛśabha pañcama	śaḍja madhyama dhaivata niśâda	madhyama	śaḍja dhaivata
	šaḍjakaiçikî	šâḍjî gândhârî	*sampûrṇâ*			śaḍja gândhâra pañcama	gândhâra	śaḍja pañcama niśâda
	šaḍjamadhyamâ	šâḍjî madhyamâ	*auḍavâ*	niśâda	niśâda gândhâra	śaḍja ṛśabha gândhâra madhyama pañcama dhaivata niśâda	śaḍja madhyama	śaḍja ṛśabha gândhâra madhyama pañcama dhaivata niśâda
	gândhârî		*auḍavâ*	ṛśabha	ṛśabha dhaivata	śaḍja gândhâra madhyama pañcama niśâda	gândhâra	śaḍja pañcama
	madhyamâ		*auḍavâ*	gândhâra	gândhâra niśâda	śaḍja ṛśabha madhyama pañcama dhaivata	madhyama	śaḍja ṛśabha madhyama pañcama dhaivata

madhyama	gândhârî		*auḍavá*	ṛśabha	ṛśabha dhaivata	śaḍja gândhâra madhyama pañcama niśâda	gândhâra	śaḍja pañcama
	madhyamâ		*auḍavá*	gândhâra	gândhâra niśâda	śaḍja ṛśabha madhyama pañcama dhaivata	madhyama	śaḍja ṛśabha madhyama pañcama dhaivata
	pañcamî		*auḍavá*	gândhâra	gândhâra niśâda	ṛśabha pañcama	pañcama	ṛśabha pañcama niśâda
	gândhârodîcyavâ	šâdjî gândhârî pañcamî dhaivatî	*šâḍavá*	ṛśabha		śaḍja madhyama	madhyama	śaḍja dhaivata
	raktagândhârî	gândhârî pañcamî nišâdî	*auḍavá*	ṛśabha	ṛśabha dhaivata	śaḍja gândhâra madhyama pañcama niśâda	gândhâra	madhyama
	gândhârapañcamî	gândhârî pañcamî	*sampûrṇá*			pañcama	gândhâra	ṛśabha pañcama
	madhyamodîcyavâ	gândhârî madhyamâ pañcamî dhaivatî	*sampûrṇá*			pañcama	madhyama	śaḍja dhaivata
	nandayantî	âršabhî gândhârî pañcamî	*šâḍavá*	śaḍja (G)	?	pañcama	gândhâra (madhyama ? G)	madhyama (pañcama ? G)
	karmâravî	âršabhî pañcamî nišâdî	*sampûrṇá*			ṛśabha pañcama dhaivata niśâda	pañcama	ṛśabha pañcama dhaivata niśâda
	ândhrî	âršabhî gândhârî	*šâḍavá*	śaḍja		ṛśabha gândhâra pañcama niśâda	gândhâra	ṛśabha gândhâra pañcama niśâda
	kaiçikî	šâdjî gândhârî madhyamâ pañcamî nišâdî	*auḍavá* (parfois *sampûrṇá*)	ṛśabha	ṛśabha dhaivata	śaḍja gândhâra madhyama pañcama dhaivata niśâda	gândhâra niśâda pañcama	śaḍja gândhâra madhyama pañcama dhaivata niśâda ṛśabha

NOTES ET REMARQUES ADDITIONNELLES

1 *âtodya*, (rac. *tud*, pousser, frapper), désigne ici l'ensemble des instruments de musique. Le *Dict. de Saint-Péters.*, ne donne à ce mot que le sens d'instrument particulier, instrument à percussion. Mais nous trouvons dans les commentaires *(Rhaguvamça*, XV, 88. — *Éd. Calcutta*, 1833) le terme *vâditra*, dont le sens est sûr, donné comme synonyme à ce mot.

Bharata reprend à plusieurs reprises, dans le *Nâṭya-çâstra*, cette division des quatre espèces d'instruments de musique, à peu près dans les mêmes termes. — Comp. VI, 27-29 (Paul Regnaud, *La Rhétorique sanskrite. — Textes*, p. 3) ; XXXIII, 14-15 (inédit).

On compte, d'après Mohun Tagore (Public opinion... about the Bengal Music School..., p. 27), jusqu'à 99 instruments divers en usage dans l'Inde.

2 *tata, tantrî*. (Rac. *tan*, étendre, tendre). Les instruments à cordes seraient au nombre de 35.

3 *avanaddha*. (Rac. *nah*, attacher; avec *ava°* : couvrir). Cette classe, appelée aussi *ânaddha*, comprend 32 instruments à percussion, ou tambours, recouverts de peau.

4 *ghana*, (rac. *han*, frapper), désigne une autre classe d'instruments à percussion faits de métal. On en cite 14.

5 *suṣira* ou *çuṣira* (*Bhâratîya-nâṭya-çâstra*, XXXIII, 15, inédit). Les instruments à vent sont au nombre de 18. — Peut-être conviendrait-il de rattacher *çuṣira* à la rac. *çuṣ*, *çvas*, siffler, souffler : comp. *çuṣila*, vent.

6 *pauṣkara*, dérivé formé sur *puṣkara*, signifie ici : relatif aux tambours, sens qui ne se trouve pas au *Dict. de Saint-Péters.*

puṣkara (comp. *puṣkala)*, y est donné comme signifiant lotus bleu ; c'est aussi la peau d'un tambour et une espèce de tambour.

On serait presque tenté d'y voir une onomatopée : *puṣkara* désignerait l'instrument qui fait *puṣ*, son qui serait censé reproduire le bruit du tambour. L'analogie de *dundubhi* (même sens) rend possible cette interprétation. Dans ce dernier mot l'onomatopée résulte clairement d'une stance tirée d'un manuscrit de la Faculté des Lettres de Lyon, publié et traduit par M. Paul Regnaud, *La Guirlande de lotus* (*Ann. de la Fac. des Lettres de Lyon*, 1re année, *fasc.*, II. 1883) :

« Le tambour *(dundubhi)*, est essentiellement inintelligent; aussi de sa bouche sort ce cri qui se répand partout : « *dhanaṃ, dhanaṃ, dhanaṃ* », du butin, du butin, du butin!..... »

7 *tâla* signifie aussi mesure (battue avec la main, *tala*). La cymbale est ainsi appelée probablement comme servant surtout à marquer la mesure

8 *vaṃça*, primitivement roseau, bambou.

9 *nâṭyakṛta*. Par ce mot nous entendons le drame proprement dit, c'est-a-dire le dialogue ou diction, la mimique ou gesticulation et peut-être même la danse.

10 *kutapavinyâsa*. Nous proposons pour *kutapa* le sens de groupe d'exécutants, orchestre, qui n'est pas donné au *Dict. de Saint-Péters.*, où l'on ne trouve que celui de « espèce d'instrument. » Ce sens paraît découler de notre texte, et de plusieurs passages des *adhyâyas* encore inédits. Comp. surtout V, 12, 17, 85-6, 103.

Nous avons à l'*adhyâya* XXXIII, la disposition des exécutants sur la scène, l'indication du *kutapavinyâsa* :

tatropaviṣṭaiḥ (*ms. e.*) *prâṅmukho* (*ms. e*) *raṅge kutapaniveçanaç* (*ca*) *kartavyaḥ. tatra pûrvoktayor nepathyagṛhadvârayor madhye* [*kutapavinyâsaḥ.*] *pûrvâbhimukho mârdaṅgikaḥ. tasya ca pâṇavakadârdurikau* (*ms. o*) *vâmataḥ. dakṣiṇataç cottarâbhimukho gâyakaḥ. gâyakasya vâmapârçve vaiṇavikaḥ. dakṣiṇena* [*vaipañcika*]*vaṃçavâdakau. gâtur abhimukhâ gâ*[*y*]*ikâḥ: iti kutapavinyâsaḥ.*

11 *parigraha*. L'entourage du chanteur, c'est probablement le groupe des chanteuses (*gâyikâ*). Comp. *adhyâya* XXXIII, endroit cité.

12 *vipañcî*. (*dvi-pañcan* ?) espèce de luth à sept cordes : il se joue avec un plectre d'acier. Pour la description de cet instrument et des suivants, on peut consulter la petite plaquette de Mohun Tagore : *Short notices of Hindu musical instruments*, Calcutta, 1877 ; — ainsi que la compilation de textes sanskrits du même auteur : *Saṃgîta-sâra-saṃgraha*, Calcutta, 1875, — *adhyâya* IV, p. 177 et suiv. (Voyez encore un article de M. Rost dans l'*Athenæum*, n° 3132, p. 612.)

13 *vîṇâ*, autre nom de luth, instrument très ancien et très connu. Les espèces en sont nombreuses : *çrutivîṇâ, citrâvîṇâ, brahmavîṇâ, rudravîṇâ, kacchapî*, etc., etc.

14 *mṛdaṅga*, instrument à percussion, sorte de tambour recouvert de peau, dont on joue avec les mains. Comp. *mardala*, même sens (rac. *mard*, frotter, écraser ?)

15 *paṇava*, petit tambour à mains, couvert de peau. Le synonyme *praṇava* autorise peut-être l'étymologie *pra-nu*, résonner, retentir.

16 *dardura*, et *dardara*. Autre tambour. Nous hésitons à assigner à ce mot le mode de formation par onomatopée. On peut y voir encore un redoublement de la racine *dar*, éclater avec bruit, fendre.

17 *nânâdeçasamâçraya*. L'exécution scénique varie suivant les pays. Nous entendons par là que le dialogue, suivant les personnages qu'il met en scène, emprunte tel ou tel dialecte (*bhâṣa*). Comp. *adhyâya* XVII, 27 (inédit) :

> *nânâdeçasamutthaṃ hi kâvyaṃ bhavati nâṭake* ||
> *mâgadhy avantijâ prâcyâ sûraseny arddhamâgadhî* |
> *bâhlîkâ dâkṣiṇâtyâ ca sapta bhâṣâḥ prakîrtitâḥ* ||

18 *alâtacakrapratimam*, à l'image d'un cercle de feu, c'est-à-dire en étroite relation, sans solution de continuité. Comp. *Râmâyaṇa*, éd. Gorresio, III, 29, 4; IV, 5, 25 (*alâtacakravac cakram bhramato*).

19 *vâdya*. Ce terme est un de ceux par lesquels on désigne la musique instrumentale. C'est un synonyme du mot *âtodya*. Il se rattache comme *vâditra*, même sens, à la rac. *vad*, parler, appeler. Le 33e *adhyâya* du *Nâṭyaçâstra* est intitulé *vâdyâdhyâya* ou *bhâṇḍavâdyaᵒ*.

20 *gândharva*. Nous avons vu (*çloka* 4; comp. *çloka* 10) que le *tata* comprend la musique vocale et, dans la musique instrumentale, les instruments à cordes et à vent. Il faut probablement y faire entrer encore les instruments à percussion du genre *ghana*. Le genre *avanaddha* seul resterait en dehors de cette grande classe, et en constituerait une à lui seul (*çloka* 3). Le drame (diction, mimique, danse?) forme la troisième grande division.

Nous voyons que le corps humain, le luth et la flûte sont les trois *instruments* sur lesquels repose la science du *gândharva*. Cette science traite de trois objets distincts; elle embrasse : 1o la théorie des sons musicaux; 2o la grammaire et la métrique appliquées au texte chanté; 3o le rhythme musical et la mesure.

Cette classification surprend un peu nos habitudes : elle réunit sous une même expression des catégories que nous distinguons soigneusement; elle est trop large ou trop étroite. Nous la jugeons peu fondée.

Le nom de *gândharva*, donné au genre déjà désigné par le mot *tata*, atteste la facilité avec laquelle les Hindous entassent, sans raison logique, divisions sur divisions, et ajoutent les dénominations aux dénominations.

Ce terme revient assez souvent dans les textes avec le sens général de science, parfois d'exécution musicale.

Il est peut-être intéressant de remarquer que le *gândharvaveda*, un des quatre *upavedas*, donné comme annexe au *sâmaveda*, est attribué par l'auteur Madhusûdanasarasvatî à notre *muni* Bharata. Cet *upaveda* serait un véritable traité (*çâstra*) consacré au chant, à la musique instrumentale et à la danse, et son objet serait, entre autres choses, la poursuite de la faveur des dieux et de l'état extatique appelé *nirvikalpa*.

(Voy. *Indische Studien*, I, p. 22, et comparez Râm-Dâs-Sen, *Aitihâsikarahasya*, I, p. 164).

Nous croyons cependant, avec le prof. A. Weber (*Ind. lit.*, 2e éd., p. 290), que le mot *upaveda* ne désigne pas un traité véritable et distinct, mais que sous ce terme générique on classe un ensemble d'ouvrages rattachés par leur objet à l'un ou à l'autre des *védas*. Peut-être est-ce une allusion aux *adhyâyas* du *Nâṭya-çâstra* qui traitent plus spécialement du chant, de la musique et de la danse?

Nous noterons encore que dans le drame *Mṛcchakaṭikâ* (Acte III, 1) Vardhamanaka attend son maître qui est allé entendre un *gândharva*. Le scoliaste explique ce terme par l'expression *saṃgîtasahitaṃ gîtam* : on peut donc le rendre par notre mot « concert ». (Paul Regnaud, *Le Chariot de Terre-Cuite*, t. II, p. 26, notes.)

21 *gandharva*. Ce sont, nous dit Bharata, les *gandharvas* qui ont donné leur nom à cette partie de l'art musical. Les *gandharvas* étaient des êtres

mythologiques, revêtus de fonctions et d'attribus divers, prenant part aux luttes des dieux sur la terre ou au ciel, avant d'être confinés au rôle de musiciens du paradis d'Indra. Si nous en croyons l'auteur du *Raghuvaṃça* (XV, 88, éd. Calcutta, 1832), ce fut le héros Bharata qui opéra la transformation :

« Ce fut alors que Bharata, ayant défait dans une bataille les *gandharvas*, leur enleva leurs armes, et les réduisit aux seuls instruments de musique. »

bharatas tatra gandharvân yudhi nirjitya kevalam |
âtodyaṃ grâhayâmâsa samatyâjayad âyudham ||

22 *svara*. Ce mot est pris dans la même page, croyons-nous, sous trois acceptions différentes. Nous lui donnons d'abord le sens général de « son musical », puis nous le restreignons à celui de « note » ; enfin, en grammaire il désigne le son voyelle.

Bharata distingue le son vocal et le son instrumental. Le premier est produit par le luth corporel (*çârîrî viṇâ*), autrement dit par les cordes vocales ; le second par le luth fait de bois (*dâravî*). (Comp. *Amarakoça*, Bombay, 1882, I, 7, 1, p. 40). Quelques théoriciens hindous complètent cette classification, en distinguant encore le son produit par les instruments à vent, comme la flûte, etc. (Voyez : Mohun Tagore, *Six principal Râgas, with a brief wiew of Hindu Music*. — Calcutta, 1877, p. 5. — *Saṃgîta-sâra-saṃgraha*, I, p. 21, l. 11, 12. Texte du *Saṃgîta-nârâyaṇa*).

Remarquons que les éléments des deux *viṇâs* sont à peu près les mêmes, bien que l'énumération de ceux de la *viṇâ* instrumentale soit plus complète. Nous ne croyons pas qu'il y ait lieu d'attacher une bien grande importance à cette division, qui paraît oubliée dans le reste de l'*adhyâya*.

Parmi les termes de cette énumération, les *vṛttis*, les *varṇas*, les *alaṃkâras*, les *dhâtus*, les *gîtis* seront définis et exposés dans le 29e *adhyâya* ; les *sthânas* l'ont été, comme nous l'avons déjà dit, dans le 17e-19e. Les autres font l'objet de l'*adhyâya* publié par nous, et seront expliqués plus loin.

23 *pada*. Ainsi que nous le voyons par l'énumération qui le suit, ce mot doit être pris dans le sens de texte, de paroles du chant. La science qui étudie les éléments du *pada* n'est autre que la grammaire et avec elle la métrique; elles n'ont, la première surtout, que des rapports lointains avec la musique.

Bharata consacre à l'exposé des règles du *pada* un *adhyâya*, le 14e.

On y trouve déjà, mot pour mot (*çloka* 5), le 16e *çloka* de notre texte. Dans le 32e *adhyâya* il reprend enfin l'exposé du *pada nibaddha* et *anibaddha*.

24 *tâla*. Le 31e *adhyâya*, intitulé *tâlavyañjaka*, est consacré tout entier à l'étude du rhythme musical et de la mesure.

Le ms. A, dont nous avons adopté le texte, n'offre que 19 subdivisions du *tâla*, au lieu des 21 annoncées. Nous en avons parfait le nombre dans notre interprétation, à l'aide des variantes de G.

25 *Les notes*. Si l'on considère les noms donnés en sanskrit aux sept notes de l'échelle musicale, on est tenté d'expliquer l'origine de la plupart de ces dénominations par le rang que les notes occupent dans l'échelle. Telle paraît être du moins l'explication du nom de *madhyama*, donné à la note placée au milieu des deux tétrachordes, et de celui de *pañcama*, à la cinquième. (*Indische Studien*, IV, p. 351). Ce qui permet de croire que cette

interprétation est exacte, c'est que la septième note, *nišâda*, est très souvent désignée par le mot *saptama*.

M. Adolphe Régnier en propose, il est vrai, une autre; car les sept notes ne sont pas toujours désignées sous les noms que nous trouvons dans l'ouvrage de Bharata, ni disposées dans le même ordre. Après avoir indiqué le rang que Wilson attribue à ces notes dans son *Dictionnaire sanskrit*, il ajoute : « *pañcama*, » *cinquième*, marquerait que le souffle qui forme la *septième* note vient de cinq places ou organes. Au reste, il faut bien admettre des explications de ce genre pour rendre raison de la plupart des noms de la seconde liste [*sama*, *çukra*, *aštama*, *prathama*, *dvitîya*, *caturtha*, *mandra*], donnée par le scoliaste, et particulièment de celui d'*aštama*, ou « huitième », dans une énumération qui ne comprend que sept objets ». (*Rig-Veda-Prâtiçâkhya*, Journal Asiatique, 1858, 5e série, t. 11, p. 325).

C'est l'étymologie que nous trouvons attribuée à la note *šadja*, dans un texte du *Saṃgîta-sâra-saṃgraha* (p. 25), reproduit, avec variantes, par le commentateur de l'*Amarakoça* (éd. Bombay, 1882, p. 40). La note *šadja* est supposée exiger l'emploi simultané de six organes : le nez, le gosier, la poitrine, le palais, la langue et les dents; elle naît de ces six organes.

nâsâṃ kaṇṭham uras tâluṃ jihvâṃ dantâṃç ca saṃspṛçan |
šaḍbhyaḥ saṃjâyate yasmât tasmât šadja iti smṛtaḥ ||

Il est vrai que le *Dict. de St-Péters.* entend que la note *šadja* est née des six autres notes, qu'elle repose sur elles; — explication bien peu satisfaisante, car la note *šadja* serait plutôt le fondement des six autres. (Voyez encore *Indische Studien*, IV, p. 351.)

Pour l'étymologie des quatre notes qu'il nous reste à examiner, nous citerons l'opinion du prof. A. Weber. (*Indische Studien*, IV, p. 140, note.)

« *Nišâda* et *gândhâra*, dit-il, tirent leur nom du cri perçant et sauvage des peuples montagnards que ces termes désignent; *ṛšabha* et *gândhâra*, du beuglement sourd du taureau et du chant uniformément doux des pêcheurs. En tout cas, ces désignations sont assez anciennes, car on perdit bientôt généralement la notion des Gândhâras ».

Quand ils veulent solfier ou noter un chant, les Hindous se servent de la syllabe initiale du nom qui désigne chaque note : ce qui donne pour l'échelle la disposition suivante :

sa, *ri* (et non *ṛ*), *ga*, *ma*, *pa*, *dha*, *ni*.

Ces abréviations sont employées même dans les textes, principalement dans les énumérations en vers. (Comp. *Nâṭya-çâstra*, *çl.* 103-107).

Le prof. A. Weber a émis, après Bohlen (*Das Alte Indien*, 1830, II, p. 195-6) et Benfey (art. *Indien*. p. 299, *Encycl. d'Ersch et Grüber*), l'hypothèse que notre gamme occidentale, établie par Gui d'Arezzo sous la forme *do*, *re*, *mi*, *fa*, *sol*, *la*, pourrait bien nous être venue de l'Inde, par l'intermédiaire des Arabes et des Persans. (*Ind. Lit. Geschichte*, 2e éd., p. 291, 367; et *Indische Streifen*, III, p. 544.)

26 *šadja*, etc. Les noms des sept notes subissent parfois dans la transcription quelques déformations. Ainsi Mohun Tagore écrit : *šarja*, *rišava*... Si nous en croyons W. Jones et J. Paterson, *šadja* devrait être prononcé *šarja* ou *kharja*; *ṛšabha* : *rikhabh*; *nišâda* : *nikhad*. Nous avons déjà

signalé dans notre texte (p. 23) des traces analogues de prâkritisme.

Les auteurs européens s'entendent généralement pour établir ainsi la correspondance entre les notes des gammes hindoue et occidentale :

sa, ri, ga, ma, pa, dha, ni.
C, D, E, F, G, A, B.
do, ré, mi, fa, sol, la, si.

Voyez surtout Mohun Tagore : *Sic principal Râgas, Introd.*, p. 42 ; — Burnell, *The Arsheyabrâhmaṇa, Introd.*, p, 42; — *Hindu Music from various authors* (Mohun Tagore ; Calcutta, 1875), p. 41, etc., etc. ; — et consultez *contra* Fétis, *Histoire de la Musique*, II, p. 206, note.

27 *çruti*. Le *nâda*, ou son physique, son brut, donne naissance aux *çrutis*, qui, à leur tour, constituent les éléments essentiels des *svaras* ou notes. Un son doué d'une qualité musicale est appelé *svara*. Il n'est *çuddha svara*, ou pur, naturel, que s'il possède toutes ses *çrutis*, — s'il possède, dirions-nous, le nombre de vibrations qui lui est propre.

Nous trouvons donc les *çrutis* à la base des sons musicaux ; aussi est-il nécessaire de bien démêler la nature et la signification de ce mot.

Il se rattache à la racine *çru*, écouter, entendre; sa signification commune est audition, fait d'entendre. Dans l'acception musicale, les *çrutis* sont des molécules de son perceptibles par l'oreille, les éléments les plus subtils des sons :

ete tu dhvanibhedâḥ syuḥ çravaṇât çrutisaṃjñitâḥ |
Saṃgîta-ratnâvalî

(Cité par Mohun Tagore : *Hindu Music, reprinted from the Hindu Patriot*, 1874, p. 16.)

çrutayaḥ syuḥ svarabhinnâḥ çravaṇatvena hetunâ |
Saṃgîta-parijâta (*çl.* 38, éd. Calcutta, 1884).

Nous n'avons pas, dans nos langues, de terme précis qui rende ce mot *çruti* : la *çruti* est une quantité fixe; mais, selon la position dans l'échelle de la note à laquelle ils appartiennent, ces intervalles correspondent à des quarts de ton, à des tiers de ton ou à des demi-tons.

28 *Notes consonantes*. La théorie des quatre catégories, sous lesquelles se rangent les notes, varie suivant les auteurs : leurs définitions sont des plus contradictoires. Nous nous bornerons aujourd'hui à faire quelques observations sur le texte de Bharata, qui présente lui-même certaines difficultés.

Remarquons d'abord que le nombre des *çrutis* de l'échelle étant de 22, on trouvera entre deux notes consonantes 9 ou 13 *çrutis*, suivant qu'on montera ou descendra la gamme.

Si nous nous en tenions strictement à la définition de Bharata, nous devrions modifier le tableau que nous donnons des notes consonantes.

Dans le mode *ṣadja* nous comptons 9 *çrutis* entre *ri* et *pa* : ces deux notes seraient donc aussi consonantes en *ṣadja*. De plus, en *madhyama* nous devrions éliminer du tableau *ri* et *dha*, qui ont entre elles 12 *çrutis* ; mais en revanche ajouter *dha* et *ga*, *pa* et *sa*.

29 *Notes dissonantes*. La définition que nous donnons des notes dissonantes n'est guère concluante : car, vérification faite, les notes désignées comme telles se suivent avec un intervalle de 3 *çrutis* et non de 20. Peut-être faut-il corriger dans le texte *viṃçatikam* en *triçrutikam*. Nous n'avons

pas cru pouvoir, sans y être autrement autorisé, hasarder cette restitution. Disons cependant que tous les théoriciens s'accordent à mentionner les notes *ri-ga, dha-ni* comme dissonantes.

30 *Notes auxiliaires.* La définition est présentée sous une forme peu satisfaisante. Il n'était pas besoin d'indiquer qu'une même note ne pouvait, étant tonique, être en même temps sa propre auxiliaire. Pour dresser le tableau, nous n'avons à notre disposition que le texte de G, très sujet à caution. Nous le donnons cependant tel quel, mais en remarquant que dans ce tableau figurent d'une part *pa-sa*, de l'autre *pa-ri, ni-ga*, qui, d'après les indications précédentes, sont déjà consonantes, — tout comme les notes *dha-ri* pour lesquelles nous avons fait des réserves.

31 *Manque de justesse.* Nous n'osons répondre que cette interprétation soit exacte ; mais nous n'en voyons pas d'autre possible.

32 *grâma.* Le mot *grâma*, littéralement : groupement, village, signifie, dans son acception musicale, un groupe (*samûha, saṃdoha*) de notes disposées convenablement (*suvyavasthâna*). Le prof. A. Weber (*Ind. Lit. Geschichte*, 2ᵉ éd., p. 367-8), croit pouvoir faire dériver de ce mot sanskrit *grâma* (prâkrit *gama*) le français *gamme* et l'anglais *gamut*, empruntés au *gamma* de Gui d'Arezzo ; et y voir un témoignage direct de l'origine hindoue de notre échelle européenne à sept notes. (Comparez *Public Opinion*,... publié par Mohun Tagore, supplément, p. 12 ; et A. Weber, *Ind. Streifen*, III, p. 544.)

33. *Mode šadja, madhyama.* Nous n'avons pas cru devoir, pour éviter toute confusion, traduire, conformément au procédé habituel, par *gamme šadja, gamme madhyama*. Les deux *grâmas* sont, selon nous, deux modes distincts de la gamme ; il y a entre eux une différence analogue à celle qui sépare, dans notre musique occidentale, le mode majeur du mode mineur.

Dans le *madhyamagrâma*, — du moins d'après notre texte, — la série des notes commençant à *ma* (Mohun Tagore la fait commencer à *sa*), ne présente pas le même nombre de *çrutis* disposées dans le même ordre que dans le *šadjagrâma*, qui peut être considéré comme le mode de la gamme-type. En d'autres termes les intervalles affectés aux notes ne suivent pas la même disposition dans les deux *grâmas* : ils diffèrent par autre chose que par le choix de la tonique. Il n'y a que deux *çrutis* en *šadja* entre la troisième et la quatrième, il y en a quatre en *madhyama* ; inversement, tandis que le premier de ces modes présente quatre *çrutis* entre la quatrième et la cinquième, le second n'en compte que deux.

Ajoutons que la différence est encore plus sensible entre les deux *grâmas* que nous venons d'indiquer et le *gândhâragrâma*, un troisième mode que plusieurs théoriciens, postérieurs à Bharata, mentionnent. Ils déclarent, il est vrai, qu'il est tombé en désuétude, ou même qu'il n'a jamais été en usage que chez les dieux, ce qui ne les empêche pas, du reste, d'en présenter la définition et l'échelle.

34 *Vingt-deux intervalles.* L'ordre naturel de cette énumération serait : quatre, trois, deux, quatre, quatre, trois, deux. Le déplacement s'explique peut-être par les nécessités du mètre.

35 *apakṛṣṭa.* En d'autres termes, *pañcama* perd une *çruti* au profit de *dhaivata*, et se trouve réduit à ses trois premières *çrutis* (*svopântaçrutisaṃ*-

stha) en *madhyama*, alors que, dans la gamme primitive, cette même note *pañcama* est naturelle (*nirvikârin*). — (*Saṃgîta-sâra-saṃgraha*, p. 28).

Cette théorie n'est pas celle que présente Mohun Tagore. Pour lui « le *madhyamagrâma* est déduit du *ṣadja* par la réduction de l'intervalle entre *pa* et *dha* d'une *çruti*, et la position de *ni* deux *çrutis* plus bas dans l'échelle (*Six principal Râgas*, Introduction, p. 24).

36 *Théorie des çrutis*. Nous donnons, en suivant pas à pas le texte, une traduction approximative de cette démonstration obscure, dont nous n'avons pu dégager un sens satisfaisant. La lacune du ms. G, résultat d'une confusion évidente, contribue encore à rendre douteuse la lecture du seul manuscrit que nous ayons à notre disposition.

Nous en sommes réduit à remarquer que les deux notes du premier luth, dont il est question tout d'abord, *ga* et *ni*, possèdent chacune 2 *çrutis* (2×2 = 4); les deux suivantes, *ri* et *dha*, chacune 3 (3×2 = 6); les trois dernières *pa*, *ma*, *sa*, chacune 4 (4×3 = 12), ce qui nous donne bien, au total, les 22 *çrutis* de l'échelle musicale.

37 *Les mûrchanâs*. La série des notes qui constituent la gamme peut être ou ne pas être *mûrchanâ*. Quand ces notes sont considérées comme produites chacune séparément, sans liaison, il n'y a pas *mûrchanâ*. Mais si elles se suivent sans interruption de l'une à l'autre dans l'échelle ascendante ou descendante, en produisant une série continue de sons régulièrement disposés, alors les *mûrchanâs* prennent naissance. En d'autres termes, il y a *mûrchanâs* dans une gamme qu'on monte ou qu'on descend en liant les notes, dans une seule émission de voix.

C'est du moins l'interprétation que nous suggèrent les textes sanskrits, car il est difficile d'imaginer une diversité d'opinion plus grande que celle qui a divisé sur ce point les divers auteurs européens.

Les définitions des théoriciens hindous sont ordinairement d'un vague désespérant. Nous citerons seulement celle que donne le *Saṃgîta darpaṇa* (*Saṃgîta-sâra-saṃgraha*, p. 30); elle est un peu plus explicite :

« La montée (*âroha*) ou la descende (*avarohaṇa*) des sept notes en gradation (*kramât*), c'est ce qui constitue la *mûrchanâ* : il y en a sept pour chacun des trois *grâmas*. »

38 *uttaramandrâ*, etc. Les dénominations affectées aux quatorze *mûrchanâs* —portées à vingt-et-une par les théoriciens qui admettent trois modes, — sont empruntées aux idées et aux objets les plus divers, et ne paraissent pas mériter une grande attention.

Elles diffèrent quelque peu, suivant les auteurs, et ne sont pas toujours disposées dans le même ordre, ni affectées à la même série de notes.

Remarquons à côté de *abhirudgatâ* la forme *abhyudgatâ*, et l'analogie que présente *mârgavî* avec le nom du *sâman mârgavîya* (Burnell : *The Arsheyabrâhmaṇa*, p. 20. — Comparez pour les noms des *sâmans* : *Introduction*, p. XXXV, XXXVIII).

39 *de deux manières*. Pour avoir la clef de ce passage difficile, il serait nécessaire de comprendre préalablement la démonstration de la théorie des *çrutis* à laquelle l'auteur renvoie. C'est dire que nous nous bornons, comme plus haut, à une interprétation approximative.

40 *Les tânas*. Nous n'avons pas de définition des *tânas*. De ce que ce mot ne

s'applique qu'à des échelles à six ou cinq notes, nous concluons qu'il représente la classe de *mûrchanâs* appelées *ṣâḍavâuḍavitâkṛtâs*.

41 *pañcama*. Le *Saṃgîta-sâra-saṃgraha* (p. 32) présente une variante : à la place de *pañcama*, il mentionne ici la suppression de *dhaivata*.

42 *dhaivata*. Même observation : *pañcama* est indiqué comme supprimé au lieu de *dhaivata*.

43 *praveça, nigraha*. Nous ne sommes pas sûr de l'interprétation que nous donnons de ces mots.

44 *trois sthânas*. Les trois « organes producteurs des sons », d'après Bharata (XVII), sont : la poitrine, la gorge et la tête :

trîṇi sthânâny uraḥkaṇṭhaçirâṃsîti bhavanty api |

Le mot *sthâna* peut se traduire par « qualité », « registre » de la voix. Dans la théorie hindoue, la voix humaine a une étendue de trois octaves (*saptaka*). Elle est *mandra* (grave), *madhya* (moyenne), *târa* (aiguë). La voix *mandra* a son origine dans la poitrine, et paraît répondre à notre voix de *basse*. La voix *madhya* vient de la gorge : ce serait notre *soprano*. Enfin la voix *târa* provient de la tête et représente la voix de *ténor*.

Chacun de ces trois registres est le double, en intensité, de celui qui le précède; à chacun sont affectées sept notes, sept *mûrchanâs* et vingt-deux *çrutis*.

Le corps est comparé à une lyre (*çârîrî vîṇâ*) : chacun des trois organes producteurs est ainsi pourvu de vingt-deux cordes qui vibrent sous l'impulsion du souffle humain, et produisent les *çrutis*, les notes, etc. (Voyez : Mohun Tagore, *Six principal Râgas, Introduction*, p. 8.)

45 *sâdhâraṇa*. Les diverses définitions de ce mot sont très explicites et leur interprétation paraît certaine. Nous n'en dirons pas autant du développement qui suit, pour lequel — vu le mauvais état des manuscrits — nous n'avons pu donner qu'une traduction provisoire.

Nous trouvons dans le *Saṃgîta-parijâta* (éd. Calcutta, 1884, p. 7, *çl*. 73), une définition analogue de ce mot :

yasmât çuddhasvarâd evaṃ prâptasaṃjñâḥ çrutir jaguḥ |
sâdhâraṇyaṃ bhavet teṣâm anyaçrutigatatvataḥ || 73 ||

L'auteur ajoute :

sâdhâraṇaḥ kâkâlîti tathâ kaiçika ity api |
tîvratîvrataras tîvratamo 'py ukto manîṣibhiḥ || 77 ||

46 *kâkalî*. Nous avons de ce mot une définition étymologique assez claire pour qu'il n'y ait pas lieu d'y rien ajouter. Nous nous bornerons à renvoyer à l'explication qu'en donne l'*Amarakoça* (éd. Bombay, 1882, p. 41, 2) : C'est, d'après l'auteur, un son faible, ténu, doux, peu aigu. Dans *kâkali*, ajoute le commentaire, entre l'idée de ténuité (*sûkṣma*), de petitesse (*kala*); *kâkalî* correspond à *îṣat* (un peu) *kala* : la particule *kâ* formée sur *ku* se prenant aussi dans le sens de *îṣat*.

47 *antara*. Nous remarquons que les seules notes dont il soit question dans cet exposé de la théorie des *sâdhâraṇas* sont les deux notes qui possèdent deux *çrutis*; le terme de *kâkalî* paraît être réservé à *niṣâda*, celui d'*antara* à *gândhâra*. (Comparez *Saṃgîta-sâra-saṃgraha*, p. 30, l. 15-18.)

48 *kaiçika* est formé sur *keça*, cheveu et signifie : de l'épaisseur d'un cheveu.

49 *râga*. Nous ne prenons pas ce mot dans le sens technique qu'il a chez les

théoriciens postérieurs à Bharata. Il a fini par désigner « des formules mélodiques — pour nous servir des heureuses expressions d'un savant compétent en ces matières, M. Gevaërt, — des thèmes, (semblables aux antiennes-types du plain-chant), sur lesquels les musiciens établissent sans cesse de nouveaux chants, en variant les rhythmes, en ajoutant des mélismes, bref en amplifiant la donnée première. » (*Public Opinion*, édité par Mohun Tagore, p. 65-67. Comp. : *Bulletins de l'Académie royale de Belgique*, fév. 1877).

Nous croyons l'introduction de la théorie des *râgas* de date relativement récente. Bharata, dans toute l'étendue du *Nâṭya-çâstra* n'en donne nulle part la définition; il ne consacre aucun *adhyâya* à l'exposé de cet élément musical qui a pris dans la suite un développement important. Nous estimons donc, — malgré une définition des *râgas* attribuée à notre auteur par W. Jones, Mohun Tagore, etc.; malgré quelques citations que donnent, comme émanant de lui, certains commentateurs de drames, — qu'à l'époque de la composition du *Nâṭya-çâstra* les *râgas* ne constituaient pas encore un des éléments de la théorie musicale, mais qu'ils se sont peu à peu substitués aux *jâtis*, avec lesquelles, du reste, ils semblent, pour ainsi dire, faire double emploi.

50 *jâtis*. Nous trouvons dans quelques textes sanscrits (*Saṃgîta-sâra-saṃgraha, Saṃgîta-parijâta*), la mention des *jâtis*; mais Bharata est, à notre connaissance, le seul auteur qui en fasse un exposé détaillé. Il oublie cependant d'en donner la définition; le mot veut dire, « espèce » : il n'est donc par lui-même pas très significatif. C'est du contexte, et de l'analogie que les *jâtis* semblent présenter avec les *râgas*, que nous avons déduit le sens de « formules indiquant les principales dispositions mélodiques des notes, la structure possible des phrases musicales ». Elles constituent en quelque sorte, comme les *râgas*, le squelette du chant.

51 *šâḍjî*, etc. En général ces mots, — qui manquent au *Dict. de Saint-Péters*. — ne nous disent pas grand'chose sur l'emploi et le rôle des *jâtis* qu'ils désignent. Nous pouvons répéter pour eux ce que nous avons déjà remarqué à propos des *mûrchanâs*. Quelques-uns sont formés d'après les noms des notes, les autres, comme *ândhrî*, sur des noms de peuples; d'autres enfin désignent aussi certains *sâmans* (*âršabhî*).

52 *Les jâtis à cinq notes*. On s'explique malaisément la place attribuée à ce développement sur les *jâtis* à six et cinq notes. Il est assez peu admissible que ces remarques aient dû précéder primitivement la définition et l'énumération des notes toniques : le texte paraît donc avoir subi à cet endroit un déplacement. De plus, on attendrait bien plutôt l'indication de la tonique qui convient à ces *jâtis šâḍavâs* et *auḍavâs*, que les prescriptions négatives qu'offrent les textes.

53 *Ces sept jâtis*. Il semble bien qu'il n'a été question que de six *jâtis* et non de sept.

54 *Les douze notes*. Le texte est probablement altéré : nous ne voyons pas quelles peuvent être les douze notes dont il indique la disparition.

55 *Les dix éléments*. Le *Saṃgîta-sâra-saṃgraha* (II, p. 35, l. 1-4), distingue treize éléments des *jâtis*. Il ajoute à notre énumération : le *saṃnyâsa*, le *vinyâsa* et l'*antaramârga*. Comme nous le verrons plus bas, l'interprétation

de la plupart de ces termes techniques est actuellement très malaisée.

56 *graha*. Nous utilisons pour notre traduction la définition suivante du *Saṃgîta-sâra-saṃgraha* (II, p. 34, l. 12) :

gîtâdau sthâpito yas tu sa grahasvara ucyate |

57 *aṃça*. Le texte de ce long développement des caractères de la tonique est altéré, mais le sens général ressort assez clairement. Voici ce qui est dit au même propos dans le *Saṃgîta-sâra-saṃgraha* (II, p. 34, l. 14) :

bahulatvaṃ prayogeṣu saḥ (!) *aṃçasvara ucyate* |

58 *târagati*. Le sens que nous donnons à cette expression est peu sûr. Nous pouvons peut-être rapprocher de notre définition l'hémistiche suivant du 29° *adhyâya* :

kramâgatas tu yas târaç caturthaḥ pañcamo' pi vâ |

59 *mandragati*. Notre interprétation est encore moins certaine pour ce *lakṣaṇa*. Comparez à propos du *nyâsa* à l'octave [inférieur (?) plus haut, p. 64.

60 *nyâsa*. Nous avons du *nyâsa* une définition analogue dans le *Saṃgîta-sâra-saṃgraha* (II, p. 34, l. 13) :

nyâsasvaras tu vijñeyo yas tu gîtasamâpakaḥ |

61 *alpatva, bahutva*. Le sens donné par nous à ces mots au *çloka* 74 est conjectural. Nous ne proposons pour tout le développement qui suit qu'une interprétation provisoire : notre texte est en si mauvais état que nous aurions peut-être mieux fait de nous abstenir de tout essai de traduction.

62 *prakâras*. Nous ne trouvons nulle part ailleurs la mention de ces quarante-sept modes du *ṣâḍava*, pas plus que des trente de l'*auḍava*. De plus, du fait que l'indication des diverses espèces du *ṣâḍava* est en prose, alors que nous avons un *ârya* pour l'*auḍava*, nous concluons à une altération du texte.

63 *dhruvâs avakṛṣṭâs*. Le 32° *adhyâya* du *Nâṭya-çâstra* est intitulé « *dhruvâvidhâna* ». Il a déjà été question de la *dhruvâ avakṛṣṭâ* au 5° *adhyâya* (*çl.* 104, etc.)

64 *âçrâvaṇâ*, une des divisions du prélude-prologue ou *pûrvaraṅga*, décrite dans le 5° *adhyâya* (*çl.* 18 et suivants) inédit, et reprise dans le 29°.

65 *mârgas*, appelés aussi *vṛttis* (29° *adhyâya*) Comp. 5° *adhyâya*, fin.

66 *gîtis*. Décrites aux 5° et 29° *adhyâyas*.

67 *pûrvaraṅga-çuddha*. Nous renvoyons encore au 5° *adhyâya*.

68 *Les âsâritas*, une des parties importantes du prélude-prologue (5° *adhyâya*). Les *âsâritas* sont au nombre de 3 : *jyeṣṭha*, *madhya*, et *kaniṣṭha* (*çl.* 10, 20, 21, etc.)

69 *complétée*. Par suite de l'impossibilité où nous sommes d'interpréter présentement tous les termes techniques qui désignent les éléments des *jâtis*, nous nous bornons à les faire entrer sous leur forme sanskrite dans cette énumération qui termine l'*adhyâya*. Nous remarquerons cependant que quelques-uns d'entre eux s'emploient fréquemment l'un pour l'autre, dans le même sens. Les mots *alpatva*, *daurbalya*, *laṅghanîya* paraissent être à peu près synonymes, aussi bien que *bâhulya* et *bahutva*, *bala* et *balavant*.

70 *karaṇa*. Les *karaṇas* sont des mouvements combinés des pieds et des

mains. Bharata (4e *adhyâya*) en énumère et définit jusqu'à cent-huit espèces.

71 *rasas*, *bhâvas*, Voir au sujet de ces mots la thèse de M. Paul Regnaud : *La Rhétorique sanskrite*. Paris, *Leroux*, 1884.

ERRATUM

Page 6, l. 13 : au lieu de « les hymnes de Sâma-Véda », lire « les hymnes du Sâma-Véda ».
Page 6, *note* l. 1 : au lieu de « (I, p. 132) », lire « (I, 132) ».
Page 12, *note* l. 3 : au lieu de « Haug : (Ueber », lire « Haug : Ueber ».
Page 13 : *note* l. 3 : au lieu de « d'après le ms. de G) », lire « d'après le ms. G) ».
Page 16, l. 16 : au lieu de « dont elle fait partie intégrante », lire « dont elle est partie intégrante ».
Page 20, *note* l. 11 : au lieu de « *Bhâratiyanâṭya-çâstra* », lire « *Bhâratîya-nâṭya-çâstra* ».
Page 23, l. 19 : au lieu de « *khadja* », lire « *khaḍja* ».
— l. 30 : au lieu de « *pâdabaṃgâç* pour *pâdabhâgaḥ* », lire « *pâdabhaṃgâç* pour *pâdabhâgâḥ* ».
Page 24, *note* l. 3 : au lieu de « dans la seconde », lire « dans le second ».
Page 26, l. 6 : au lieu de « gandharvânâm ca », lire « gandharvânâṃ ca ».
Page 27, l. 3 : au lieu de « samnipâtaḥ », lire « saṃnipâtaḥ ».
— l. 4 : au lieu de « layah », lire « layaḥ ».
— l. 7 : au lieu de « °samgraho », lire « °sâṃgraho ».
— l. 11 : au lieu de « çrutiyogataḥ », lire « çrutiyogataḥ | ».
Page 28, l. 5 : au lieu de « dhaivataśadjau », lire « dhaivataśaḍjau ».
Page 30, l. 18 : au lieu de « harîṇâçvar abheṇa », lire « hariṇâçvarśabheṇa ».
Page 31, l. 2 : au lieu de « dvayoh », lire « dvayoḥ »
— l. 18 : au lieu de « śadjarśabha° », lire « śaḍjarśabha° ».
Page 32, l. 5, 6 : lire « tânâḥ śaḍjagrâme », sans tenir compte de l' à la ligne.
— l. 14 : au lieu de « °samsparçah », lire « saṃsparçaḥ ».
— *note* l. 17 : au lieu de « sâdhâraṇa nâmâ° », lire « sâdhâraṇanâmâ° ».
Page 33, l. 1 : au lieu de « yathâ ṛtv », lire « yathartv ».
Page 33, l. 14 : au lieu de « kśârasamj a, lire « kśârasaṃjña ».
Page 34, *note* l. 7 ; au lieu de « śadjî ca° », lire « śâḍjî câ° ».
Page 36, l. 1 : au lieu de « °śâdjîbhyâm », lire « °śâḍjîbhyâṃ ».
Page 43, l. 3 : au lieu de « °saptamâh », lire « °saptamâḥ ».
Page 43, l. 7 : au lieu de « pañcamah », lire « pañcamaḥ ».
Page 44, *note* l. 24 : au lieu de « lakśanaṃ », lire « lakśaṇaṃ ».
Page 46, l. 11 : au lieu de « grahah », lire « grahaḥ ».
Page 46, l. 21 : au lieu de « śadja° », lire « śaḍja° ».
Page 62, l. 25 : au lieu de « *sâdhârana* », lire « *sâdhâraṇa* ».

Le Puy, typographie Marchessou fils, boulevard St-Laurent, 23.

TABLEAUX COMPARATIFS

POUR SERVIR A L'ÉTUDE

DES MOUVEMENTS DU CONSONNANTISME

DANS LES LANGUES GERMANIQUES

PAR

J.-M. GRANDJEAN

PROFESSEUR LIBRE D'ALLEMAND ET D'ANGLAIS, ÉTUDIANT A LA FACULTÉ DES LETTRES DE LYON

AVANT-PROPOS

La présente étude correspond, en ce qui concerne les gutturales initiales dans les langues germaniques, à celle qu'a publiée sur les dentales M. P. Regnaud, dans ses *Essais de linguistique évolutionniste*, pp. 396-409.

Partant des mêmes principes, l'auteur se propose des conclusions analogues, à savoir d'établir que dans les idiomes en question, *les gutturales douces initiales* g, h, *sont issues, par voie d'affaiblissement, des gutturales fortes* k, ch, c — ces dernières, d'ailleurs, provenant d'après le même processus, d'un groupe consonnantique composé de la sifflante *s* initiale, et de la gutturale forte *k* —

La méthode à suivre pour la démonstration était déjà indiquée dans le travail de M. P. Regnaud.

Aussi nous en sommes-nous inspiré, et avons-nous rangé les vocables germaniques se rapportant à une même idée générale, et qui sont en quelque sorte *synonymes* les uns des autres, en deux séries parallèles, dont les termes peuvent être considérés comme des variantes phonétiques : pour l'une, d'un type radical à gutturale initiale (forte ou douce), pour l'autre, d'un type radical vraisemblablement plus ancien, et présentant la même gutturale (forte) [1], précédée

1. Quand le groupe initial *sg*, *zg*, figure dans les exemples de la 2e série, on voit par les mots à gutturale simple dont ils sont rapprochés, que *sg*, *zg*, proviennent d'un **sk* primitif.

d'une sifflante initiale. Les rapports établis de la sorte sont de nature à prouver, qu'abstraction faite des différents états phonétiques dont l'étude constitue le but de notre étude, les *synonymes* rapprochés sont en même temps d'anciens *homonymes,* du moins en ce qui concerne leur noyau radical primitif; ou, en d'autres termes, que — si dans toutes ces formes la différence phonétique ne porte que sur les consonnes initiales, apparentées du reste par l'identité de l'organe qui les produit — il y a tout lieu de croire que les unes sont issues des autres, et que, selon les procédés habituels du langage, c'est, pour la partie qui les différencie, *le son simple et doux qui provient du son complexe et dur.*

L'espace dont nous disposions ne nous a pas permis d'étendre cette étude à tous les mots germaniques à gutturale initiale, et nous avons dû nous borner à l'examen de la famille de vocables dont le sens fondamental se rattache à l'idée de *se mouvoir,* avec les différentes acceptions dérivées qui s'y rattachent le plus directement, telles que *aller, s'agiter, agir, courir, couler, sauter, jaillir, circuler, se courber, heurter,* etc.

L'étroite parenté de ces diverses nuances significatives résulte pour nous d'ailleurs, non seulement de considérations logiques, mais encore, et surtout, de l'*homonymie* des formes qu'elles ont revêtues dans les idiomes indo-européens en général, et germaniques en particulier.

Au point de vue des matériaux de ce travail, il est nécessaire d'indiquer que nous nous sommes cru autorisé à utiliser dans la série des formes à gutturale initiale, beaucoup de mots commençant par *r, l,* et *w,* où ces lettres sont en général les restes des groupes *hr, hl, hw* [1].

D'autre part, dans la série des formes où l'initiale est une gutturale précédée d'une sifflante, nous n'avons pas hésité à faire figurer les mots dans lesquels le groupe primitif *sk-

1. La gutturale ainsi restituée est représentée par un *h* en *romain* et entre parenthèses.

ks, n'est plus représenté que par *s*, procédant de **ks* par assimilation du *k*, d'où **ss*, puis par chute de l'une des sifflantes, *s* (v. Regnaud, *Ess. de ling. évolut.*, pp. 228 et 431). Là, encore, ce phénomène semble se rencontrer de préférence devant les liquides *r*, *l* et la semi-voyelle *w* — d'où les groupes initiaux *sr, sl, sw* pour **skr, *skl, *skw*.

Afin de donner au travail toute la clarté possible, l'auteur a réparti les formées comparées, entre les différents cadres morphologiques constitués par les consonnes radicales, fortes (primitives) — d'où les catégories *sk-k, sk-r-k, sk-t, sk-p, sk-m-p*, etc.

Ces cadres, devenant en quelque sorte le titre de séries secondaires, sont rangés suivant l'ordre qui a présidé à la classification de l'alphabet sanskrit, abstraction faite des nasales et des liquides internes), et chacun d'eux a été partagé en un nombre variables de subdivisions, d'après les différents aspects que les nombreux accidents du vocalisme radical ont revêtu dans les formes utilisées.

Ce classement basé, comme on le voit, sur des caractères essentiellement phonétiques ou morphologiques, a entraîné parfois des rapprochements qui, eu égard au sens, peuvent surprendre à première vue.

Mais outre que l'auteur s'est proposé avant tout dans ses tableaux, *la comparaison de deux séries de variantes phonétiques* — et non de mettre en regard les uns des autres, des mots considérés individuellement — un examen attentif du rapport intime des significations rapprochées, tel qu'il ressort de l'ensemble du travail, justifiera il l'espère, les parallèles qui au point de vue des significations, sembleraient de prime-abord forcés.

Une partie de ce travail a déjà fait l'objet d'une communication de l'auteur, à la séance du 30 septembre 1886 du *VII*e *Congrès international des orientalistes*, à Vienne (Autriche), où il avait été délégué par la Municipalité lyonnaise, et à laquelle il est heureux d'avoir l'occasion de témoigner publiquement sa reconnaissance.

Le temps lui ayant manqué pour terminer sa rédaction, cette communication n'a pu prendre place dans les *Annales du VIIe congrès,* et ce qu'il en publie aujourd'hui réclame encore de longs compléments, mais il espère que la possibilité de terminer une étude dont la science recueillera peut-être quelque profit, ne se fera pas attendre bien longtemps.

LISTE DES PRINCIPAUX OUVRAGES CONSULTÉS

AASEN (Ivar). Norsk grammatik. — *Christiania.* — 1864.
ARMSTRONG (R. A.) A gaelic dictionary. — *London.* — 1825.
BOSWORTH. A compendious anglo-saxon and english dictionary. — *London.* — 1881.
BŒTHLINGK (Otto) & ROTH (Rudolph). Sanskrit wœrterbuch. — *St-Pétersburg.* — 1855-1875.
BRAUNE (Willhelm). Althochdeutsches lesebuch. — *Halle.* — 1881.
CHASSANG. Nouveau dictionnaire grec-français (7e édit.). — *Paris.* — 1887.
CURTIUS (Georg). Grundzüge der griechischen etymologie (5e éd.). — *Leipzig.* — 1879.
DIEFENBACH (Lorenz). Vergleichendes wœrterbuch der gothischen sprache. — *Frankfurt am Mein.* — 1851.
DROBNICA (Josipa). Ilirskǫ-nemacko-talianski mali recnik. — *Stajeru.* — 1849.
EGGERS (Friedrich & Karl). Tremsen (Plattdeutsche dichtungen in mecklenburger mundart). — *Breslau.* — 1875.
FICK (August). Vergleichendes wœrterbuch der indo-germanischen sprachen. — *Gœttingen.* — 1874-1876.
FLEMING-TIBBINS. Grand dictionnaire anglais-français et français-anglais. — *Paris.* — 1875.
FŒRSTMANN (Ernst). Geschichte der deutschen sprachstamms. — *Nordhausen.* — 1874.
FREUND & THEIL. Dictionnaire latin-français. — *Paris.*
GRANDGAGNAGE (Ch.). Dictionnaire étymologique de la langue wallonne. — *Liége,* 1845, et *Bruxelles.* — 1880.
GRIMM (Jacob). Deutsche grammatik (2e éd.). — *Berlin.* — 1870.
GROSE (Francis). A glossary of provincial and local words used in England. — *London.* — 1839.
GRÜBEL. Gedichte in nürnberger mundart. — *München.*
HAHN. Althochdeutsche grammatik. — *Prag.* — 1882.
HALDORSON. Lexicon islandico-latino-danicum. — *Havniæ.* — 1819.
HEBEL. Allemanische gedichte. — *Leipzig.*
HEYNE (Moritz). Hêliand. — *Paderborn.* — 1883.
HOLTZMANN (Adolf). Altdeutsche grammatik. — *Leipzig.* — 1870.
HUNZIKER (J.). Aargauer wœrterbuch. — *Aarau.* — 1877.

JORDAN Auplny slownicek ceskeho i nemeckeho jazyka. (Vollstændiges taschenwœrterbuch der bœhmischen und deutschen sprache). — *Leipzig*. — 1883.
KAPER (J.). Tysk-dansk--norsk haandordbog. — *Kjobenhavn*. — 1885.
KLUGE (Friedrich). Etymologisches wœrterbuch der deutschen sprache. — *Strassburg*. — 1885.
KOCH (L.). Lexique allemand-français. — *Paris*. — 1885.
LEXER (Matthias). Mittelhochdeutsches taschenwœrterbuch. — *Leipzig*. — 1885.
MEYER (Carl). Sprache und sprachdenkmæler der Langobarden. — *Paderborn*. — 1877.
MEYER (Leo). Die gothische sprache. — *Berlin*. — 1869.
MIKLOSICH (Franz). Etymologisches wœrterbuch der slavischen sprachen. — *Wien*. — 1886.
MÜLLER (G.-H.). Neues dænisch-deutsches wœrterbuch. — *Schlesswig & Kopenhagen*. — 1800.
NESSELMANN (G.-H.-F.). Wœrterbuch der littauischen sprache. — *Kœnigsberg*. — 1851.
NILSSON (L.-G.). Fornislændsk grammatik. — *Stockholm*. — 1879.
PFEIFFER (Friedrich). Mittelhochdeutsche grammatik. — *Basel*. — 1884.
REGNAUD (Paul). Essais de linguistique évolutionniste. — *Paris*. — 1886.
— — Origine et philosophie du langage. — *Paris*. — 1887.
ROGET, baron DE BELLOGUET. Ethnogénie gauloise (1re partie : Glossaire gaulois). — *Paris*. 1872.
SACHS. Encyclopædisches franzœsisch-deutsches und deutsch-franzœsisches wœrterbuch. — *Berlin*. — 1881.
SCHMELLER. Bayerisches wœrterbuch. — *Stuttgart-Tübingen*. — 1828.
SCHMID (Joh.-Christ.). Schwœbisches wœrterbuch. — *Stuttgart*. — 1831.
SCHLEICHER (Aug.). Die deutsche sprache. (4e éd.) — *Stuttgart*. — 1879.
SCHMIDT (J.-A.-E.). Nowy slowniczek francuzko-polski i polsko-francuzki. — *Leipzig*. — 1878.
SKEAT. An etymological dictionary of the english language (2e éd.). — *Oxford*. — 1884.
SPURREL (William). Geiriadur cymraeg a seisoneg. (A dictionary of the welch language). — *Carmarthen*. — 1859.
(Tauchnitz). Neues taschen wœrterbuch der schwedischen und deutschen sprache — *Leipzig*.
(—) Nieuw woordenboek der fransche en nederduitsche talen. — *Leipzig*.
TILEMAN DOTHIAS WIARDA. Altfriesiches wœrterbuch. — *Aurich*. — 1786.
TROUDE. Nouveau dictionnaire pratique français et breton, etc. — 1859.
ULLMANN-BRASCHE. Lettisches wœrterbuch — *Riga*. — 1872.

LISTE ALPHABÉTIQUE

DES ABRÉVIATIONS DÉSIGNANT LES DIALECTES

ags....... anglo-saxon
all........ allemand moderne
allem...... allemanique moderne
angl....... anglais
angl. Gl... anglais du comté de Gloucester
angl. Knt. anglais du comté de Kent
angl. N... anglais du Nord
angl. prov. anglais provincial
angl. Yrk. anglais du comté d'York
appenz.... dialecte d'Appenzel
arg....... argovien
* arm..... *arménien*
autr...... autrichien
** b. all.. bas allemand hypothétique
b. all..... bas allemand
bav....... bavarois
bav. pop.. bavarois (langue populaire)
* b. lat.... *bas latin*
* bohm... *bohémien* ou *tchèque*
b. sax..... bas-saxon
* bret..... *breton*
* bulg..... *bulgare moderne*
** celt.... *celtique hypothétique*
* corn.... *cornique*
* cym..... *cymrique*
dan....... danois
écoss ..... écossais
** ind.-europ. indo-européen hypothétique
flam...... flamand
franc..... franconien
fris. nrd.. frison septentrional
fris. occ.. frison occidental
* gadh.... *gadhélique*
* gael.... *gaélique*
** germ.. germanique hypothétique
goth...... gothique
* gr...... *grec ancien*
** h. all... haut allemand hypothétique
h. all..... haut allemand (*oberdeutsch*)
hess...... hessois
holl....... hollandais
holst...... dialecte du Holstein
* illyr..... *illyrien*
* irl...... *irlandais*
isl. mod.. islandais moderne
* lat...... *latin*
* lett..... *letton*
* lith..... *lithuanien*
lomb. .... lombard des VIIe et VIIIe siéc.
m. angl... moyen anglais
meckl..... mecklembourgeois
m. b. a... moyen bas allemand
m. h. a... moyen haut allemand
néerl..... néerlandais.
n. fris..... frison moderne
norv...... norvégien
nürmb.... dialecte de Nuremberg
oberl. .... dialecte de l'Oberland
* pol...... *polonais*
* russ..... *russe*
** scand.. scandinave hypothétique
schaffh... dialecte de Schaffhouse
* serb..... *serbe*

* skrt.....	*sanskrit*
* sk. véd..	*sanskrit védique*
** slav....	*slave hypothétique*
souab.....	souabe
suéd......	suédois
suéd. pr...	suédois provincial
suiss.	suisse
v. all.....	vieil allemand
vall.......	vallon
v. angl....	vieil anglais
v. dan....	vieux danois
v. flam....	vieux flamand
v. fris.....	vieux frison
v. h. a....	vieil haut allemand
v. holl....	vieil hollandais
* v. irl....	*vieil irlandais*
v. nord ..	vieux nordique
v. sax.....	vieux saxon
* v. slov..	*vieux slovène*
westw	dialecte de Westerwald
wett......	dialecte de Wetteravie
* znd.......	*zend*

— Afin de les distinguer dans les tableaux, les exemples n'appartenant pas aux dialectes germaniques, invoqués à l'appui de nos rapprochements, ont été composés en *romain*. Le nom du dialecte lui-même est précédé d'un astérisque.

— L'abréviation — v. h. a. — s'applique aux formes des dialectes *allemanique*, *bavarois*, *francique* et *thuringien*, qui dépendent tous du *vieil haut allemand*. Quant à l'orthographe, elle a été maintenue telle qu'elle se rencontre dans les lexiques auxquels les exemples ont été empruntés.

§ 1. *RADICAUX TERMINÉS PAR UNE GUTTURALE*

TABL. I

K-K.....................*SK-K*

	au		
all.	*gaukeln*, voltiger, folâtrer	all.	*schaukeln*, balancer
souab.	*gaugen*, errer, se balancer		
	æu eu		
allem.	*gæutsche*, vaciller [1]	all.	*scheuchen*, effrayer, faire fuir
	eo		
		ags.	*sceoc*, (il) courait, allait
ags.	*geoc*, rapide, violent, fort	ags.	*sceoh*, craintif (= tremblant)
	ō		
		v. sax.	*skôk*, (je) secouais
v. nord.	*kôklaz*, ægre per invia evadere.	v. nord.	*skôk*, (je m') agitais
	o o		
angl. Gl.	*cook*, lancer	angl.	*shook*, (je) secouais
	o		
v. h. a.	*gogen*, s'agiter	v. h. a.	*scoc*, oscillation
all.	*hocken*, s'accroupir, se blottir	all.	*schocken*, choquer, se balancer [2]
arg.	*hogge*, (= entourer)	bav.	*schocken*, danser, valser
m. h. a.	*gogeln*, s'agiter, flotter	m. h. a.	*schocken*, se balancer
souab.	*gogg*, vagabond	souab.	*schokken*, osciller
angl.	*hock*, jarret (= jambe)	angl.	*shock*, choquer, heurter
angl.	*goggle*, rouler (les yeux) [3]	angl.	*shog*, secouer, s'en aller

1. Où le *tsch* semble le résultat de la palatalisation d'une gutturale primitive.

2. L'all. *schocken* signifiant **choquer** et **se balancer**, le souab. *schukken*, **pousser** et **se mouvoir**, nous nous croyons suffisamment autorisés à réunir ici l'idée de **heurter** et celle de **se mouvoir**. Il serait facile d'ailleurs de citer beaucoup d'autres rapprochements analogues, tendant à confirmer cette opinion : holl. *hak*, **coup**, et v. nord. *skak*, **quassatio**, angl. *kick*, **heurter**, **frapper du pied**, et angl. prov. *kikle*, **inconstant**, etc. ; dans la série K-N-K, le holl. *hinken*, **heurter**, se rapporte à l'all. *hinken*, **boiter**, etc.

3. Et avec la palatalisation du *g* initial, *jog*, **secouer, se mouvoir**.

v. nord.	*hokra*, ramper	v. nord.	*skok*, (j')agitais
* lat.	coxa, cuisse, hanche	* v. slov.	skoku, danse, saut
* lat.	coxo, boiteux	* lith.	szokti, sauter [1]
* cym.	gog, activité	* illyr.	skocan, pressé, agile
* cym.	gogi, secouer, agiter	* cym.	ysgogi, agiter, secouer

œ

h. all.	*kœck-wasser*, source jaillissante	nürmb.	*g'schœg'n*, arrivé

iœ

v. nord.	*gjœgra*, chanceler, vaciller	v. nord.	*skiœgra*, vaciller
		v. nord.	*skiœg-t*, crebra vagatio

iu

		v. h. a.	*sciuhen*, fuir, effrayer
		m. h. a.	*schiuken*, — —
v. suéd.	*hiugh-l*, roue (= qui tourne)		

u

m. h. a.	*gugen*, s'agiter, se bercer	bav.	*schucken*, jeter, agiter
allem.	*guge*, s'agiter	bav.	*schuckern*, frissonner
all.	*huckeln*, sauter à cloche-pied	all.	*schuckel*, balançoire
ags.	*cucian*, rendre vif	meckl.	*schugen*, avoir peur
angl.	*hug*, entourer (des bras)	souab.	*schuckeln*, flâner, rôder
* bulg.	kuc, boitant (= sautant)	* lith.	szuca, tireur (= qui lance)
		* pol.	szczuc, lancer (= faire aller)

ü

all.	*hügel*, colline (= élévation, courbure, qui s'élève) (?)	all.	*schüchtern*, timide (= tremblant).

ai, ei

arg.	*geigen*, se balancer	arg.	*scheiche*, pied
v. nord.	*geiga*, trembler, errer		
v. nord.	*keikiaz*, recurvari	v. nord.	*skeika*, vacillare, nutare
		* lett.	skaiguli, flâneur, vagabond

ea

ags.	*geagle*, folâtre, gai	ags.	*sceacan*, secouer, s'en aller

â, a

souab.	*gahen*, se hâter	bav.	*schackeln*, s'agiter
ags.	*haga*, enclos = (entourer)	v. sax.	*scacan*, aller, fuir
goth.	*gagga*, rue, chemin	v. sax.	*skakan*, secouer
holl.	*hak*, coup (= mouvement)	ags.	*scacan*, — [2]
v. nord.	*kâkl*, lente pulsare	v. nord.	*skaka; skaga*, secouer, sauter

1. A l'égard du *sz* * lith. et du *z* * v. slov. que nous considérons dans ce travail comme issus d'un **sk* primitif, v. Regnaud *(Ess. de ling. évolut.)*, p. 95, 113, 120. Même observation d'ailleurs en ce qui concerne le *ç* * skrt. et le *z* * znd., pour lesquels nous renvoyons au même auteur *(ibid.)*, p. 92, seqq.

2. Cf. le b. all. *schake*, jambe, cuisse (= qui marche, qui court).

v. nord.	*kâkl*, levis pulsatio	v. nord.	*skak*, quassatio
		dan.	*skak*, oblique ; *skage*, virer
* skrt.	cakra, roue (= qui tourne)		
* skrt.	khac, sauter, aller	* skrt.	çaç, sauter [1]
* arm.	kaghal, vaciller	* znd.	çac, s'écouler (le temps)
* lith.	at-kakti, arriver [2]	* v. slov.	skakati, sauter, danser
		æ	
souab.	*gæhe*, précipitation	angl.	*shake* (= é), secouer
souab.	*gæchen*, se hâter	ags.	*scæg-dh*, navire rapide
		ê	
m. h. a.	*gêhe*, (je) vais	goth.	*skêwjan* (= *skehwjan ?), aller
v. nord.	*gégnum*, per, trans	v. nord.	*skéckia*, obliquitas
* gr.	κηκίω, se précipiter, jaillir		
		e, ë	
all.	*gehen*, aller [3]	all.	*ge-schehen*, arriver, se passer
all.	*keck*, vif, hardi [4]		
all.	*keck*-wasser, source (= jaillissante)	m. h. a.	*ge-schëhen*, accidere
h. all.	*keck*(brunnen), source jaillissante	v. h. a.	*gi-scëhan*, »
angl. prov.	*kekle*, inconstant	ags.	*sceg-dh*, navire rapide
v. nord.	*gekk*, j'allais	v. nord.	*skek*, concutio
		ie î	
		bav.	*schiecken*, aller (les pieds écartés)
v. angl.	*kike*, exciter (= agiter)		
		* skrt.	çîghra, rapide
		* skrt.	çîk, sîk, couler
		i	
bav.	*higel*, source intermittente	m. h. a.	*schicken*, envoyer (= faire aller) [5]

1. Et probablement aussi *çaça*, **lièvre**, que l'on peut mettre en regard de *châga*, **bouc** (= bondissant) ; v. Regnaud *(op. cit.*, p. 125), rapprochant *çaça* et l'all. *hase*.

2. En lett. *tschakl*, **vif, alerte**, avec palatalisation de la gutturale.

3. Malgré les formes v. h. a. *gân*, m. h. a. *gên*, où le *h* est absent, l'analogie des autres formes du tableau ci-dessus, et particulièrement le v. h. a. *gi-scëhan*, le m. h. a. *ge-schëh-en*, **arriver**, l'all. *schicken*, **envoyer** (= faire aller) etc., — v. d'ailleurs Kluge *(Etym. wœrt. d. deutsch. sprach.)* à l'article *geschehen* — semblent nous autoriser à considérer le *h* de l'all. *gehen* comme étymologique.

4. Cf. l'all. *queck*, **vif, vivace**, et les autres formes de la série KV-K.

5. Ainsi que les dérivés *ge-schich-te*, **histoire**, *ge-schick-t*, **adroit, habile**, *ge-schick*, **sort, destinée**, etc.

h. all.	*kick*-brunnen, source jaillissante	all.	*schicken*, » »
angl.	*kick*, donner des coups de pieds, ruer [1]	holl.	*schich-t*, flèche, dard
angl. prov.	*kikle*, inconstant	holl.	*schikken*(se) ranger, reculer
angl.	*gig*, tilbury, toupie	holl.	*schich-t-ig*, rétif, peureux
suéd.	*giga*, tirer	v. nord.	*skykk*, ébranlement
* lith.	kiszka, cuisse(=qui marche)	* lith.	zygis, marche
		* lett.	schibga, une danse lettone

TABL. II

K-R-K, K-L-K........SK-R-K, S-K-L-K

	au		
all.	(h)*lauge*, lessive [2] (= lavage)	all.	*schlauch*, tube à conduire (l'eau, etc.)
v. nord.	(h)*lauga*, lavare, abluere	v. nord.	*slauka*, pervadere, ingurgitare
* bohm.	krauzka, anneau, cercle	* bohm.	skrauzkowati, boucler, s'enrouler
* bohm.	krauceni, tour, torsion	* lett.	schlaugans, recroquevillé, vacillant
	eu		
holl.	*kreuken*, chiffonner, froisser		
	ou		
m. h. a.	*krouch* (je) rampais		
angl.	*crouch*, se baisser, ramper	angl.	*slouch*, rabaisser, marcher lourdement
	io		
v. h. a.	*chriohhan*, ramper		
	iœ		
dan.	*hiœlke*, traîneau d'enfant	v. dan.	*skiœrsk*, déréglé (?)
	iu		
m. h. a.	*kriuche*, repo	v. fris.	*sliuch-t*, lisse, simple
	ô		
v. nord.	*krôk*, ansa, flexura, flexio	v. nord.	*slôg*, callis
		* gr.	σκώληξ, ver

1. Cf. l'angl. *quick* vif, et v. en outre, la série KV-K.

2. D'après Kluge *(op. cit.)*, l'isl. mod. *laug*, présenterait, dans de nombreux noms propres géographiques, l'acception de source chaude.

o

v. h. a.	*horsk*, rapide, prompt	m. h. a.	*ge-schrocken*, sauté, bondi
all.	*kroch*, (je) rampais	all.	*er-schrocken*, effrayé (= tressailli)
m. h. a.	*klocken*, frapper		
ags.	*hlocan*, se précipiter	holl.	*slok*, trait, gorgée
ags.	*horse*, rapide	ags.	*slogon*, (nous) frappions, jettions
angl.	(h)*rock*, balancer		
v. nord.	*horsk*, rapide	suéd.	*skolka*, flâner, vagabonder
dan.	(h)*rokke*, balancer, secouer	nord.	*sloka*, marcher lourdement
v. nord.	*krokna*, curvari (rigore)	suéd.	*sloka*, pendere, laxare
* russ.	kolcity, vaciller, boîter	* pol.	skorek, scolopendra (= mille pieds)

oe, œ, eo

m. h. a.	*klœcken*, frapper	holl.	*sloeg*, (je battai)
		ags.	*sceolh*, de travers, oblique
v. nord.	*hrœcka*, cedere, moveri	dan.	*skrœkke*, ride (= sinuosité)
v. nord.	*klœk*, flexilis (= qui se courbe)	v. nord.	*skrœk-sam*, verbis fallax (= détourné) [1]

û

		v. h. a.	*slûch*, gouffre, abîme (?)
m. angl.	*crûchen*, se baisser, ramper		
v. nord.	*klûka*, vacillans sedere	v. nord.	*skûlka*, se elevare

u

m. h. a.	*klucken*, frapper	v. h. a.	*fir-scurigen*, heurter
m. h. a.	*kruch*, (nous) rampions	v. h. a.	*scurgen*, trudere, propellere
all.	(h)*ruck*, mouvement brusque ou lent	angl.	*slug*, limace (= rampante)
angl.	(h)*rusk*, se précipiter; ruere	angl.	*sculk*, se cacher, fuir
suéd.	(h)*ruska*, secouer		
dan.	(h)*ruske*, »	dan.	*skulke*, se retirer, fuir
v. nord.	(h)*rugga*, agitare, volutare	v. nord.	*skrucku-leg*, deformis [2]
v. nord.	*hrukkum*, (nous nous) retirions		
* skrt.	kruc, s'enrouler	* bohm.	sluk, choses qui s'enroulent
* cym.	llusgen, qui rampe	* lith.	slukiti, sluksiti, flâner, aller
* cym.	lluchio, lancer, jeter	* lett.	skrukis, ringard courbe

ü

all.	(h)*rücken*, pousser, aller	suiss.	*schürggen*, attiser (le feu) [3]

1. De même en gr., σκολιός signifie **courbé, oblique**, et **fourbe, pervers**, etc.

2. *skrucka* (même dialecte) est traduit par Haldorson *(Lexic. isl.-lat.-dan.)* : **anus rugosa giganteæ molis et deformitatis**.

3. Forme plus faible d'un mot dont la forme forte est représentée par le v. h. a. *scurgen*, **trudere, propellere, præcipitare** (v. Diefenbach, *Vergl. wœrt. d. goth. sprach.* II, 247).

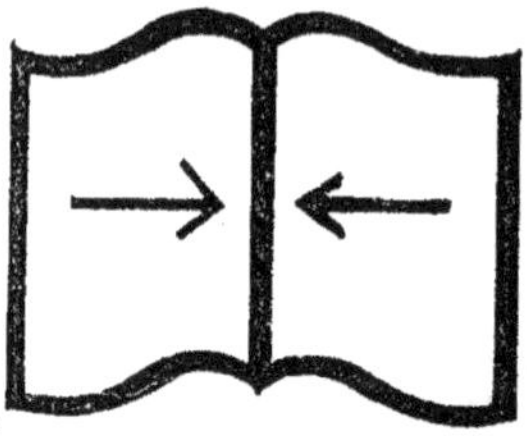

RELIURE SERREE
Absence de marges
intérieures

Contraste insuffisant
NF Z 43-120-14

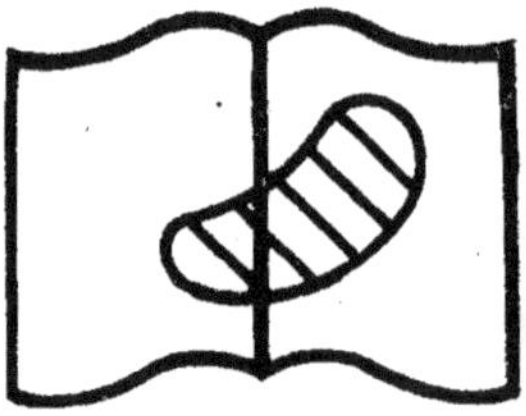

Illisibilité partielle

Valable pour tout ou partie
du document reproduit

		ei	
m. h. a.	(h)*reichen*, apporter, atteindre	v. h. a.	*sleih*, (je) rampais [1]
all.	(h)*reichen*, aller, atteindre, donner	all.	*schleichen*, se glisser, ramper
all.	(h)*reihen*,(h)*reigen*, une danse	all.	*blind-schleiche*, orvet (= serpent aveugle)
holl.	(h)*reiken*, (s')étendre	arg.	*schleike*, traîner
v. nord.	*kreika*, aller lentement	v. nord.	*skreika*, labascare, divaricare
		ea	
		ags.	*sleahan*, frapper, battre
* gael.	cleachd, boucle (de cheveux)	* gadh.	sleag, se traîner, ramper
		iâ	
		v. nord.	*skjâlk*, oblique, de travers
		aa, â	
v. h. a.	*chrâcho*, outil courbe		
		holl.	*slaak*, chenal (= aller, couler)
		a	
m. h. a.	(h)*ragen*, s'élever, faire saillie	bav.	*schrackeln*, marcher (les jambes écartées)
all.	(h)*rasch*, rapide	all.	*schragen*, aller, battre
m. h. a.	*kragen*, cou, nuque [3]	bav.	*schlagen*, aller, battre
		all.	*schlaken*, larguer [2],
vall.	*halkote*, vaciller	ags.	*slacian*, relâcher, céder
goth.	*glaggvuba*, diligenter	goth.	*slahan*, frapper
angl.	(h)*rash*, rapide	holl.	*slag*, coup, bataille
angl.	(h)*lag*, lambiner	angl.	*slack*, lent (= qui va)
holl.	*gracht*, canal, (= chemin)	holl.	*slag* [3], limace (= qui rampe)
isl.mod.	*kragi*, col	v. nord.	*slaga*, oblique vie
v. nord.	*hlacka*, ex-, in-sultare	v. nord.	*slarka*, grassari
*v. prus.	hrakinn, armée (= expédition, mobilisation), propulsus	* pol.	szarga, tempête
* v. slov.	kragi, kragu, cercle	* illyr.	sgarciti, tordre
* serb.	krak, jambe	* bohm.	slakowati, suivre
* grec	καρκίνος, écrevisse [4]		
		æ	
bav.	*klæchel*, battant (d'une cloche)	all.	*schlægel*, battoir, cuisse
bav.	*klæcheln*, s'agiter, pendiller	all.	*schlæg-st*, (tu) vas, bas
bav.	*kræchseln*, grimper	all.	*schrægen*, biaiser (= dévier)

1. Cf. le b. all. *sleih-t*, (il) frappe (= il fait mouvoir).
2. Cf. le parfait *er-schrack*, (je m')effrayais (= je tressaillais).
3. Cf. *slang*, serpent (= qui rampe, se tord), avec la nasale interne.
4. Se rapportant, d'après Leo Meyer (*Die goth. sprach.*, p. 18), à une racine **kark*, se tordre, se courber.

		ē	
v. h. a.	*chrēg*, pertinacia	v. h. a.	*slēgil*, instrument pour *frapper*
v. h. a.	*widar-krēgi*, controversia		
		ee	
angl.	*creck*, anse, sinuosité	angl.	*sleek*, glissant
		e	
m. h. a.	(h)*recke*, guerrier errant	m. h. a.	*schrecken*, faire sauter, tressaillir
all.	(h)*regen*, agiter	all.	*schrecken*, effroi (= tremblement)
all. prov.	*klecken*, avancer [1]	all.	*heu-schrecke*, sauterelle
all.	*klecken*, tomber goutte à goutte	bav.	*schrecken*, (faire) sauter
all.	*klecken*, éclaboussure	bav.	*schlegeln*, frémir, tressaillir, s'agiter rapidement
angl. v.	*kelk*, coup [2]		
v. fris.	*kreke*, petit traîneau	holl.	*slek*, escargot, limaçon
v. nord.	*hrekia*, pellere, propellere	v. nord.	*sleggia*, grandis malleus
* serb.	klecati, vaciller	* bohm.	zlehka, lent
		ë	
v. h. a.	(h)*rëgan*, pluie (= averse)	v. h. a.	*scrëcchôn*, tressaillir, sauter
m. h. a.	(h)*rëgen*, » »	m. h. a.	*schrëcken*, »
		î, ie	
all.	*kriechen*, ramper	v. h. a.	*slîhhu*, aller, glisser
m. h. a.	*kriegen*, s'efforcer, lutter [3]		
m. h. a.	*kriec*, *krieg*, cabestan, treuil [4]	m. h. a.	*sliche*, »
angl.	*creek*, anse, sinuosité	m. angl.	*slîken*, se glisser
		i	
all.	*klicken*, jouer (aux billes)	v. h. a.	*scricchan*, salire
m. h. a.	(h)*rigen*, s'efforcer contre	v. h. a.	*scricch*, tressaillement
		m. h. a.	*schrikken*, craindre, trembler
ags.	*hrysca*, irruptio	ags.	*slican*, percutere
ags.	*hriscian*, vibrare [5]	v. all.	*slik*, glissoire
ags.	*cryc*, bâton courbé (=circulaire)	angl.	*skirk*, esquiver, éviter

1. L'all. *klecken*, **barbouiller, éclabousser**, procède vraisemblablement de l'idée de **jaillir**; il faut en tout cas séparer ce mot, malgré Kluge, du m. h. a. *klac*, **fente, déchirure**.
2. Cf. l'angl. *calk*, **calefater** (= faire pénétrer en frappant), et le dan. *skalke*, **boucher** (une voie d'eau).
3. Le m. h. a. *krieg* signifie **cabestan** (= ce qui tourne); cf. de même l'all. (h)*ringen*, **lutter** (= s'agiter, se tordre), et (h)*ring*, **anneau** (= circulaire).
4. Cf. en all. *krieg*, **guerre**, et *kriegen*, **attrapper, atteindre**.
5. Cette forme, ainsi que quelques autres, **scand., **celt., et **slav., citées dans le présent tableau, ont maintenu le groupe primitif **sk*.— Le *skrt. *kriš*, **trahere**, le souab. *krüseln*, **se mouvoir rapidement, palpiter**, le fris. nrd. *hrüsse*, **se précipiter, tomber**, se rapportent-ils à la même série K-R-K....SK-R-K, **se mouvoir**, par assimilation ou chute de la gutturale finale de la racine?

v. nord.	*hlickiott*, tortuosus, curvus	v. nord.	*skrika*, vaciller, glisser
		v. nord.	*skryckia*, raptari
v. nord.	*hlick*, obliquitas, curvamen	v. nord.	*sliga*, deprimere, onere
* bohm.	klika, courbure	* skrt.	çṛkhala, ceinture (= circulaire)
* lett.	klikstêt, vaciller	* russ.	sklizki, glissant
* cym.	crych, remous, ride	* illyr.	sklizak, glissant
* lat.	circus, circa, circum		

TABL. III

K-N-K .... *SK-N-K*

	au		
v. nord.	*gaung*, ambulacrum		
	eo		
ags.	*geong*, (j')allais; sentier, voyage	ags.	*sceonca*, jambe (= qui marche)
	o		
ags.	*gong*, marche, chemin	ags.	*sconca*, jambe
		holl.	*schongelen*, brandiller
fris. nrd.	*gonge*, aller	v. fris.	*sconck*, jambe
*cym.	honciau, agiter, secouer, vaciller[1]		
*cym.	honc, secousse		
	u		
m. h. a.	*kunk*, (nous) boitions, boité		
v. fris.	*gunga*, aller	v. fris.	*scuncke*, jambe
suéd.	*gunga*, balancer, secouer		
* skrt.	kunc, se courber	* lett.	schlunzka, corde tordue
*lat.	cunctari, hésiter (= vaciller)		
	ea		
v. h. a.	*keang*, (j')allais[2]	ags.	*sceanc(a)*, tibia (= jambe)

1. Cf. *hongian*, **pendre**, *hong*, **suspension** *honc*, **secousse** etc.; ce qui d'ailleurs n'est qu'un des nombreux indices autorisant à rattacher l'idée de **pendre** à celle de **se mouvoir**. On peut encore citer dans la série K-N-K, le v. nord. *hengi-leg*, **vacillans, cernuus**, qui est inséparable de *hengia*, **suspendere**, le m. h. a. *hengen*, qui signifie **laisser pendre**, et **laisser aller, laisser arriver**. Cf. enfin, en v. h. a., *hangen*, **pendre**, et *kanken*, **aller**, en goth. *hâhan* (= **hanhan*), **pendre**, et *gaggan* (= **gangan*), **aller**. Les formes correspondantes des autres dialectes germaniques montrent un parallélisme analogue.

2. Diefenbach *(Op. cit.)* II, 872.

a

v. h. a.	*kankan*, aller	v. all.	*scanhan*, marcher
m. h. a.	*hanc*, (je) boitais	ags.	*scanca*, jambe
all.	*ge-gang-en*, allé	angl.	*shank*, cuisse, jambe
all.	*gang*, chemin.	dan.	*skank*, cuissot, jambe
*skrt.	khañj, boiter	* skrt.	çañk, avoir peur
*skrt.	cañc, aller		
*skrt.	janghâ, jambe, pied [1]	* skrt.	çañkâ, peur, angoisse
*lith.	at-kanku, (j')arrive	*lith.	iszkanku, pervenio
*lith.	kanketi, guéer, patauger	*lith.	pra-zangu, trans-gression
		* lett.	schankas, traineau

e

v. h. a.	*gengi*, praticable (=*gangbar*)	all.	*schenkel*, jambe, cuisse
holl.	*hengelen*, tournoyer, passer et repasser	all.	*schenken*, verser (à boire), allaiter
meckl.	*geng*, chemins	bav.	*schenkel*, jambe, pied
v. sax.	*gi-gengi*, tours, cours	ags.	*scencan*, verser (à boire)
		v. fris.	*skenka*, verser (à boire)
v. nord.	*keng*, curvatura		
v. nord.	*hengi-leg*, vacillans, cernuus [2]		
* lett.	gengereht, faire un pas	*lith.	zengti, marcher, aller

î

v. nord.	*kîngia*, (cervicem) incurvare, rotare		

i

all.	*hinken*, boîter	all.	*schinken*, jambon (= jambe) [3]
all.	*ging*, (j')allais	v. angl.	*skink*, tirer (du vin) [4]
holl.	*kinken*, boîter, clocher	holl.	*schinkel*, os de la *jambe*
dan.	*gynge*, balancer, agiter	suéd.	*skingra*, éparpiller, dissiper
* lat.	cingere, courber	* skrt.	çiñkh, se mouvoir, aller

1. Et peut-être aussi *Gangâ*, le **Gange** (= qui coule, = le fleuve). Le *skrt. *pada*, **pied** se rapporte de même à une racine *pad*, *pat* signifiant **aller** et **tomber**.

2. Cf. *hengia*, **suspendere**, v. note 1.

3. Cf. l'all. *schicken*, envoyer (= faire aller), où la nasale interne fait défaut.

4. Littéralement **faire couler** : v. Skeat *(Étym. dict. d. engl. lang.)*

TABL. IV

K-R-N-K, K-L-N-K....SK-R-N-K, SK-L-N-K

	o		
holl.	*kronkelen*, s'entortiller, se chiffonner	m. angl.	*shronk*, contractais, retirais
holl.	*kronkel*, ride, faux pli		
		* bohm.	sklonka, lacs (= tresser, entourer)
	œ		
v. nord.	(h)*rœgg* (= *brœng), sinus, plica	v. nord.	*slœngvi*, coluber, funditor
v. nord.	*hrœkkva* (= *hrœnkva), pousser	v. nord.	*slœngva*, projicere
	u		
v. h. a.	(h)*lungar*, vif, rapide	all.	*ge-schlungen*, enroulé
m. h. a.	*glunkern*, se redresser		
ags.	*hrung*, vague, flot	ags.	*scruncon*, (nous) recroquevillions
ags.	(h)*lungor*, rapide	angl.	*shrunk*, retiré, reculé
suiss.	(h)*runsch*, effusio, profusio		
v. nord.	(h)*lung*, serpens	v. nord.	*slung*, (nous) lancions
suéd.	*klunk*, gorgée, trait	suéd.	*slunga*, lancer
* skrt.	kruñc, courber	* lith.	slunki, flâneur
		* lett.	schlungans, recroquevillé, vacillant
	a		
v. h. a.	*ga-chlanch-i-t*, tortus	v. h. a.	*slango*, serpent
bav.	*klanken*, entortiller, enlacer	all.	*schlange*, serpent
v. h. a.	*chrancholôn*, trébucher, être faible [1]	v. h. a.	*scranch*, tromperie (= non droiture)
bav.	*klank*, flâneur	v. h. a.	*scranchelîg*, vacillant
m. h. a.	*klanc*, lacs, ruses	m. h. a.	*schrank*, enclos (= entourer)
holl.	(h)*ranken*, pousser (le bras), se tortiller.	holl.	*slang*, vacillant
		ags.	*scranc*, (je) recroquevillais

1. Ainsi que : l'all. *krank*, **malade**, le bav. *krank*, **malade, mauvais**, l'ags. *cranc*, **impotent**, (cf. all. *schlank*, **flexible, svelte, maigre**, holl. *slank*, **mince, agile**, etc., et v. Schmeller (*Bayer. wœrt.*, II, 389). Même métaphore dans l'angl. *slim*, **grêle, chétif**, comparé à l'all. *schlimm*, **tortu, oblique, mauvais** et d'autres formes que l'on verra plus loin, dans la série S K R-M.

angl.	*crankle*, serpenter, ramper [1]	angl.	*shrank*, (je me) retirais, reculais
vall.	*cranki*, serpenter	angl.	*slang*, serpent
v. nord.	(h)*rangla*, oblique vagari	v. nord.	*slanka*, pervadere
v. nord.	(h)*rang*, obliquus, tortuotus	suéd.	*slank*, (je) secouais
* pol.	granica, frontière (= entourer)	* pol.	sklaniac, incliner, exciter
* bohm.	hranice, frontière (= entourer)	* bohm.	schranice, limite (= entourer)
* lith.	lanku, flexible (= qui se courbe)	* lith.	slanka, flâneur

e

v. h. a.	*gi-chlenchan*, conserere manus	v. h. a.	*skrenken*, placer de biais, tromper
bav.	*klenken*, balancer, enlacer	v. h. a.	*slengira*, fronde (à lancer)
m. h. a.	(h)*lenken*, diriger, tourner [2]	m. h. a.	*slenkern*, fronde (à lancer)
m. h. a.	*klenken*, entortiller, tresser	m. h. a.	*schrenken*, croiser, tresser
all.	(h)*lenken*, diriger, tourner	bav.	*schlengen*, agiter, lancer
bav.	rotz-*klengel*, roupie (= vacillant)	all.	*schlenkern*, pendiller, agiter, lancer
bav.	*glenk*, rapide, prompt	m. h. a.	*schrenkel*, nœud coulant
ags.	*hlenc*, anneau	ags.	*ge-screncean*, renverser
flam.	*hrenkel*, faucille (= courbe)	bav.	*schlengs*, de biais, oblique
v. nord.	(h)*rengia*, obliquare	v. nord.	*slengia*, jacere mittere
* lith.	lengti, courber	* bohm.	sznice, ver, larve

î

v. nord.	*krîng*, gyrus [3], circulare	v. nord.	*slinging*, circum-sutura
v. nord.	*krîngia*, circulare	v. nord.	*slîngra*, vacillare
v. nord.	*hringla*, orbis, rotundula	v. nord.	*sling*, vacillatio

i

v. h. a.	*hring*, anneau	m. h. a.	*slingen*, tourner, osciller
v. h. a.	(h)*ringan*, s'agiter [4]	v. h. a.	*slingan*, tourner, ramper
v. h. a.	*chlinger*, *chlingo*, torrent [5]	m. h. a.	*slinge*, fronde (à lancer)

1. Cf. l'all. *sich schlængeln*, **serpenter**.

2. Kluge, en faisant de ce mot un dénominatif de *lanke*, **flanc, hanche** (v. h. a. *lanca*, *hlanca*), nous paraît émettre une hypothèse d'autant plus douteuse qu'il rapproche lui-même du m. h. a. *lenken* : 1° le * lith. *lenkti* **courber**, *lanku* **flexible**; 2° l'all. *link*, **gauche** (= qui dévie, qui s'écarte du chemin direct). (Cf. l'angl. *link*, **anneau**, *cringe*, **se courber**, all. *gelenk*, **articulation**, etc.). Ces exemples suffiraient déjà à établir que l'all. *lenken*, se rapporte plus sûrement à l'idée générale de **circuler, aller, s'agiter**.

3. Cf. *kring*, **dexter, aptus** (= qui va bien).

4. Rien ne s'oppose, selon nous, à ce que ce mot procède plutôt d'un hypothétique * *hringan*, que de * *wringan* (comme l'affirme Kluge), et parallèle à l'ags. *crincan*, **se courber, se soumettre** (angl. *cringe*), ainsi qu'au v. nord. *hring* **gyrus, circulus**, etc.

5. Se rapportant plus vraisemblablement à l'idée de **courir, se précipiter**, qu'à celle de **bruire** (Kluge, *op. cit.*) — Cf. au m. h. a. *klinge*, **torrent**, (= cou-

m. h. a.	*klinge*, torrent (= courant)	all.	*schlinge*, vrille (des plantes)
m. h. a.	(h)*ringen* s'agiter	all.	*schlingen*, serpenter, tourner
m. h. a.	(h)*lingen*, aller en avant	m. h. a.	*slingen*, s'agiter, tresser
		m. h. a.	*slinc*, flottant [1]
all.	(h)*link*, gauche (= dévié)	m. h. a.	*slinc*, gauche
bav.	*glink*, gauche	holl.	*slink*, gauche
angl.	(h)*link*, (h)*ring*, chaînon, anneau (= circulaire)	angl.	*sling*, lancer, jeter
ags.	*kring*, anneau cercle	ags.	*slingan*, circumagere
angl.	*cringe*, se courber, ramper	ags.	*slincan*, ramper, se traîner
angl.	*crinkle*, courbure, rider	angl.	*shrink*, contraction, frisson
ags.	*cringan*, se courber, être flexible, être faible [2]	angl.	*shrink*, céder reculer
holl.	*krinkeln*, serpenter, se tortiller	holl.	*slinger-*, sinueux
		angl.	*slink*, s'éloigner furtivement
holl.	(h)*ringelen*, entourer	holl.	*slingeren*, secouer, flotter, entortiller
holl.	*krinkel*, sinuosité		
suéd.	*klinka*, loquet (= qui tourne)	suéd.	*slincan*, secouer, vaciller
v. nord.	*hring*, circulus, gyrus, annulus	suéd.	*skrynka*, se recroqueviller
* lat.	clingere, entourer	* lith.	slinkti, se glisser
* russ.	krinica, source (= jaillissante)	* lith.	slinka, flâneur

---

TABL. V

KV-K .... *SKV-K*

eo, oe

ags.	*hweogl*, *hweohl*, roue (= qui tourne).	ags.	*sweogian*, vaincre (*svercome*)
ags.	*hweogul*, roue	holl.	*zwoegen*, travailler fort

o

all.	(h)*woge*, vague, flot	ags.	*swogan*, se mouvoir
all.	*be-* (h)*wogen*, poussé, déterminé		

rant), *klinke* (même dialecte), et l'all. *klinke*, verrou, loquet (= glissant, chose poussée).

1. D'après Lexer (*Mittelhochd. wœrt.*), dans *slinc-vahs*, qui a les cheveux. flottants. — Cf. à *slinc*, flottant, *slinc*,, gouffre, gosier (= avaler, tomber, etc.).

2. Même parenté d'idées (courber, et être malade) que ci-dessus, p. 20, note 1.

ai

		angl.	*sway(g)* [1], brandir, guinder
* lith.	waikszczoti, ambulare	* lith.	swaiginėti, tournoyer
* cym.	gwaisg, brusque, vif		

ei

all..	(h)*weichen*, céder, reculer	m. h. a.	*schweichen*, céder, faiblir
		angl. pr.	*sweigh*, agiter, osciller
v. nord.	*qveikia*, accendere, excitare	v. nord.	*sveigia*, flectere
* cym.	gweisgio, se glisser furtivement		

æ, ae

ags.	(h)*wæg*, vague, flot		
b. all.	(h)*waeghe*, fluctus, unda		
dan.	*qvæge*, raviver	v. nord.	*svækia*, aer circulans

aa, â

v. h. a.	(h)*wâg*, flots agités, etc.	holl.	*zwaaijen*, tourner, agiter
v. h. a.	*huâga*, perpendiculum		
v. sax.	(h)*wâg*, flot, vague	ags.	*swâc*, ambulavi, ivi

a

all.	(h)*wackeln*, vaciller, chanceler	all.	*schwach*, faible [2]
souab.	*quaklen*, vaciller		
goth.	(h)*vakjan*, éveiller (= agiter)	goth.	*af-svaggvjan*, hésiter (= chanceler)
holst.	(h)*wacht*, vague [3]	angl. pr.	*swack*, coup, chute
holl.	*kwakken*, jeter avec force	angl.	*swagger*, se balancer
angl.	*quake*, trembler	écoss.	*swack*, flexibilis, debilis
angl.	*whack*, battre, coup	suiss.	*schwackeln*, chanceler [4]
angl.	(h)*wag*, (s')agiter, frétiller	angl.	*swag*, s'effondrer, tomber [5]
v. nord.	(h)*vakka*, vaciller	v. nord.	*svack*, turba, motus
v. nord.	(h)*vagga*, berceau	v. nord.	*sqvak*, commotio
dan.	(h) *waklende*, vacillant	v. nord.	*svaksam*, inquietus

1. Cf. l'angl. *sweigh*, **osciller, agiter**, *swag*, **laisser pendre**, le *cym. *gwaisg*, **vif, alerte**, etc., et la plupart des autres formes du tableau ci-dessus qui semblent autoriser la restitution d'une gutturale finale. V. d'ailleurs Skeat *(op. cit.)* à l'article *sway*.

2. L'écoss. *swack*, **flexilis, debilis**, le suiss. *schwackeln*, **chanceler**, le m. h. a. *sweichen*, **céder, faiblir**, etc., constituent de nouvelles preuves de la vraisemblance du rapprochement indiqué p. 20, note 1, page 22, note 2, etc.

3. Cf. l'all. *wacht*, **veille**, *wachsam*, **vigilant**, et le v. nord. *svaksam*, **inquietus**. Ce rapprochement est un autre indice de la parenté des idées de **veiller, éveiller**, et de **se mouvoir**.

4. Cf. l'all. *schwach*, **faible** (= qui s'incurve, se penche, tombe).

5. Les expressions *swagging belley*, **ventre pendant**, *swagging breast*, **seins pendants**, indiquent que *swag*, possède aussi le sens de **tremblotter, vaciller**; la variante *sway*, citée plus haut, signifie d'ailleurs **brandir, guinder, faire pencher**, etc.

* skrt.	vakra, courbe, flexible		
* lat.	vacillare, vaciller	* bohm.	swacnauti, battre, frapper

e

v. h. a.	(h)*wecchen*, éveiller		
v. h. a.	*hwekjan*, agiter [1]	v. h. a.	*sweken*, s'abattre
all.	*be-*(h)*wegen*, agiter		
all.	*queck*, vif		
all.	(h)*wecken*, éveiller		
ags.	(h)*wecan*, »		
ags.	*cweccjan*, mouvoir	ags.	*swegian*, vaincre *(overcome)*
ags.	(h)*weg*, chemin	angl. prov.	*sweg*, brandir, faire pencher
		v. nord.	*sveggia*, agiter
* cym.	gwegio, gweg, agiter, agitation	* bohm.	swezky, vif, vigoureux
* cym.	gwebyn, verser (= faire couler)		

ë

v. h. a. *quëc*, *quëh*, vif

ie, ī

v. h. a.	(h) *wīgant*, combattant	v. h. a.	*swīchôn*, *swīhhôn*, vagari
all.	(h)*wiegen*, bercer (= balancer)	m. h. a.	*swīch*, course, marche
v. sax.	(h)*wīkan*, céder	ags.	*swīcan*, marcher, faiblir

i

v. h. a.	(h)*wiga*, berceau	m. h. a.	*swicken*, sauter, pénétrer
all.	*quick*, vif, alerte	bav.	*schwigeln*, pisser (= couler) [2]
all.	(h)*wickel*, rouleau, peloton		
goth.	*qvigjan*, vivifier	goth.	**sviggvan*, hésiter (= vaciller) [3]
goth.	(h)*viga*, moveo	v. fris.	*swika*, décheoir, décroître
goth.	(h)*vig*, chemin		
ags.	*cwicu*, vif	ags.	*swicon*, (nous) allions, partions
néerl.	*quicken*, se mouvoir	holl.	*zwikken*, vaciller
angl.	*quick*, rapide, vif	angl.	*swich*, houssine ; fouetter
angl. prov.	*whisk*, fouetter, s'agiter [4]	norv.	*svige*, houssine (= fouet)
v. nord.	*kvika*, vacillare, titubare	v. nord.	*svigna*, incurvare
v. nord.	*gvika*, movere, moveri	dan.	*svigte*, céder, se courber
v. nord.	*hvikul*, vagus, fluxus	v. nord.	*svig*, curvatura (= circulaire)
v. nord.	*kvikna*, devenir vif	suéd.	*svigta*, se courber, vaciller
* v. slov.	vichru, turbo	* v. slov.	svigati, se mouvoir vite
* lith.	vikru, vif	* bohm.	swicka, diaphragme (= transverse)

1. D'après Diefenbach *(op. cit.)*, ce mot ne se rencontrerait qu'une seule fois.
2. Rapporté par Schmeller (*op. cit.*, III, 533), à l'idée de **siffler, retentir** (!), assertion qui n'est d'ailleurs accompagnée d'aucune preuve.
3. V. Kluge (*op. cit.*), à l'article *schwingen*.
4. Le *sk* final de l'angl. *whisk* et le *sg* final des exemples *cym. ci-après sont autant d'indices de la forme primitive *skv-sk*, de la racine SKV-K, **se mouvoir**.

* cym.	gwysg, courant	* illyr.	svijati, courber
* cym.	kwysgo, passer rapidement		

TABL. VI

KV-R-K, KV-L-K.....SKV-R-K, SKV-L-K

	o		
v. all.	*in-*(h)*wolken*, involvere		
		ags.	*swolgen*, enflé
v. nord.	(h)*volk*, jactatio		
	u		
goth.	(h)*wruggo*, lacs (=qui enlace)[1]	ags.	*swulgon*, (nous) enflions
* v. slov.	vruga, jeter		
	ea		
ags.	(h)*wealcan*, rouler, marcher[2] s'agiter violemment	ags.	*swealg*, (j') enflais
	ai, ei		
goth.	(h)*vraiqva*, courbe, de travers		
* cym.	gweilgi, torrent, océan		
	a		
v. h. a.	(h)*walchan*, piétiner, frapper	m. h. a.	*schwalch*, gouffre, flot, vague
all.	(h)*walgern*, rouler, tourner en cylindre.	all.	*schwalg*, *schwalch*, masse ondoyante, qui déborde
all.	(h)*walken*, fouler (drap, etc.)[3]	souab.	*schwalk*, flexible, flétri[4]
bav.	(h)*walken*, agiter, s'agiter	bav.	*schwalk*, essaim
m. angl.	(h)*walken*, rouler, aller	holl.	*zwalken*, lambiner (= aller)
angl.	(h)*walk*, marcher (= circuler)	arg.	*schwalch*, torrent de feu
v. nord.	(h)*valka*, rouler, s'agiter	v. nord.	*svalga*, aestuare
* skrt.	valg, sautiller; vraj, aller		
* cym.	gwrag, ce qui se courbe	* bohm.	swalek, rouleau
* cym.	gwalch, ce qui plane		
* bret.	gwarigel, travers		

1. Cf. l'ags. *wringan*, l'angl. *wring*, le holl. *wringen*, **tordre, presser**, le m. angl. *wrank*, **tortu, injuste**, l'angl. *wrangle*, **lutter**, *wrong*, **injuste, tort**, etc., dans lesquels la nasale interne est représentée par *n*.
2. Cf. l'angl. *wheal*, **mine** (= galerie, chemin).
3. C'est-à-dire **rouler** un corps flexible sur lui-même, et le **presser**.
4. Cf. au souab. *schwelk*, **flétri**, l'angl. (h)*welk*, **flétri** (= recroquevillé ?).

æ

all.	(h)*wælgen*, rouler		
all.	(h)*wælgern*, rouler	dan.	*svælge*, absorber (=faire pénétrer)

e, ë

m. h. a.	(h)*welker*, foulon (de drap)	arg.	*über-zwërch*, à travers
v. all.	*in*-(h)*welken*, involvere	m. h. a.	*swelge*, ce qu'on avale
h. all.	*querch*, transverse, de travers	all.	*zwerch*, de travers, transverse [1]
m. h. a.	*quërch*, qui traverse	all.	*zwerch-fell*, diaphragme
angl.	(h)*welk*, mollusque à coquille en spirale	ags.	*swelgan*, onder, enfler
		ags.	*svelgendnes*, tourbillon
ags.	(h)*wrëcan*, exercer, verser	ags.	*swelca*, pustule (= élévation)
goth.	(h)*vrekein*, poursuite	holl.	*zwerk*, cours (des nuages)
v. nord.	*qverkar*, interior margo cujus cumque curvaturæ		
v. nord.	(h)*velkia*, contrectare, volvere	v. nord.	*svelg*, vorago, gurges [2]
v. nord.	(h)*velgia*, nausea [3]		
* cym.	gwregys, ceinture (= entourer)	* bohm.	sweraci, fermeture (= entourer)
* cym.	gwregysu, ceindre (= entourer)		

i

all.	(h)*wirken*, agir (= s'agiter)	h. all.	*zwirgel*, transverse, oblique
m. h. a.	(h)*wirken*, être actif, etc.		
goth.	(h)*vrikan*, poursuivre	ags.	*swilgan*, avaler (= faire descendre.
* cym.	gwilcha, gwilga, cligner	* leth.	swirkeli, cercle

TABL. VII

KV-N-K................*SKV-N-K*

o

ags.	(h)*woncol*, instable, mobile	ags.	*swonc*, flexible (= mobile)
		ags.	*swong*, (j') agitais

1. Malgré le m. h. a. *twërch*, auquel on rapporte généralement l'all. *zwerch*, l'existence de la variante m. h. a. *quërch*, à côté des autres formes des séries ci-dessus, est de nature à confirmer notre opinion à l'égard de *zwerch*, et de ses homologues.

2. Nouvel indice de la possibilité de rapprocher les mots signifiant **avaler**, et les mots signifiant **jeter, tomber**; dans les uns et les autres, l'acception générale est **se mouvoir.**

3. Littéralement, **soulèvement de cœur, vertige.**

œ

v. nord. (h)*voeng*, aile (= s'agitant)

u

bav.	*ge-(h)wunken*, cligné, clignoté	m. h. a.	*swunc*, oscillation
		all.	*schwung*, oscillation, élan, etc.
ags.	*cwuncon*, (nous) disparaissions, décroissions	ags.	*swungen*, agité, oscillé

a

v. h. a.	(h)*wanc*, instabilité	v. h. a.	*swanch*, oscillation
m. h. a.	(h)*wanken*, vaciller	m. h. a.	*swanc*, balancem^t, saut, coup [1]
m. h. a.	(h)*wankel*, mobile, vacillant	m. h. a.	*schwankeln*, vaciller
all.	(h)*wanken*, vaciller, hésiter	all.	*schwank*, fluctuation; flexible [2]
bav.	(h)*wankeln*, vaciller	all.	*schwanken*, vaciller, flotter
holl.	(h)*wanken*, vaciller, hésiter	v. angl.	*swang*, (j')oscillais
holl.	(h)*wankeln*, titubare	ags.	*swangettan*, vacillare fluctuare
ags.	(h)*wancol*, instable, mobile	ags.	*swancor*, flexible, faible
suéd.	(h)*vankla* »	suéd.	*svank*, courbure
* skrt.	vañc, s'agiter, vaciller	* skrt.	svaṅg, aller, se mouvoir
* skrt.	vaṅkya, courbé, boîteux, faible		
* cym.	gwaneg, démarche, passage	* pol.	szwank, chancellement, bronchement
* cym.	gwanegu, s'élever		

æ

		all.	*schwænken*, agiter
		suéd.	*svænga*, vibrare

e

bav.	(h)*wenken*, se diriger de côté, dévier	all.	*schwenken*, tourner, faire conversion (mil.)
bav.	(h)*wenken*, cligner (de l'œil)	all.	*schwenken*, agiter, brandiller
holl.	*kwengelen*, verser	all.	*schwenken*, rincer, laver [3]
ags.	*cwencan*, fuir, disparaître	ags.	*swengan*, vibrare, jactare ictis
m. angl.	*whenge*, (h)*wenge*, aile	ags.	*swencga*, coup (= frappé)
* lith.	vengti, céder, éviter	* lett.	swenkoht, s'agiter, vaciller

î

v. nord.	(h)*vîngla*, vertigine afficere	v. nord.	*svîngla*, osciller
v. nord.	(h)*vîngl*, vertigo	v. nord.	*svîngl*, incerta vagatio
v. nord.	(h)*vîng*, agitatis, ventilatio	v. nord.	*svînka*, detrahere

i

v. h. a.	(h)*winchan*, dévier, s'agiter	v. h. a.	*swingan*, frapper, lancer, voler

1. Employé comme adjectif avec le sens de **flexible, svelte, mince.**
2. Et sous l'acception figurée : **frêle, faible.**
3. C'est-à-dire **agiter, faire aller** (dans l'eau).

m. h. a.	(h)*winken*, se mouv. de côté	m. h. a.	*swignen*, s'agiter, voler, planer
all.	(h)*winken*, cligner (=mouvoir)	all.	*schwingen*, agiter, osciller
all.	(h)*winkel*, angle (= courbure brisée)	m. h. a.	*zwinken*, clignoter
m. h. a.	(h)*winc*, clignement, oscillation	bav.	*ge-schwing*, vite [1]
m. h. a.	(h)*winken*, (s')agiter, etc.	bav.	*ge-schwing*, les 2 ailes des gros oiseaux
b. all.	*quincken*, motitare	ags.	*swingan*, cædere, verberare
ags.	(h)*wincian*, faire signe (=agitr)	ags.	*swinglung*, vertigo
ags.	*cwincan*, disparaître, décroître	v. sax.	*swingan*, s'élancer
angl.	(h)*wing*, aile	angl.	*swinge*, fouetter, cingler
m. angl.	*hwingen*, ailes	angl.	*swing*, agiter, osciller
angl.	*quinck*, s'agiter, se démener	angl.	*swing*-bridge, pont tournant
angl.	(h)*wince*, sourciller		
angl.	(h)*wink*, clignoter	holl.	*zwingelen*, battre (le lin)
holl.	*kwinkerd*, regardant de travers	holl.	*schuinsch*, oblique (= dévier)
fris. nrd.	*quink*, volitans	v. fris.	*swinga*, verser (=faire couler)
dan.	*hvingle*, vaciller	dan.	*svinke*, se dandiner
dan.	*hvingel*, qui a le vertige	dan.	*svingle*, vaciller
* lith.	vingioti, se courber, louvoyer	* lett.	swinkoht, s'agiter, vaciller
* cym.	gwingo, frétiller		
* cym.	gwing, mouvement, tour		
* bret.	gwinka, ruer		

1. Cf. l'all. *ge-schwind*, vite, avec la dentale finale.

§ 2. *RADICAUX TERMINÉS PAR UNE DENTALE*

TABL. VIII

K-T .... *SK-T*.

	au		
all.	*haudern*, voiturer [1] (= transporter)	all.	*schaudern*, trembler, frissonner
all.	*hauderer*, voiturier		
souab.	*gautsch*, escarpolette [2]	souab.	*schaudel*, précipitation
v. nord.	*haudna*, capra	v. nord.	*skaut*, (je) lançais, poussais
* skrt.	khau a, boîteux	* lith.	szaudyti, lancer, tirer
	æu, eu		
all.	*geußest*, (tu) verses, coules [3]	all.	*scheußest*, (tu) lances
bav.	*geußen*, couler	bav.	*scheußen*, lancer
allem.	*gæutsche*, vaciller		
	oi		
angl.	*hoist*, élever, hisser	dan.	*skoite*, patin (= qui glisse)
	ao, eo		
ags.	*geotan*, verser, répandre	ags.	*sceotan*, lancer, se précipiter
		v. sax.	*skeotan*, lancer, aller vite
* gael.	ceothran, pluie	* gael.	sgaoth, essaim, foule
	iô		
v. nord.	*gjôta*, faire des petits [4]; clignoter (= trembler)	v. nord.	*skiôta*, jaculari, mittere
		v. nord.	*skiôt*, celer, citus

1. Rapporté, à tort selon nous, par Kluge *(op. cit.)*, à l'idée de **louer**; le bav. *kaudern* signifie d'ailleurs **trafiquer, échanger**, littéralement **changer de place, transporter**.

2. A moins que le groupe *tsch* ne soit ici, de même que dans la variante *gutsche* (même dialecte), et dans l'allem. *gæutsche*, cités plus loin, la palatalisation d'une gutturale primitive.

3. Où ß est pour **t* (Schleicher, *Die deutsch. sprach.*, p. 100, 208), et mieux, selon nous, pour **ts-'st*, primitifs.

4. Même métaphore dans l'all. *junge werfen*, **faire des petits, mettre bas.**

io

v. h. a.	*giozan*, verser, couler	v. h. a.	*sciozan*, lancer
v. sax.	*giotan*, verser	v. sax.	*skiotan*, lancer
		* skrt.	çyot-çyut, couler, tomber
		* gadh.	sgiot, flèche

iu

goth.	*giutan*, verser	goth.	**skiutan*, lancer [1]
suéd.	*gjuta*, verser, jeter, couler	v. nord.	*skjuta*, lancer
suéd.	*gjutning*, courbé	suéd.	*skjuts*-hæst, cheval de *poste* [2]
		* skrt.	çcyut, çcyot, couler, tomber

oo, ou

holl.	*goot*, conduit, gouttière	angl.	*shoot*, tirer, lancer
* bret.	choueda, vomir	* gr.	ξουθός, rapide

o

all.	*kotzen*, vomir, tousser	all.	*ge-schoss-en*, lancé
all.	*gosse*, évier, ruisseau	all.	*schoß*, (je) lançais
v. holl.	*gote*, canal, chenal	ags.	*scotian*, se mouvoir vite
m. angl.	*gote*, » »	v. angl.	*shotten*-herring, hareng *vide* [3]
arg.	*choder*, salive		
v. nord.	*gotinn*, versé	v. nord.	*skotta*, fréquenter cursitare
dan.	*kostc*, balayer, pousser	v. nord.	*skotin*, lancer, pousser
*v. slov.	koza, chèvre	* illyr.	sgoditi, atteindre, frapper

œ

all.	*gœße*, (je) verserais	all.	*schœße*, (je) lancerais
all.	*gœtze*, idole (= image coulée) [4]	b. all.	*schœœt*, coup (lancé)
		suéd. pr.	*skœttle*, navette (= lancée)

û

v. nord.	*hûta*, polire (= frotter) (?)	v. nord.	*skûta*, véhicule, rapide

u

all.	*guß*, fusion, averse	all.	*schuß*, élan, course, jet
bav.	*guß*, coulée	v. h. a.	*scutian*, verser
v. h. a.	*guz*, coulée	v. h. a.	*scuz*, coup (lancé)
souab.	*gutsche*, escarpolette	v. h. a.	*scuttan*, secouer, verser
goth.	*gutan*, versé	v. sax.	*skuddjan*, secouer
holl.	*gudsen*, couler, ruisseler	ags.	*scuddjan*, verser
souab.	*hudeln*, se précipiter, bâcler	souab.	*schuldeln*, se précipiter, bâcler
angl. pr.	*gut*, ruisseau, rigole	angl.	*scuttle*, courir précipitamment [5]

1. V. Kluge *(op. cit.)* à l'article *schießen*.

2. *skjuts-hall*, **station, relai**, *skjuts-bonde*, **paysan conducteur d'une voiture de poste**, *skjut-væska*, **gibecière, carnassière**, etc..., ne laissent aucun doute sur le sens étymologique (**aller, se mouvoir**) du suéd. *skjut*, dans ses diverses acceptions de **voyager, tirer, chasser**.

3. C'est-à-dire : hareng qui a **vidé, versé** sa laitance sur les œufs.

4. V. Kluge *(op. cit.)*, au mot *gœtze*.

5. Et les variantes *shuttle*, **navette**, *shuttle-cock*, (jeu de) **volant**.

angl.	*huddle*, jeter, se presser	angl.	*scud*, s'enfuir ; ondée
angl.	*gust*, rafale (de vent)	angl.	*shudder*, frissonner
v. nord.	*gutla*, liquida agitare	suéd.	*skudda*, répandre
v. nord.	*gutl*, agitatio liquidorum	v. nord.	*skutill*, jaculum (flèche, verrou, etc.)
* skrt.	cud, pousser, mouvoir	* skrt.	k ud, k od, agiter, secouer
* cym.	gwthio, pousser, fourrer	* gadh.	sgudach, qui se meut lentement
* cym.	gwth (-wynt) rafale (de vent)	* irl.	sguth, passus
* lat.	gutta, goutte (= ce qui tombe) [1]	* gael.	sgud, marcher vite

ü

bav.	*güsseln*, couler vite et à flots	all.	*schütten*, verser, répandre
m. h. a.	*güsseln*, couler à flots	all.	*schütteln*, agiter, secouer
souab.	*kütte*, volée d'oiseaux	all.	*schütze*, tireur (= qui lance)

ai

bav.	*gaiseln*, (= gaißeln), courir	bav.	*umher-schaißeln*, aller çà et là
bav.	*gaiß*, chèvre	bav.	*ge-schaißel*, activité, amusement
goth.	*gait*, chèvre		
goth.	*bi-haita*, lutte (= agitation)		
lomb.	*gaida*, flèche, dard (= lancé)		
angl.	*gait*, chemin, allure		
* lett.	gaita, chemin, allure	* gadh.	sgaiteach, agilis, alacer

ei

all.	*geiß*, chèvre (= qui bondit)	all.	*scheiden*, (se) séparer, quitter
b. all.	*geit*, chèvre		
v. nord.	*geit*, capra	v. nord.	*skeid*, cours, course
v. nord.	*geist*, rapide, vehementer	v. nord.	*skeida*, currrere, trotter
		* gael.	sgeith, vomir, cracher

ea, ae

ags.	*geat*, porte, entrée	ags.	*sceatan*, lancer, fuir
* lat.	haedo, chevreau		
* gadh.	ceatha, pluie (= averse)		

ia

v. nord.	*hiadna*, desidere, disparere	v. nord.	*skiatla*, vacillare
		* gadh.	sgiatan, dard (= lancé)

â

* skrt.	gâdha, gué	* skrt.	çâdh, pousser, chasser
* lett.	gâzu, (je) verse, jette	* gael.	sgâthach, craintif (= tremblant)

a

v. h. a.	*hazjan*, chasser, poursuivre		
goth.	*gatwô*, rue (= qui va)	ang. knt.	*scaddle*, qui s'enfuit
holl.	*gat*, » chemin	angl.	*skate*, patiner (= glisser)
meckl.	*gat-lich*, qui va	meckl.	*schaten*, tiré, lancé

1. Cf. l'angl. *drop*, goutte et tomber, *droop*, tomber, se pencher, etc.

v. nord.	*gata*, chemin, rue		
* gael.	cath, bataille, lutte	* skrt.	çat, aller
		* skrt.	çad, tomber
		* znd.	sgad, sgadh, couler
* lith.	gastu, effrayer	* bohm.	schazeti, s'éloigner
* gr.	χάζειν, faire reculer	* gr.	σκάζω, boîter
* lat.	cadere, tomber	* lat.	scatêre, fondre, couler
	ee		
meckl.	*geeten*, verser	meckl.	*scheeten*, lancer, s'élancer
	e		
bav.	*kett -wasser*, source [1]	h. all.	*scheder*-wenket, obliquus
angl.	*gate* (é), portail (= chemin)	angl.	*shed*, verser, répandre
ags.	*heltan*, poursuivre	ags.	*scedan*, verser
* lat.	cedere, s'en aller	* gr.	σχεδίως, à la hâte, furtivement
	ie		
m. h. a.	*giezen*, verser, couler	all.	*schieʒen*, pousser, lancer
all.	*gieʒen*, verser, couler	all.	*schieʒen*, pousser
bav.	*gieʒeln*, valde stillare	bav.	*schieʒen*, pousser
holl.	*gieten*, verser	holl.	*schieten*, s'échapper, lancer
	î		
v. sax.	*kîd*, rejet, rejeton	ags.	*scîtan*, lancer
v. nord.	*gyt*, (je) verse	v. nord.	*skyta*, (je) lance
	i		
bav.	*hid-t*, source intermittente	v. h. a.	*scizza-ta*, proluvies
holl.	*kissen*, exciter, animer	ags.	*scitel*, flèche, dard
holl.	*kissen*, agiter l'eau	ags.	*scitta*, flux
angl.	*hit*, frapper, atteindre	angl.	*skittisch*, capricieux, folâtre
angl.	*kid*, chevreau		
v. nord.	*hitta*, incidere, invenire in	v. nord.	*skyti*, sagittarius
suéd.	*hissna*, frissonner	v. nord.	*skytta*, »
* cym.	cythu, cythru, ejicere	* cym.	ysgydio, secouer, fourrer
* gael.	cith, ardeur, ondée		

TABL. IX

K-R-T, K-L-T.........SK-R-T, SK-L-T

	au		
bav.	*grauteln*, écarter, grimper	all. prov.	*schlaudern*, vaciller, cahoter
holl.	*klautern*, monter, grimper		

1. Cf. en all. *keck-wasser*, avec la gutturale finale de la racine.

v. nord.	*hraust*, vif, rapide		
v. nord.	*hraut*, cado, duco		
* lat.	claudus, boîteux	* lith.	slauszti, ramper sous terre
* bohm.	krautiti, tourner, tordre	* bohm.	slauditi, séduire, faire errer

eu

all.	(h)*reuten*, arracher	v. angl.	*sleuth*, trace, passage
all.	(h)*reutern*, tamiser (= passer)		

ô

m. h. a.	(h)*lôt*, métal *coulant* [1]	bav.	*schrôten*, heurter (= faire aller)
bav.	(h)*lôt*, » *coulant* ou *coulé*	m. h. a.	*slôt*, cheminée (= chemin)
		v. nord.	*slôdi*, callis

eo

ags.	*hreothan*, entourer [2]		
ags.	*hreoth*, orage		

uo, ou

v. h. a.	*gruozan*, movere	ags.	*slouthe*, lenteur

o

all.	(h)*rotten*, déraciner, arracher	m. h. a.	*slottern*, vaciller, trembler
		m. h. a.	*sloten*, trembler, frapper
bav.	(h)*rotzen*, lacrimari (= verser)	all.	*schlottern*, vaciller
ags.	*hroth*, commotion		
v. nord.	*hrodin*, evacuatus	v. nord.	*slot*, remissio, relaxatio
		* illyr.	sgroziti, frissonner

œ

v. nord.	*hœlt*, boîteux		

û

		m. h. a.	*slûdern*, lancer, agiter
v. nord.	*hrût*, bélier (= qui pousse)	v. nord.	*skrûd*, omnes res mobiles
* skrt.	kûrd, sauter		
* lett.	grûzu, pellere, trudere		

u

all.	(h)*rutten*, remuer, ébranler	m. h. a.	*schurz*, saut
all.	(h)*rutschen*, glisser	m. h. a.	*stuttern*, vaciller, trembler
m. h. a.	*kruden*, violenter, courber	bav.	*schludern*, travailler précipitamment
ags.	*hruth*, commotion	goth.	*skuldra*, chose rejetée

ü

m. h. a.	(h)*rützen*, glisser	bav.	*schlüßel*, pelle [3] (?)

1. Et en outre, **objet** (poids) **coulé** (en plomb), **soudure** (= métal que l'on **coule**; en all. *schlag-lot*). Cf. l'all. *gœtze*, **idole**, et *gœße*, (je) **verserais**, etc.

2. V. Bosworth (*Angl.-sax. and engl. dict.*), p. 202.

3. On dit aussi *schlüßel*; l'un et l'autre vocable, désignant la **pelle** du boulanger, pour **jeter** les pains au four (*womit der bæcker das brod in den ofen schießt*, Schmeller, *op. cit.* III, 460), se rapportent vraisemblablement à l'idée de **lancer**; v. de plus ci-dessous p. 36, note 3. — Cf. encore l'étymologie de l'all. *schaufel*.

all.	(h)*rütteln*, secouer, ébranler	all.	*schürzen*, nouer, trousser
all.	(h)*rüstig*, vif		

ai

souab.	*graiteln*, aller péniblement	v. h. a.	*scraitan*, divaricare
v. fris.	*krait*, voiture	m. h. a.	*schrait*, (j')allais
goth.	*gairdan*, entourer		
goth.	(h)*laistjan*, suivre		

ei

v. h. a.	(h)*reizjan*, movere	m. h. a.	*sleizen*, crouler, tomber
bav.	(h)*reiten*, aller (voiture, bateau, etc.), glisser		
all.	(h)*reißend*, impétueux, rapide	suiss.	*schleißen*, glisser (sur la glace)
all.	(h)*leiten*, conduire		
all.	*gleiten*, glisser		
all.	(h)*reiten*, chevaucher	all.	*schreiten*, marcher, franchir
v. nord.	*hreita*, dispergere, dissipare	v. nord.	*skreidaz*, reptare
v. nord.	*greid*, rapide, vif	v. nord.	*skreidh*, (je) rampais, (j')allais

iâ

v. nord.	*kliâd*, expeditus		

aa, â

m. h. a.	*grât*, degré, escalier	m. h. a.	*slât*, cheminée
ags.	(h)*lâst*, trace de pas	ags.	*scrâdh*, (j')allais, (j')errais
v. nord.	*grâda*, gradus	v. nord.	*slâtt*, ictus, pulsus
		dan.	*skraad*, oblique
*cym.	grâdd, pas, démarche		

a

m. h. a.	*hrad*, (h)*rad*, rapide	v. h. a.	*scalten*, heurter, ramer
m. h. a.	*graz*, furieux, irrité [1]	m. h. a.	*schalten*, heurter, mouvoir
all.	(h)*rad*, roue (= ce qui tourne) [2]	all.	*schalten*, pousser, diriger
bav.	*kratten*, char à deux roues [3]		
bav.	*graten*, faire de grands pas	bav.	*schalten*, naviguer, pousser
bav.	*gratschen*, aller	m. h. a.	*scharzen*, sauter
goth.	*halta-*, boîteux		
ags.	*hradian*, se hâter	v. sax.	*skaldan*, pousser (un navire)
v. angl.	*grath*, vitesse	angl. Yrk.	*slatter*, laver, éclabousser
v. nord.	*hrada*; *hrata*, celerare, ruere		
v. nord.	*hratt*, (je) poussais, heurtais	v. nord.	*slatta*, marcher en agitant l'eau
v. nord.	*hratta*, impellere	v. nord.	*skratti*, terror (= tressaillement)

1. Cf. l'all. *reizen*, **chatouiller, exciter, exaspérer**, se rattachant à *reißen*, **déchirer** et **fuir** — *reißend*, signifie d'ailleurs **impétueux** et **rapide**.

2. Le v. h. a. *hrad* et (h)*rad*, **rapide**, le v. nord. *hrada*, **ruere**, *hrad*, **celer**, etc., permettent de restituer en toute certitude le *h* initial de l'all. *rad*, **roue**.

3. Cf. le *skrt. *rathæ*, **char, char de guerre**, le *lith. *rata*, **roue**, etc.

* lat.	gradi, marcher	* gr.	σκαρίζειν, bondir, palpiter
* cym.	gradd, marche, allure	* gael.	sgard, jaillir, lancer
		æ	
bav.	*grætschen*, aller	bav.	*schæltich*, canot à avirons *mobiles*
ags.	*hrædh*, rapide	ags.	*slæd*, plaine, étendue
ags.	*hræd*, rapide, vif		
		v. nord.	*slæda*, dejicere, everrere
		ee	
angl.	*gleet*, blennorrhée (= flux)	angl.	*sleet*, pluie, grésil
		* lett.	skreet, courir, couler, voler
		* lett.	sleede, ornière, chemin
		e	
all.	*klettern*, grimper [1]	m. h. a.	*schelter*, verrou (= que l'on pousse)
v. h. a.	(h)*redi*, rapide	bav.	*schledern*, agiter dans l'eau (le linge)
souab.	*gretzen*, chevaucher rapidement	angl.	*sledge*, traîneau
		norv.	*sletta*, lancer
ags.	*hretan*, s'étendre	holl.	*schreede*, pas
v. nord.	*kelda*, source (= jaillissante, coulante)	v. nord.	*sledi*, traha, esseda
		v. nord.	*sletta*, heurter (c. un flot)
v. nord.	*helti*, claudicatio	suéd.	*skred*, (je) marchais
* v. slov.	greda, gresti, aller		
* pol.	greda, trot		
* lith.	kresti, secouer	* illyr.	skretati, remuer
* cym.	cerdedd, marcher		
* bret.	kerzet, marcher		
		ë	
		m. h. a.	*schërzen*, sauter joyeusement
		î, ie	
v. h. a.	*glîtan*, glisser	v. h. a.	*scrîtan*, gradi, labi
m. h. a.	(h)*rîzen*, se mouvoir rapidement	m. h. a.	*schrîten*, s'élancer (à cheval)
v. h. a.	(h)*rîdôn*, trembler	m. h. a.	*slîten*, glisser
angl.	(h)*ride*, aller (à cheval, en voiture)	v. sax.	*skrîdan*, aller, marcher
ags.	*glîdan*, glisser	ags.	*scrîdhan*, errer
angl.	*glide*, »	angl.	*slide*, glisser (sur la glace)
v. nord.	*hryta*, sauter (moutons)	v. nord.	*skrîda*, ramper, glisser
v. nord.	*hlyda*, procedere		

1. Rapproché par Kluge, et à tort selon nous, de *kleben*, adhérer, coller.

i

m. h. a. (h)*ritzeln*, oscillare
all. *glitt*, (je) glissais
all. (h)*ritt*, excursion, course (à cheval)

m. h. a. *glitt*, chute, glissement
m. h. a. *griten*, écarter (les jambes)
goth. *gridi-*, pas, degré
ags. *hrithian*, trembler (de fièvre) [1]
ags. (h)*lithere*, fronde (= qui lance)

v. nord. *hrista*, quatere, quassare
suéd. *krysta*, torquere [2]
dan. *af-*(h)*ryste*, ébranler
dan. *kilde*, source (= jaillissante)
suéd. *grißla*, plongeon (oiseau) [3]

* cym. llithro, glisser

m. h. a. *schrite-schuoh*, patin
v. all. *schritt-schuh*, »
all. *schritt*, pas

all. *schlitten*, traîneau
bav. *schritzen*, lancer
bav. *schritten*, marcher
ags. *scridole*, errant
ags. *scrid*, chariot
ags. *scriden*, allé, erré

v. nord. *slydda*, pluie froide
v. nord. *skridna*, labascere
suéd. *skrida*, marcher
v. nord. *skridha*, effondrement
v. nord. *skrid*, cursus, replatio
suéd. *sliddrig*, glissant
* skrt. çliś, entourer
* illyr. sklizati, glisser, traîner
* gr. σκιρτός, sauteur

TABL. X

K-R-N-T, K-L-N-T.......SK-R-N-T, SK-L-N-T

o

ags. *hlond*, urine (= qui coule)
holl. (h)*ronds*, roue (d'une presse)

holl. *slonde*, gouffre, œsophage

œ

v. nord. *hrœnn*, (=hrœnd?) fluctus, imber, ejectamentum

1. Cité par Kluge (*op. cit.*), à l'article *ritten*, **fièvre**.

2. La présence de la sifflante devant la consonne finale de la rac. dans les divers groupes ***h. all.* (v. h. a. *gruozan*, **movere**, *schurz*, **saut**, etc.), ***b. all.* (suiss. *schleißen*, **glisser sur la glace**, etc.), ***scand.* (v. nord. *hraust*, **vif**, **rapide**, etc.), ***celt.* (bret. *kerzet*, **marcher**), ***slav.* (lith. *slauszti*, **ramper**, etc.), nous autorise à admettre que la forme ***ind-europ.* de la rac. SK-R-T, était plus anciennement SK-R-ST.

3. Ainsi que *grissel*, **pelle à enfourner**. — Cf. l'all. *schieber* (même sens), dérivé de *schieben*, **pousser**, **faire glisser**, et où l'on rencontre la même métaphore.

		u	
all.	(h)*runzel*, ride, sillon [1]	all.	*schlund*, gouffre, conduit
		b. sax.	*schlunzen*, flâner (= errer)
v. nord.	*hrundin*, poussé, avancé	suéd.	*slunta*, flâner
		ei	
bav.	*kreinzen*, panier *d'osier tressé*		
		a	
all.	*kranz*, guirlande, anneau [2]	m. h. a.	*schranz*, filets, lacs, piège
		angl.	*slant*, oblique, de travers
v. nord.	*hland*, lotinus, urina	suéd. prov.	*slant*, glissant
v. nord.	*hranna*, (= hranda?), undare		
* skrt.	granth, lier		
* lett.	grandi-, bracelet, cercle	* lith.	sklandyti, flotter, s'agiter
		æ	
all.	*krænze*, guirlandes	suéd. prov.	*slænta*, faire glisser
ags.	*hænr*(d), pelagus, mare		
		e	
all.	(h)*rennen* (= renden?), courir [3]	all.	*schlendern*, marcher (nonchalamment)
m. h. a.	*krenzel*, couronne d'innocence (= guirlande)	bav.	*schlenzen*, aller (en flânant)
		souab.	*schlenzig*, boîteux, faible
		m. angl.	*slenten*, marcher nonchalamment
holl.	*klenzen*, tamiser (= passer)	holl.	*slender*, allure traînante
dan.	(h)*rende*, courir	suéd.	*slendra*, flâner
dan.	(h)*rend*, cursus		
		i	
v. h. a.	(h)*lind*, (h)*lint*, serpent, etc.	m. h. a.	*slint*, gauche (= qui dévie)
m. h. a.	*krinze*, panier (= tressé)	bav.	*schlinden*, grimper (plantes) [4]
		m. h. a.	*slinden*, avaler, engloutir
angl.	(h)*rindle*, gouttière, rigole [5]	holl.	*slindern*, glisser (sur la glace)

1. Cf. le m. angl. *wrynkyl*, et *wrympyl*, **ride**, peut-être pour *(h)*wrynkyl* et *(h)*wrympyl*.

2. Se rapportant à la série ci-dessus par l'idée intermédiaire de **circulaire**, ou de **tresser** (= tordre), deux acceptions de **mouvoir, se mouvoir**.

3. Le v. nord. *hland*, **lotium**, à côté de *hrænn*, **fluctus**, etc., l'ags. *hlond*, **urine**, l'angl. *rindle*, **gouttière, rigole**; — le v. nord. *hrinda*, **trudo**, (h)*lind*, **fons, scaturigo**, ainsi que le dan. (h)*rende*, **courir**, (h)*rind*, **course**, etc., nous autorisent à restituer **renden* et **rinden*, pour l'all. *rennen* et *rinnen*, où *nn* est vraisemblablement le résultat d'une assimilation.

4. Auquel nous ajouterons le bav. *schlind-baum* — en all. *schling-baum*.

5. Cité par Kluge (*op. cit.*), au mot *rinnen*.

v. nord.	*hrinda*, trudo	suéd.	*skrinda*, voiture, traîneau
v. nord.	(h)*lind*, fons, scaturigo		
v. nord.	(h)*linni*, coluber, serpens	v. nord.	*slindru-leg*, laxus, flaccus [1]

TABL. XI

KV-T, KV-TZ............SKV-T, SKV-TZ

	oo, o		
ags.	(h)*wod*, (je) guéais, (j')allais	m. angl.	*swoot*, *svot*, sueur
*v. slov.	voda, eau (=mobile) [2]	* bohm.	zwod, conduite, direction
	uo, u		
v. h. a.	(h)*wuot*, (je) guéais	bav.	*schwudel*, inondation
	ai		
		bav.	*schwaiß*, sueur, sang
* cym.	gwaith, cours		
	ei		
		v. h. a.	*sweiz*, sueur
		all.	*schweißen*, suinter, se liquéfier
		v. nord.	*sweiti*, sueur
* cym.	chweider, agilité	* illyr.	schweizeht, chasser, pousser
	æ, ae, ea		
ags.	(h)*wæt*, mouillé		
ags.	(h)*waeter*, eau	angl.	*sweat*, sueur
	â		
v. nord.	*vâtr*, liquide	ags.	*swât*, sueur, sang
* lat.	vâdere, aller		
	a		
v. h. a.	(h)*wazar*, eau	m. h. a.	*swattgen*, naviguer, agiter
v. h. a.	(h)*wadan*, aller, guéer	bav.	*schwattern*, inonder, patauger
all.	(h)*watscheln*, se dandiner	bav.	*schwadern*, inonder, patauger [3]
all.	(h)*waten*, marcher, patauger	bav.	*schwattig*, imbibé (d'eau, etc.)
goth.	(h)*watô*, eau	holl.	*zwadder*, venin (d'un serpent)

1. Cf. le holl. *slenter*, **faux fuyant**, **train** ordinaire (= lent), **guenille**, (où l'idée de **se mouvoir** passe à l'acception de **mou**, **pendant**). — En b. sax. *slenter*, signifie **vêtement de femme long et traînant**.

2. C'est par l'intermédiaire de l'idée de **couler**, **inonder**, que les mots désignant **l'eau**, **l'humidité**, sont en rapport significatif avec les mots signifiant **s'agiter**. — Le * gr. ὕδωρ, le * skrt. *udan*, etc., ont dû perdre une sifflante initiale.

3. Et peut-être aussi le bav. *schwalzen*, **avoir la dyssenterie** (bétail).

ags.	*hwata*, rapide	ags.	*swadhu*, sentier, trace[1]
ags.	(h)*wadan*, aller, guéér		
ags.	*cwatan*, secouer, agiter	souab.	*schwatteln*, clapoter (= tremblotter)
angl. prov.	*whate*, rapidement		
angl.	(h)*waddle*, se dandiner	angl.	*schwadere*, s'agiter dans l'eau
angl.	(h)*wade*, guéer, pénétrer		
v. nord.	*hvata*, se hâter, aller vite	v. nord.	*svath*, glissoire
v. nord.	(h)*vada*, guéer, pénétrer	dan.	*skvatte*, clapoter
* pol.	vazyc, bercer	* lett.	swadzet, vaciller, ébranler
* lat.	vadum, gué		
* lat.	quatere, ébranler	* bohm.	schwat, élan

æ

all.	(h)*wæsserig*, *wæsericht*, humide	bav.	*schwættigkeit*, humidité
ags.	(h)*wæter*, eau	souab.	*schwættig*, s'agitant, flottant

ee, ê

h. all.	gæuls- *wéd*, abreuvoir (aux chevaux)	v. sax.	*swét*, sueur
m. angl.	(h)*wét*, mouillé	holl.	*zweet*, sueur
		* skrt.	svêda, sueur

e

all.	(h)*wedeln*, remuer, frétiller	bav.	*schwedern*, inonder, patauger
m. h. a.	(h)*weßig*, petit lait	bav.	*tweschig*, imbibé (d'eau, etc.)
m. h. a.	*wette*, abreuvoir, gué	bav.	*schwetten*, (abreuver les chevaux)
suiss.	(h)*wessen*, pluie fine		
b. all.	(h)*wette*, aquarium, lacus	m. h. a.	*swette*, piscina
angl.	(h)*wet*, mouillé	b. all.	*swette*, piscina
ags.	*hvet*, humide	suiss.	*schwetti*, piscina, mare
		v. nord.	*sqvetta*, raptim effundere, irrigare, aquam projicere
* lith.	veszti, porter		

î

ags.	(h)*wîdhie*, branche *flexible*, guirlande	v. sax.	*swîthi*, *swîdh*, vehemens
		v. fris.	*swîde*, *swîthe*, vehementer

i

all.	*ge-witter*, orage	bav.	*schwidern*, inonder, patauger
		v. h. a.	*swizzen*, suer
		m. h. a.	*switzen*, suer
		all.	*schwitzen*, suer
v. nord.	*hvidra*, cito commoveri	v. nord.	*switi*, sueur

1. Que l'on ne saurait rapporter, avec Skeat *(op. cit.)*, à l'idée de **couper**. — Même observation à l'égard du v. nord. *svath*, **glissoire**, cité plus loin.

v. nord.	*hvida*, cita commotio æris		
		* skrt.	kšvid-kšvêd, suer [1]
		* skrt.	svid-svêd, suer
* v. slov.	vydra, loutre [2]	* lett.	swidr, sueur [3]
* cym.	chwid, gwid, tour rapide		
* cym.	hwyst, coup-d'œil, dard		

TABL. XII

KV-N-T.................SKV-N-T

	û, u		
all.	*ge-* (h)*wunden*, tourné	all.	*ver-schwunden*, disparu
ags.	(h)*wûnden*, tourné, tordu	ags.	*swunden*, affaibli, disparu
dan.	(h)*wundet*, tourné	dan.	*svundet*, disparu
		v. nord.	*sundla*, vertigine turbari [4]
		v. nord.	*sund*, natatio
		* bohm.	zwundati, mêler, embrouiller
	a		
v. h. a.	(h)*wantal*, retour, versabilité	bav.	*schwand*, décroissance, décadence
m. h. a.	*ge-* (h)*want*, habile	v. all.	*swanz*, saltatio
all.	(h)*wandeln*, marcher	all.	*ver-schwand*, (je) disparaissais
all.	(h)*wandern*, errer, aller	bav.	*schwantzen*, se dandiner
bav.	(h)*wandel-*, changeant, mobile	bav.	*swantzen*, divagari
		m. h. a.	*swanz*, traine, queue [5]
goth.	*af-wandjan*, se tourner		
ags.	(h)*wandjan*, deflectere	ags.	*swand*, (je) languissais
angl.	(h)*wanton*, flotter, badiner		

1. Le skrt. *kšvid-kšved* pour **skvid-*skved*, prouve en toute évidence que les formes gr. ἵδρως, **transsudation**, etc., ont perdu une sifflante initiale. La rac. *kšvid* n'est citée que par les lexicographes et les grammairiens, mais ce n'est pas une raison pour douter de son existence.

2. Inutile de citer dans cette série toutes les formes ** germ. plus réduites du nom du même animal (v. h. a. *ottar*, ags. *otor*, v. nord. *otr*, etc.), qui se trouve désigné, comme on le voit, sous l'appellation générale d'**aquatique**.

3. Le gr. ἰδίω, (je) **sue**, et ἱδρώς, **sueur**, reposent sans doute sur un radical *σFιδ?

4. Où l'on peut facilement admettre la chute d'un *v*, précédent la voyelle labiale *u* — *sundla* serait donc pour **svundla (?)*.

5. D'où l'on peut induire que l'all. *schwanz*, **queue**, doit tout simplement signifier : **ce qui traîne, ce qui flotte.** — Cf. *schweif*, **queue**, *schweifen*, **errer, vaguer**, *ge-schweif-t*, **sinueux, échancré, arqué**, etc.

holl.	*kwant*, éveillé, grivois		
dan.	(h)*vand*, eau (= mobile)		
* lith.	vandu, eau		
* corn.	gwandre, errer	* bohm.	swandrciti, tempêter
* cym.	gwantu, enfoncer [1]		
	æ		
suéd.	(h)*vænster*, gauche, à gauche	all.	*ver-schwænde*, (je) disparaîtrais
suéd.	(h)*vænda*, tourner, aller	all.	*schwænzen*, flâner
	e		
all.	(h)*wenden*, tourner	all.	*ver-schwenden*, dissiper, prodiguer
all.	(h)*wendel*-treppe, escalier *tournant*	bav.	*schwenzel*, vertige
v. h. a.	(h)*wenten*, se retourner	bav.	*schwenzen*, agiter, rincer
		bav.	*schwenden*, ôter, disparaître
ags.	(h)*wendan*, vertere, ire		
angl.	(h)*wend*, aller, passer		
v. fris.	(h)*wenda*, tourner, changer	holl.	*zwendel*-handel, commerce frauduleux [2]
v. nord.	(h)*venda*, vertere, convertere		
	i		
v. h. a.	(h)*wintan*, circuler	v. h. a.	*swintilôn*, avoir le vertige
		v. h. a.	*swintan*, disparaître, s'évanouir [3]
m. h. a.	(h)*winden*, tourner, tordre	m. h. a.	*swindel*, vertige (= tournoiement)
		m. h. a.	*swinde*, vehemens, celer
all.	(h)*winde*, dévidoir, cabestan, liseron	all.	*ge-schwind*, rapide [4]
all.	(h)*winden*, tourner, hisser	all.	*ver-schwinden*, disparaître [5]
all.	(h)*winden*, guinder (= hisser en tournant)	all.	*schwindeln*, tournoyer, avoir le vertige

1. Cf. *gwanden*, **faiblesse, débilité**, qui de même que l'all. *schwach*, **faible**, se rapporte à l'idée de **tomber** (= se mouvoir).

2. Cf. le bav. *wandel*, **marche, trafic**, puis **vice, défaut, altération**; — de même l'all. *schwindel* signifie **tournoiement** et **escroquerie**.

3. Rattaché par Kluge, et à tort selon nous, à une rac. *svi* (m. h. a. *swînen*, **diminuer, dépérir, s'évanouir**), tandis qu'en réalité **diminuer** (= décroître, disparaître), et **s'évanouir** (= avoir le vertige), ne sont que des variantes de l'idée de **se mouvoir**. V. d'ailleurs p. 60, note 2, l'angl. *swim*, **nager, avoir le vertige**, et ses homologues au tableau XIX.

4. En bav. *es geschwindet mir*, signifie **j'ai des étourdissements**.

5. Avec l'acception de **faiblesse, consomption**, dans *schwind-sucht*, phthisie (= la maladie consomptive), *schwinden der sinne*, **évanouissement**.

		goth.	*swinthjan*, faire violence
goth.	*bi*-(h)*windan*, entourer(= circuler)	h. all.	*swind*, vehemens
goth.	*us*-(h)*windan*, tourner, tresser	wett.	*schwinn* (= * schwind?), celer
ags.	(h)*windan*, tourner, jeter [1]	ags.	*swindan*, disparaître, languir
suéd.	(h)*vinda*, tourner	suéd.	*svindel*, vertige (= tournoiement)
dan.	(h)*vind*, oblique, de travers [2]	dan.	*svinde*, disparaître, se perdre
* bret.	gwindask, cabestan		

---

§ 3. *RADICAUX TERMINÉS PAR UNE LABIALE*

TABL. XIII

K-P.......................... *SK-P*

	au		
bav.	*gauffern*, se presser, se précipiter	all.	*schaufeln*, lancer (à la pelle)
wett.	*kaupeln*, trébucher, chanceler	goth.	*skauf*, (je) poussais
v. nord.	*gaufa*, palpitare		
	eu		
		bav.	*scheuben*, (faire) rouler, etc.
		all.	*scheubst*, (tu) pousses
	eô, eo		
ags.	*heofen*, élevé, courbé, argué	ags.	*sceôfan*, pousser, heurter
		ags.	*sceoft*, pelle (= qui lance)
	oe		
holl.	*hoepel*, cercle	v. holl.	*schoeveren*, secouer
	io		
		v. h. a.	*scioban*, pousser, heurter
	uo, ou		
m. h. a.	*huop*, (j')élevais	m. angl.	*schouuen*, pousser, heurter
* gr.	κοῦφος, léger (= rapide) [3]		

1. Cf. *cwincan*, *cwencan*, disparaître, décroître, avec une rac. gutturale.
2. Le holl. *schuinte*, signifie obliquité, biais.
3. v. Regnaud *(op. cit.*, p. 104).

ô			
v. nord.	*hôf*, (j')élevais, (je) soulevais		
v. nord.	*hôpa*, recedere		
o			
all.	*hob*, (j')élevais, (je) soulevais	all.	*schob*, (je) poussais, glissais
angl.	*hobble*, boîter	holl.	*schop*, coup de pied
ags.	*hoppan*, sauter	ags.	*scofen*, pousser, heurter
angl.	*hop*, sauter [1]	angl.	*shove*, pousser violemment
holl.	*hobbelen*, ballotter, s'agiter	ags.	*scofl*, pelle
v. nord.	*hopp*, saut	v. nord.	*skoppa*, cursitare
dan.	*hoppen*, saut, course	v. nord.	*skopa*, curriculo sedare
* pol.	kopac, heurter	* skrt.	kśobha, balancement
* lith.	kopti, s'élever	* irl.	sgobaim, (je) jette
* v. slov.	chobatu, queue (= flottant)		
û			
		m. h. a.	*schûften*, galopper
		ags.	*scûfan*, pousser, heurter
v. nord.	*kûf*, convexitas	v. nord.	*skûfa*, rejicere, repudiare
u			
v. h. a.	**hupfen*, sauter [2]	v. h. a.	*scupfa*, planche en *bascule*
		all.	*schuppen*, pousser
		all.	*schuppe*, *schupp*, bourrade
m. h. a.	*hupfen*, sauter	bav.	*schupfen*, faire trébucher, balancer, heurter
		goth.	*skubum*, (nous) poussions
ags.	*hupan*, se retirer	angl.	*shuffle*, battre (les cartes)
v. nord.	*gubba*, vomir (= ejicere)	v. nord.	*skubba*, precipitanter iacere
suéd.	*kuffa*, heurter, battre	suéd.	*skuffa*, trudere, tundere
* skrt.	kup, s'agiter, s'irriter	* skrt.	kśubh, çubh, agiter, s'agiter
* v. slov.	kupeti, sauter	* lith.	skubinti, se hâter
* cym.	hwpio, pousser	* lith.	skub(r)u-, rapide, vif
ü			
all.	*hüpfen*, sauter	all.	*schüppen*, lancer (à la pelle)
m. h. a.	*hüpfen*, sauter	bav.	*schübeln*, tirer (les cheveux)
iu			
		v. h. a.	*skiubu*, (je) repousse, etc.
		goth.	*skiuban*, repousser
ui			
holl.	*huiveren*, trembler	holl.	*schuiven*, pousser, faire glisser
		* v. slov.	zuibati, agitare
ia			
		* gael.	sgiab, tressaillir

1. Et peut-être aussi le nom **germ. du **houblon** (all. *hopfen*, angl. *hops*, etc.), en tant que **plante grimpante**.
2. v. Kluge (*op. cit.*), à l'article *hüpfen*.

			ei
		all.	*scheibe*, poulie, cercle, etc.
bav.	*keiff*, violent, fort	bav.	*scheiben*, faire tourner
		h. all.	*scheib*, obliquus
v. nord.	*keipa*, ductitare	v. nord.	*skeif*, oblique, tordu
			â, a
ags.	*câf*, vif, rapide	v. sax.	*skâf*, mouton
		suéd.	*skafta*, lancer (à la pelle)
* lett.	kâpe, chenille, ver		
			ea, ae, æ
angl.	*heave*, soulever	ags.	*sceaf*, poussais, heurtais
ags.	*hæfar*, bouc	hess.	*skæb*, oblique
dan.	*hæve*, soulever	v. nord.	*skaeva*, aller, courir, fuir
		* lat.	scævus, gauche, pervers [1]
			a
m. h. a.	*ge-haben*, élevé		
all.	*haspel*, moulinet, cabestan		
bav.	*kappen*, frapper, battre	all.	*schaf*, brebis [2]
goth.	*hafjan*, élever, soulever		
westw.	*kaweln*, renverser, crouler	holl.	*schapen*-melk, lait de *brebis*
v. nord.	*kappi*, guerrier (=combattant)		
v. nord.	*haf*, bouc (= bondir, heurter)	all.	*schaf*, brebis
* skrt.	capala, mobile		
* lat.	caper, capra, bouc, chèvre	* bohm.	skapa, jument (= rapide) [3]
			ee, ê
		goth.	*skêwjan*, aller
holl.	*heep*, serpette (=courbe)	holl.	*scheef*, oblique, tortu
			e
all.	*heben*, élever, faire monter	v. h. a.	*scepti*, trait, projectile (= lancé?)
m. angl.	*hebben*, élever	bav.	*schebern*, *scheppern*, vaciller, branler
ags.	*hebban*, élever, soulever		

1. v. Curtius (*op. cit.*, p. 166).

2. Même association d'idées dans l'all. *bock*, **bouc**, comparé à *bocken*, **tanguer, tangage, sauter, heurter**, et même *bock-bier*, **bière en pleine fermentation**. Ce qui, à côté d'autres analogies, nous permet de rattacher ici en toute assurance les noms ** germ. du **mouton**, de la **chèvre**, etc., à l'idée générale de **se mouvoir**, par l'intermédiaire des acceptions **bondir, heurter**, etc.

3. Cf. le lat. *caballus*, **cheval**, et en ** germ., le suéd. *hoppa*, **cheval** (et **sauter**), le dan. *hoppe*, **jument** (et *hoppen*, **saut, course**), l'angl. grass-*hopper*, **sauterelle**, etc.

v. nord.	*hefja*, élever, soulever	suéd.	*skef*, oblique
		* skrt.	kšep-kšip, jeter, lancer

ie, î

		v. h. a.	*scîba*, disque, balle, roue
		bav.	*schieben*, pousser, aller
		all.	*schief*, oblique, travers
		m. angl.	*schîve*, cercle, cible
angl. prov.	*keeve*, (= î), renverser	angl.	*sheep*, (= î), mouton
angl.	*heave*, (= î), soulever	angl.	*sheave*, (= î), poulie, rouet
		* skrt.	çîbham, rapidement

i

bav.	*kibig*, fort, violent	bav. pop.	*schiffen*, uriner (= f. couler)
all.	*kippen*, trébucher		
goth.	*qiva*, vif, vivant		
ags.	*cippian*, battre [1]		
m. angl.	*hyppen*, sauter	angl.	*shiver*, trembler
angl.	*hip*, sauter	angl.	*skip*, sauter, bondir
v. nord.	*kippa*, attrahere, raptare [2]	suéd.	*skyffla*, lancer (à la pelle)
dan.	*kippe*, tressaillir		
		* skrt.	kšip-kšep, jeter, se mouvoir
		* skrt.	kšipra, vite
* lith.	gyva, vivant	* v. slov.	živu, vivant
* v. pruss.	gywan (acc.) la vie	* pol.	szybowac, s'élever, pousser [3]

TABL. XIV

K-R-P, K-L-P..............SK-R-P, SK-L-P

au

v. h. a.	*hlauffan*, courir	bav.	*schraufen*, visser, s'enfuir subrepticement
all.	(h)*laupen*, courir	all.	*schraube*, hélice, vis (= ce qui tourne) [4]
goth.	*hlaupan*, courir	all.	*schrauben*, visser, guinder
v. fläm.	*krauwel*, fourche *recourbée*	goth.	*us-slaup*, (il) s'éloignait, se glissait
v. nord.	*kraup*, in genua procidit		

1. Cité par Kluge (*op. cit.*), à l'article *kippe*, **trébuchement, bascule,** etc.
2. Avec le sens de **battre**, dans Kluge.
3. Même dualité du sens dans le suéd. *skagi*, **promontoire** (= qui s'avance), et **saut.**
4. Le m. b. a. *scrûve*, signifie **torqueo.**

v. nord.	*hlaupa*, courir		
v. nord.	*hlaupaz*, elabi, effugere		
		æu, ew	
all.	(h)*læufst*, (je) cours	all. prov.	*schlæufe*, nœud *coulant*
all.	(h)*læufer*, coureur	angl.	*screw*, vis (= tournante)
		ou	
v. h. a.	*hlouffan*, courir	m. h. a.	*sloufen*, pousser, glisser
v. h. a.	*hlouft*, course	m. h. a.	*slouwe*, trace, course
		œu	
		m. h. a.	*slœufen*, pousser, diriger
		o o	
holl.	(h)*loopen*, courir, couler	holl.	*sloopen*, démolir (= renverser)
		ô	
v. h. a.	(h)*lôfon*, courir		
v. sax.	*hlôpu*, (je) cours, saute	v. sax.	*slôpian*, faire glisser
		eo, oe	
ags.	*hleop*, (je) sautais	holl.	*schroeven*, tourner (une vis)
ags.	*creope*, repo	ags.	*sleopan*, glisser, ramper
		io	
v. sax.	*â-hliopun*, exsilierunt	v. h. a.	*slioffan*, glisser
v. nord.	*hliop*, (je) courais		
		o	
ags.	*hlop*, course	holl.	*sloffen*, marcher péniblement
holl.	*kloppen*, frapper, heurter	ags.	*slopen*; rampé, traîné
holl.	*golven*, ondoyer, flotter	angl.	*slop*, lavage, rinçure
suéd.	(h)*lopp*, je courais	v. nord.	*skolp*, eluvies
		v. nord.	*skorpa*, procella, nisus
		œ	
v. nord.	*hœrfa*, cedere, fugere	suéd.	*skrœplig*, chétif (= défaillant) [1]
suéd.	(h)*lœpa*, courir		
dan.	*krœb*, (je) rampais		
		û	
m. h. a.	*krûfen*, ramper	m. h. a.	*slûf*, glissement
		ags.	*slûpan*, (se) glisser
m. b. a.	*crûpe*, repo	m. b. a.	*scrûve*, torqueo
		b. all.	*slûpen*, glisser
		v. nord.	*skrûfa*, torquere, cruciare
		ui	
holl.	(h)*ruifeln*, rider (= se tordre)	holl.	*sluipen*, se glisser furtivement
holl.	*kruiping*, le fait de ramper	holl.	*sluiper*, celui qui se glisse

1. Même métaphore que dans l'all. *schwach*, faible, *krüppel*, estropié, etc. — V. page 23, note 2, et page 51, note 2.

iu

		goth.	*us-sliupan*, fuir, se glisser
v. nord.	*kriupa*, in genua procidere		

u

		v. h. a.	*slupfen*, s'échapper
m. h. a.	(h)*lupfen*, lever, hausser	m. h. a.	*slupfen*, glisser
m. h. a.	*klupfen*, effrayer (= faire tressaillir)	all. prov.	*schlupfen*, se glisser
ags.	*crupon*, rampé	goth.	*us-slupan*, glissé, enfui
fris. nrd.	(h)*lupa*, courir		
suéd.	(h)*lupen*, couru	suéd.	*sluppe*, (nous) glissions
		suéd.	*skrufva*, visser, forcer
		dan.	*skrub*, fuis (impératif) [1]

ü

all.	(h)*lüpfen*, soulever, hausser	all.	*schlüpfen*, glisser, couler
suiss.	*külpen*, boîter		
all.	*krüppel*, estropié (= tordu, etc.)		

ai

goth.	*hlai*-hlaup (='*hlaip*-), (je) courais	h. all.	*schlaipfen*, *schlaiffen*, traîner
* gr.	κραιπνός, rapide		

ei

m. h. a.	*gleifen*, errer çà et là	m. h. a.	*sleifen sleipfen*, faire glisser
		all.	*schleife*, traîneau, glissoire
		all.	*schleifen*, traîner, glisser
		arg.	*schleipfe*, traîner, traineau
v. nord.	*hleyp*, (je) cours	v. nord.	*sleip*, lubricus
v. nord.	*hleypa*, faire courir, bondir		
* lith.	kreiva, oblique, roue		

ea

ags.	*creap*, rampais		
ags.	*hleapan*, sauter, courir	ags.	*sleap*, (je) rampais
angl.	(h)*leap*, sauter		

iâ, ia

v. fris.	*hliapa*, courir	v. nord.	*skiâlf*, tremor

iæ

		dan.	*skiælver*, (je) tremble

â

ags.	*crâpe*, (je) rampais		
v. fris.	*hlâpa*, courais	ags.	*slâp*, (je me) glissais
v. nord.	(h)*râpa*, cursitare	v. nord.	*skâlf*, (je) tremblais

a

all.	*klappen*, glisser, s'abattre	all.	*schlappe*, claque, soufflet

1. Cf. le v. nord. *skulpa*, tumescere (= se dilater, s'arrondir).

bav.	*krabeln*, ramper, grimper, grouiller	m. angl.	*slappe*, coup violent
holl.	*klappen*, frapper (des mains)	holl.	*slabberen*, se verser, se répandre sur
v. nord.	*hrapa*, ruere, præcipitari	v. nord.	*skrapa*, vacillare
		v. nord.	*slap*, (je) glissais
v. nord.	*klapp*, palpus, palpitatio	suéd.	*skalf*, (je) tremblais
* bret.	garv, ver (= qui rampe)	* bret.	skrape, grimper
* skrt.	kharb, gharb, aller	* v. slov.	slap, chute d'eau
		* illyr.	slapati, s'agiter
	æ		
bav.	*hærpfen*, grimper, glisser		
		dan.	*skræve*, marcher, écarter les jambes
		suéd.	*skælfra*, trembler
	ee, ê		
		m. h. a.	*slêpen*, se glisser, traîner
b. all.	*kreepen*, ramper	ags.	*slêpan*, glisser
	e		
m. h. a.	*kleffel*, *klepfel*, battant (de cloche)		
bav.	*krebeln*, ramper, grimper, grouiller	bav.	*scheppern*, trembler, vaciller
all.	*kleppen*, courir	all.	*schleppen*, traîner
all. prov.	*kleppen*, galoper	all.	*schleppe*, queue, traîne (de robe)
angl.	*crep-t*, (il) rampait, (se) traînait	angl. prov.	*slape* (= é), glissant
b. all.	*krepen*, ramper	holl.	*schreef*, trace, trait
v. nord.	*hreppa*, consequi	v. nord.	*skreppa*, dilabi
		v. nord.	*skelf*, tremo
	ë		
m. h. a.	*klëberen*, grimper	v. h. a.	*slëffar*, glissant
		arg.	*schërbis*, oblique, de travers
	ie		
bav.	*krieffen*, *grieffen*, ramper	m. h. a.	*sliefen*, se glisser, aller
	î		
		v. h. a.	*slîffan*, *slîfen*, glisser, tomber
v. nord.	*klîfa*, grimper	v. nord.	*skryfa*, convolvere, contorquere
v. nord.	*kryp*, in genua procido		
suéd.	*krîpper*, repo	m. h. a.	*slîfen*, glisser, tomber
	i		
holl.	*glibberig*, glissant	ags.	*slipan*, *slippan*, glisser, ramper
angl.	*glib*, coulant, glissant	angl.	*slip*-knot, nœud *coulant*
vall.	*clipon*, bois sur lequel *glissent* les traineaux	holl.	*stipperen*, s'esquiver
holl.	*glippen*, glisser, s'échapper	holl.	*slippen*, glisser, fuir
holl.	*glibbern*, » »	holl.	*slibberen*, glisser

v. nord.	*klifa*, transcendere, iterare		
v. nord.	*hripa*, perfluere	v. nord.	*skirpa*, expuere, ore ejicere
suéd.	*klifva*, grimper	suéd.	*slipper*, (je) glisse
		dan.	*slipper*, »
* lat.	crispus, crêpu (= contourné)		
* v. slov.	krivu, courbe, roue	* lett.	schirbt, vif, éveillé

TABL. XV

K-M-P, K-M............SK-M-P, SK-M

o

v. h. a.	*choman*, venir		
all.	*kommen*, venir, aller [1]		
ags.	*comp*, combat	holl.	*schommel*, escarpolette
ags.	*comon*, (nous) venions	holl.	*schommelen*, (se) remuer, (s')agiter
v. nord.	*koma*, aller		

u

v. h. a.	*chumft*, venue [2]	bav.	*schummeln*, courir, exciter
m. h. a.	*gumpen*, sauter		
all.	*kumpeln*, boîter	m. h. a.	*schumpf*-entiure, défaite [3]
souab.	*gumpen*, sauter, danser	m. h. a.	*schumpfe*, rivale (=champion)
v. sax.	*kuman*, venir		
ags.	*cuman*, venir, aller		
dan.	*humpe*, boîter	v. nord.	*skump*, continuatio

a

m. h. a.	*gampen*, sauter, jouer	m. h. a.	*schampf*, tournois, jeu.
m. h. a.	*gampf*, oscillation		
all.	*kampf*, combat		
		holl.	*schampen*, effleurer, fuir
souab.	*gamba*, balancer (les jambes)	holl.	*schampig*, glissant
ags.	*camp*, bataille (= agitation)	angl.	*scamper*, fuir, s'enfuir

1. Bien que le v. h. a. *quëman*, **venir**, l'all. *be-quem*, **convenable**, et les autres formes *germ. analogues, citées dans la série SKV-M, établissent l'existence d'une racine présentant un *V* à l'intérieur, et signifiant **aller**, l'existence d'un type radical K-M-P, K-M-M, de même sens, ne saurait être mise en doute.

2. Cf. *chunft, chuonft* (même dialecte), l'all. *-kunft*, même sens, etc.

3. Cf. l'ags. *comp, camp*, et l'all. *kampf* (**bataille**), l'ags. *cempa* (**guerrier**), le v. h. a. *chemphio* (**champion**), etc.

v. nord.	*kampa*-lampi, cancer macrourus	v. nord.	*skamm*-vinn, inconstans, fluxus, caducies [1]
* skrt.	kamp, trembler, gam, aller		
* bret.	kamma, claudicare		
* lat.	campa, courbure, chenille		
* gr.	κάμπη, ver (= rampant)	* gr.	σκαμβός, courbé, tortu
	e		
v. h. a.	*chemphio*, champion		
m. h. a.	gimpel-*gempel*, sauteur, farceur	(v. angl.	*skimble-skamble*, errant, égaré)
ags.	*cempa*, guerrier		
	i		
m. h. a.	*gimpel*-gempel, sauteur, farceur	m. h. a.	*schimpf*, tournois, jeu
		m. h. a.	*schimphen*, combattre, jouer
goth.	*qiman*, aller		
ags.	*cime*, *cyme*, venue	holl.	*schimpen*, se déchaîner contre
angl.	*himp*, *himple*, claudicare	angl.	*skim*, jeter, passer rapidement
		* gr.	σκιμβός, bolteux

TABL. XVI

K-R-M-P, K-R-M.........*SK-R-M-P, SK-R-M*

	eu		
		bav.	*schleumen*, accélérer, s'enfuir
holl.	*kleumer*, frileux (= trembler)		
	oo		
		holl.	*schroom*, peur (= tremblement)
	o		
m. h. a.	*horm*, attaque		
all.	*klomm*, (je) gravissais, grimpais	holl.	*slommeren*, embrouiller
ags.	*clomben*, grimpé	holl.	*schrompeln*, rider (= courber)
holl.	*krommen*, (se) courber	holl.	*schromen*, craindre, avoir peur
* bohm.	chromy, courbe, boîteux		

1. Ainsi que *skamm-bragd*, res vel actio cito transiens, *skamm-gód*, fugax instabilis, etc.

iu

		v. h. a.	*sliumo*, cito, velociter
		m. h. a.	*sliume*, prompt, hâté
		v. sax.	*sliumo*, rapidement

u

m. h. a.	*krump*, courbe, oblique	all.	*schlumper*, robe *traînante*
all.	*krumm*, courbe	all.	*schrumpfen*, froncer, se coaguler [1]
bav.	*krump*, boîteux, courbe	bav.	*schlumps*-weis, subitement
		bav.	*schlummerig*, pendant, flottant
ags.	*clumbon*, (nous) grimpions		
angl.	(h)*rumple*, chiffonner, froisser	meckl.	*schrumpel*, ride, fronce
suéd.	*krumpa*, retiré, déjeté	v. nord.	*slumpaz*, inopino jactu ferri
v. nord.	*hrum*, æger, infirmus [2]	suéd.	*skrumpen*, froncé, recroquevillé
* lett.	grumba, ruga, plica	* bohm.	sklumeny, courbé

ü

all.	*krümmen*, courber	all.	(sch)*rümpfen*, courber, froncer
all.	*krümpen*, se retrécir		
bav.	*krümpeln*, froisser, plier		
m. h. a.	*krümben*, *krümmen*, courber		

ei

v. h. a.	*chleimen*, lubréfier (= frotter)	bav.	*schleimen*, accélérer
v. nord.	*kleima*, illinere		

a

v. h. a.	*chrampf*, corona (= courbé)		
v. h. a.	*chrampho*, spasma		
all.	*krampf*, crampe, spasme		
bav.	*kramm*, crampe		
ags.	*crammian*, bourrer, enfoncer	angl.	*slam*, pousser violemment
ags.	*clamb*, (je) grimpais		
angl.	*clamber*, grimper	angl.	*scramble*, grimper
holl.	*kramp*, crampe, spasme		

1. De même, l'all. *ge-rinnen*, **se coaguler** et les autres mots ** germ. correspondants, se rapportent à l'idée fondamentale de **se mouvoir**, tel que le prouvent *rennen*, **courir**, *rinnen*, **couler**, etc.

2. Cf. l'all. *krüppel*, **estropié, cul de jatte** se rattachant au *germ. **krimpan*, **ramper**. Les trois acceptions **se mouvoir, se courber, être malade, ou faible** se trouvent d'ailleurs souvent réunies sur la même racine. Par exemple : 1° skrt. *kruñc*, **aller, être courbe**, ou **petit** ; 2° bav. *schleimen*, **accélérer**, *schlimm*, **courbe** et all. *schlimm*, **mauvais** ; 3° v. h. a. *chrancholón*, **trébucher, être faible**, inséparable de l'all. *krank*, **malade**, etc. ; 4° l'all. *schwach*, **faible**, et le suiss. *schwackeln*, **chanceler**, etc. — V. en outre, à cet égard, les séries précédentes.

v. nord.	*hrammsa*, violenter arripere	v. nord.	*slamma*, currere [1]
* skrt.	kram, marcher	* bret.	skrampa, ramper, grimper
		æ	
		m. h. a.	*schræmen*, dévier, courber
bav.	*kræmmig*, retiré, qui a une crampe	bav.	*schræm*, oblique, de biais
all.	*kræmpen*, retrousser	bav.	*ge-schræm-s*, decôté(=oblique)
		all.	*schlæmmen*, laver (le minerai)
ags.	*clæmian*, ungere, illinire		
v. nord.	*hræmugi*, vermes (in cadavere)	suéd.	*skræma*, effrayer
		e	
		all.	*schlempe*, lavures
bav.	*gremsen*, s'efforcer	all.	*schlemmen*, laver (le minerai)
m. h. a.	*krempfen*, faire tordre	bav.	*schlemmen*, être tordu
all.	*be-klemmen*, serrer (le cœur)	bav.	*schrem*, oblique
v. nord.	*hlemma*, tundere	v. nord.	*slembaz*, inopino jactu ferri
v. nord.	*hlemma aftr*, claudicare		
v. nord.	*hremming*, convulsio	norv.	*slemba*, heurter, frapper
		ë	
		m. h. a.	*slëmen*, renverser, précipiter
		iê, ie	
		v. h. a.	*sliémo*, rapidement
holl.	*kriemelig*, lent, irrésolu		
		î	
		v. h. a.	*slîm*, saliva (= liquide)
		m. h. a.	*slîm*, liquide visqueux
angl.	*climb*, (=î), grimper		
		i	
v. h. a.	*chlimban*, grimper, monter	bav.	*schlimm*, oblique, dévié
m. h. a.	*klimmen*, scandere	v. h. a.	*slim*, obliquus
all.	*klimmen*, grimper		
bav.	*krimmeln*, fourmiller		
m. h. a.	*krimpfen*, *grimpfen*, se tordre dans un spasme	all.	*schlimm*, malade, mauvais
ags.	*climban*, grimper	angl.	*shrimp*, crevette (= rampant)
ags.	*crimpan*, se rider [2]	holl.	*slim*-been, jambe *torte*
holl.	*krimping*, contraction	angl.	*shrimp*, retrécir, avorton [3]
		v. nord.	*skilmaz*, agitare
suéd.	*krympa*, retiré, déjeté	suéd.	*skrimsla*, refuge, retraite

1. Ou plus exactement : **grallatoriis gressibus currere** (Haldorson, *op. cit.*).
2. Cité par Kluge (*op. cit.*), au mot *schrumpfen*.
3. Même observation qu'à la note 2, p. 51.

* bohm. klimati, être accroupi, courbé
* lith. kirmi, ver * lett. zirminsch, ver

TABL. XVII

KV-P .... *SKV-P*

		au	
bav.	(h)*wauffen*, faire le moulinet		
		eo	
ags.	*hweop*, fouet (= qui frappe, qui s'agite) [1]	ags.	*sweopon*, (nous) balayions, agitions
		io	
		ags.	*swiopa*, fouet (= qui frappe, etc.)
		oo	
		angl.	*swoop*, fondre sur
		o	
angl.	*whop*, grand coup	b. all.	*swoppen*, moveri, agitari
		œ	
all.	(h)*wœbe*, (je) tisserais		
		dan.	*svœbe*, involvere
		u	
		h. all.	*schwuppen*, frapper, fouetter
b. sax.	(h)*wuppen*, agiter, brandir	b. all.	*swups*, coup de fouet
		ai	
bav.	(h)*waiff*, dévidoir	h. all.	*schwaiben*, flotter (du bois), laver
		h. all.	*schwaifeln*, frétiller (de la queue)
goth.	*bi-waibjan*, entourer, enlacer		
		* lett.	swaiplt, fouetter
		ei	
v. h. a.	(h)*weibôn*, flotter, vaciller	v. h. a.	*sweibôn*, flotter, aller
		v. h. a.	*sweifan*, mouvoir, enrouler

1. La fréquence des mots et des racines **germ. signifiant à la fois **fouetter** et **se mouvoir**, permet de conclure à la parenté des deux acceptions. Tels sont, dans le présent tableau, l'angl. *whip*, **aller rapidement** et **fouetter**, *sweep*, **passer rapidement**, et **coup**, le v. nord. *svipa*, **celerare** et **flagellare**, *svipa*, **flagellum**, etc.

m. h. a.	(h)*weiben*, s'agiter	m. h. a.	*sweiben*, flotter, errer
all.	(h)*weifen*, dévider	all.	*schweifen*, errer, arquer
all.	(h)*weife*, dévidoir	all.	*schweif*, queue (= qui s'agite)[1]
goth.	(h)*weipan*, entourer (d'une couronne)	goth.	midja-*sweipaini*, déluge
holl.	(h)*weifeln*, vaciller, hésiter	suiss.	*sweif*, ansa rotalilis
v. nord.	(h)*veifa*, flotter, tourner	v. nord.	*sveifla*, agitare, raptare
		v. nord.	*sveipa*, involvere
	â		
		ags.	*swâpian*, balayer, brosser [2]
		appenz.	*schwâpfa*, fuir, glisser
v. nord.	(h)*vâfum*, (nous) tissions		
	a		
all.	(h)*wabern*, s'agiter	all. prov.	*schwabbeln*, trembler, remuer
all.	*quabbeln*, trembler	all.	*schwappen*, fluctuer
souab.	*quabblen*, s'agiter, inquiet		
ags.	(h)*wapean*, agiter		
angl.	(h)*wafl*, voguer, envoyer	angl.	*swab*, balayer, passer
angl.	*quaver*, trembler, vibrer	h. all.	*swabbeln*, s'agiter (dans l'eau)
angl.	*whap*, coup	angl.	*swap*, coup (= frappé)
holl.	(h)*wapper*, bascule (d'un pont levis)	angl.	*swap*, à la hâte
holl.	(h)*wapperen*, flotter dans l'air	holl.	*zwabberen*, patauger
v. nord.	*qvapa*, laxa pinguedine tremere		
v. nord.	(h)*vafra*, s'agiter çà et là	dan.	*svabre*, fauberter
dan.	*quabbre*, fluctuer		
v. nord.	*hvappaz*, improviso accidere		
* skrt.	vap, répandre		
* bohm.	kwapiti, se hâter		
* cym.	chwapio, frapper	* gael.	sguab, balayer, brosser
	æ		
dan.	(h)*væwle*, entortiller	dan.	*svæve*, flotter
dan.	(h)*væve*, tisser (= tresser)		
	e		
m. h. a.	*queben*, exciter	all.	*schweben*, se balancer, planer
all.	(h)*weben*, se mouvoir, tisser [3]	all.	*schweppern*, diffundere

1. Le v. h. a. *sweif*, signifie **lien** (= qu'on enroule), **queue**, **mouvement de rotation**, **élan**, etc.

2. Dans de nombreux exemples **germ., les idées de **balayer**, **frotter**, **essuyer**, sont représentées par des mots signifiant **se mouvoir**, tels sont l'ags. *swâpan*, **agiter**, et **frotter**, l'angl. *swab*, *sweep*, **balayer**, et **passer rapidement**, ainsi que beaucoup d'autres. On peut en conclure à la communauté d'origine des deux idées.

3. Aucune mention de l'idée primitive de **s'agiter**, dans l'étymologie proposée par Kluge pour l'all. *weben*, toutefois l'expression all. *alles an ihm lebt*

ags.	(h)*wefl*, navette	v. fris.	*swepen*, verrere
v. nord.	*hveptsni*, peturbantia, irritatio	suéd.	*svepa*, envelopper (= entourer)
* skrt.	vepas, tremblement		
		* v. slov.	svepiti, agitare
cym.	chwefr, violence, rage		
	ë		
v. h. a.	(h)*wëban*, tisser, tresser	v. h. a.	*swëben*, flotter, s'agiter
m. h. a.	(h)*wëbelen*, balancer		
	ea, ee, ie (= î)		
		m. h. a.	*swief*, (n.) guindions, courbions
angl.	(h)*weave*, tisser, tresser [1]	angl.	*sweep*, passer, balayer; courbe
écoss.	*wheep*, fouet	angl.	*sweepy*, rapide, impétueux
	î		
m. h. a.	(h)*wîfen*, osciller, tourner	v. h. a.	*swîfan*, remuer
		angl.	*swivel*, (=ì), anneau, tourniquet
		v. sax.	*for-swîpan*, effrayer, chasser
		ags.	*swîfan*, errer
		v. fris.	*swîva*, errer, vaciller
v. nord.	(h)*vîpra*, obliquare, torquere	v. nord.	*svîfa*, ferri, moveri
* bret.	gwìp, cavité où *tourne* le pivot		
	i		
v. h. a.	(h)*wipf*, élan, mouvement	all.	*schwippe*, bascule
all.	(h)*wippen*, trébucher, balancer	all.	*schwippen*, fouetter, se dresser
h. all.	(h)*wippen*, balancer, heurter, déborder	all. prov.	*schwippern*, diffundere
m. h. a.	(h)*wipfen*, sauter		
holl.	(h)*wippen*, lancer, balancer	ags.	*swipian*, secouer, entraîner
angl.	*quiver*, trembler	b. all.	*swipp*, celer, alacer
angl.	*whip*, fouet; fuir rapidement	angl.	*swift*, rapide
angl.	*whiffler*, girouette	écoss.	*swiff*, mouvement de rotation
angl.	*whiffle*, changer, varier	ags.	*swiftu*, rapidité
holl.	*kwispelen*, remuer, fustiger	v. fris.	*swiwen*, osciller, hésiter
v. nord.	*hvipp*, saut, course	v. nord.	*svif*, motus repentinus
v. nord.	(h)*vippa*, tourner	v. nord.	*svifa*, ferri, moveri
v. nord.	(h)*vippa*, balancer	v. nord.	*svipa*, celerare, flagellare
* skrt.	vip, trembler		
* cym.	chwibio, trembler		
* cym.	gwibio, chwiflo, errer	* znd.	khshvip, lancer
* cym.	gwiber, serpent, vipère	* znd.	khshvìv, se mouvoir
* gadh.	cuibhle, tourner rapidement	* v. slov.	živiti, vivifier, rendre vif
* bret.	gwiblen, girouette		
* lat.	vibrare, vibrer		

und webt, **tout en lui est vie et mouvement**, ne permet guère une autre explication que la nôtre.

1. L'acception **tresser**, du v. h. a. *wëban*, repose selon toute vraisemblance, et par l'intermédiaire de **courber, tordre**, sur l'idée de **s'agiter, aller**.

TABL. XVIII

KV-R-P, KV-L-P........SKV-R-P, SKV-L-P

		au	
goth.	(h)*waurpan*, jeté	goth.	*swaurban*, enlevé (en frottant)
goth.	*hwaurpan*, tourné		
		eo	
ags.	*hweorfa*, tourbillon		
ags.	(h)*weorpan*, jeter, lancer	ags.	*sweorfan*, removere, auferre [1]
ags.	*hweorfan*, tourner [2]		
		o	
all.	*ge*-(h)*worfen*, jeté		
ags.	*hworfen*, tourné	ags.	*sworfen*, frotté (= allé, passé)
v. nord.	*hvolf*, convexitas		
v. nord.	*hvolfa*, invertere [3]	dan.	*svolpe*, æstuare
* lat.	volvere, tourner		
		u	
all.	(h)*wurf*, jet, coup	bav.	*schwurbeln*, tournoyer, se mêler
v. h. a.	(h)*wurf*, jet, coup	h. all.	*schwurbel*, entortillement, désordre
ags.	(h)*wurfon*, (nous) jetions	suiss.	*schwurbeln*, tournoyer, tourner
		dan.	*sqvulpe*, rincer, bouillonner
		ai	
goth.	*hwairban*, aller, circuler	goth.	*swairban*, essuyer, enlever
goth.	(h)*wairpan*, jeter		
		a	
v. h. a.	*hwaraben*, tourner	v. h. a.	*suarp*, gurges
v. h. a.	(h)*warf*, (je) jetais	v. h. a., m. h. a.	*suarp*, tourbillon, gouffre
goth.	*hwarbôn*, aller, circuler	goth.	*swarf*, (j')enlevais, frottais
v sax.	*huarabhôn*, aller	b. sax.	*swarven*, vagari
v. sax.	(h)*warp*, (je) jetais	v. sax.	*swarf*, (j')enlevais (en essuyant)

1. Cité par Moritz Heyne (*Héliand*, p. 329).
2. Cf. l'ags. *hwearf*, (je) jetais, tour, échange, et *hwealf*, convexité, voûte, qui présentent un autre vocalisme.
3. Ainsi que *orpid* (pour **hvorpid?*), jeté.

ags.	*hwalfian*, voûter	holl.	*zwalpen*, gonfler, devenir houleux
		suiss.	*schwalpen*, vaciller, fluctuer
angl.	(h)*warp*, se déjeter, travailler (le bois)	suiss.	*schwarben*, retourner (les foins)
		fris. oc.	*swalpe*, fluctuare
v. nord.	*hvarf*, abivi, perivi	v. nord.	*svarf*, minutim perivi
v. nord.	(h)*varp*, conjeci	suéd.	*sqvalpe*, agitation, bouillonnt
v. nord.	*hvarfla*, evagari, divagari	suéd.	*sqvalpa*, laver, secouer
suéd.	*hvalf*, voûte, courbure	suéd.	*svarfva*, tourner (au tour)
* cym.	gwalabr, sentier		
* cym.	chwarf, tourbillon		
* illyr.	varva, foule (= fourmillement)		

æ

all.	(h)*wærbe*, (j')enrôlerais, attirerais	bav.	*schwælbeln*, rem adspergere
suéd.	*hvælfa*, tourner, changer		
suéd.	*hværfa*, tourner		

e

v. h. a.	(h)*wereben*, tourner	v. h. a.	*suerben*, auferre
v. h. a.	(h)*werbo*, axe, essieu	m. h a.	*swerven*, rotari, vagari
autr.	(h)*werfel*, » »	m. h. a.	*swerben*, tournoyer, chanceler
v. fris.	(h)*werf*, cercle	v. fris.	*swerva*, repere
v. fris.	*hwerpa*, jeter	v. fris.	*swerfa*, flotter
v. fris.	(h)*werfen*, tourner		
v. sax.	*hwerban*, circuler, aller	v. sax.	*swerban*, enlever en frottant
v. sax.	*gi-hwerbian*, repousser en levant, en tournant		
ags.	*hwerfa*, vertige	angl.	*swerve*, errer, se détourner
		écoss.	*swerf*, s'agiter
holl.	(h)*werp*, jeter; faire (des petits)	holl.	*zwerven*, vagari, volitare
v. nord.	*hvelfa*, renverser	v. nord.	*sverfa*, dilabi
v. nord.	*hverfa*, vertere, versura		
v. nord.	(h)*verpa*, conjicere, contrahere	v. nord.	*sverfa*, ad extrema confugere
v. nord.	*hverf*, obliquus, versatilis		
dan.	(h)*verve*, tourner	suéd.	*sverfa*, tourner (au tour)
* lat.	verber, coup (= frappé)		
* cym.	chwarfel, tourbillon		

ë

v. h. a.	(h)*wërban*, se tourner, s'agiter	v. h. a.	*swërban*, frotter, enlever
v. h. a.	(h)*wërfan*, jeter	m. h. a.	*swërben*, tourbillonner

i

v. h. a.	*huirpu*, verto	h. all.	*schwirbel*, turba, confusio
all.	(h)*wirbel*, tourbillon, tournoiement, etc.	m. h. a.	*swirben*, tournoyer
all.	(h)*wirbel*-wind, tourbillon (de vent)	all. prov.	*zwirbel*-wind, tourbillon (de vent)

all.	(h)*wirbel*, roulement (de tambour)	h. all.	*schwirbel*, homo vagabundus
v. sax.	*hwirbu*, verto	suiss.	*schwirbeln*, tournoyer
ags.	*hwirf*-pol, tourbillon		
ags.	*hwyrfan*, tourner	wett.	*schwirblig*, vertigineux
v. nord.	*hvirfla*, in gyrum agere		
suéd.	*hvirfla*, tourner, tournoyer		
suéd.	*hvirvel*, turbo		
dan.	*hvirfvel*, turbo		
* cym.	chwylfa, course, orbite	* lith.	swyroti, chanceler
* cym.	hwylfa, course, ruelle	* lett.	zwirbuti, passereau (=qui vole)

TABL. XIX

KV-M-P, KV-M.........SKV-M-P, SKV-M

o

all.	*ge-kommen*, venu [1]	all.	*ge-schwommen*, nagé
écoss.	*whommel*, renverser	v. fris.	*suoma*, nager
v. nord.	(h)*voma*, mal de mer (=nausée)		
* lat.	vomire, vomir (= lancer)		

œ

v. all.	*kœmmst*, (tu) viens		
		dan.	*svœmme*, nager

u

bav.	(h)*wummeln*, grouiller, s'agiter	v. h. a.	*suum*, nagé [2]
v. h. a.	*chwumflîg*, futur (= à venir)	v. h. a.	*swummôth*, natation
goth.	*qwuman*, venu [3]	goth.	*swumsla*, étang [4]
ags.	*cuman*, venir	ags.	*swummon*, (nous) nagions
écoss.	*whummle*, renverser	angl.	*swum*, nagé

1. *Kommen*, etc., étant pour **kwommen*, etc., comme le pensent Kluge *(op. cit.)*, Curtius (*Grundz.*, p. 473), et d'autres auteurs, nous avons fait figurer dans la série les mots en K-M qui relèvent de cette racine, à côté des mots en KV-M. L'examen des faits justifie, nous le pensons, cette manière de procéder.

2. Le schaffh. *schwumm*, et l'all. prov. *schwima*, écume, ne pourraient-ils être rapportés ici, en tant que chose flottante?

3. D'après l'orthographe adoptée par Leo Meyer (*Die goth. sprach.*), qui admet l'existence de la semi-voyelle **v*, après la gutturale initiale. — De même, plus loin, les formes goth. *qwêmum*, et *qwiman*, sont citées avec un *w*.

4. Le goth. *sumfl*, *sumsl*, et l'all. *sumpf*, étang, présentent le résultat d'une forte réduction de la partie initiale de la racine.

iu

v. h. a. (h)*wiuma*, fourmiller, grouiller

æ, ea

bav.	(h)*weamel*, lacerta agilis		
ags.	*cwæman*, convenir (= aller)	angl.	*squeam*, avoir des nausées [1]
v. nord.	*quæm*, accessus		

ei

		m. h. a.	*sweimen*, osciller, flotter, aller
		all. prov.	*schweimeln*, chanceler
		v. nord.	*sveima*, circum ire
v. nord.	(h)*veimil*-tîta, res inconstans et infirma	v. nord.	*sveim*, levis motio [2]

â

v. h. a.	*bi-quâmi*, qui convient		
holl.	*kwâm*, (je) venais	holl.	*zwâm*, (je) nageais
		v. nord.	*svâmum*, (nous) nagions

a

bav.	(h)*wammeln*, s'agiter	m. h. a.	*swamen*, nager
m. h. a.	*quam*, (je) venais	v. h. a.	*suam*, (je) nageais
bav.	(h)*wampen*, ventre (= rond, gonflé)		
v. sax.	*qwam*, (je) venais	goth.	*swamm*, éponge (= nageur)
m. h. a.	*quamen*, venir, aller	m. h. a.	*swam*, inondation
holl.	(h)*wamen*, charrier (marée)	angl.	*swamp*, marécage (= inondé)
angl.	(h)*wamble*, avoir des nausées		
v. nord.	*hvamm*, convallicula (= descente)	v. nord.	*svamla*, natitare, vagari
v. nord.	*qvam*, (je) venais, (j')allais	v. nord.	*svaml*, incerta vagatio
v. nord.	(h)*vambl*, reptatus	v. nord.	*sqvampa*, aquam movere
		v. nord.	*svamp*, spongia (= nageur)
v. nord.	(h)*vambi*, ventricosus (= arrondi) [3]		
* cym.	gwammalu, vaciller, balancer	* lith.	swambaloti, moveri

ê, e, ë

v. h. a.	*quëman*, aller, venir	m. h. a.	*swemmen*, f. nager, plonger

1. Proprement, avoir des **vertiges** (= chanceler) — v. d'ailleurs page 60, note 2 — ou des **soulèvements** d'estomac? Même observation à l'égard de l'angl. *wamble*, **avoir des nausées**, cité plus bas.

2. Ajoutons le bav. *schwaimel*, **vertige**, *schwaimeln*, **disparaître**, *schwaimen*, **flotter, s'agiter**, vocables qui présentent le vocalisme plus fort, *ai*.

3. Où l'idée de **courbure** est, de même que dans *vambl*, **reptatus**, de toute évidence. On pourrait donc ajouter ici les autres formes **germ. correspondant à l'all. *wampe*, *wamme*, **fanon** (du bœuf), **ventre**, etc., sans oublier l'angl. *womb*, **uterus**.

v. h. a.	*chwëman*, aller, venir	all.	*schwemmen*, flotter (du bois), inonder
all.	*be-quem*, convenable (= qui va)	all.	*schwemme*, gué (= passage inondé)
goth.	*qwëmum*, (nous) venions		
ags.	*ge-cweme*, convenable (= qui va)	holl.	*zwemmen*, nager
m. b. a.	*be-quëme*, obéissant (= *folgsam*)		
		v. nord.	*svem*, (je) nage
* lith.	vemti, cracher, vomir		
	ī		
		m. h. a.	*swîmen*, s'agiter, flotter
v. nord.	(h)*vîma*, alienatio mentis [1]		
	i		
m. h. a.	(h)*wimmen*, s'agiter, fourmiller.	all.	*schwimmen*, nager, flotter
all.	(h)*wimpel*, banderolle		
all.	(h)*wimmeln*, fourmillement	all. prov.	*schwimeln*, tournoyer
bav.	(h)*wimmer*, anneau, bosselure		
goth.	*q(w)iman*, aller	ags.	*swimman*, nager
ags.	*cwiman*, venir	ags.	*swima*, vertige, stupeur
angl.	*whimble*, vilbrequin (= qui tourne)	angl.	*swim*, avoir le vertige, nager [2]
v. fris.	(h)*wima*, cheminée (= chemin)	v. fris.	*swymma*, nager
v. nord.	(h)*vim*, mouvement rapide	v. nord.	*svimi*, vertige
dan.	*hvimpel*, banderolle	dan.	*svimmel*, vertige
* cym.	chwimpyn, tour rapide'		
* cym.	cwimpo, tomber, rabattre		
* cym.	chwim, mouvement	* lith.	swimbaloti, huc illuc moveri
* cym.	gwymon, plante marine (= flottante)		

1. Cf. l'ags. *swima*, **vertige**, **stupeur**, avec le vocalisme faible, et la sifflante initiale.

2. **Avoir le vertige** n'est qu'une acception de **tourner**, **tournoyer**, et par suite, dépend de l'idée de **se mouvoir** : à côté de l'angl. *swim*, **nager**, et **avoir le vertige**, qui ne peuvent laisser de doute à cet égard, viennent se ranger le holl. *zwijm*, l'ags. *swima*, le v. nord. *svimi*, **vertige**, etc., que l'on ne saurait séparer de l'all. *schwimmen*, **nager**, de l'all. prov. *schweimeln*, **chanceler**, et d'autres mots d'acceptions analogues, cités dans la présente série.

TABL. XX

KV-R-M .... *SKV-R-M*

	au		
goth.	(h)*waurm*, serpent		
	o		
ags., angl.	(h)*worm*, ver		
* gr.	*ῥομοξ*, ver rongeur [1]		
	u		
v. h. a.	(h)*wurm*, ver, serpent, insecte, dragon	h. all.	*schwurm*, fourmillement, désordre
v. sax.	(h)*wurm*, serpent		
suéd.	(h)*wurm*, ver, fureur		
	ü		
bav.	*er-würmen*, prendre des vers	h. all.	*ge-schwürm*, fourmillement, désordre
	ea		
ags.	*cwealm*, tourment, douleur	ags.	*swearmian*, fourmiller
	a		
all.	*qualm*, étourdissement (tournoiement)	all.	*schwarm*, essaim, cohue [2]
		arg.	*schwarm*, voler en essaims
bav.	*qualm*, vapeur étourdissante	bav.	*schwalm*, tourbillon, essaim
goth.	*qwrammi-tha*, humidité	angl.	*swarm*, essaimer, fourmiller
v. nord.	*hvarma*, movere palpebras	v. nord.	*svarmla*, fundere, prodigere
v. suéd.	*hvalma*, relever (le foin)		

1. Pour **Fρομοξ*, dit Kluge, et mieux, selon nous, pour * kF*ρομοξ*. — En présence des exemples ***celt.* : *cym. *gweryn*, **ver** (dans le dos du bétail), *gwyryng*, **ver, larve**, *bret. *gwyro*, **se courber, se tordre**, etc., qui présentent le groupe initial *gw*, nous n'hésitons pas à rapprocher les deux types de mots ***ind.-europ.* qui signifient **ver**, à savoir K-R-M (*skrt. *kṛmi*, *znd. *krema*, etc.), et V-R-M (goth. *waurm*, *lat. *vermis*, etc.). La forme ancestrale serait donc KVR-M, ou plutôt, à notre avis, SKV-R-M. — Cependant Curtius *(op. cit.*, p. 552) considère ce rapport comme douteux (!) — vu, dit-il, l'absence en *gr. d'exemple de la réduction du *kv* initial, en *v*. Kluge éloigne aussi du goth. *waurm*, le *skrt. *kṛmi*, le *lith. *kirmi*, le *v. irl. *cruim*, et le *gr. *ἕλμινς*. — V. toutefois, Skeat *(op. cit.)*.

2. Se rapportant, comme le montre l'ensemble du tableau ci-dessus, à l'idée de **se mouvoir**, et non à celle de **bruire**, comme le supposent Kluge *(op. cit.)*, au mot *schwarm*., et Skeat *(op. cit.)*, au mot *swarm*.

		æ	
		all.	*schwærmen*, errer, divaguer
		all.	*schwærmer*, serpenteau, etc.
		suéd.	*schwærmer* »
		e	
bav.	(h)*welmen*, se courber, se voûter	h. all.	*schwermen*, bacchari, grassari
angl.	*whelm*, renverser, submerger	holl.	*zwermen*, essaimer, errer
* lith.	versmê, source jaillissante	* lett.	z(*v*)erma, ver [1]
* lat.	vermis, ver [2]		
		i	
		h. all.	*schwirmen*, bacchari, grassari
ags.	*cwilmian*, torturer (= exciter)	angl.prov.	*squirm*, se tordre
		* lett.	z(*v*)irminsch, ver

---

§ 4. *RADICAUX TERMINÉS PAR UNE LIQUIDE*

TABL. XXI

K-R(-R), KL-(-L).........SK-R(-R), SKL(-L)

		au	
bav.	*gaul*, train de bois, radeau	bav.	*schlaunen*, se précipiter
angl.	*haul*, tirer, traîner	ags.	*slau-lich*, lentement
		eu	
		bav.	*schleunen*, fuir, se précipiter
		all.	*schleunig*, prompt, soudain
holl.	*geul*, passe, canal	holl.	*sleuren*, (se) traîner
		eo, oe	
		v. h. a.	*ki-sceoran*, accelerare, expedire
ags.	*georn*, diligent (= actif)	holl.	*schoer*, averse, ondée

1. Cf. le *pol. *cz*(v)*erw*, **ver**, et **germe de fève** (sans doute à cause de la forme), *cz*(v)*erwiec*, **cochenille** (insecte), et le *v. slov. *cruvi*, **ver**.
2. Cf. le *gr. **kFελμις*, **ver intestinal**, à côté de **kFρομος*, **ver rongeur**.

iô, io

ags.	*giorn-don*, (nous) courrions	v. h. a.	*skioro*, cito, ocius
ags.	*giorn-lîce*, diligemment		
v. nord.	*hjôl*, roue	v. nord.	*sljôr*, lent
		* gael.	sgiorr, chute glisade

iœ

v. nord.	*kiœll*, tremor		
dan.	*kiœre*, aller, conduire		

ô

* gr.	χωλός, boiteux	* gr.	σκώληξ, ver, houle

o

v. h. a.	*holôn*, amener, quérir	bav.	*schorren*, faire saillie, s'élever
bav.	*holen*, s'élever	m. h. a.	*schorn*, balayer, heurter
all.	*holen*, aller chercher, remorquer	bav.	*schoren*, enlever (à la pelle, etc.)
vall.	*holer*, se remuer, s'agiter	m. h. a.	*schorren*, s'élever
ags.	*ge-holian*, tirer, amener [1]		
		v. nord.	*skola*, laver, baigner
v. nord.	*hroll*, horreur	v. nord.	*skrolla*, supernatare
		* skrt.	çroṇa, boîteux
* v. slov.	kolo, kola, roue	* russ.	skoro, rapide
		* bulg.	skorna, éveiller
gr.	χορός, chœur (= danse)	* gr.	σκολιός, courbé, oblique

œ

v. nord.	*hrœnn*, mer (= flot)	v. nord.	*skrœll*, terror, timor (= tremblement)
v. nord.	*gœra*, agir, aller	dan., suéd.	*skœle*, laver, baigner

û, uo

		v. h. a.	*slûnigôn*, accelerare
m. h. a.	*hûren*, s'accroupir, se blottir	m. h. a.	*slûne*, rapidement
v. h. a.	(h)*ruoren*, remuer, s'agiter	v. h. a.	*scûr*, orage
		goth.	*skûra*, ondée, rafale
		v. sax.	*skûr*, orage, ondée, combat
		v. nord.	*skûr*, ondée, averse
* skrt.	ghûrṇ, aller, se courber		

1. En présence des divers exemples de la série *o* que nous venons de citer, (auxquels d'ailleurs on pourrait encore ajouter le bav. *sich in die hœhe holen*, **s'élever**, et dont l'idée fondamentale est positivement **s'agiter**, **aller**, etc.), il semble impossible d'admettre l'étym. proposée par Kluge (**appeler**), pour l'all. *holen*.— Le v. h. a. *holôn*, *halôn*, **appeler**, **inviter**, qui se rapportent au lat. *calâre*, au gr. καλεῖν, **appeler**, etc., peuvent bien être tout à fait étrangers à la souche du v. h. a. *holôn*, *halôn*, **aller chercher**, **amener**.

		u	
m. h. a.	*gurre*, (mauvais) cheval	bav.	*schuren*, vaciller
m. h. a.	*hurren*, se mouvoir rapidement	all.	*schurren*, se glisser sans bruit
all. prov.	*krullen*, enrouler, friser		
v. nord.	*krulla*, confundere	suéd.	*skur*, ondée, averse
		* skrt.	çru, sru, couler
* lith.	kulti, frapper	* lith.	szura, frisson
* lat.	currere, courir	* cym.	ysgwr, impulsion
* cym.	gwlau, pluie (= averse)		
* gr.	κύλλος, courbé		
		ü	
all.	(h)*rühren*, remuer, provenir	all.	*schüren*, attiser, tisonner [1]
all. prov.	*krüllen*, enrouler, friser	bav.	*aus-schüren*, repousser, rejeter
		m. h. a.	*schürn*, heurter, exciter [2]
		ai, ei	
v. h. a.	*cheiran*, tourner, diriger		
v. h. a.	*geil*, elatus, petulans		
v. nord.	*keira*, pellere trudere		
		* gr.	σκαίρειν, sauter
		* lett.	skreiju, cito movéor
		ia	
		v. h. a.	*schiaro*, cito, ocius
		v. h. a.	*skiaran*, accelerare, expedire
		v. nord.	*skiar*, fugax, rapidus
		â	
m. h. a.	*kâr-te*, (je) tournais, dirigeais		
v. nord.	*hlâ*, liquescere (= couler)	v. nord.	*skâr*, circulus
v. nord.	*hlâr*, laxus (= qui flotte)	v. nord.	*skrâ*, oblique (= qui dévie)
		a	
v. h. a.	*halôn*, quérir, amener	v. h. a.	*scaran*, cum pedibus facere
bav.	*gallen*, liquide jaillissant	m. h. a.	*schar*, escarpé, abrupt [3]
v. h. a.	*haran*, urine (= couler)		
v. sax.	*halôn*, amener		
angl. prov.	*harr*, tempête (= agitation)		

1. C'est-à-dire **remuer, brasser**. — Cf. en outre, le suiss. *schürggen*, **attiser le feu**, et le v. h. a. *scurgen*, **tendere, propellere, præcipitare**, où la même métaphore est évidente.

2. Et sans doute aussi *schürn-stein*, **cheminée** (= qui s'élève); interprétation justifiée d'ailleurs par l'analogie de forme et de sens, de l'all. *schorn*, (dans *schorn-stein*, **cheminée**), et du m. h. a. *schorren*, **s'élever** (à pic, verticalement).

3. Littéralement : **qui s'élève** (perpendiculairement).

holl.	*halen*, tirer, quérir	holl.	*scharen*, ranger (= déplacer)
v. fris.	*halia*, exciter, aller chercher		
suèd.	*kara*, tisonner (le feu), attiser	v. nord.	*skall*, quassus sum
dan.	*hale*, remorquer (un navire)		
* skrt.	gal, tomber goutte à goutte	* skrt.	k ar, skhal, couler, s'agiter
* skrt.	cal, s'agiter	* skrt.	çal, aller
* b. lat.	carrus, voiture	* bret.	skara, courir
* gr.	χαλᾶν, laisser aller, lâcher	* gr.	σκαρίζειν, sauter
	æ		
ags.	*hærn*, pelagus, mare (=flot)	bav.	*über-schæren*, renverser
suéd.	*kælla*, source		
	ê, ee		
v. h. a.	*chêrran*, aller	v. h. a.	*skêro*, rapide
m. h. a.	*kêran*, tourner, diriger		
ags.	*cérran*, diriger, tourner	angl. prov.	*skeer*, se mouvoir vite
angl.	*hale*, (= é), tirer, traîner	holl.	*scheel*, de travers, louche
v. nord.	*kêrra*, carrus, extollere	v. nord.	*skêlla*, quati, impingi
* gr.	κρήνη, fontaine, source	* lett.	skrêt, voler, courir
	e		
all.	*kehren*, aller tourner	souab.	*scheren*, voyager, aller
all.	*kehren*, balayer (= passer)	souab.	*schelbig*, qui erre, qui court
v. h. a.	*cherian*, *cherran*, verrere	souab.	*schellen*, s'en aller
		écoss.	*skel*, verser
* lith.	kelia, chemin ; kelti, élever	* lith.	skreti, voler
* lat.	celer, rapide		
* lat.	pro-cella, tempête		
* gr.	κέλλειν, courir	* gr.	σκέλος, cuisse, jambe
	ë		
m. h. a.	*gëren*, bouillir (= s'agiter)[1]	v. h. a.	*scëlah*, oblique, courbe, etc.
		m. h. a.	*schël(ch)*, » » »
		* lith.	skreti, tourner, danser
	ie		
		m. h. a.	*schiere*, rapide
holl.	*krielen*, grouiller	holl.	*schielyk*, pressé, soudain
	i		
ags.	*cyrran*, pellere, revertere	angl.	*sheer* (= 1), rouler (navire)[2]
v. nord.	*kill*, canal (= chemin)	v. nord.	*skri-ll*, plebs tumultuans

1. A moins toutefois, que *gëren*, soit pour * *jësen* (v. h. a. *jësan*, **fermenter** *jerian*, **faire fermenter**, *gr. ἔ-ζεσ-μαι, **bouillais, fermentais**) — v. Kluge (*op. cit.*), à l'article *gæren*.

2. Auquel il convient d'ajouter *sheer off*, **s'éloigner, fuir**, *sheer up*, **arriver**, et l'all. *scheren*, *schieren* (dans les expressions *schere dich weg*, ou *schier aus dem wege*) **aller, marcher.**

i

bav.	*giren*, effervescere		
v. fris.	*kilen, cilen*, fuir	angl.	*skirr*, s'enfuir, parcourir
suéd. prov.	*kry*, grouiller sortir	v. nord.	*skirra*, abigere
suéd. prov.	*krylla*, fourmiller, sortir (en foule)	dan.	*skylle*, laver, baigner
* pol.	krynica, source, ruisseau	* lith.	skristi, voler, courir

---

TABL. XXII

KV-R(-R), KV-L(-L).....SKV-R(-R), SKV-L(-L)

eo

ags.	(h)*weoll*, (il) jaillissait, bouillait	ags.	*sweoll*, (il) gonflait (= soulevait)
ags.	*hweor*-bàn, vertèbre [1]	ags.	*sweor*-bân, vertèbre
ags.	*hweol*, roue, cercle	ags.	*sweora*, cou (= qui tourne)
ags.	*cweorn*, mola		

io

		ags.	*swiora*, cou
* cym.	chwiori, se tourner vivement		

o

all.	*quoll*, (il) jaillissait, se dilatait	all.	*schwoll*, (il) gonflait (= s'élevait)
v. nord.	*qvol*, crebra tractatio	suéd.	*sorl* (=*svorl*?), bagarre, mêlée
		* bohm.	sworec, radeau

oe, œ

all.	*quœlle*, (il) jaillirait	all.	*swœlle*, (il) enflerait
holl.	(h)*woelen*, s'agiter		
v. nord.	*qvœrn*, vorago, mola		

u

all.	(h)*wulst*, renflement, etc. (= courbure)	all.	*schwulst*, bouffissure, enflure
all.	(h)*wurst*, saucisse, pâton [2]		
		ags.	*swullon*, (nous) enflions
		v. nord.	*svull*, (nous) enflions
* v. slov.	vluna, vague		

1. Étymologie d'ailleurs analogue à celle de l'all. (h)*wirbel*, de l'angl. *whirl-bone*, **vertèbre**, etc., et sans doute aussi du lat. *vertebra*, **vertèbre**.

2. L'étymologie proposée par Kluge : **chose tournée en rond** (!), repose aussi, cependant, sur l'idée fondamentale de **courbure**. — Cf. d'ailleurs *wulst*, bourrelet.

ai, ei

goth.	*qwairnu*, meule, moulin [1]		
* cym.	gwair, vif, ardent	* lett.	sweiri, balancier (de pompe)

ea

ags.	(h)*weallan*, jaillir, bouillir	ags.	*sweall*, (il) gonflait, enflait
ags.	(h)*weallian*, aller, marcher		
ags.	*hweal*, urine (= couler)		
ags.	*cwearn*, moulin		

a

v. h. a.	(h)*wallôn*, aller, voyager	bav.	*schwall*, foule, canal
v. h. a.	(h)*wallan*, bouillonner		
all.	(h)*wallen*, bouillonner, ondoyer	all.	*schwall*, grosse lame, flots
v. sax.	(h)*wallan*, »	goth.	*uf-swalleini*, enflure, orgueil
angl.	(h)*wall*, exhaussement	m. angl.	*swal*, (j')enflais
holl.	(h)*waren*, errer, revenir	angl.	*squall*, grain (= orage)
v. nord.	(h)*var*, commotio [2]	suéd.	*sqvala*, jaillir, torrent
v. nord.	(h)*vallari*, peregrinus	v. nord.	*svalla*, profundere
		suéd.	*svall*, exæstuatio
* skrt.	hval, se mouvoir ; var. envelopper [3]	* skrt.	çval, courir
* cym.	chwar, brusque élévation	* bohm.	swaleti, descendre, lancer
* cym.	chwal, répandre	* bohm.	skwariti, disperser

æ

ags.	*hwæl*, autour		
dan.	*qværn*, mola (= tourner)		
dan.	*qvæler*, serpent boa	suéd.	*svälla*, enfler, s'élever

e

all.	*quellen*, jaillir, se gonfler	all.	*schwellen*, se gonfler, se dilater
all.	*querl*, jet, moulinet [4]		
all.	(h)*welle*, vague, onde	h. all.	*schwellen*, cuire dans l'eau bouillante
angl.	(h)*well*, puits, source	ags.	*swellan*, enfler, gonfler
souab.	*quellen*, se soulever (vagues)	arg.	*schwellen*, cuire, être bouillant
holl.	*kwel*, source	holl.	*zwellen*, gonfler
v. nord.	*hvela*, bouillir, bouillonner	v. nord.	*svella*, tumescere
v. nord.	*hvel*, discus, orbis, rota	v. nord.	*svell*, tumidus
dan.	*hver*, source	norv.	*sverra*, tournoyer
* skrt.	kvel, se mouvoir	* skrt.	kśvel, se mouvoir

1. Cf. le *gr. εἰλύειν, **tourner**.
2. D'après Haldorson *(op. cit.)*, plus exactement : **commotio aquæ marinæ ex remis**.
3. Pour **ghvar*. — v. Regnaud (*Ess. de ling. évol.*), p. 15.
4. Ainsi que l'all. *quer*, **transversal, oblique**.

* cym. chwel, course, saut
* cym. chwern, violent, rapide

ë

v. h. a.	(h)*wëlla*, vague	v. h. a.	*swëllan*, enfler, gonfler
v. h. a.	*quëllan*, faire bouillir	m. h. a.	*swëlle*, enflure (= gonflement)

ea, ee, ie (= i)

angl.	*wheel*, roue	holl.	*zwier*, vertige
angl.	*wheal* (= i), mine (= chemin)[1]	holl.	*zwieren*, aller en zig-zag

i

v. h. a.	*quirnôn*, torquere	v. h. a.	*suillan*, turgere
all.	*quillst*, jaillis	all.	*schwillst*, (tu) gonfles, dilates
all.	*quirl*, jet, moulinet		
v. fris.	(h)*wirre*, cercle	ags.	*swira*, cou
		ags.	*swiljan*, laver, baigner
ags.	(h)*wyllan*, jaillir, bouillir	v. fris.	*swila*, enfler
ags.	*cwyrn*, mola	écoss.	*swirl*, tournoyer
angl.	*whirl*-wind, tourbillon	écoss.	*swirl*, vortex, curvatura
		angl.	*swill*, laver, avaler
* v. slov.	vilnis, vague	* bohm.	zwiriti, (se) tordre
* illyr.	wir, source	* illyr.	zwirati, jaillir, sourdre
* cym.	chwyl, tourner, rouler		
* cym.	gwyro, se tordre, pencher	* lett.	swiri, balancier (de pompe)
* cym.	gwyryng, ver, larve	* bohm.	swirily, courbe

1. Cf. le * cym. *chwyl*, **tourner**, *gwill*, **flâneur**, etc., cités plus loin. — Les mots angl. *wheal*, mine, galerie, et (h)*weal*, **pustule** (= courbure, exhaussement), *wheel*, **roue**, seraient dans le rapport de variantes phonétiques.

ERRATA

P. 17,	série **e**,	l. 8,	au lieu de :	angl. v., lisez : v. angl.
P. 21,	note 5,		—	*ktinge*, lisez : *klinge*
P. 23,	série **ei**,	l. 2,	—	angl. pr., lisez : angl. prov.
—	— **u**,	l. 3,	—	(h)*vakjan*, lisez : (h)*wakjan*
—	— —	—	—	*af-svaggvjan*, lisez : *af-swaggwjan*
—	— —	5,	—	angl. pr., lisez : angl. prov.

P. 23, note 3, au lieu de : nouvelles preuves de la vraisemblance du rapprochement, — *lisez* : nouvelles preuves qui justifient le rapprochement.

P. 24,	série **i**,	l. 4,	au lieu de :	*qvigjan*, lisez : *qwigjan*
—	— —	4,	—	* *sviggvan*, lisez : * *swiggwan*
—	— —	5,	—	(h)*viga*, lisez : (h)*wiga*
—	— —	6,	—	(h)*vig*, lisez : (h)*wig*
P. 25,	série **ai, ei**,	l. 1,	—	(h)*vraiqva*, lisez : (h)*wraiqwa*
P. 26,	— **e, ë**,	l. 7,	—	*svelgendnes*, lisez : *swelgendnes*
—	— —	9,	—	(h)*vrekein*, lisez : (h)*wrekein*
—	— **i**,	l. 3,	—	(h)*vrikan*, lisez : (h)*wrikan*
—	— —	5,	—	* leth., lisez : * lett.
P. 30,	série **œ**,	l. 3,	—	suéd. pr., lisez : suéd. prov.
—	— **u**,	l. 8,	—	angl. pr., lisez : angl. prov.
P. 31,		l. 6,	—	*skrt., kud, kod, lisez : *skrt. kśud, kśod
—	série **u**,	l. 2,	—	ang. knt., lisez : angl. Knt.
P. 40,	note 1,		—	*ἱδρως*, lisez : *ἱδρώς*
—	— 3,		—	*ἱδρῶς*, lisez : *ἱδρώς*
P. 42,	— 1,		—	rac. gutturale, *lisez* : racine terminée par une gutturale
P. 45,	série **i**,	l. 3,	—	*qiva*, lisez : *qiwa*
P. 50,		l. 2,	—	caducies, lisez : caducus
P. 63,	série **ō**,		—	*σκωληξ*, lisez : *σκώληξ*
—	— **o**,	l. 13,	—	*σκολιος*, lisez : *σκολιός*
P. 64,	— **ai, ei**,		—	*σκαιρειν*, lisez : *σκαίρειν*

TABLE DES MATIÈRES

M. PAUL REGNAUD

Pages.

Stances sanskrites inédites, publiées avec une traduction française....... 1

Étude sur le rhotacisme proethnique et ses rapports avec le développement morphologique des langues indo-européennes........................ 87

Sur les traces en sanskrit d'un esprit initial disparu aux temps historiques. 137

Nouvelles observations sur le vocalisme indo-européen................. 146

M. J. GROSSET

Contribution à l'étude de la musique hindoue.......... .... 1 à 91

M. J.-M. GRANDJEAN

Tableaux comparatifs pour servir à l'étude du consonnantisme dans les langues germaniques.. 1 à 69

Le Puy, typographie Marchessou fils, boulevard Saint-Laurent, 23.

www.ingramcontent.com/pod-product-compliance
Lightning Source LLC
Chambersburg PA
CBHW070621160426
43194CB00009B/1338
9782013761192